초국가적 조직범죄 연구

STUDY ON
**TRANS-
NATIONAL
ORGANIZED
CRIME**

초국가적 조직범죄 연구

| '국제범죄'에서 '초국가적 조직범죄'로 |

함중영 지음

한양대학교 출판부

프롤로그

'국제범죄'에서 '초국가적 조직범죄'로

초국가적 조직범죄(TOC, Transnational Organized Crime)는 전통적으로 '국제조직범죄(IOC, International Organized Crime)' 또는 폭넓은 개념으로 '국제범죄'라고 불리던 개념이며 보편적으로 이해되어 온 개념으로 설명하자면, 조직적으로 구성된 범죄 집단이 국경을 넘어 국제적으로 활동하는 범죄행위를 의미한다. 국제사회의 정부(Regime) 역할을 담당해 온 국제연합(유엔)은 그동안 국제조직범죄로 호칭하던 개념을 2000년 11월 '초국가적 조직범죄 방지협약(UNTOC, United Nations Convention against Transnational Organized Crime)'이라는 국제협약을 채택하면서 그 이름을 '초국가적 조직범죄'로 바꿔 부르기 시작했다. 한 나라 안에서 범죄조직을 구성하여 활동하는 그룹을 "조직범죄(OC, Organized Crime) 집단"이라고 칭한 것은 이미 국제적으로 오래된 관행이었다. 따라서 국제적으로 활동하는 조직범죄에 대해 국제적 조직범죄(IOC)라는 명칭을 붙인 데 대해서는 전 세계 유엔 회원국들이 충분히 공감할 수 있는 개념이었다. 국제연합은 2000년 11월 UNTOC 채택 이후 일관되게 '초국가적 조직범죄(TOC)'로 명명하였고, 이에 따라 협약 가입국가도 이러한 새로운 트렌드에 동참하는 분위기가 조성되었다.

우리나라 정부는 2000년 12월 이탈리아 시칠리아의 주도인 팔레르모에서 개최된 UNTOC 협약 서명식에 참가한 직후 이 협약의 이름을 "국제조직범죄 방지협약"으로 번역하였으나 2015년 UNTOC 협약을 우리나라에서 비준하는 과정에서 "초국가적 조직범죄 방지협약"으로 명칭을 바꾸기에 이르렀다. 국제적 트렌드 변화에 맞추어 용어를 변화시킨 것으로 보인다. 용어의 변화 역시 일종의 국제사회 환경의 변화에 따라 출현하는 트렌드로 보아야 할 것이며, 이러한 추세에 동참하는 것을 거부하고 과거의 용어에만 집착하는 것도 고집스러워 보일 것이다. 따라서 이 책에서는 국제조직범죄라는 개념과 동일한 의미로 '초국가적 조직범죄(TOC)'라는 명칭을 사용하고자 한다.

초국가적 조직범죄의 활동은 이미 우리 사회에서 많이 알려져 있다. 마피아나 야쿠자 갱 영화에서 볼 수 있는 범죄조직들의 행태를 보면, 한 조직의 영향력을 한 지역에서 성장시켜 세력을 확대하고 국경을 넘어 다국적으로 유지하는 모습을 보여준다. 조직이 확대되면서 여러 국가에 네트워크를 구성하고 이 관계를 활용하면서 마약, 인신매매, 밀수 등의 불법 활동을 전개하는 것이 전형적인 초국가적 조직범죄이며, 이를 자행하는 집단을 초국가적 조직범죄 집단, 또는 국제범죄조직이라고 칭한다. 근본적으로 이러한 불법 집단의 구성 목적은 돈을 벌기 위한 것이다. 경제적 이익을 얻기 위한 목적하에 다양한 구성원이 모여들고 여러 불법, 편법적인 일들이 동원된다. 19세기 초부터 한 국가 내에서 형성되어 그 세력을 확대하던 조직들은 국가 및 국제사회의 질서유지 차원의 대응활동과 맞서기도 하였고 변화하기도 하였으며 사라져가기도 하였다. 그러나 일부 지역에서는 한 국가의 정권이 초국가적 조직범죄 집단과 연계하며 국가가 조직범죄 집단의 역할을 하면서 경제적 이득을 취하려는 모습도 나타난다. 이미 러시아를 비롯해서 다수의 국가에서는 정치인과 고위층 관료들의 부정부패(Corruption)를 바탕으로 조직범죄가 만연하고 있으며, 독재체제의 국가에서는 정권 차원에서 일사불란하게 그 범죄

활동이 세계 시장을 무대로 전개되기도 한다. 또한 정치적, 종교적, 이념적 동기에 의해 움직이는 테러조직도 최근에는 조직의 유지와 확장을 위해 초국가적 조직범죄에 연계하여 활동하는 추세를 보인다.

북한은 우리나라와 함께 1991년 9월 1일 국제연합에 동시 가입하였고, 이로써 우리나라 헌법상으로 反국가단체인 북한은 국제사회가 인정하는 실질적인 주권국가로 인정받게 되었다. 국제연합의 회원국이 된 만큼 북한은 국제사회에서 채택한 국제규범을 준수해야 하는 책무를 갖게 되었고 이에 더하여 국제사회의 포괄적이고 추상적인 도덕적 책임을 이행해야 할 위치에 있다. 그러나 북한 정권은 유엔 회원국 가입 이후에도 국제사회가 요구하는 인권과 민주주의의 가치를 무시한 채, 독재 체제를 유지하면서 국제적 규범에 위반되는 핵무기 실험과 미사일 발사를 지속함으로써, 국제사회로부터 강도 높은 제재를 받고 있다.

대외적으로 개방을 거부하면서 독자적인 체제를 고집해온 북한은 1980년대 말 동유럽의 공산주의 체제 몰락과 냉전 체제의 종식에 따라 러시아와 중국의 지원과 경제적 교류가 중지되거나 대폭 줄어들게 되어 1990년대 중후반에 걸쳐 최악의 경제난을 맞으며 수백만 명의 아사자가 발생하는 소위 "고난의 행군" 기간을 겪게 된다. 이로 인해 벼랑 끝까지 나선 북한은 1970년대 초부터 시작했던 마약류 생산을 1990년대에 들어서 외화벌이를 위해 본격적으로 확대하고 심지어 국가가 운영하는 제약회사에서 고순도(高純度)의 마약을 대량 생산하여 일본, 중국, 대만 등 아시아 지역과 미국 및 유럽으로 밀거래를 확산시킨 것으로 알려져 있다. 그뿐 아니라 국가 기관 차원에서 운영하는 기술과 설비를 활용하여 미국 달러의 위조지폐를 제작하고 세계적으로 유명한 상표를 도용한 가짜담배, 가짜의약품을 대량 생산하면서 국제적 밀거래를 통해 외화를 벌어들이는 것으로 세계 언론에 보도되고 있다. 이러한 불법 활동에도 불구하고 북한은 모든 연루 사실을 부인하는 전형적인 태도를 유지해 왔다. 그러나 1990년부터 2004년까지 호주, 일본, 대만, 미국에서 적발된 다수의 대규모 마약밀매 및 미화 위조지폐 사건이 북한과 연관된 것으로 드러남에 따라, 북한에 대한 국제사회의 대응조치와 제재는 더욱 강력해졌으며, 2005년 이후부터 북한이 전통적 외화벌이 수단으로 활용하였던 마약밀매·위조지폐 등 초국가적 조직범죄와 연계된 불법행위가 위축된 모습을 보였다. 이후 수년간 가짜담배 등 가짜상품의 밀거래가 마약과 위폐의 자리를 대신하여 주요 외화벌이 형태로 활용되었고, 시리아·이란·레바논 등을 대상으로 핵무기 개발의 연장선에서 개발해 온 미사일 등 대량살상무기(WMD) 불법 거래가 핵심 외화벌이 수단으로 활용되고 있다. 또한, 북한 외교관을 통한 멸종동물과 귀금속의 밀수, 사이버 루트를 통한 사이버범죄 역시 외화벌이를 위한 수단으로 여전히 지속 적발되고 있으며, 인신매매 수준으로 보이는 북한 노동자의 해외 파견을 통해 외화벌이를 지속하고 있다. 정상적인 국제 무역의 인프라와 자원이 부재하고 국제사회가 요구하는 기본적인 질서유지에 동참하는 것을 거부함으로써 국제사회와의 관계가 단절되어 있는 북한으로서는 합법적으로 국제적 경제활동을 전개하기는 어려우며, 결국 불법적 방법과 수단을 통해 외화를 벌어들이는 활동을 지속할 수밖에 없는 것이다.

북한의 불법행위와 관련하여, 국제적으로는 크게 핵 문제, 반인권적 범죄, 초국가적 조직범죄 연계 불법행위 등 세 가지로 구분되어 주로 미국 학자들 중심으로 연구되어 왔으며, 미국 정부 및 국제연합의 자료로 활용되기 위해 사실적 내용 중심의 연구 보고서는 지속 생산되어 왔다. 1990년대 후반부터 미국 의회조사국 연구원인 펄(Raphael Perl)과 미국 국무부 출신의 애셔(David. Asher) 등이 주축이 되어 북한의 국제적 불법행위를 구체적으로 수집하고 이를 정기·비정기적으로 의회보고서 및 국무부 보고서 형태로 공개해 왔다. 이러한 사실 보고는 와일러(Liana Sun Wyler) 및 난토(Dick K. Nanto) 등의 북한 전문가들이 그 역할을 이어받아 2008년 8월 "북한의 외화벌이 불법활동(North Korean Crime-for-profit Activities)"[1]이라는 보고서를 의회에 제출하면서 북한의 불법 활동 관찰이 지속되어왔다. 2005년 이후 북한의 국제적인 불법 활동을 논제로 심도 있게 연구해 온 미국 학자들 중 핵심적인 인물은 그레이튼스(Sheena Chestnut Greitens)라고 할 수 있다. 2005년 '국제안보와 협력을 위한 국제안보연구센터(International Security Studies Center for International Security and Cooperation)'의 후원을 받아 'The Sopranos State'[2]라는 논문을 작성하였으며, 이어 2007년에 'Illicit Activity and Proliferation, North Korean Smuggling Networks'라는 논문을 발표하였고, 2014년에는 'Illicit, North Korea's Evolving Operations to Earn Hard Currency'라는 논문을 발표하면서, 2014년까지 나타난 북한의 불법 활동과 변화 동향을 일관적으로 상세하게 분석하였다.

이 책에서는 초국가적 조직범죄를 다루고 있다. 다양한 행위자와 수많은 범죄 유형이 열거될 수 있겠으나, 여기서는 초국가적 조직범죄의 개념과 유형, 조직, 그리고 국제적 및 국가적 차원의 사례와 대응활동을 폭넓게 소개하면서 유엔의 국제협약과 UNODC의 연구 내용을 중심으로 국제적 공통 기본서 차원에서 작성하였다. 또한, 개별적인 범죄 집단이 아닌 국가적 차원의 불법활동으로서 북한의 사례를 조사하였다. UNODC에서 구분한 대표적인 유형으로 마약, 무기밀매, 위조지폐, 가짜상품, 인신매매, 밀수, 사이버범죄 등 7가지 초국가적 조직범죄 유형으로 구분하여 북한의 불법활동을 구체적으로 살펴본다. 북한의 초국가적 조직범죄 개입 활동에 대한 내용은 이미 발표된 그레이튼스 등의 논문들을 포함하여, 국내외에서 보도된 모든 적

---

1 Perl, Raphael 및 Nanto, Dick K. 2007년 2월 같은 제목으로 CRS(Congress Research Service) 보고서 작성, 2008년 8월 Wyler 및 Nanto에 의해 연속 작성됨.

2 Sheena E, Chestnut, 2005, "The 'Sopranos State?'- North Korean Involvement in Criminal Activity and Implications for International Security", Stanford University, 체스트닛은 결혼한 후 남편의 성을 따라 그레이튼스(Greitens)로 성이 바뀌었으나, 동일 인물이다.

발 사례를 근거로 서술되었다. 이로써 객관적 사실과 학술적 평가를 함께 분석함으로써 북한 관련 내용의 신뢰성을 제고하고자 하였다. 이어서 안보와 글로벌 범죄의 개념이 초국가적 조직범죄와 어떻게 연계되어 있는지를 설명하였다. 국제안보 환경의 변화에 따라 국가안보와 인간안보에 대한 패러다임의 변화가 요구되는 상황에서, 인간안보 차원에서 대응해야 할 초국가적 조직범죄를 조망해 보았다. 마지막으로, 우리나라의 초국가적 조직범죄 위협 요인으로 최근 부각되고 있는 외국인범죄를 조사한다. 국내체류 외국인의 초국가적 조직범죄 사례를 분석하고 외국인 명의로 유통되는 대포물건 범죄를 신종 초국가적 조직범죄 차원에서 고찰한다. 또한, 외국인의 국내 유입 증가로 우려될 수 있는 외국인테러전투원(FTF) 연계 테러리즘의 잠재적 위협을 진단해 보고 이에 대한 대응방안도 제시해 본다.

목차

제5장 외국인범죄와 초국가적 조직범죄

표 목차

그림 목차

영문약어 표

ACCORD	ASEAN and China Cooperative Operations in Response to Dangerous Drugs
ATS	Amphetamine-type stimulants
ATT	Arms Trade Treaty
ASEAN	Association of Southeast Asian Nations
BDA	Banco Delta Asia
CCPCJ	Commission on Crime Prevention and Criminal Justice
CND	Committee on Narcotic Drugs
CRS	Congressional Research Service
CIA	Central Intelligence Agency (US)
DEA	Drug Enforcement Administration (US)
DPRK	Democratic People's Republic of Korea (North Korea)
ECOSOC	Economic and Social Council (UN)
ELN	National Liberation Army (Columbia)
EU	European Union
FARC	Revolutionary Armed Forces of Columbia
FBI	Federal Bureau of Investigation (US)
GA	General Assembly (UN)

HONLEA Heads of National Drug Law Enforcement Agencies

HRNK The Committee for Human Rights in North Korea

IAEA International Atomic Energy Agency

IAI Illicit Activities Initiative

ICBM Inter-Continental Ballistic Missile

ICC International Criminal Court

ILO International Labor Organization

INCB International Narcotics Control Board (UN)

INCSR International Narcotics Control Strategy Report (US Department of State)

IRA Irish Republican Army

제1장

초국가적 조직범죄의 이해

제1절

초국가적 조직범죄의 개념

1. 개념 정립

'초국가적 조직범죄'는 조직적인 범죄 집단의 불법 활동이 한 국가의 국경을 넘어서 두 개 이상의 국가 사이에 연계관계(network)를 형성하여 행해지는 것으로 보편적으로 이해된다. 국제사회에서는 이러한 조직범죄 집단에 의해 일어나는 초국가적 조직범죄를 전통적으로 '국제조직범죄(IOC, International Organized Crime)'라는 이름으로 분류하여 다루어 왔으며,[1] 이 명칭은 일반적으로 칭하는 '국제적인 범죄(International Crime)'와는 구별되는 개념이다. 즉, 국제적인 범죄는 조직범죄 집단에 의해 발생하는 범죄로 국한되는 것이 아니며, 범죄가 국제적인 관계에 있을 경우 모두 포함할 수 있다는 점에서 국제조직범죄와는 다른 의미로 해석된다. 예를 들면, 국제형사재판소(ICC)에서 관할하는 전쟁범죄, 반인권범죄, 침략범죄, 대량학살 등의 범죄는 국제적

1 미 국무부는 국제조직범죄(IOC)의 개념을 확립하여 대내외적으로 소개하고 있다. http://www.state.gov/j/inl/c/crime/c44636.htm (검색일: 2016.9.16.)

인 범죄이나, 국제조직범죄 차원에서 자행되는 범죄유형과는 구별되기 때문이다. 한편, 국제연합은 2000년 11월 '유엔 초국가적 조직범죄 방지협약(이하 UNTOC)'을 국제협약으로 작성하여 채택하면서 '초국가적 조직범죄(TOC, Transnational Organized Crime)'라는 명칭을 사용하기 시작하였고, 이로써 국제조직범죄(IOC)라는 명칭은 사라지게 되었으며, 국제사회는 이제 TOC로 명명하는 추세를 보인다.[2]

초국가적 조직범죄라는 개념의 탄생을 설명하기 위해, '조직범죄(Organized Crime)'라는 개념을 먼저 이해할 필요가 있다. '조직범죄'란 일반범죄와는 달리, 2명 이상 복수의 조직원이 특정 범죄를 자행할 목적으로 결성하여 자행된 범죄로써, 과거부터 우리에게 잘 알려져 있는 조직범죄 집단으로는 이태리를 기반으로 두고 1930년대부터 미국 지역에서 활동하였던 마피아 조직, 주로 마약거래를 수단으로 하는 남미의 카르텔, 러시아와 舊소련 전역에서 활동하는 러시아 마피아, 중국에 기반을 둔 '삼합회'(Triad), 일본 본토 중심으로 활동 중인 '야쿠자' 등을 예시할 수 있다.

이들 조직의 활동에서 나타난 공통점을 보면, 본토에서 동향인들을 조직원으로 구성하여 시작하였으며, 세력 확장과 금전적 수익의 확대를 위해 점차 그 활동을 나라 바깥으로 확대하게 된다. 범죄의 유형은 주로 일반인들이 합법적으로 취득하거나 해결할 수 없는 사안을 다루는데, 예를 들면 주류나 총기의 밀거래, 위협 또는 공갈 협박, 국가 간 합법적으로 거래할 수 없는 물품의 밀수, 불법 마약의 밀거래, 문서 또는 화폐의 위조, 유명상품이나 의약품의 가짜상품 제조 및 밀거래 등이었다. 범죄의 수법은 주로 관련 공무원이나 종사자에 대한 뇌물공여, 공갈협박 등을 통해 그 루트를 만들었으며,

---

2 '초국가적 조직범죄(TOC, Transnational Organized Crime)'의 명칭은 국제올림픽위원회(IOC, International Olympic Committee)와의 약어 명칭 중복을 회피하고, 국제범죄(International Crime)와의 개념 혼선도 회피하려는 의도인 것으로 알려졌다.

또한 동시대의 법망을 회피하는 다양한 불법과 편법의 방법이 동원되었다.

이러한 조직들은 삼합회나 야쿠자의 역사에서 보듯이 17세기 및 18세기부터 중국과 일본이라는 한 국가 안에서 자신의 조직들의 세력 확보를 목적으로 결성되었는데, 이 조직들이 금전적 이득을 확대하는 과정에서 마약밀수 등 점차 불법적 사업에 개입하게 되었고, 현대에 들어서는 심지어 남미의 코카인 생산조직이나 중앙아시아 및 중동지역의 아편·헤로인 생산조직과 연계하여 국제적으로 활동하게 된다. 1930년대 경제 대공황의 시기에 편승하여 미국을 중심으로 이태리계 마피아 조직은 당시 酒類판매 금지령을 기회로 주류밀수 및 마약, 총기 밀수를 주요 범죄 대상으로 삼았으며, 유럽지역과도 연계하여 마약의 밀거래가 점차 확산되었다. 이들 조직들의 불법적 활동은 이제 국경을 초월하여 2개 국가 이상을 넘어 전 세계로 시장을 확대하여 활동함에 따라, 1960년대 이후 '초국가적 조직범죄'라는 영역으로 자리 잡게 되었다.

현대적 조직범죄에 대한 개념은 다양한 시각에 따라 정의될 수 있겠으나, 전통적으로 초국가적 조직범죄 집단으로 활동하는 조직들이 현대적으로 변화하면서 다음과 같은 다섯 가지의 기본적인 속성을 보이고 있는데, 탈이데올로기성(non-ideology), 불법성(illegality), 폭력성(violence), 조직성(membership), 비밀성(secrecy) 등이다.[3] 최근 사이버범죄가 만연하면서 사이버 공간을 활용하는 특성상 물리적 폭력성이 적어진 듯 하나 언어와 영상의 폭력성 또한 심각한 상황으로 치닫고 있다. 한편, 속성상 공통적인 것은 이러한 조직들은 경제적 이익을 우선시하며, 정치적으로 개입하는 것은 경제적 이익을 고려하여 행해지는 것일 뿐 근본적으로 탈정치성의 성향을 보이고 있다.

초국가적 조직범죄의 활동은 위에서 살펴본 바와 같이 거대 조직부터 작은 하부 조직까지 다양하게 활동하고 있으며, 시기적으로는 17세기부터

---

3 조성권, 2011, 『21세기 초국가적 조직범죄와 통합안보』, 서울; 한성대학교출판부, p.20.

불법적 성향을 드러내기 시작한 조직의 활동이 1929년 세계 대공황을 거쳐 세계 제2차 대전 이후부터 본격적으로 인류에 해악을 끼치는 조직으로 부각되기 시작했다. 1980년대 말 소련 등 공산권의 붕괴와 더불어 동구권과 중동 및 중앙아시아 지역의 정치적 변화로 인해, 불안정한 국가조직을 유지하는 부패한(corruptive) 공권력과 결탁하여 초국가적 조직범죄 집단은 스스로의 발전을 도모하였으며, 이후 세계화, 개방화 정책의 확대와 정보 통신기술의 발달에 따라 초국가적 조직범죄 집단 역시 첨단화되어 가고 있다. 따라서 과거의 조직범죄와 사뭇 다르며 현재에도 지속 진화하고 있는 초국가적 조직범죄에 대한 개념을 정의하는 것은 완전할 수 없는 작업일 것이다.

고슨(Roy Godson)과 올슨(William J. Olson)은 1995년 동시대까지 출현한 조직범죄 집단의 활동을 분석한 후, 초국가적 조직범죄의 합법, 비합법적 혼용 운영 추세와 다른 조직 및 개인과의 연계를 통한 확장 성격을 강조하면서, 조직범죄의 최우선 목적을 "금전적 이득을 취하려는 사업적 운영과 조직의 확대, 보호"라고 규정하고 "이러한 관점에서 조직범죄는 기업과 유사하다"고 설명하였다.[4] 뮐러(Gerhard Mueller, 2001)는 국제범죄의 개념을 국제법상의 국제범죄와 범죄학적 측면의 국제범죄를 구분하여, 각각 영어 표기로 'International Crime'과 'Transnational Crime'으로 구분하였다.[5] 뮐러의 'Transnational Crime' 사용은 시기적으로 볼 때, UNODC가 2000년 11월에 채택한 UNTOC에서 표기한 'Transnational Organized Crime'의 영향을 받은 것으로 보인다. 본 책자에서는 앞서 구분한 것처럼 국제적인 범죄의 개념 중에서도 뮐러가 구분한 범죄학적 개념인 'Transnational Crime'과 UNODC의 초국가적 조직범죄(UNTOC, 2000) 개념으로 그 정의와 설명을 전개한다.

---

4 Roy Godson, William J. Olson, 1995, "International Organized Crime", *Society*, special features, p.19

5 Mueller, Gerhard. 2001, *Combating Transnational Crime*, ,Frank Cass, p.13

2. 용어의 정의

(1) 국제연합의 정의

'유엔 초국가적 조직범죄 방지협약(UNTOC)'은 2000년 11월 15일 국제연합 총회에서 의결문이 채택되어 2000년 12월 12~15일간 회원국의 서명을 받고 2003년 11월 29일 발효되었다. 이 협약은 초국가적 범죄에 대응하기 위한 국제적 대응장치로서 '유엔 마약 및 범죄 사무소(UNODC)' 주도로 실무 회의(Ad hoc meeting)를 수차례 개최한 후 결의문을 채택하기에 이르는데, UNTOC에 대한 총회 결의문(55/25)과 부속서(Annex)로서 구성된다.

먼저 결의문은 2000년 11월 15일 채택된 55/25호 내용으로, 1998년부터 채택된 3건의 결의문들을 상기하며, 협약추진 과정에 도움을 준 국가들에 대해 감사를 표하고 협약이 채택된 과정을 설명하면서 모든 회원국이 이 협약에 가입하고 비준할 것을 권고하면서, 동시에 유엔 기구에 대해서도 적극적인 지원을 요청하였다. 이어 첫 번째 부속서(Annex Ⅰ)로서 UNTOC 국제협약 내용이 포함되었고, 두 번째 부속서(Annex Ⅱ)로서 "인신매매, 특히 여성과 아동들에 대한 인신매매의 예방, 저지, 처벌에 대한 의정서", 세 번째 부속서(Annex Ⅲ)로서 "육상, 해상 및 항공을 통한 이주자의 불법이민 방지를 위한 의정서" 등 3개의 부속서가 포함되었다. 2001년 5월 31일 국제연합 총회의 의결을 거쳐 "총기류, 그 구성부분과 부품 및 탄약의 불법제조 및 불법거래 방지를 위한 의정서"를 추가로 채택하였다. UNTOC 협약의 결의문과 부속서(AnnexⅠ)의 내용은 크게 2가지를 강조한다. 첫째, 회원국으로 하여금 초국가적 조직범죄 문제의 심각성을 인식토록 하고 국제적 협력을 증진시켜야 할 필요성을 강조하였다. 둘째, 회원국은 이 협약을 자국에서 비준 동의함으로써 관련된 국내법을 제정 또는 개정하되, 초국가적 조직범죄 집단, 돈세탁, 부정부패, 사법권에 대한 방해 등에 대응하는 내용과 국가 간 상호협력, 법집행기관간의 협력, 자국의 관련업무 당국자들에 대한 교육과 기술지원의 증진 등의 내용도 포함되도록 주문하였다.

UNTOC 협약의 내용은 부속서(Annex) 형식으로 작성되었으며 총 41개 조항(Article)으로 구성된다. 제1조(목적)에 "이 협약의 목적은 초국가적 조직범죄를 보다 효율적으로 예방하고 맞서 싸우기 위한 국제적 협력을 증진시키는데 있다."라고 협약의 목적을 서술하였으며, 제2조(용어의 사용)에서 초국가적 조직범죄 관련 표준이 되는 용어에 대한 정의를 명기하였는데, 각 국가에서 벌어지는 초국가적 조직범죄에 대해 국제적으로 개념을 통일시키고 표준화하여 국가 간 협력활동을 효율적으로 수행토록 하는데 기여한 것으로 평가된다. 제2조 (a)항에서 "조직범죄 집단(Organized criminal group)"이란, "특정 범죄를 자행하기 위해 일정기간 동안 회합하면서, 이 조약에서 명시한 심각한 범죄(인신매매 등)를 2개 국가 이상에 걸쳐 자행하고, 직접 또는 간접적으로 금전적 이득 또는 다른 물질적 이득을 취할 목적으로 3명 이상으로 구성된 조직"으로 정의한다."고 명시하였다.[6] (b)항에서는 "심각한 범죄(Serious crime)"란, 처벌 형량이 최소한 4년 이상 징역에 해당하는 범죄를 의미한다고 규정하였는데, 이는 인신매매 및 불법이주 범죄조직에 대해 대부분 회원국에서 평균적 형량으로 4년 이상을 규정한데 그 근거를 두고 있다. (c)항에서는 "조직된 단체(Structured group)"란, "범죄모의를 위해서 즉흥적으로 구성된 조직을 의미하는 것은 아니며, 그렇다고 해서 각 조직원의 임무가 공식적으로 설정되거나 조직원이 되기 위한 지속적인 기간의 역할수행과 또는 조직의 성장이 지속되어야 한다는 조건을 필요로 하는 것은 아니다."라고 명시하면서 비교적

---

6 원문내용 : UN Convention against Transnational Organized Crime (2000.11), Annex 1, Article 2, (a) : "Organized criminal group" shall mean a structured group of three or more persons, existing for a period of time and acting in concert with the aim of committing one or more serious crimes or offences established in accordance with this Convention, in order to obtain, directly or indirectly, a financial or other material benefit;

포괄적인 초국가적 조직범죄 집단의 성격을 규정하였다. 즉 '조직범죄집단'의 정의는 여러 가지 요소가 포함되어 구성된 하나의 실체인 것으로 의미되는데, 우선적으로 조직범죄집단은 "조직화된 집단"이다. (c)항에 따르면 이 조직화된 집단은 "이미 발전된 구조(Developed structure)를 구축하고 있는 조직"이라는 의미로 한정할 필요는 없다는 설명이다. 따라서 조직화된 집단은 포괄적 의미에서 위계적인 질서로 구성된 통상적인 범죄조직이나 또는 위계질서가 없는 조직적 단체 역시 모두 포함한다. 실제 이러한 의미는 "조직화된 집단"이라는 형태가 다양한 모든 종류의 구성 조직을 포함한다고 볼 수 있다.

UNTOC의 개념 정의를 요약하자면, 조직범죄 집단이란, ① 그 목적이 금전적 이득 또는 다른 형태의 물질적 이득을 취하는데 있으며, ② 조직원의 구성은 3명 이상이고 ③ 2개 국가 이상에 걸쳐 범죄가 자행되며 ④ 우발적인 모임이 아니라 범죄의 공모를 위해 조직원간 일정기간 회합하고 ⑤ 인신매매 등 이 조약에서 명시한 심각한 범죄를 자행하는 집단을 말한다. 이 정의에 근거하여 초국가적 조직범죄의 개념을 단순하게 도출할 수 있는데, 즉, "금전적 이득 취득을 목적으로, 3명 이상의 구성원으로 조직되어, 2개 국가 이상의 영역에서 자행되는 인신매매 등의 심각한 범죄행위"를 의미한다고 설명할 수 있다. 다만, UNTOC에서는 회원국의 참여 확대를 위해 '심각한 범죄'의 유형을 비교적 논쟁의 여지가 덜한 "인신매매, 특히 여성과 아동들에 대한 인신매매", "육지, 해상, 공중을 이용한 불법 이주", "무기 및 무기부품, 탄약에 대한 불법적 제조 및 유통" 등 3개 분야만을 포함시켰으나, 실질적으로 이 정의에 해당되는 초국가적 조직범죄는 현재의 UNODC가 관할하는 마약범죄 뿐만 아니라 '범죄예방 및 형사 사법 위원회(CCPCJ)'[7]의 관할 하에 있는 모든 초국가적 조직범

---

7 범죄예방 및 형사 사법위원회(CCPCJ, Commission on Crime Prevention and Criminal Justice)는 마약위원회(CND)와 함께 유엔 경제사회이사회에 부속된 기능위원회 중 하나다. 초국가적 범죄를 포함한 모든 범죄의 국제적 대응을 증진하고, 형사 사법 행정 체계의 공정성과 효용성을 개선함을 임무로 한다. (UNODC 자료)

죄 유형인 마약·무기밀매·위폐 및 자금세탁·가짜상품·멸종동물 밀수·사이버범죄·해적행위·납치·국제사기 등을 모두 포함하는 것으로 이해된다.

한편, 제2조의 정의에 따르면 조직범죄집단은 "금전적 이득 또는 다른 물질적 이득을 취할 목적으로"라고 명기되었는데, 여기에서 "다른 물질적 이득(Other material benefit)"에 대한 의미가 다소 의문시된다. 즉, 이 문구는 금전적 이득 외에도 경제적인 이득은 아니지만 환경적 또는 정치적 동기에 의해서 조장된 이득도 포함시켜야 하는 것으로 이해될 수도 있다. 유엔협약에서는 이 문제에 대해 포괄적인 해석으로 포용한다는 입장이다.[8] 이러한 포괄적 해석의 의도는 초국가적 조직범죄와 정부 관료 등과의 결탁에서 나타나는 부정부패(Corruption)도 조직범죄집단의 목적과 같은 것으로 해석할 수 있으며, 부패한 관료 역시 조직범죄 집단의 일원으로 간주할 수 있음을 염두에 둔 것으로 이해된다.

앞서 보듯이 비록, 일부 쟁점이 되는 문구가 분명하게 해석되지 않는 문제점도 남아 있으나, 초국가적 조직범죄에 대응하여 싸워나가기 위한 성문화된 국제적 규범의 필요성에 대해 모든 회원국의 광범위한 공감대가 형성된 만큼, 이 협약은 초국가적 조직범죄의 정의를 합리적으로 도출한 것으로 인정받고 있다.

(2) 국제적 범죄(International Crimes)

이상에서 보듯이 대표적인 초국가적 조직범죄 집단은 범죄의 목적이 금전적 이득을 최대화하고 이를 통해 세력을 확장하려는 공통적 성향을 보이고 있다. 그러나 국제협약을 포함하여 일반적으로 국제법으로 간주되는 여

---

8 Orlova, Alexandre V. and Moore, James W. 2004, *Umbrellas or Building Blocks? : Defining International Terrorism and Transnational Organized Crime in International Law*, 11th Annual York Centre for International and Security Studies Conference at York University, Toronto, Canada. 2004. p.283.

러 가지 법령에서 언급하는 '국제적 범죄(International Crimes)'의 개념은 초국가적 조직범죄와는 적용 범위가 다른 영역도 있음을 구분할 필요가 있다.

비록 국제법상 나타나는 국제적 범죄는 마약(나코-테러리즘) 및 인신매매 등의 범죄유형도 포함할 수 있겠으나, 전통적으로 헤이그 협약(1899 및 1907)과 제네바 협약(1949), 그리고 추가로 제정된 제네바협약 추가조약(1977)에 나타난 전쟁범죄에 위반되는 내용이 주를 이루었다. 세계 제1차 대전과 제2차 대전을 지나면서 전쟁범죄를 기소하고 재판하기 위한 국제적 형법(International Criminal Law)이 필요에 따라 제정되어 적용되었다가, 영구적인 형태로 1993년에 국제형사재판소(ICC, International Criminal Court)가 설립되었고, 1998년에 국제적 형법의 완결된 모습으로 '로마 규정(Rome Statute)이 제정되었다. 즉, ICC는 각 국의 정부들이 모여 설립한 정부 간 기구(IGO)이며, 로마 규정은 가장 최근에 개정된 '국제형법'인 셈이다.

19세기에 국제관습법 차원에서 해적이나 노예제도를 불법으로 규정하고 관할한데 이어서, 20세기 들어서 국제형사법의 규범에 저촉되는 전쟁범죄에 대한 처벌을 실현하기 시작했다. '뉘른베르크 국제군사재판(1945)' 및 '극동지역을 위한 국제군사재판(1946, 동경)'에서 국제형사법의 적용이 실현되었으며, 이 재판들을 통해 反인권범죄가 포함되었다. 이어 1948년에 '대량학살'이 범죄로 포함되었고, 1980년대에 들어서 '고문'도 포함되었으며, 2010년에 '침략범죄(Crime of Aggression)'도 처벌이 가능하도록 추가되었다. 오늘날, '국제형사재판소(ICC, International Criminal Court)'는 '전쟁범죄', '반인권범죄', '대량살상', '침략범죄' 등 4가지 범죄를 '핵심범죄(Core crimes)'로 구분하여 ICC의 사법적 관할 하에 두도록 하였는데, 나머지 '고문', '테러리즘'은 아직까지 ICC의 사법적 대상에 두지 못하는 실정이다.[9]

---

9 Ibid., p.197

2021년 2월 현재, 한국을 포함한 123개 국가가 '로마규정'에 가입한 ICC 회원국이다. '로마 규정'에 따르면, '국제적 범죄'란 국제형법(International Criminal Law)에 저촉되어 '국제형사재판소(ICC)'의 관할 하에 포함되는 범죄 항목으로서, (a) 대량살상(The crime of genocide), (b) 反인권범죄(Crimes against humanity), (c) 전쟁범죄(War crimes), (d) 침략범죄(The crime of aggression)를 중점으로 의미하고 있으며, ICC는 위 4개의 핵심범죄에 대해서만 수사할 수 있도록 규정하였다. ICC의 업무적 개시는 개인의 형사책임에 대해 문제 제기하는 범죄인만큼, 조직범죄 집단을 대상으로 하는 '초국가적 조직범죄'에 대한 대응 활동 개념과는 구분된다고 하겠다.

(3) 국내 적용 실태

한 국가 및 특정 지역 내에서 범죄조직을 구성하여 활동하는 그룹을 "조직범죄(OC, Organized Crime)"라고 칭한 것은 이미 오래되었으며, 세계화에 편승하여 조직적으로 구성된 범죄 집단이 국경을 넘어 국제적으로 활동하면서 국제조직범죄(IOC)으로 불리게 되었다. 90년대 '국제조직범죄(IOC, International Organized Crime)'로 불리던 명칭은, 2000년 11월 "국제연합 초국가적 조직범죄 방지협약(UNTOC, UN Convention against Transnational Organized Crime)"이라는 국제협약이 채택되면서 그 명칭을 "초국가적 조직범죄"라고 바꿔 부르기 시작했고 이에 따라 우리나라를 포함하여 협약 가입국가도 이러한 트렌드에 동참하고 있다.[10]

세계화에 편승한 초국가적 조직범죄의 확장은 우리나라에도 영향을 미

---

10 우리나라 법무부는 2000년 12월 UNTOC 협약 서명 당시 '유엔 국제조직범죄 방지협약'으로 번역하였으나, 2014.7.14. 정부가 제출한 국회 비준동의안에는 '국제연합 초국가적 조직범죄 방지협약'으로 수정하였다.

쳐왔다. 마약 청정국으로 알려진 한국이지만 여전히 마약의 밀수입과 밀거래는 지속 발견되고 있으며, 그 배경에는 중국과 일본이 등장하고 국제적인 조직에 의해 마약밀매 등의 초국가적 조직범죄의 활동은 우리나라도 예외는 아니며 밀입국 등의 범죄는 지속 증가 추세를 보인다. 우리나라에서는 총리실 주관으로 검찰, 경찰, 국가정보원, 세관 등 정부조직의 유관기관과 민간분야 전문가를 포함하여 마약류대책협의회(2004년)를 조직하여 운영하였고, 이어 2010년 총리훈령 549호가 제정되면서 '국제범죄대책협의회'를 조직하여 한시적으로 운용하였는데, 이 규정에 명시된 제2조(정의)에 따르면 국제범죄는 다음과 같이 정의된다.

> "제2조(정의) 이 규정에서 '국제범죄'란 우리나라 국민의 국외범죄, 외국인의 국내범죄 및 우리나라 국민을 상대로 한 범죄, 국가 간 공조(共助)가 필요한 범죄로서 국제사회의 질서와 법익을 침해하는 범죄를 말한다."[11]

우리 정부에서 언급하는 '국제범죄'의 개념은 그 용어상의 정의 명시보다는 협의회와 유관기관의 관할 범위를 명료하게 규정하고자 하는 데 중점을 두었다. 따라서 국내에서 의미하는 '국제범죄'는 국내에서 발생하는 외국인 범죄 및 해외에서 발생된 내국인 관련 범죄, 양자 및 다자간 협력 활동이 필요한 범죄 등을 포함하는 "외국과 관련된 범죄"로서, UN에서 정의하는 '초국가적 조직범죄(TOC)'보다 폭넓게 다루어지고 있다고 볼 수 있다.

국가정보원은 국가정보원법 중 제4조 1호 다항 직무에 관한 내용에서

---

11 국제범죄대책협의회는 2009년 국무조정실 주관으로 16개 기관 실국장급이 참석하는 범정부 유관기관 회의체로 발족하였으며, 이후 2010.5 총리훈령 549호가 제정되면서 공식 출범되었고, 총리훈령을 개정하면서 2016.12.31.까지 연장 운영하였으나 이후 훈령을 개정하지 않아 한시규정에 따라 2017.1.1.부 폐지되었다.

"국제범죄조직"에 대한 정보 수집, 작성, 배포 임무를 명시하고 있다. 경찰은 외사업무를 확대시켜 2011년 2월 경기, 서울 등 7개 지방청에서 "국제범죄수사대"를 발족하고 마약거래 등 강력범죄를 포함하여 외국인 범죄, 첨단산업기술 유출사범, 금융범죄, 인터폴 수사공조 등의 업무를 담당한 바 있다. 검찰은 "국제범죄"라는 별도의 영역을 구분하지 않은 채, 마약범죄, 부정부패, 조직폭력범죄, 지식재산권 침해범죄, 기술유출범죄, 사이버범죄 등의 수사업무를 담당한다. 그러나 용어의 혼선을 피하기 위해 재강조하자면, 우리나라의 국제범죄 개념은 국제법상 로마규정에서 언급된 4대 범죄를 의미하는 국제적 범죄와는 거리가 있고, 다분히 초국가적 조직범죄를 중심으로 업무가 전개되고 있음을 알 수 있다. 따라서 우리나라 정보, 수사기관에서 다루고 있는 국제범죄 업무는 UNODC 주도의 초국가적 조직범죄의 개념을 기본 근간으로 삼으며, 이에 더하여 우리나라에서 부각되고 있는 외국인 범죄를 폭넓게 포함하고 있다.

국가정보원법에 나타난 직무 중 국제범죄와 관련된 내용은 아래와 같다.

> 제4조(직무) ① 국정원은 다음 각 호의 직무를 수행한다.
>
> 1. 다음 각 목에 해당하는 정보의 수집·작성·배포
>
> 가. 국외 및 북한에 관한 정보
>
> 나. 방첩(산업경제정보 유출, 해외연계 경제질서 교란 및 방위산업침해에 대한 방첩을 포함한다), 대테러, 국제범죄조직에 관한 정보
>
> 다. 「형법」 중 내란의 죄, 외환의 죄, 「군형법」 중 반란의 죄, 암호 부정사용의 죄, 「군사기밀 보호법」에 규정된 죄에 관한 정보
>
> 라. 「국가보안법」에 규정된 죄와 관련되고 반국가단체와 연계되거나 연계가 의심되는 안보침해행위에 관한 정보
>
> 마. 국제 및 국가배후 해킹조직 등 사이버안보 및 위성자산 등 안보 관련 우주 정보

2. 국가 기밀(국가의 안전에 대한 중대한 불이익을 피하기 위하여 한정된 인원만이 알 수 있도록 허용되고 다른 국가 또는 집단에 대하여 비밀로 할 사실·물건 또는 지식으로서 국가 기밀로 분류된 사항만을 말한다. 이하 같다)에 속하는 문서·자재·시설·지역 및 국가안전보장에 한정된 국가 기밀을 취급하는 인원에 대한 보안 업무. 다만, 각급 기관에 대한 보안감사는 제외한다.
3. 제1호 및 제2호의 직무수행에 관련된 조치로서 국가안보와 국익에 반하는 북한, 외국 및 외국인·외국단체·초국가행위자 또는 이와 연계된 내국인의 활동을 확인·견제·차단하고, 국민의 안전을 보호하기 위하여 취하는 대응조치
4. 다음 각 목의 기관 대상 사이버공격 및 위협에 대한 예방 및 대응
   가. 중앙행정기관(대통령 소속기관과 국무총리 소속기관을 포함한다) 및 그 소속기관과 국가인권위원회, 고위공직자범죄수사처 및 「행정기관 소속 위원회의 설치·운영에 관한 법률」에 따른 위원회
   나. 지방자치단체와 그 소속기관
   다. 그 밖에 대통령령으로 정하는 공공기관
5. 정보 및 보안 업무의 기획·조정
6. 그 밖에 다른 법률에 따라 국정원의 직무로 규정된 사항

(4) 테러리즘(Terrorism)과의 구분

공포를 만들어낸다는 의미로 '테러(terrere)'라는 용어는 중세 프랑스에서 사용되기도 하였으며, 1789년 발생한 프랑스혁명 시기 가장 공포스러운 처형이 지속되었던 1794-1795년 기간을 '공포의 시기(Reign of Terror)'라고 명명한 데에서 어원이 시작되었다고 본다. '테러리즘'이라는 용어는 1798년 프랑스에서 발간된 『Dictionnaire de l'Académie française』(증보 5판)에서 처음으로 등장한 것으로 본다. 이 책에서 테러리즘의 의미를 '공포를 수단으로 하

는 통치, 체계(systeme, regime de la terreur)'로 정의하였다. 당시 프랑스혁명 직후에 나타난 환경을 고려하면 여기서 언급된 공포의 통치와 체계는 정치적 역할에서 나타나는 현상이며, 사사로운 목적 차원에서 행해지는 것보다는 체계(systeme)적인 행위임을 의미한다. 이에 따라 테러리즘에 대한 정의는 일반적인 협의의 개념으로, "정치적 목적을 달성하기 위해 타인의 생명, 신체, 자유, 재산 등에 대해 폭력, 위협, 살상 등의 강제수단을 사용함으로써 사회적 공포의 결과를 초래하는 행위"[12]로 알려져 있다. 그러나 복잡화되어 가는 갈등 구조와 각 국가의 이익 및 주장이 지속적으로 부각되는 현실에서 심지어 국제연합에서도 테러의 정의를 확립하지 못하고 있다. 미 국무부와 국방부에서 제시한 테러의 정의를 참고하여 최근 테러사건의 현상을 분석하여 볼 때, "국가, 조직, 개인에 의해 정치적, 종교적 이념적 목적을 달성하고자 정부 또는 사회를 강요하고 굴복시킬 목적으로 사람이나 재산에 대해 불법적으로 사용되는 폭력 또는 위협"으로 정의하는 것이 합리적이고 타당한 것으로 보인다.

이와 같이 테러리즘의 정의는 분명하나 테러 행위자가 정규군의 일원으로 활동한 것인지 이념적 의도를 가진 자치적 단체의 일원으로 행한 것인지에 대한 시각이 달라 국제테러에 대한 공감적인 포괄적 협약은 국제체제(International Regime) 차원에서는 아직까지 채택되지 못하는 실정이다. 그러나 테러 행위의 결과는 인류에 해악을 가져오는 범죄행위라는 평가는 국제적 공감을 얻고 있다. 1996년 유엔 총회에서는 "국가 차원이거나 또는 개인이나 조직 차원에서 테러를 목적으로 하는 범죄행위는 정치, 철학, 이념, 인종, 종교 등 기타, 다른 모든 요인에 관계없이 정당화될 수 없다"라고 선언하였다. 이에 더하여 코피 아난 전 유엔사무총장은 "민간인 또는 비전투원에게 상해

---

12 이장희, 2002, 『9.11 테러리즘에 대한 미국의 무력공격의 국제법적 평가』, 아시아사회과학연구원, p.2.

또는 살상하는 어떠한 행위도 모두 테러에 포함한다"라고 2004년 유엔 고위급 패널 회의에서 단언하였다.

그러나 이미 21세기 들어서 테러의 주체, 행위, 대상은 예상을 초월하여 더욱 다양화되었고 그 정도가 극단화되었다. 첫째, 테러의 주체가 체계적인 조직뿐만 아니라 '외로운 늑대형' 또는 '은둔형' 테러범이 나타나면서 정치적 이념과 개인의 정서적 혼란이 뒤섞여 발생하기도 한다. 둘째, 테러의 타깃이 정치적 대상뿐만 아니라 소위 '소프트 타깃'으로 명명되는 일반 대중에 대한 공격이 자행되고 있다. 이러한 현상은 무고한 시민들이 정치적 의미와는 무관하게 희생당하는 현실을 보여주고 있는데, 앞에 언급된 코피 아난 유엔사무총장의 호소가 이를 대변한다.

우리나라는 지난 2016년 3월 3일 '국민보호와 공공안전을 위한 테러방지법'(이하, 테러방지법)을 제정하고, "테러란, 국가·지방자치단체 또는 외국 정부(외국 지방자치단체와 조약 또는 그 밖의 국제적인 협약에 따라 설립된 국제기구를 포함한다)의 권한행사를 방해하거나 의무 없는 일을 하게 할 목적 또는 공중을 협박할 목적으로 하는 다음 각 목의 행위를 말한다."고 설명한다. 이에 해당되는 행위는 첫째, 인명살상 및 체포, 감금, 약취, 유인, 인질 행위, 둘째, 항공기 및 항공기 운항과 관련된 공격 행위, 셋째, 선박 및 선박과 관련된 구조물 대상 공격 행위, 넷째, 다중이 이용하는 교통수단 및 시설, 장소에서 폭발, 가스 등의 공격 행위, 다섯째, 핵물질과 관련된 위해 행위 등이 포함된다.

이상에서 살펴본 테러리즘의 활동은 그 유래부터 행위자, 행위 목적 및 유형이 초국가적 조직범죄와는 분명한 구분을 두고 있다. 우선 가장 커다란 차이점은 초국가적 조직범죄의 궁극적 목적이 금전적, 경제적 이득을 취하려는 것에 비해 테러리즘은 정치적, 종교적, 이념적 목적을 달성하는 점이라고 볼 수 있다. 보다 포괄적으로 보면, 정치적 목적의 달성 역시 개인과 집단의 이득을 위해서 추구되는 것이므로 조직범죄가 추구하는 경제적 이득과 같은 맥락으로 볼 수 있겠으나, 목적의 실현을 위한 과정으로 한정하여 볼 때 경제적, 금전적 이득과 정치적 목적의 달성이라는 이득은 아직까지 접점이 이루어지지 않은 두 개의 선을 달리는 순간으로 관찰된다.

국제 테러리즘 역시 국제법 및 범죄학 관점에서 볼 때, 2개 국가 이상에 걸쳐 조직으로 구성되어 인류에게 해악을 미치는 범죄를 자행한다는 점에서 국제범죄의 한 유형으로 포함될 수 있다. 그러나 2000년 11월 채택한 UNTOC의 정의에 따르면 초국가적 조직범죄 집단은 기본적으로 '금전적 이득'을 취하는데 그 목적을 두고 있는 데 비해, 국제테러리즘은 정치적 목적을 달성하는데 보다 더 큰 목적을 갖고 있다는 목적상의 차이를 보이고 있다. 일반적으로 테러리즘은 살인, 방화, 폭력, 협박, 갈취 등 각종의 불법적 수단을 활용하여 공포를 조성하고 있으며, 그들의 궁극적 목적은 테러조직의 '현상유지'에서 시작하여 '세력 과시'를 통한 조직의 '세력 확대'라고 볼 수 있는데, 이러한 변화의 모습은 고전적 현실주의자 모르겐서(Hans Morgenthau, 1978)가 소개한 일반적인 "모든 정치의 현상"과 유사하다고 하겠다.[13]

---

13 Hans J. Morgenthau(1973), revised by Kenneth W. Thompson(1993), *Politics Among Nations*, McGraw-Hill, Inc. p.50. : 국내정치와 국제정치를 포함한 모든 정치는 다음의 세 가지 기본 형태를 드러낸다 : ① 유지(keep) ② 확장(increase) ③ 과시(demonstrate power)

제2절

초국가적 조직범죄의 유형

국제적 불법 활동을 통해 금전적 이득을 얻기 위한 범죄의 유형은 전통적인 유형이 있는 한편 첨단 정보사회에 편승하여 지속적으로 새롭게 고안되는 다양한 방법들이 나타난다. 본 절에서는 유엔이라는 국제체제에서 대응하고 있는 전형적인 초국가적 조직범죄 유형을 소개한다. UNODC는 마약범죄를 담당하는 CND 업무와 국제적 차원의 범죄 예방업무를 담당하는 CCPCJ의 두 가지 역할을 맡고 있는 점을 고려한다면, 그 관할 범위가 매우 다양하다고 할 수 있다.[1] 따라서 UNODC는 현안을 중심으로 그 타깃을 수시 조정하고 있는데, 최근 수년간 UNODC에서 발간한 연례보고서에 등장하는 대표적인 초국가적 조직범죄 유형은, 마약범죄(불법 마약생산 및 유통), 총기류 밀거래, 위조지폐 및 자금세탁, 가짜담배 및 가짜의약품, 밀수(주로 멸종동물 및 보호자원), 인신매매, 밀입국 및 불법 이주 알선, 사이버 범죄 등이다.[2]

1 경제사회이사회(ECOSOC)는 결의안 '1992/22'에 의거 CCPCJ에게 "국가범죄 및 초국가적 조직범죄에 대응하고, 형사사법 운영체계를 개선"하도록 임무를 부여하였다.

2 UNODC 2014 연례보고서('Transnational Organized Crime' pp.36-53)부터 2017년 보고서에 열거된 초국

1. 마약 범죄

(1) 마약이란

마약과 관련된 범죄는 국제사회에서 가장 커다란 규모의 불법 시장이 형성된 대표적인 초국가적 조직범죄 유형이다. 마약은 인간의 중추신경에 영향을 미쳐 흥분, 억제, 환각 등의 증상을 초래하는 물질로, 세계보건기구(WHO)는 마약이 약물 사용에 대한 욕구가 억제할 수 없을 정도로 강하고(의존성), 사용하는 약물의 양이 증가하는 경향이 있으며(내성), 사용을 중단할 경우 견디기 힘든 육체적, 정신적 고통이 나타나며(금단현상), 개인뿐만 아니라 사회에도 해악을 끼치는 약물이라고 규정한다.

우리나라의 마약 관련 법령인 '마약류 관리에 관한 법률', 제2조 1항에는 "'마약류'란 마약·향정신성의약품 및 대마를 말한다."고 명시하였다. 즉, 마약류관리법에 따른 마약의 종류는, 천연마약, 합성마약, 향정신성의약품, 그리고 대마류로 구분된다. 천연마약은 아편, 헤로인, 코카인, 대마류 등 천연 원료에서 추출하여 만들어지는 마약이며, 합성마약은 화학적 물질을 원료로 이용하여 마약류와 같은 효과를 발생시키는 물질이고, 향정신성의약품은 필로폰으로 알려져 있는 메스암페타민(메탐페타민)이 대표적인 물질이다.[3] 같은 법 제2조 2항에는 마약의 속성을 간략히 설명하였는데, '양귀비'는 양귀비과(科)의 파파베르 솜니페룸 엘(Papaver somniferum L.), 파파베르 세티게룸 디시(Papaver setigerum DC.) 또는 파파베르 브락테아툼(Papaver bracteatum)을 말하며, 아편은 양귀비의 액즙(液汁)이 응결(凝結)된 것과 이를 가공한 것, 코카 잎

가적 조직범죄 유형을 말한다.

3 마약류 관리에 관한 법률 (약칭: 마약류관리법) [시행 2016.2.3.] [법률 제14019호, 2016.2.3., 일부개정], 제2조(정의)에서 마약류와 원료물질(전구물질 포함)을 명시하였다.

은 코카 관목(灌木)의 모든 식물을 말한다고 명시하였다. 대마는 대마초 또는 그 수지를 원료로 하여 제조된 모든 제품을 포함한다.

〈표 1-1〉 마약류 종류 및 효과

<table>
<tr><th colspan="2">분류(규제법)</th><th>종류</th><th>약리작용</th><th>의약용도</th><th>투여방법</th><th>효과</th><th>작용시간</th></tr>
<tr><td rowspan="6">마약</td><td rowspan="4">천연 마약</td><td>아편</td><td>중추신경억제</td><td>진정, 진통</td><td>경구, 주사</td><td>도취감, 신체조정력 상실, 사망</td><td rowspan="3">3~6</td></tr>
<tr><td>모르핀</td><td>〃</td><td>〃</td><td>〃</td><td>〃</td></tr>
<tr><td>헤로인</td><td>〃</td><td>불허</td><td>〃</td><td>〃</td></tr>
<tr><td>코카인</td><td>중추신경흥분</td><td>불허</td><td>주사, 코흡입</td><td>흥분, 정신혼동, 사망</td><td>2</td></tr>
<tr><td rowspan="2">합성 마약</td><td>메사돈</td><td>중추신경억제</td><td>진정, 진통</td><td>경구, 주사</td><td>아편류와 동일</td><td>12~24</td></tr>
<tr><td>염산페치딘</td><td>〃</td><td>〃</td><td>주사</td><td>〃</td><td>3~6</td></tr>
<tr><td colspan="2" rowspan="4">향정신성 의약품</td><td>메스암페타민</td><td>중추신경각성</td><td>불허</td><td>경구, 주사, 코흡입</td><td>환시, 환청, 환촉, 피해망상, 사망</td><td>12~34</td></tr>
<tr><td>바르비탈類</td><td>중추신경억제</td><td>진정, 수면</td><td>경구, 주사</td><td>뇌손상, 호흡기장애, 감각상실</td><td>1~6</td></tr>
<tr><td>벤조디아제핀類</td><td>〃</td><td>정신신경안정</td><td>〃</td><td>〃</td><td>4~8</td></tr>
<tr><td>LSD</td><td>중추신경흥분, 억제</td><td>불허</td><td>〃</td><td>환각, 환청, 환시</td><td>8~12</td></tr>
<tr><td colspan="2">대마</td><td>대마</td><td>〃</td><td>불허</td><td>경구, 흡연</td><td>도취감, 환각</td><td>2~4</td></tr>
</table>

* 출처: 마약류관리에 관한 법률

(2) 마약의 종류

위 표에서 보듯이 우리나라의 '마약류관리에관한법률'에서 구분된 순서에 따라 마약의 종류를 설명하면 다음과 같다.

아편(opium)

아편은 "Papaver Somniferum L."이라는 학명을 가진 식물에서 추출되는데, 우리말로는 양귀비라는 식물이다. 양귀비는 50~150cm 크기의 줄기를 가지며 양귀비꽃은 붉은색, 핑크색, 백색 등을 보이는데, 백색 꽃을 피운 양귀비가 가장 강한 효능의 아편을 만든다는 속설이 있다. 양귀비꽃이 지고나면 열매 형태가 되는데, 이를 "앵속(opium poppy)"이라고 한다. 이 앵속에 상처를 내어 흐르는 유액을 모은 것이 "생아편(raw opium)"이다. 아편은 의학용으로도 사용되며 합법적으로 사용되는 아편은 국제협약에 따라 국가별로 허용된 생산량을 유엔 마약위원회(CND)에 보고하게 되어 있다. 아편은 중추신경을 억제함으로써 통증완화, 수면유도, 정신적 이완감을 유발하나, 과다 남용시 우울감, 식욕감퇴, 호흡억제 등의 효과를 보이며 만성중독과 금단증상이 나타난다.

헤로인(heroin)

생아편에 전구물질(precursor)인 무수초산(Acetic anhydride)을 첨가하여 제조된 마약이 헤로인(heroin)이다. 통상 아편 10kg으로 헤로인 1kg을 생산할 수 있다. 헤로인은 1898년 독일의 제약회사 바이엘(Bayer)에서 개발한 모르핀 유도체의 제품명으로 '강력하다'는 뜻의 헤로이쉬(heroisch)에서 유래하였다. 본래 진통제, 감기치료, 아편 중독자 치료를 목적으로 개발되었으나 모르핀의 10배 이상의 효과가 나타나고 의존성과 금단증상이 보여 불법 마약으로 구분되었다. 아편은 진정제인데 비해 마약의 강도가 한층 높아진 헤로인은 각성제의 효과를 보인다. 헤로인은 주로 백색의 분말형태로 발견되는데, 남미 지역에서 생산되는 헤로인은 갈색을 띄기도 한다.

모르핀(morphine)

모르핀은 아편에 함유되어 있는 알칼로이드로 강력한 진통 효과를 가진 물질이다. 1805년경 독일 약학자 제어튀르너(Friedrich Sertürner)가 최초로 분리에 성공하였고, 그리스 신화에 나오는 꿈의 신인 모르페우스(Morpheus)의 이름을 따서 모르핀이라 명명하였다. 모르핀은 오랫동안 진통제로 사용되어온 의료용 마약이며, 아편 중독을 치료하는 용도로도 사용되었다. 모르핀은 헤로인보다 약한 효과를 가지며, 이로 인해 마약범죄 조직 사이에서는 거래가 드문 편이다.

코카인(cocaine)

코카인은 코카나무 잎에 함유되어 있는 알칼로이드 중 가장 중요한 성분으로, 코카나무는 중남미 안데스산맥의 1,000~2,000미터 고지대에서 자생하는 다년생 관목이다. 코카 잎을 원료로 하며, 과망간산칼륨(potassium permanganate)이라는 전구물질을 첨가하여 제조된다. 코카인은 남미 안데스 산맥의 콜롬비아, 페루, 볼리비아 등 3개 국가에서 주로 생산되며 멕시코 등 중미국가의 운반조직을 거쳐 북미로 유통된다. 코카인은 통증과 미각 등 감각을 마비시키는 효과가 있어 한때 마취제로 사용되었으나, 심각한 부작용이 밝혀져 불법 마약으로 구분된다. 현재는 의학용으로는 사용되지 않으며, 쾌락적인 흥분과 환영, 환시, 환촉 등의 환각경험을 갖게 되어 흥분제, 각성제로 남용되고 있다.

메사돈(methadone)

메사돈은 제2차 세계대전 중 독일에서 모르핀 대용으로 개발한 진통제로 1946년부터 의료용으로 사용되었으며 아미돈, 돌로핀, 메사돈이란 상품명으로 유통되었다. 메사돈의 성분은 모르핀 및 헤로인과 유사한 반면 반감기와 약효작용시간(24시간)이 길어 아편제에 의한 마약중독치료에 사용되어 왔으나 내성이나 의존성, 금단증상을 일으키고 과량복용시 사망까지도 초래할 수 있다. 메사돈 치료는 아편계 약물중독이 만연해 있는 나라에서 주로 사용되는 치료방법이다.

메스암페타민(methamphetimine)[4]

메스암페타민은 염산에페드린을 원료로 합성한 암페타민계 향정신성의약품으로, 우리나라를 포함하여 동아시아에서 주로 남용되는 각성제 마약이다. 1888년 일본 도쿄대학 나까이 나가요시 박사가 한방에서 천식약재로 쓰이는 마황에서 에페드린을 추출하는 과정에서 최초 제조하여 제2차 세계대전 중 독일과 일본에서 군인들을 대상으로 사용되었다. 일본에서는 "히로뽕(ヒロポン)"으로 불렸으며, 주로 노무자들을 대상으로 시판하면서 남용이 확산되었다. 메스암페타민은 결정체 모양 또는 분말, 정제, 캡슐 형태로 유통되며, 주로 정맥주사 방법으로 남용되나 코 흡입, 흡연, 경구투여 방법도 사용되고, 1회 사용량은 대략 0.03g이다.

유엔 국제협약에서는 엑스타시, 야바, LSD 등의 마약류도 '암페타민류 각성제(ATS, Amphetamine Type Stimulants)'에 포함시켜 향정신성의약품으로 분류한다.

---

4 메스암페타민은 (+)-(S)-N,α-Dimethylphenethylamine이라는 의학적 이름을 갖고 있으며, 1971년 국제협약에 메탐페타민(Metamfetamine)과 메스암페타민(methamphetimine)이 국제적 통용어로 기록되어 있으나, 유엔 등 국제사회에서는 메스암페타민으로 불린다. 필로폰은 일본식 상품명으로, 국내에서 잘못 호칭되고 있는 대표적 사례이다.

대마(cannabis) / 해시시(hashish)

대마는 천연 식물의 형태로 재배되며, 잎을 따서 담배처럼 말아 흡연하는 마약이다. 학명은 '카나비스 사티바 엘(Cannabis Sativa L.)'이며 인도대마에서 유래하였다. 대마의 주성분은 THC(Tetra Hydro Cannabinol)라는 환각물질인데 무덥고 일조량이 많은 지역에서 성장한 대마에 더 많이 함유되어 있어 중동, 멕시코, 미국 남서부 대마의 THC 성분이 동북아産보다 20~60배 정도 강한 것으로 알려져 있다.

해시시는 대마수지라고도 불린다. 해시시는 충분히 성숙한 대마의 꽃대부분에서 채취한 수지를 모아 제조한 것으로 일반 대마로 제조된 마리화나보다 6배 정도 효과가 강하고 가격도 비싸다. 주로 중동이나 북아프리카에서 고농도의 해시시가 생산되어 전 세계로 유통된다. 해시시는 생원료를 차나 커피에 녹여 마시기도 하나, 연기로 흡입할 때 가장 효과가 크다.

(3) 마약의 생산과 유통

마약의 강한 중독성과 순간의 쾌락을 향유할 수 있다는 유혹으로 남용자들의 숫자는 지속 늘어나고 있으며 UNODC에서 매년 발간하는 2023년 World Drug Report 통계에 따르면 2021년까지 세계 마약중독자는 2억 9천6백만 명으로 2021년 세계인구 78억 8천만 명의 3.6%에 해당되는 수치이며, 지난 10년간을 비교해 보면 마약중독자가 23% 상승한 것으로 나타난다. 전 세계 국가는 지난 10년간 마약공급 차단과 마약수요 감소를 위해 모든 노력을 기울였으나 결국 마약중독자와 마약범죄의 엄청난 증가라는 성적표를 받게된 것이다.

마약의 종류에 따라 생산지가 다르며, 유통과 선호 국가도 다르다. UNODC에서 연례보고서로 발간하는 'World Drug Report'의 2023년 보고서 내용에 따르면, 헤로인의 원료가 되는 아편은 2022년 생산량이 7,800톤이며, 이 아편에서 헤로인으로 만들어진 물량은 509~739톤 정도로 확인된다. 아편 10톤에서 헤로인 1톤이 만들어진다는 점을 고려해 보면, 생산된 아편의 대부분의 물량이 헤로인으로 제조되는 셈이다. 한편, 2022년 생산량은 2021년 생산량에 비해 3% 정도 감소된 수치이며, 2017년 생산량에 비하면 20% 가량 감소되었다. 그 이유는 세계 아편 생산의 80% 이상을 담당하였던 아프가니스탄에서 탈리반 정권이 2021년 공식적인 국가정권으로 들어서면서 아편생산을 금지시킨 조치로 인한 것으로 분석된다.

〈표 1-2〉 2015~2022년 세계 아편 생산 현황 (단위: 톤)

	총생산량	아프가니스탄	미얀마	멕시코	기타 국가
2022년	7,799	6,200	795	–	804
2017년	10,600	9,000	600	–	1,000
2016년	6,500	5,000	800	100	600
2015년	5,000	3,500	800	500	200

* 출처: UNODC World Drug Report 2023

코카인은 코카 잎이 주로 재배되는 남미 안데스 산맥 국가와 지역에서 대량 생산되고 있다. 연간 1천 톤 이상의 코카인이 생산되는데, 콜롬비아, 페루, 볼리비아 등 3개 국가가 주요 생산국이다. 〈표 1-3〉에서 보듯이, 페루와 콜롬비아가 평균 3~4백 톤씩 생산하였는데, 2015년부터 콜롬비아에서 생산이 급증하여 2016년에는 콜롬비아에서만 무려 860톤 가량 생산되었다. 이러한 이유는 콜롬비아 내전으로 인해 정부군과 대치중인 '콜롬비아 무장 혁명군(FARC)'과 좌파 게릴라인 ELN 등이 자치 영토를 차지하면서 조직의 유지를 위해 코카인 등 마약을 생산하고 유통시킨데 기인한 것으로 볼 수 있다. 2016년 FARC는 콜롬비아 정부와의 협상을 통해 조직 해체를 선언하였고, 2017년 2월부터 조직원들은 무장해제 하기 시작하였으나, 일부 강성 조직원들이 이탈하여 여전히 좌파 반군으로 활동중이다. 2021년 코카인 생산은 2016년에 비해 56% 이상 증가하였으며, 특히, 콜롬비아에서 66% 이상 증가하였다. 이러한 결과는 2022년 콜롬비아 대선에서 정권을 장악한 좌파정권의 정치적 영향력과 무관하지 않은 것으로 보인다.

〈표 1-3〉 2014~2021년 세계 코카인 생산 현황 (단위: 톤)

	총생산량	콜롬비아	페루	볼리비아
2021년	2,304	1,404	700	200
2016년	1,300	860	250	190
2015년	950	580	250	120
2014년	800	450	250	100

* 출처: UNODC World Drug Report 2023

우리나라를 비롯하여 동아시아 지역에서 널리 남용되는 마약은 '메스암페타민'이다. 중국과 북한에서는 '삥두(氷毒)' 또는 '얼음'이라는 이름으로 알려져 있는데, 그 모양이 크리스탈(수정 결정체) 형태를 띠고 있기 때문이다. 메스암페타민은 일본에서 최초로 개발되어 '필로폰(philopon)'이라는 약품 상품명으로 유통되었으며, 이를 따라 국내에서도 필로폰으로 불리기도 한다. 국내 마약류관리법에서 향정신성의약품으로 분류된다. 전통적으로 일본의 야쿠자 등 초국가적 범죄 조직이 주로 자국의 수요를 충족시키기 위해 유통시켜 왔으며, 일본을 대상으로 북한에서 고순도의 메스암페타민을 생산하여 일본으로 해상 유통시키다가 적발된 사례도 발견된다. 최근에는 중국 등 동아시아 지역에서 주로 생산하는 것으로 알려져 있으며, 유엔 통계에 따르면 메스암페타민의 전 세계 적발 물량이 2012년 148.7톤에서 2014년 170.8톤 2016년 232톤, 2021년 392톤으로 증가하고 있다. 〈표1-4〉에서 보듯이, 2016년 세계 적발 물량이 156톤(156,702kg) 정도였으나 2021년 적발된 메스암페타민은 무려 392톤(392,400kg)에 달한다. 이러한 통계를 보면 암페타민류 각성제(ATS) 중에서도 메스암페타민의 남용은 지속적으로 증가하고 있으며, 2016년에 비해 지난 5년간 무려 250% 증가되었음을 볼 수 있다.

〈표 1-4〉 2016~2021년 메스암페타민 세계 적발 현황

년도	2016	2017	2018	2019	2020	2021
적발(톤)	156	180	233	323	380	392

* 출처: UNODC World Drug Report 2023

대마초의 경우 1961년 국제협약에 의거하여 대마초는 불법마약으로 명시되어 있으나, 2013년 우루과이(Uruguay) 정부는 대마초 사용을 합법화하였고, 2018년 캐나다(Canada) 역시 자국 국적인의 18세 이상 대마초 사용을 합법화하였다. 또한 태국(Thailand)에서도 2022년 6월부터 대마초를 마약류 목록에서 제외하여, 실질적으로 대마초 상용 판매를 허용하는 조치를 취하였다. 대마초의 남용은 이미 세계적으로 통제가 느슨해지는 추세를 보이고 있는데, 최근 서유럽과 북미 지역에서 소량의 소지 및 흡연에 대해서 통제 보다는 관용적인 태도를 보이는 경향이 나타난다.

대마는 기후와 조건이 맞는 곳이 많아 전 세계적으로 재배가 가능하며 심지어 온실이나 수경 재배도 가능한 실정이다. 전통적으로 모로코 등 북아프리카 국가에서 주로 양질의 대마가 생산된 것으로 알려졌으며, 최근에는 남미 지역에서도 대량 생산되어 북미 지역으로 유통되고 있다. 대마의 수요는 북미지역과 유럽에서 선호되고 증가하고 있으며, 동아시아 지역은 상대적으로 마약류의 엄격한 통제와 처벌이 지속되고 있다.

〈표 1-5〉 2021년 불법 대마 유통 세계 적발 현황

대마초	대마수지	대마사용자
5,226톤	2,014톤	2억 1천 9백만 명

* 출처: UNODC World Drug Report 2023

국제마약범죄 조직은 마약을 생산하는 지역에서 값싸게 마약을 구매하여 마약을 남용하는 수요가 있는 전 세계에 공급하고 있다. 전 세계 아편 생산량의 80% 이상을 생산하는 아프가니스탄에서는 2016년 건조 아편 1킬로그램 가격이 미화 187달러[5]이며 현지 중간상인의 매매가격은 300달러 이상이고 최종 소비지(street price)에서는 1그램 당 10-30달러, 즉 1킬로그램은 1만 달러에서 3만 달러까지 거래되고 있다.[6] 아프가니스탄에서 생산되는 헤로인 1킬로그램의 가격은 3천 달러 수준이며 네덜란드 암스텔담에서 헤로인 1킬로그램은 30만 달러에 거래된다. 코카인의 경우 콜롬비아에서 생산되는 코카인의 가격은 1킬로그램에 2천 5백 달러인데 비해 미국에서 거래되는 가격은 무려 30만 달러에 달한다. 메스암페타민의 경우 중국 흑룡강성의 조직이 생산하는 가격은 1킬로그램에 1만 5천 달러이며 일본 동경에서 거래되는 가격은 무려 33만 달러에 달한다. 국내에서 거래되는 메스암페타민의 가격만 보더라도 도매 가격이 1그램 당 8만 원에서 소매가격은 31만 원으로 알려져 있다.[7] 즉, 생산, 유통, 최종 소비의 단계에서 막대한 금전적 이익을 얻을 수 있는 불법 사업이며, 이로 인해 전 세계에서 마약조직의 밀거래 활동이 지속되고 있다.

마약범죄는 수요와 공급의 관계에서 발생한다. 위에서 보듯이 많게는 생

5 Afghanistan Opium Survey 2016, UNODC Research, p.37

6 미국 및 유럽 지역에서 거래되는 아편의 가격은 1그램 당 평균 10~30달러에 거래되는 것으로 알려져 있다. http://www.rollitup.org/t/street-prices-of-opium.306290/

7 대검찰청, 마약류 범죄백서 2015, p.104

산지와 소비지의 가격이 100배 이상 차이가 나며, 전 세계 국가가 불법으로 통제함에 따라 그 가격은 점점 더 상승하고 있다. 마약밀매 조직은 생산지에서 값싸게 구매한 마약을 소비지에서 판매하기 위해 각종 불법 유통 방법을 동원한다. 특별히 제작된 포장에 은닉하여 운반하거나, 평범한 여성들을 꾀어 운반책으로 이용하기도 하며, 심지어 고무재질 포장에 넣어 삼키는 수법으로 운반하기도 한다. 남미에서 북미로 운반하는 전문 운송 조직이 있으며, 비밀 터널을 만들어 마약을 운송하기도 한다. 최근 마약유통의 연락방법으로 다크웹(Dark Web)과 소셜미디어(SNS)를 이용하는 사례가 급증하고 있다.

(4) 국제적 대응활동

마약류 물질은 개별 국가의 통제활동으로 가능한 사안이 아닌 만큼, 국제연합에서는 1961년 "단일 마약에 관한 국제협약"을 시초로 1971년 및 1988년 국제협약을 채택하면서, 마약류와 마약을 제조하는 데 필수적인 전구물질(precursor) 및 원료물질을 모든 국가가 공동으로 통제하고 단속하도록

〈표 1-6〉 마약 통제 관련 국제협약

국제협약	주요 내용
마약에 관한 단일협약 Single Convention on Narcotic Drugs(1961)	- 의약 및 학술적 용도를 제외한 마약류 통제 규정 - 통제될 마약류 명시(Schedule Ⅰ, Ⅱ, Ⅲ) - 국제마약통제위원회(INCB) 설립 - 유엔 중심의 통제체제 확립
향정신성물질에 관한 협약 Convention on Psychotropic Substances(1971)	- 의약 및 학술적 용도를 제외한 향정신성물질 통제 - 국제적 거래에 관한 규정 확립 - 마약위원회(CND) 역할 확립 - 향정신성물질의 불법거래 차단 촉구
마약 및 향정물질 불법유통 방지 협약 UN Convention Against Illicit Traffic in Narcotic Drugs and Psychotropic Substances(1988)	- 돈세탁, 몰수, 추방 방법 포함 - 전구물질(Precursor) 통제 - 통제배달(Controlled Delivery) 방법 활용 촉구 - 국제협력을 위한 규정 확립 - 처벌 및 제재조치 포함

요구하였다.

우리나라는 이러한 국제적 규범으로 정해진 마약류 물질을 국내법으로 인용하면서 구체적으로 마약류 물질을 명기하였고, 최근에 발견되는 신종 마약류도 분석을 통하여 임시마약류로 지정하여 신속하게 통제하는 방식으로 대응하고 있다.

국제적으로는 마약통제 국제협약을 근간으로 삼아, 유엔 차원에서 마약 문제 전담기구인 UNODC을 중심으로 예방과 통제활동을 실시하며, 각 국가들은 양자 및 다자간 협력을 통해 수요 억제와 공급 차단활동을 전개하고 있다. 유엔에서는 1961년 그 당시 출현된 마약을 통제하는 국제협약을 마련하여 회원국 모두에게 마약을 "공공의 적"으로 인식시키며 공동 대응을 전개하였다. 1971년, 향정신성물질을 원료로 제조된 합성마약이 등장함에 따라 메스암페타민 등의 화학적 마약의 통제를 규정하는 국제협약이 마련되었다. 이어 1988년에는 모든 불법적 마약의 효율적인 통제를 위한 "통제배달" 등의 방법을 강구하여 포함시키면서 국제적 통제활동을 강화하였다. 또한 주요 마약의 원료와 화학첨가물로 사용되는 전구물질(precursor)을 공표하고, 마약에 준하여 이러한 전구물질을 통제하도록 조치하였다. 모든 유엔 회원국은 위 3개 국제협약에 가입하고 이 협약을 이행하기 위한 국내 실정법을 제정토록 요구되며, 매년 경제사회이사회(ECOSOC) 산하 마약위원회(CND)의 주재로 각 국가의 이행활동을 점검하는 연례회의를 UNODC가 소재하는 오스트리아 비엔나에서 개최하며, UNODC는 주무 기관으로서 각 회원국으로부터 제출받은 보고서를 바탕으로 연례보고서를 마련하여 배포한다.

대마초를 합법화하려는 움직임에 대해

—

지난 2013년 우루과이 정부는 자국민에 한해 비록 제한적이나마 대마(cannabis)

의 재배, 거래, 사용을 합법화 하였다. 2018년 10월 17일 캐나다는 우루과이에 이어 두 번째로 대마 사용을 합법화하였고, 이는 G7 국가 중 처음 있는 일이다. 최근 미국에서도 위락용(recreational use) 및 의료용 대마 사용을 허용하는 주(州)가 점차 늘어나는 추세다. 일부에서는 불법 마약의 남용과 밀거래를 막기 위해 차라리 허용하는 것이 대안이라고 주장한다. 그러나 유엔 마약위원회(CND)의 총회에서는 마약과 관련한 3개 국제협약에 따라 전 세계 국가들이 예방과 차단 활동을 철저히 준수할 것을 지속 촉구한다는 입장이다. 비교적 그 효과가 경미한 대마의 위락용 사용 허용에 대해서는 의학적이나 사회적 문제점이 더욱 연구되어야 하며 현재로서는 불법 마약의 목록에서 삭제할 수 없다는 것이 유엔의 입장이다.

대마를 위락용으로 허용할 경우 청소년들의 무절제한 남용이 예견되는 것은 당연하다. 대마를 담배처럼 남용하면서, 환각과 중독성을 경험하게 되면 결국 보다 더 강력한 마약류를 찾게 되므로, 대마가 "관문효과(gate effect)"를 갖게 하는 유혹성 마약으로 작용한다는 것이 일반적인 전문가들의 의견이다.

대마의 사용과 관련해서는 각 국가 및 공동체 사회에 따라 조건과 환경이 다르다. 이미 대마와 그보다 더 강력한 강성 마약들이 불법적으로 만연한 사회에서는 대마 정도의 연성 마약류를 차라리 합법적으로 허용하는 것이 오히려 마약조직의 밀거래에 타격을 주는 조치일 수도 있다. 그러나 우리나라와 같은 마약 청정국가에서 해외 특정 국가의 분위기에 휩쓸려 대마 합법화가 공론화 되면서 대마초 흡연을 허용하는 분위기로 변해간다면 새로운 사회적 문제점을 야기할 것이다. 통상 대마초 흡연은 담배 흡연 시기와 비슷하게 시작되는데, 주로 청소년 시기에서 처음으로 접하게 된다고 볼 수 있다. 야망을 품고 활력을 발휘해야 할 청소년 시절에 환각과 약물의 위락에 사로잡혀 무기력하게 지내는 모습이 만연해진다면, 과연 우리 사회는 어떠한 모습으로 변해 갈 것인지 고려해 보아야 할 것이다.

2. 총기류(Firearms) 밀거래

(1) 개요

불법 총기(화기) 제작 및 밀거래와 관련된 범죄는 살상의 방식을 택한다는 점에서 사안이 중대한 범죄라고 할 수 있다. 총기류 밀거래는 다른 불법 물품의 밀거래와 달리 그 대상이 비교적 영속적이다. 즉, 총기류는 한번 밀거래 된 이후에도 수십 년 간 지속적으로 밀거래될 수 있으며, 또한 사용도 가능한 제품인 것이다. 적발된 사례를 볼 때, 지역적으로 활동하는 조직범죄 집단이거나 초국가적으로 활동하는 범죄 집단 모두 전통적으로 총기류 사용과 연계되어져 온 것으로 나타나고 있다. 조직범죄 집단은 폭력과 협박을 사용하는 과정에서 가장 강력하고 영향력 있는 수단으로 인명을 살상하기에 가장 용이하다고 볼 수 있는 총기류를 이용한다. 초국가적 조직범죄의 전통적인 유형인 마약밀매, 인신매매 등의 범죄를 자행하는 데 있어서 필수적으로 동반되는 준비물로서 총기류가 수반되기도 한다. 또한, 테러조직의 총기류 사용은 필수적이다. 따라서 불법 총기류 밀거래의 최종 목적지는 조직범죄 집단이나 테러조직이라고 할 수 있다. 범죄 집단이나 테러조직에 의한 총기류 사용의 확대와 총기의 발전으로 인한 문제는 모든 국가에서 우려되는 사안이며, 이로 인해 사망하는 피해자의 숫자는 실로 전쟁터에서 사망하는 숫자를 능가하는 수준으로 증가하고 있다. 불법 총기류 관련 범죄는 인간안보 차원에서 우려될 뿐 아니라 갈등 및 분쟁지역에서 전개되는 내전과 전투, 그보다 더 큰 규모의 전쟁 등에 관여되고 있으며, 이러한 범죄와 관련된 사상자와 피해자의 규모가 지속 증가하고 있는 실정이다. 따라서 주로 폭력 범죄조직과 연계되어 있는 이러한 범죄에 대해 국가 차원의 형사사법상의 예방, 수사, 기소 등의 체계적 대응 활동과 국가 간 협력 및 국제적 규범에 따른 일관된 활동이 요구된다.

(2) 불법 총기 거래방지를 위한 유엔 협약

초국가적 조직범죄 차원에서 밀거래 되고 있는 총기류는 2001년 5월 31일 유엔 총회에서 채택한 "유엔 초국가적 조직범죄 방지협약을 보충하는, 총기류, 그 구성부분 및 부품 그리고 탄약의 불법제조 및 불법거래방지를 위한 의정서"[8]에서 정의하는 화기의 범위로 한정한다. 따라서 합법적인 국가 간 무기 거래는 이 협약에 해당되지 않으며, 개인 또는 개별 조직과의 거래에 한정하여 초국가적 조직범죄의 한 유형으로 다룬다. 이 의정서에서 언급하는 "화기(Firearm)"에 대한 정의는 다음과 같다. 제3조(용어의 정의) (a) "화기(또는 무기)"란, 휴대할 수 있는 총열이 있는 무기로서, 폭약의 힘으로 탄환, 실탄 또는 발사체를 발사시키거나, 발사하도록 고안된 것, 또는 발사할 수 있는 형태로 쉽게 전환이 가능한 것을 말하며, 골동품 무기 또는 이 무기의 복사형태는 포함시키지 않는다.[9] 또한 총기류 부품에 대한 설명은 다음과 같다. (b) "부품(조립품과 구성품을 포함)"은 무기를 제조하기에 필요한 요소 물품들을 의미하며, 발사음을 소거하기 위한 소음총의 부품도 이에 포함된다.

한편, 제4조(적용의 범위)에 의거, 이 의정서는 국가 대 국가 간 유통 또는 회원국 국가적 차원의 적법한 운송에 대해서는 회원국의 권한을 침해하지 않는다는 입장에 따라 이 협약을 적용하지 않는다고 그 한계를 설정하였다. 제5조(범죄화)에서는 무기 및 부품, 탄약의 불법제조와 불법유통, 변형 및 허

---

8 Protocol against the Illicit Manufacturing of and Trafficking in Firearms, Their Parts and Components and Ammunition, supplementing the United Nations Convention against Transnational Organized Crime, 2001.5.31

9 Article 3 (a): "Firearm" shall mean any portable barrelled weapon that expels, is designed to expel or may be readily converted to expel a shot, bullet or projectile by the action of an explosive, excluding antique firearms or their replicas. Antique firearms and their replicas shall be defined in accordance with domestic law. In no case, however, shall antique firearms include firearms manufactured after 1899.

위제작에 대해 회원국이 자국의 범죄로 규정토록 하고, 이 범죄를 자행할 목적으로 조직, 지도, 지원, 교사, 설비지원, 상담의 경우에도 범죄로 포함하도록 주문하였다. 위 의정서에 따르면, 초국가적 조직범죄 차원에서 거래되는 무기밀매는, "휴대할 수 있는 총열이 있는 화기(firearms)", 즉, 권총 또는 소총류의 무기를 주로 대상으로 하고 있다. 따라서 그보다 규모 및 화력이 큰 대포 및 미사일 등 무기의 불법거래는 이 협약으로 통제할 수 없고 2013년 4월 2일 유엔 총회에서 채택된 '재래식 무기거래 조약(ATT, Arms Trade Treaty)'에 의거하여 불법 거래활동을 통제할 수 있다.

1990년대 초 유엔에서는 "화기(firearms)"와 "소형 무기(small arms)"라는 두 용어가 혼재했다. 일반 시민들 사이에서는 화기라는 용어가 익숙한 반면, 소형무기는 군사적으로 호칭되었던 "경화기(light weapons)"와 연관된 용어로, 군사적 호칭 또는 무장 분쟁지역에서 호칭되는 무기 상태를 의미한다. 유엔 의정서에서는 이 두 가지 용어를 같은 범위의 총기를 의미하는 것으로 인식한다. 1997년 유엔에서 개최된 '정부 간 전문가 패널 회담'에서 정의한 바에 따르면, 소형무기와 경화기는 "개인이나 소수의 인원 또는 동물이나 소형의 차량으로 운반이 가능한 발사체"라고 정의하였다.[10] 따라서 유엔 의정서에서 의미하는 화기는 소형화기나 경화기의 범위를 포함하는 것으로, 리볼버 권총에서 휴대형 지대공 미사일까지 다양한 무기를 포함한다고 하겠다.

(3) 불법무기의 수요와 공급

최근까지 조사된 불법무기의 수치는 2007년 UNODC에서 조사한 결과로, 약 8억 7,500만 개의 불법무기가 전 세계에 유통되고 있는 것으로 알려

---

10 UNODC Study on Firearms 2015. p.78

져 있다.[11] 이 중 75% 정도를 민간인들이 소유하고 있으며 군부대나 경찰이 보유하고 있던 화기들이 불법으로 유출된 것으로 파악되었다.

불법적으로 유통되고 있는 화기들 대부분은 정상적으로 국가의 허가를 받은 시설에서 생산된 것이며 이에 따라 유엔 국제협약은 각 국가가 총기류 생산에 대한 철저한 관리 감독을 실시하고 불법적으로 생산하는 시설을 색출하여 차단하도록 요구하고 있다. 총기류 생산 국가는 생산 및 수출의 과정에서 법 규제에 따라 총기류 생산의 장소, 시기 등을 총기류에 표시하도록 되어 있다. 총기류의 출처를 파악하는 것은 중요한 사안이기 때문이다.

유엔 통계를 보면 통상적으로 제조 국가에서 총기가 불법적으로 유통되는 것으로 나타난다. 브라질의 경우 자국산 총기류의 불법 유통 적발상황을 보면 87%에 이르고, 체코의 경우 95%, 스페인의 경우 99%에 달한다. 독일 등 통제가 엄격한 나라는 가스 총기(gas-powered guns)를 불법 개조하여 화력을 강화시킨 사례가 주로 적발된다. 그러나 해외로 유통된 경우는 다르다. 실제 해외에서 적발된 총기류의 60% 정도가 독일제 권총이다. 이는, 합법적으로 수출되었다 하더라도 수입한 국가 내에서 불법적으로 유통시킨다는 의미이다. 한편, 추적을 회피하기 위한 의도로 총기류의 출처를 의도적으로 제거하고 생산하는 경우도 있다. 정교한 총기류를 생산하는 것은 군소 조직범죄 집단으로서는 불가능한 일이며, 결국 특정 국가가 국가적 차원에서 군사적 목적으로 생산한 총기류를 초국가적 조직범죄 집단과 연계하여 이들의 국제적 네트워크를 통해 불법적으로 유통시켜 부가적인 외화를 벌어들이는 데 그 목적을 두고 있다. 다만, 밀거래를 목적으로 총기류를 생산하는 경우, 총기류에 출처를 표시할 필요는 없을 것이며 따라서 의도적으로 출처가 없는 총기류를 생산하는 것으로 판단된다.

---

11 2017년 소형무기통계 자료에서도 8억 5천 7백만 정으로 집계하고 있다. GI-TOC https://globalinitiative.net/analysis/arms-trafficking-and-organized-crime/

(4) 유통 루트

UNODC는 회원국에 대해 매년 불법 화기류 적발 실태 보고서 제출을 요구하고 있으며, 이를 근거로 불법 화기류의 유통루트를 분석한다. 그동안 적발된 불법화기 분석을 통해 다음 네 가지의 유통 특징을 분류할 수 있다. 첫째, 자국 생산 화기가 불법으로 유통된 경우, 또는 자국으로 합법적으로 수입된 무기가 불법 유통된 경우이다. 둘째, 타국에 등록되어 있는 화기가 자국에서 적발된 경우, 셋째, 자국에서 무등록 불법 화기가 적발된 경우이다. 이는 무기가 불법으로 제조되었음을 의미한다. 넷째, 화기류의 종류를 알 수 없는 사적 제조 무기의 적발 사례다.[12]

유럽에서 적발된 불법 총기류의 전통적인 출처는 주로 구소련과 과거 유고슬라비아 국가들이다. 이 두 곳의 국가에서 적재해 둔 총기류가 냉전이 종식된 이후 이웃 국가로 유출된 것이다. 구 유고슬라비아와 알바니아 국가에서 유통된 총기류는 8백만 정에 달하는 것으로 보고된 바 있다.[13] 구소련이 해체되면서 1990년대 초 총기류의 허술한 관리와 통제로 인해 엄청난 양의 총기류가 유출되었으며 심지어 무기창고에 적재된 총기류가 도난당하는 사례도 발생하였다. 구소련 지역에서 유출된 총기류를 집계한 자료는 없지만, 최근 동유럽에서 유통되는 총기류는 7백만 정에 달하는 것으로 알려졌다. 한편, 최근에는 무력분쟁이 지속되고 있는 우크라이나와 중동지역 및 북아프리카 지역에서 총기류가 불법으로 유출되어 유통되고 있다. 출처 국가에서 유통된 총기류는 초국가적 조직범죄 집단에 의해 전 세계의 구매자에게 전달된다. 유통 수단 역시 다양화되고 있는데, 전통적인 밀수 방법뿐만 아니

---

12 UNODC Study on Firearms 2015. p.36-37.

13 UNODC 2008; Final Report of Project FIRE – Fighting Illicit firearms trafficking Routes and actors at European level, 2017, Transcrime.

라 최근 사이버 공간의 확대에 편승하여 다크웹(Dark Web)을 통해 유통이 확대되고 있다. 다크웹은 암호화된 주소를 사용하거나 익명의 접속자로 연결되는 웹사이트로, 여기서 연결되는 다크넷을 통해 불법 무기류를 거래하며, 대표적 총기류 거래처는 'Armory' 및 'Middle Heart' 등이 알려져 있다.

3. 위조지폐 / 가짜상품

이 범죄 유형은 특정 국가의 화폐나 유명 상표의 담배 및 의약품 등을 위조(counterfeit)하여 제작·생산·유통하는 범죄를 말한다. 여기서는 위조지폐와 가짜 상품 등 2개 유형을 구분하여 설명한다.

(1) 위조지폐

위조지폐(counterfeit currency)의 경우, 단순한 개별 범죄조직에 의해 제작되는 저급 위폐부터 국가적 차원에서 정밀한 위폐로 제작되는 초정밀 위폐까지 다양한 수준에서 발견된다. 국제적 기축통화로 활용되는 미화 달러의 100달러 위조지폐가 가장 많이 발견되고 있으며, 구소련의 붕괴와 라틴 아메리카 인플레이션 시기 이후 미화달러 사용이 급증하면서 위조미화가 증가하였다. 2002년 전 세계 위조미화 적발액수는 총 1억 7,430만 달러로 2001년 1억 1,650만 달러 적발 액수에 비해 49% 증가한 것으로 집계되었다. 2002년에는 콜롬비아, 칠레, 아르헨티나 등 남미 국가에서 위조미화가 다량 생산되었으며 그 중 콜롬비아가 2002년 한 해만 총 위폐의 59%를 생산한 기록도 발견된다. 유럽지역에서는 불가리, 폴란드, 이태리, 러시아에서 미화 위폐가 다량 적발되었다. 중동지역은 이란, 시리아, 레바논 등에서 위폐조직이 암약해 왔으며, 아시아는 대만, 중국, 태국, 베트남에서 위폐 적발 사건이 다수 발견되었다.

한편, 1989년 필리핀 당국이 북한 공관원의 외교행낭에서 발견한 미화 위조지폐는 보통 위폐와 달리 일반적인 위폐 감별기도 통과되는 정도의 초정밀 위폐로, 미국 당국(SS, Secrete Service)의 관심을 끌기에 충분한 사안이었다. 1990년대 북한과 관련되어 빈번히 적발된 초정밀 미화 위폐를 분석한 미국 당국(SS)은 이 위폐를 일명 "슈퍼노트(Super Note)"라고 명명하였으며, 최종적으로 위폐의 출처가 북한으로 판단하였다. 심지어 이 북한산 미화위폐는 2004년 북아일랜드 테러조직과도 연계되어 영국과 유럽으로 유통된 것으로 알려졌다. 미화위폐는 미국 당국의 노력으로 위변조 방지장치를 삽입한 새로운 디자인을 갖추어 2013년 10월 신권으로 교체하기 시작하였으나, 아직도 구권은 여전히 전 세계에 산재되어 유효하게 유통되고 있다.

유로화 위폐는 주로 20유로 및 50유로 위폐가 다수 발견되는데, 2015년 유럽의 시중에 유통되는 유로화 50유로 지폐는 10장 중 1장이 위폐로 발견되고 있다면서 그 심각성이 언론에 보도되기도 하였다.[14] 유로폴(Europol)에 따르면, 2015년 위조 유로화 지폐는 5,300만 유로(689억 원 상당) 가치가 적발되었으며, 불가리아 및 슬로베니아 등 주로 남부 유럽 국가의 위폐조직에 의해 제작된 것으로 알려졌다.

또한, 중국 경제의 확대와 더불어 중국 위안화 위폐도 급증하고 있다. 중국 언론은 2015년에 새로 발행한 100위안 권 위조지폐가 발견돼 주의가 요구된다고 2016년 3월 28일 보도한 바 있다. 한편, 환구시보 인터넷판인 환구망(環球網)은 최근 중국에서 유통되는 위폐를 북한에서 제조했을 가능성이 있다고 보도했다. 환구망은 2010년 11월 랴오닝(遼寧)성 다롄(大連)시 공안국 샤허커우(沙河口) 분국이 홈페이지에서 "인터넷을 통해 유통되는 조선(북

14 이민우, "'유로화' 위조지폐 급증... 50유로 1/10 가짜", KBS 뉴스(2015.7.25.)

한)산 위조지폐에 대해 경고한다"는 안내문을 게시한 이후 장쑤(江蘇)성 난퉁(南通)·하이먼(海門)시도 "조선산 위폐를 발견했다"고 전했다. 특히 북한이 제조한 위조지폐는 기존에 알려진 대만산 위폐보다 정밀해 일반인이 육안으로 진위 여부를 식별할 수 없고 상업용 위폐감별기로도 걸러낼 수 없어 주의해야 한다고 강조했다.[15] 이와 관련, 탈북자 단체인 'NK지식인연대'는 북한에서 2013년경부터 진짜와 구별하기 힘든 위안화 위폐를 북한 평안남도 평성시에 소재하는 특수 인쇄공장에서 대량 생산하고 있으며, 이 위폐들은 동남아 국가에서 유통되고 있다고 주장하였다.[16]

그동안 적발된 사례를 분석해 볼 때, 위조지폐는 주로 미화 100달러 지폐에서 발견되며, 부가적으로 유로화와 중국 위안화가 생산되어 유통되고 있음을 알 수 있다. 또한, 위폐의 정밀도를 분석해 볼 때, 군소 범죄조직에 의해 생산되는 위폐는 일시적이고 저급한 수준이나, 국가적 차원의 시설과 기술이 동원될 경우 초정밀 위폐로 질적 측면이 상향되며, 적발되기 전까지는 이미 막대한 양의 위폐가 전 세계적으로 유통되었던 점을 주목할 수 있다.

(2) 가짜상품과 가짜담배

가짜 상품의 경우, 국제범죄조직들은 글로벌화 되어가는 국제사회의 환경을 적극 이용하면서 가짜 상품을 유통하며 수백억 달러의 수익을 올리고 있다. 전통적으로 유통되어 온 가짜 상품은 주로 가짜 담배와 가짜 의약품이며, 최근 유럽 지역에서 적발된 제품을 보면, 유명 상표의 의류 및 가방, 전자제품, 컴퓨터 부품에서 자동차 관련 부품까지 그 종류가 매우 다양해진 상

---

15 연합뉴스, 2016.3.28., 중국서 새 100위안권 위폐 발견…中언론 "북한산 위폐 대량유통"(종합)

16 chosun.com., 北, 평양 인근서 中 위안화 위폐 대량 제조 (2016.6.28.)

태이다. 특히 이 범죄 유형은 국제적 네트워크를 구축한 범죄조직들에 의해 마약, 돈 세탁, 부정부패 등의 범죄와 혼합된 채, 매우 복잡한 구조와 네트워크를 이용하여 자행되고 있다. UNODC 조사에 따르면, 국제적으로 유통되는 가짜 상품 거래로 얻는 불법 수익은 최소한 연간 2천 5백억 달러 이상인 것으로 알려졌다. 국제적으로 알려진 가짜 상품 유통 범죄조직은 유럽과 남미에서는 마피아, 카모라(Camora) 등이며, 아시아에서는 삼합회(Triads)와 야쿠자 등으로, 이들 조직은 마약 및 인신매매 등의 거래로 이미 확보해 둔 국제적 네트워크를 이용하여 가짜상품을 유통하고 있다.[17] 가짜 담배와 가짜 의약품 등 가짜 상품의 유통은 부정부패와 관련 당국자들에 대한 포섭 및 매수 등의 수법으로 가능해지며, 결국 공공 건강 및 안전에 심각한 피해를 입히며, 관세법 위반 및 사기 등의 범죄로 귀결되어 국가 및 국제사회에 해악을 끼치는 범죄라고 할 수 있다.

가짜 의약품의 경우, 인류의 건강에 직접적으로 해악을 끼치는 범죄 중의 하나임에도 불구하고 범죄조직의 활동은 왕성한 편이다. 동아시아와 서남아시아 및 아프리카에서 제조된 가짜 의약품 유통만 연간 50억 달러에 달하고 있다. 세계보건기구(WHO)에 따르면, 선진국에서 유통되는 의약품의 1% 이상이 가짜 의약품인 것으로 집계되며, 이 수치는 개발도상국에서는 10% 이상이고, 심지어 아시아, 아프리카, 남미의 빈곤 국가에서는 30% 이상으로 확대된 것으로 집계하고 있다.[18]

가짜 담배의 경우 수익성이 매우 높은 초국가적 범죄 유형으로 알려져 있다. 북한에서 생산하는 유명 상표의 가짜 담배를 조사하기 위해 유명 담배

---

17 "The Illicit Trafficking of Counterfeit Goods and Transnational Organized Crime", 2014, UNODC. p.2.
http://www.unodc.org/documents/counterfeit/FocusSheet/Counterfeit_focussheet_EN_HIRES.pdf

18 "The Illicit Trafficking of Counterfeit Goods and Transnational Organized Crime", 2014, UNODC.

제조 회사인 '필립모리스 인터내셔널(Philip Morris International)', '로릴라드(Lorillard)', '일본담배산업(주)(Japan Tobacco)' 등의 회사들은 조사팀을 구성하여 북한에서 가짜 담배를 생산하고 있는 공장들을 찾아내고 자체 조사 결과 보고서를 작성하여 발표하기도 하였다. 이 보고에 따르면, 북한에서 선박에 선적되는 40피트 크기의 컨테이너에 가득 채워지는 가짜담배는 미화 7만 달러 정도가 소요되는데, 소비지인 해외에서 팔리는 가격은 300~400만 달러에 달하는 것으로 밝혀졌다.[19] 즉, 가짜담배 사업은 50배의 수익을 올릴 수 있는 매우 수익성이 높은 불법 사업인 셈이다.

우리나라 관세청은 2017년 1월부터 4월까지 수입된 화물과 여행자 휴대품 등을 대상으로 담배 밀수행위를 집중적으로 단속한 결과 233건, 100만 갑(시가 43억 원 상당) 가량을 적발했다고 발표한 바 있다. 그 중 검거된 내국인 박 모(56세)씨는 2016년 외국 온라인 마켓의 담배 밀수 브로커를 접촉하여 가짜 말보로 담배를 주문한 후 인천공항과 부산항을 통해 47만 갑(21억 원 상당)을 국내 반입한 사례가 확인되었다. 이 담배는 중국에서 반입된 것인데 원산지를 스위스로 둔갑시키기 위해 관련 서류를 위조한 것으로 드러났다.[20] 한편, 2000년대 초반부터 가짜담배를 생산해 오던 북한은 최근 중국산 연초를 구입하여 북한에서 완제품을 만든 후 다시 중국으로 되팔아 전 세계로 유통시키고 있는 정황을 감안할 때, 중국에서 유통되고 있는 가짜담배는 북한과의 연계가 무관하지 않을 것으로 유추된다. 또한 담배의 수요가 지속적이며 점차 증가하고 있는 중동지역 국가를 대상으로 이러한 가짜담배의 수요는 지속 증가되고 있어 중국 및 북한의 공급라인은 매우 중요한 수익의 원천이라고 할 수 있다.

---

19 Ascher, David L. op. cit., p.5

20 문화일보, 짝퉁담배 100만 갑 적발.. 사상 최대, 2017.5.31

4. 인신매매 / 밀입국

(1) 인신매매의 국제협약상 개념

인신매매(Trafficking in Persons)는 사람을 경제적 거래 대상으로 간주하고 주로 성적노예나 비인간적 처우를 감수해야 하는 근로환경에서 활용하기 위해 사람을 사고파는 범죄 행위를 말한다. 인신매매에 대한 개념은 과거 노예제도를 비롯해서 자신의 의지로 매매가 되는 계약 관계에 근거한 인신매매까지 그 방법과 범위가 매우 다양하다 할 수 있다.

본 책자에서는 2000년 11월 15일 유엔 총회에서 채택된 국제협약인 '초국가적 조직범죄 방지 협약(UNTOC)'과 이를 보완하는 인신매매 방지 의정서인 2003년 12월 25일 발효된 '국제연합 초국가적 조직범죄 방지협약을 보충하는 인신매매, 특히 여성과 아동의 인신매매 방지, 억제 및 처벌을 위한 의정서'에 명시된 개념을 중심으로 그 범위를 한정한다.[21] 이 협약에서는 인신매매에 대해서 다음과 같이 정의하였다. "'인신매매'란 착취를 목적으로 위협이나 무력의 행사 또는 그 밖의 형태의 강박, 납치, 사기, 기만, 권력의 남용이나 취약한 지위의 악용, 또는 타인에 대한 통제력을 가진 사람의 동의를 얻기 위한 보수나 이익의 제공이나 수령에 의하여 사람을 모집, 운송, 이송, 은닉 또는 인수하는 것을 말한다. 착취는 최소한, 타인에 대한 매춘의 착취나 그 밖의 형태의 성적 착취, 강제노동이나 강제고용, 노예제도나 그와 유사한 관행, 예속 또는 장기의 적출을 포함한다."[22] 즉, 인신매매 조직은 착취를 목

---

21 "UN Convention against Transnational Organized Crime" 2000.11. (Annex Ⅱ), "인신매매의 예방, 저지, 처벌에 대한 의정서", 제3조 (a)항

22 '국제연합 초국가적 조직범죄 방지협약을 보충하는 인신매매, 특히 여성과 아동의 인신매매 방지, 억제 및 처벌을 위한 의정서' 제3조 용어의 사용, 외교부 홈페이지, 조약정보: http://treatyweb.mofa.go.kr/JobGuide.do

적으로 강제적이거나 기만적인 수단을 사용하여 대상자를 모집하고 이동시키며 최종 목적지에 전달하거나 이용한다고 볼 수 있다. 유엔 협약에서 의미하는 인신매매의 대상자는 모두 피해자(Victim)로 간주하고 이들의 회복을 위해 협약이 기능함을 알 수 있다.

인신매매 피해자 유형은 지역과 환경 및 시대에 따라 다르며, 노예적 상태로 예속된 상황부터 계약서를 통해 동의한 계약적 관계까지 다양하다. 그러나 인신매매 조직은 인신매매 피해자를 대상으로 지속적으로 착취하여 임금을 가로채거나 합당한 대가 없이 노동력을 착취함으로써 경제적 이득을 취한다는 특징은 동일하게 나타난다.

(2) 미국의 인신매매 보고서

미국은 유엔의 국제조직범죄 방지협약이 2000년 11월에 채택되었던 시기와 거의 비슷한 시점인 2000년 10월에 자체적으로 '인신매매 피해자 보호법(Trafficking Victims Protection Act of 2000)'을 제정하였다. 이 법에 따라 미국은 매년 전 세계 국가에 대한 인신매매 피해실태, 대응활동 등을 평가하고 각 국가에 대해 권고사항을 제시하고 있다. 미국의 인신매매 대응활동은 이 법이 제정되기 전인 2007년부터 美 국무부(State of Department) 주관으로 전 세계에 배치된 미국 대사관을 중심으로 자료를 수집하여 연례보고서를 작성하고 각 국가들의 활동을 3~4개의 단계로 구분하여 자체적으로 평가하여 왔다. 또한 이 평가에 따라 미국의 원조활동에 반영하여 어느 정도의 제재 효과를 취하겠다는 의도를 갖고 있다.

미국의 '인신매매 피해자 보호법'에서는 인신매매에 대해 다음과 같이 정의하고 있다. "심각한 형태의 인신매매란, 성적 도구로서의 인신매매, 그 중 상업적 도구로서 강요와 사기 협잡에 의해 이루어진 것, 또는 18세 미만의 사람에 대해 성적 도구로서 인신매매된 경우, 또는 노동과 서비스 활동을 채용, 관리, 운반, 제공, 획득하는 행위에서 강요, 사기, 협잡을 통해 비자발적인 노예상태, 채무관계, 노예와 같은 관계 등을 체결한 경우"를 말한다.[23] 즉, 미국의 인신매매 개념은 첫째, 성적 도구로 착취당하는 경우, 둘째, 강요 및 사기로 인해 부당하게 체결된 노예와 같은 노동제공 계약 관계로 한정하고 있다. 또한 이 법에서는 인신매매의 피해자와 관련된 용어들을 103조(Section 103)에 열거하고 정의를 하였고, 이어 인신매매가 국제조직범죄의 하나의 유형이며 심각한 범죄임을 인식하고, 이를 저지하기 위해서는 국제적 협력이 필요하다고 강조하고 있다. 이에 따라 미국은 자국 내에서 적절한 기소와 엄격한 처벌을 강조하였고, 인신매매 피해자에 대해서는 처벌보다는 보호를 우선으로 하여야 한다고 명시하였다. 또한 예방과 차단활동을 위해 미국은 양자 및 다자간 협력을 강화해야 한다고 명시하였다.[24] 즉, 이 법에 따르면, 비록 인신매매 희생자가 자발적으로 계약에 참여하였더라도 착취되는 상황 또는 노예계약과 같은 상황으로 팔려가는 것은 모두 인신매매로 간주된다는 해석이다. 한편, 미 국무부에서 작성하고 있는 이 보고서에서는 "불법입양, 인간장기의 밀거래, 아동포르노, 매춘업 등 4가지 분야는 인신매매의 분야에서 배제 한다"고 명시하여, 인간장기의 밀거래를 포함하고 있는 유엔 의정서보다는 협의의 범위에서 다루고 있음을 알 수 있다.

(3) 인신매매 처벌 적용 법령

우리나라는 형법 제31장 약취, 유인 및 인신매매의 죄, 조항 289조에서 인신매매와 관련한 처벌 내용을 다음과 같이 명시하고 있다. ① 사람을 매매

23 미 국무부 보고서, 2015, *The 2015 Trafficking in Persons Report*. p.9

24 미국 인신매매 피해자 보호법, 2000, *Trafficking Victims Protection Act of 2000*. 102조 24항

한 사람은 7년 이하의 징역에 처한다. ② 추행, 간음, 결혼 또는 영리의 목적으로 사람을 매매한 사람은 1년 이상 10년 이하의 징역에 처한다. ③ 노동력 착취, 성매매와 성적 착취, 장기적출을 목적으로 사람을 매매한 사람은 2년 이상 15년 이하의 징역에 처한다. ④ 국외에 이송할 목적으로 사람을 매매하거나 매매된 사람을 국외로 이송한 사람도 2년 이상 15년 이하의 징역에 처한다.[25] 특히 성적 착취와 관련하여, 2004년 제정된 성매매 특별법 중 하나인 '성매매알선 등 행위의 처벌에 관한 법률'(2014.7.29.시행)이 마련되어 구체적인 사항을 적용시키고 있다. 이 법 제2조(정의) 3항에서 "성매매 목적의 인신매매" 내용을 명시하고 성매매 목적의 인신매매를 당한 사람을 성매매 피해자로 구분하여 보호하는 조항을 마련하였으며, 제11조(외국인 여성에 대한 특례)에서 국내에 불법 체류중인 외국인 여성이 피해자로 판단될 경우 강제퇴거 또는 보호집행을 당하지 않도록 명시하였다.

한편, 매년 미 국무부에서 발표하는 '인신매매 보고서'의 2019년 6월 보고서는 한국을 가장 높은 등급인 1등급(Tier 1)에 포함시키고 있으나, 몇 가지 부족한 조치에 대해 다음과 같이 지적하고 있다. 첫째, 한국 정부는 노동 착취를 목적으로 인신매매되는 대상자들에 대해 피해자(victim)로 규정한다는 공식적인 지침이 마련되어 있지 않다. 이에 따라, 한국 관계당국에 대해서도 피해자 보호 조치에 대한 적절한 교육이 이루어지지 않는다는 지적이다. 성매매 특별법에 따라 성매매 목적으로 인신매매된 일부 대상자들에 대해서는 피해자로 구분하여 보호조치가 이루어지기는 하나 그 외의 노동 등의 목적으로 인신매매된 대상자들을 피해자로 규정하는 법령과 규정이 부재하다는 것이다. 둘째, 한국정부의 인신매매 피해자 보호 조치가 불충분한데, 특히 남성, 불구자, 외국인, 청소년 피해자에 대한 조치가 부실하다. 또한 한국

---

25 형법 제31장 289조, 2013.4.5. 개정

의 관계 당국은 인신매매 조직에 의해 강제로 불법행위를 하였던 피해자 일부에 대해서 처벌하고, 감금하고, 추방시키고 있다는 지적이다. 위의 이러한 두 가지의 지적은 한국 정부가 유엔의 인신매매 관련 국제협약에 따라 모든 인신매매 대상자들을 피해자로 간주하지 않고 성적 착취를 당한 일부 대상자들에 대해서만 피해자로 인정하고 있다는 점을 지적한 것으로 보인다. 결론적으로 이 보고서는 한국의 인신매매에 대한 법령이 국제협약의 수준에 미치지 못한다는 지적인데, 형법 289조에서 인신매매에 대한 정의는 생략한 채 종류와 형벌만 명시하고 있으며, 288조와 292조에 약취, 유인에 대한 형벌만 명시하고 있어, 이러한 죄를 모두 포함한 포괄적인 인신매매에 대한 정의와 처벌을 명시하는 법령으로 개정하는 것이 필요하다는 지적이다.[26]

(4) 밀입국 범죄

밀입국 범죄(smuggling of migrants)는 합법적으로 국가 간 이동이 불가한 사람을 대상으로 밀입국 알선 조직이 밀항, 서류 위변조 등의 불법적 방법을 제공하면서 육상, 해상, 항공편 등으로 이동시켜 금전적 이득을 취하는 행위이다. 밀입국 범죄는 출발 국가, 경유 국가, 목적지 국가 등이 영향을 받게 되며 이에 따라 거의 전 세계의 국가들이 밀입국 범죄의 영향을 받는다고 볼 수 있다. 밀입국 범죄의 대상자들은 이동 과정에서 발생할 수 있는 위험과 착취당할 수 있는 위협에도 불구하고 밀입국을 추진하기 때문에 밀입국 알선조직에 의해 이용당하기 쉬운 처지에 놓여 있다. 과거 사례를 보면 수천 명의 밀입국자들이 선박을 통한 이동 과정에서 컨테이너에 숨어 있다가 질식하여 사망한 사례가 있으며 밀입국 알선조직에 의해 해상에서 버려진 채로 표류

---

26 Trafficking in Persons Report 2019, US Department of State, p.276,

하다 다수가 사망한 사례도 있다. 밀입국 알선조직은 밀입국을 희망하는 자들로부터 돈을 받고 이동시키면서 막대한 금전적 이득을 취하며, 이 조직은 불법적으로 이동시키기 위해 관료들을 매수하는 등 부정부패와 연계하여 활동하고 있다.

밀입국 범죄의 특징은 다음과 같다. 첫째, 밀입국 알선조직은 밀입국을 희망하는 자들을 대상으로 국경을 넘기 위한 다양한 방법을 제공한다. 밀입국 희망자는 대부분 알선조직의 도움을 받아 이동하며, 국경 통제가 강화될수록 이를 회피하기 위한 첨단의 방법들이 동원된다. 둘째, 밀입국 범죄는 알선조직 입장에서는 적발될 우려가 적으면서도 수익이 높은 사업인 셈이다. 따라서 밀입국 알선조직의 활동이 지속적으로 조직화, 전문화되면서 국제적으로 네트워크가 확대되며 증가하는 추세를 보인다. 셋째, 밀입국 수법이 다양화 되고 있다. 밀입국 알선조직에게 높은 가격을 지불할 경우 매우 정교한 위조문서와 증명서들이 제공되어 손쉽게 밀입국이 가능한 반면, 저렴한 대가를 지불할 경우 해상 밀입국 등의 방법을 택하게 되며 생명의 위험이 더욱 높아진다. 밀입국 알선 조직은 국경 통제의 환경변화를 면밀히 관찰하면서 지속적으로 허점을 파악하여 다양한 우회 루트와 첨단 방법을 동원하고 있다. 이러한 과정에서 밀입국 알선조직의 무책임한 조치와 방치로 인해 최근까지도 수천 명의 밀입국자들이 해상을 통한 밀입국 과정에서 사망한 사례가 발생하고 있다.

2000년 11월 15일 유엔 총회에서 채택된 유엔 국제협약(UNTOC)에 나타난 용어의 정의에 따르면 "'이주자의 불법이민'이란 직접 또는 간접적으로 재정적 또는 그 밖의 물질적 이익을 취득하기 위하여 국민이거나 영주권자가 아닌 사람을 당사국으로 불법 입국시키는 것을 말한다." "'불법입국'이란 접수국으로의 적법한 입국에 필요한 요건들을 준수하지 아니한 채 국경을 넘는 것을 말한다."고 명시되었다.[27] 이 협약 제6조에서는 밀입국 행위와 밀입국 알선조직의 행위에 대해 범죄화하도록 유엔 회원국에 대해 촉구하고 있다. "각 당사국은 고의적으로, 그리고 직접 또는 간접적으로 재정적 또는 그 밖의 물질적 이익을 획득하기 위하여 다음이 행하여진 경우, 이를 형사범죄로 규정하기 위하여 필요한 입법 및 그 밖의 조치를 채택한다." 범죄화의 대상은 이주자의 불법이민, 이주자의 불법이민을 가능하게 하기 위한 목적으로 1) 허위의 여행증명서 또는 신분증명서의 제작 2) 그러한 증명서의 입수, 제공 또는 소지하는 행위, 이러한 수단 외에도 그 밖의 모든 불법적 수단에 의하여 국민 또는 영주권자가 아닌 자가 관련 국가에 적법하게 체류하는 데 필요한 요건을 준수하지 아니한 채 그 국가에 체류할 수 있게 하는 행위를 말한다.

우리나라의 경우 유엔 협약을 반영하여 2014년 출입국관리법을 개정하였고, 밀입국 알선 조직에 대한 처벌을 강화하였다. 이 법 제93조에 따르면 영리를 목적으로 외국인을 집단으로 불법입국하게 하거나 이를 알선한 사람, 불법출입국하게 할 목적으로 여권, 사증, 탑승권 등 서류 및 물품을 제공하거나 알선한 사람, 불법 입국한 외국인의 은닉, 도피, 교통수단 제공자 등은 7년 이하의 징역 또는 5천만 원 이하의 벌금에 처한다고 명시되었다. 또한, 제94조에 의하면, 취업활동을 할 수 있는 체류자격을 받지 아니하고 취업활동을 한 사람, 체류자격을 가지지 아니한 사람을 고용한 사람, 취업활동을 할 수 있는 체류자격을 가지지 아니한 외국인의 고용을 업으로 알선·권유한 사람에 대해서는 3년 이하의 징역 또는 2천만 원 이하의 벌금에 처한다

---

27 외교부 조약정보, 조약 2260, 국문 번역: "국제연합 초국가적 조직범죄 방지협약을 보충하는 육상, 해상 및 항공을 통한 이주자의 불법이민 방지를 위한 의정서" 제3조(국제연합 채택: 2000년 12월 15일, 발효일: 2004년 01월 28일)
http://www.mofa.go.kr/trade/treatylaw/treatyinformation/multilateral/index.jsp?menu=m_30_50_40&tabmenu=t_2

고 명시하였다.

밀입국 알선조직은 인신매매 조직과 연계하여 활동하기도 한다. 인신매매와 밀입국 범죄의 공통성은 보다 나은 환경과 세상에서 살겠다는 욕구를 가진 사람들을 피해자로 삼아, 인간의 존엄성을 무시하고 강탈하며 착취한다는 것이다. 전 세계적으로 수백만 명의 피해자가 매년 발생하고 있으며, 심지어 해상 밀입국 과정에서는 밀입국 알선조직의 무책임한 조치로 인해 매년 수백 명이 익사하는 것으로 보고되고 있다.

인신매매와 밀입국의 차이

—

인신매매와 밀입국 개념의 구분은 때로 중복되는 부분도 있고 모호한 영역도 있어서 분명하게 정의하기는 어렵다. 그러나 일반적으로 판단되는 기준은 다음과 같다.

1. 동의(Consent) : 밀입국을 희망하는 자는 밀입국 과정에서 벌어질 수 있는 위험하고 비인간적 상황에 처할 수 있음을 인지하고 있으며 이를 감수하고 이행하겠다는 태도를 취한다. 그러나 인신매매의 경우 대부분 그 과정과 목적에 대해 분명하게 인지하지 못한 채 범죄조직과 계약을 맺게 된다. 초기에 인지하였다 할지라도 최종적으로는 착취의 대상이 되며, 이러한 결과에 대해서는 예상하지 못하는 경우가 많다. 인신매매의 경우 동의보다는 협잡, 사기, 공갈, 협박, 강요에 의해 추진된다.
2. 착취(Exploitation) : 밀입국 희망자는 목적지에 도착하면서 알선조직과의 관계가 종료된다. 그러나 인신매매 피해자의 경우 목적지에 도착한 후부터 착취의 대상이 된다. 밀입국한 자가 목적지에 도착한 이후 알선조직에게 비용을 지불하기 위해 착취의 대상이 되는 경우도 있다. 이러한 후불 방식의 경우는 선 지급 방식에 비해 터무니없이 많은 금액이 요구되며, 폭력, 협박, 공갈 등의 조직범죄 집

단의 개입이 지속된다.

3. 초국가적 영역(Trans-Nationality) : 밀입국은 분명하게 국가간 이동을 전제로 한다. 그러나 인신매매는 국가간 이동도 있으며, 또한 한 국가 안에서 발생하기도 한다.
4. 범죄수익의 원천(Source of Profit) : 밀입국 알선조직은 대상자의 운송, 설비 및 체류 방법 제공 등의 명목으로 금전적 수익을 갈취한다. 인신매매의 경우 범죄조직이 피해자를 관리하면서 착취의 방식으로 수익을 갈취한다.

* 출처: UNODC 2014년 연례보고서, p.43

망명(asylum)과 난민(refugee)

1951년 '난민의 지위에 관한 국제협약'(이하 제네바 협약)은 세계 제2차 대전의 상흔(傷痕)으로 발생한 유럽 국가들의 실향민 문제를 해결하기 위해 국제연합(UN)에 의해 채택되었다. 이 협약에서 난민이란, "1951년 1월 1일 이전에 발생한 사건의 결과로서, 또한 인종, 종교, 국적 또는 특정 사회집단의 구성원 신분 또는 정치적 의견을 이유로 박해를 받을 우려가 있다는 충분한 이유가 있는 공포로 인하여 국적국 밖에 있는 자로서 그 국적국의 보호를 받을 수 없거나 또는 그러한 공포로 인하여 그 국적국의 보호를 받는 것을 원하지 아니하는 자 및 이들 사건의 결과로서 상주 국가 밖에 있는 무국적자로서 종전의 상주 국가로 돌아갈 수 없거나 또는 그러한 공포로 인하여 종전의 상주 국가로 돌아가는 것을 원하지 아니하는 자."로 정의된다.[28] 한편, 난민으로 수용할 수 없는 제한적 조건도 명시하였는데, 첫째, 평화에 대한 범죄, 전쟁

28 "난민의 지위에 관한 협약(1951)", 제1장 제1조 A, (2)항, 법제처 국가법령정보센터 번역

범죄 또는 인도에 대한 범죄에 관하여 규정하는 국제문서에 정하여진 그러한 범죄를 범한 자, 둘째, 난민으로서 피난국에 입국하는 것이 허가되기 전에 그 국가 밖에서 중대한 비정치적 범죄를 범한 자, 셋째, 국제연합의 목적과 원칙에 반하는 행위를 행한 자, 등 세 가지 요건을 기본적으로 명시하고, 회원국들이 이 협약의 내용을 바탕으로 자국의 실정법을 제정 또는 개정하도록 촉구하였다.[29] 1951년 제네바 협약과 1967년 뉴욕 의정서에서 의미하는 "난민"의 정의는 난민으로 인정될 수 있는 일반적인 개인의 자격 조건을 명시한 것이며, 난민신청자가 해당 국가의 난민인정 심사 절차를 거쳐 난민인정을 받은 '난민인정자'를 의미하는 것은 아니다.

망명신청자(asylum seeker)는 자국을 떠나 외국에 보호를 요청하는 자이며, 난민은 망명(exile)의 한 형태라고 볼 수 있다. 즉, 망명이 난민신청보다 상위의 개념이라고 할 수 있다. 망명의 경우 주로 정치적 문제와 얽히는 경우가 많고, 국제적 협약에 의해 그 조건과 권리가 보장되는 것이 아니라 정치적 타협이나 거래에 의해 이루어지는 경우가 많다는 점에서 난민과 차이가 있다.[30]

난민신청자는 국제협약에 따라 '국제적 보호'를 추구하는 자이며 난민신청을 하고 난민인정자가 되기 위한 결과를 기다리는 자를 말한다. 난민신청자에 대한 심사의 결과는 다음 세 가지로 구분되는데, 첫째, 승인될 경우 제네바 협약에 명시된 난민의 지위를 인정받거나, 둘째, 승인되지는 않았지만 한시적으로 "인도적 보호"의 대상이 될 수 있으며, 셋째, 난민신청이 거부되는 경우로 구분된다.

우리나라 난민법 제2조(정의) 1항에서도 제네바 협약의 정의를 인용하

---

29 Ibid. 제1조 1항 F.

30 난민인권센터: https://nancen.org/697

여, "난민이란 인종, 종교, 국적, 특정 사회집단의 구성원인 신분 또는 정치적 견해를 이유로 박해를 받을 수 있다고 인정할 충분한 근거가 있는 공포로 인하여 국적국의 보호를 받을 수 없거나 보호받기를 원하지 아니하는 외국인, 또는 그러한 공포로 인하여 대한민국에 입국하기 전에 거주한 국가(이하 '상주국'이라 한다)로 돌아갈 수 없거나 돌아가기를 원하지 아니하는 무국적자인 외국인을 말한다."고 명시하였다.

외국인테러전투원(FTF, Foreign Terrorist Fighters)

유엔 안보리 결의안 2178호(2014년)는 '외국인테러전투원(FTF)'에 대한 정의로 "테러행위를 위한 범죄, 기획, 준비, 참가의 의도로, 또는 무장 분쟁에 참가할 목적을 포함하여 테러의 훈련을 받거나 지원하려는 목적으로 출신국 또는 체류국 외의 다른 국가로 여행하는 자"라고 명시하였다.[31] 이 설명은 유엔안보리 대테러위원회 집행위원회(Counter-Terrorism Committee Executive Directorate, CTED)에서 2015년 발표한 안보리 결의안 2178호의 이행활동 보고서에서 재차 인용되면서 FTF의 정의로 사용된다.[32]

우리나라는 FTF를 "외국인테러전투원"으로 번역하여 테러방지법에서 설명하고 있다. 동법 제2조 4호에서, "'외국인테러전투원'이란 테러를 실행·계획·준비하거나 테러에 참가할 목적으로 국적국이 아닌 국가의 테러단

---

31 UNSC Resolution 2178(2014.9.24.), p.2 : "Expressing grave concern over the acute and growing threat posed by foreign terrorist fighters, namely individuals who travel to a State other than their States of residence or nationality for the purpose of the perpetration, planning, or preparation of, or participation in, terrorist acts or the providing or receiving of terrorist training, including in connection with armed conflict, and resolving to address this threat"

32 Implementation of Security Council resolution 2178 (2014) by States affected by foreign terrorist fighters, A. Defining foreign terrorist fighters, 2015, UNSC the Counter-Terrorism Committee Executive Directorate (CTED), p.18.

체에 가입하거나 가입하기 위하여 이동 또는 이동을 시도하는 내국인·외국인을 말한다."고 명시하였다.

한편, 유엔 안보리에서 명시한 FTF 정의에 따르면 국제테러조직인, '이슬람 국가(IS)', 알카에다(Al-Qaeda), 알 누스라 전선(Al-Nusra Front), 탈레반(Taleban) 등의 조직에서 활동하는 외국인 테러 조직원들이 FTF에 해당된다. 다만, UN에서 명시한 테러조직 외에도 개별 국가마다 테러조직의 지정 범위가 다르므로 일관된 FTF를 규정하기도 어려운 실정이다. 즉, 어떤 나라에서는 테러조직으로 인정하지만 다른 나라에서는 테러조직으로 지정하지 않은 무장정파와 연계되어 활동하다 귀국한 자에 대해 FTF로 적용할 수 있는지는 의문이다. 예를 들면, 미국이나 서유럽 국가 출신자가 시리아 북부로 여행하여 쿠르드 민병대인 YPG(Kurdish People's Protection Units)에 가담하여 IS에 대항하여 싸웠다면, 이를 FTF로 간주하기는 어려운 상황이 된다. 왜냐하면, YPG나 쿠르드 게릴라인 PKK(Kurdistan Workers Party)가 미국 및 서유럽 국가들에 의해 모두 일관되게 테러조직으로 지정되지는 않았으며, 연합국과 공조하여 공공의 적인 테러조직 IS에 대항하여 싸웠기 때문이다.

한편, 해외로 이동하여 무장 조직에 가담하였다 해도 이들이 모두 국제규범상 위반행위를 한 것으로 볼 수 없다는 주장이 제기된다. FTF로 인정하는 정의에 따르면 테러조직 외에도 무장단체에 가입하여 활동한 경우를 모두 FTF로 간주하는데, 국제적십자사(ICRC)는 이러한 정의에 대해 우려를 표명하였다. 즉, 어떤 국가의 정부가 '국가 차원의 테러(state terrorism)'를 자행하는 경우, 이에 대응하여 민병대가 조직되어 주민의 안전과 구호를 위해 활동하는 사례도 발견되는데, 이에 가담한 민병대 조직원이 모두 FTF로 간주되는 것은 무리가 있다는 주장이다.[33]

---

33 "Foreign Terrorist Fighter" Laws - Human Rights Rollbacks Under UN Security Council Resolution 2178, International Community Law Review, vol. 18, no. 5 (2016), p.6

2011년 4월부터 시작된 시리아 내전은 무슬림 국가에서 발생한 최초의 무슬림간의 분쟁으로 유럽의 무슬림들이 전투원 또는 동조자로서 대거 참가하고 있다. 2012년부터 현재까지 약 5천여 명의 유럽 국적인들이 시리아와 이라크로 여행하였으며 이 중 약 1,500명의 외국인테러전투원(FTF)들이 귀국하였다. 일부는 전장(戰場)에서 목격한 참상으로 실망과 회의를 느끼고 귀국하였으며, 또 다른 일부는 테러의 이념에 무장된 채, 더욱 위협적인 존재로 귀국하기도 하였다. 귀국한 테러전투 경험자에 의한 유럽 내 테러는 2014년 벨기에 브뤼셀에 있는 유태인 박물관에서 최초 발생했다. 이어 2015년 11월 프랑스 파리와 2016년 3월 벨기에 브뤼셀에서 FTF에 의한 전투형 테러가 발생하면서 당시 유럽인들의 불안감을 고조시켰다. 유럽 출신의 테러전투원들은 알카에다(Al Qaeda) 등의 테러조직에 소속되어 시리아나 예멘 분쟁지역에서 활동하고 있는데, 2015년 11월 파리 '샤를리 에브도(Chalie Hebdo)' 신문사를 대상으로 자행한 테러공격의 주도자인 '사이드 코우아치(Said Kouachi)' 역시 프랑스 국적인으로 예멘에서 활동하였고 알카에다 아라비아반도 지부(AQAP) 소속으로 활동하던 자였다. '지하디스트(Jihadist)'라는 이름으로 국경 없이 떠돌면서 전쟁에 참전하고 있는 외국인테러전투원은 성전 참여자라는 일종의 종교적 바탕의 용병 형태가 되었는데, 현재 시리아 내전에 참전 중인 지하디스트는 4만여 명으로 집계되며, 그 중 유럽 출신의 전투원은 5천 명 정도로 추산된다.[34]

IS에 가담한 외국인테러전투원의 경우 100여 개 국가 출신의 전투원 3만 명 이상이 참전하고 있다. 그 중 77개 국가가 가장 큰 영향을 받고 있다. 외국인테러전투원의 여성 참여 비율도 점차 증가하고 있는데 현재 20~30%를 차지하고 있다. 서유럽의 여성은 IS를 지원하기 위해 참가하고 있는데

---

34 David Malet, 2018, "The European Experience with Foreign Fighters and Returnees", Egmont paper 101. pp. 6-18

550명이 IS의 거점으로 여행한 것으로 파악된다. 서아프리카의 젊은이들은 나이지리아 테러조직인 보코하람(Boko Haram)에 가입하기 위해 여행을 하는데, 이들은 월 보수 미화 560달러의 조건에 유혹되어 용병으로 활동하기를 희망하기 때문이다.[35]

IS와 알카에다의 조직이 중동지역에서 와해되기 시작하면서 이 전장에서 활동했던 외국인테러전투원은 본국으로 또는 제3국으로 이동하게 되는데, 테러 전투에 참여한 경험이 있는 이들이 세계 각지로 여행한다는 것은 국가안보 차원에서 심대한 위협이 되고 있다. 이들이 어느 곳에 있든지 인터넷과 미디어로 연결되는 네트워크는 여전히 활성화되어 있고 이 수단을 통해 IS와 알 누스라 전선(Al Nusra Front) 등의 조직은 시리아와 이라크 지역이 아닌 다른 어느 곳에서도 지속적으로 연락을 취하면서 테러의 지시와 테러조직원 모집활동 등을 할 수 있기 때문이다. 이미 본국으로 귀환한 외국인테러전투원이라면 IS로부터 전수받은 전투 기술과 폭탄 제조 기술 등을 익힌 채 서유럽 국가 등에 거주하고 있다는 의미이며, 이들은 테러조직의 지시를 받고 언제든지 자국에서 테러를 감행할 수 있는 위협이 된다. 프랑스의 경우 최근 발생한 테러 사건 중 72건이 시리아에서 귀국한 테러전투원 출신자들과 연계된 것으로 프랑스 당국은 밝혔다. 2015년 2월 23일 인도네시아 수도 자카르타에서 발생한 클로린 가스(chlorine gas) 테러 공격의 경우, 인도네시아 당국은 과거에 발생한 적이 없는 최초의 수법이라고 발표하였으며, 귀국한 테러전투원이 시리아 전장에서 익힌 테러 수법을 사용한 것으로 정부 당국은 판단하고 있다.[36] 2014년 5월 24일 벨기에 수도 브뤼셀에서 발생한 유태인 박물관

---

35 Op. cit, "Foreign Terrorist Fighter" Laws, pp. 4-5.

36 Kate Lamb, "Indonesian police blame jihadis returning from Syria for chlorine bomb", Guardian, 25 March 2015.

테러사건 역시 IS에 가담하였던 테러전투원의 소행인 것으로 밝혀졌다.[37]

5. 밀수(Smuggling)

밀수는 세관의 실무적 개념으로 볼 때, 관세법, 외국환거래법, 대외무역법, 마약류 관리에 관한 법률, 총포류법 등 수출입관계 법령에 위배되는 일체의 행위 또는 행위자로 정의된다. 일반적인 밀수에 해당되는 유형과 대상 물품의 종류는 방대하겠으나, UNODC에서는 최근 국제조직범죄의 타깃으로 주목받는 희귀하거나 멸종위기에 처해진 동·식물류 밀수에 대해 특별히 심각한 우려를 표명하면서 국제사회의 적극적인 대응활동을 촉구하고 있다. 유엔에서 언급하는 희귀 야생동물과 식물(Wildlife and forest)의 밀수범죄는 국제법의 위반일 뿐만 아니라 세계의 야생 동식물 생태를 훼손시키는 불법 행위이기도 하다. 최근 이러한 유형의 밀수 범죄는 금전적 이익을 최대화할 수 있다는 이유로 마약범죄, 무기밀매, 인신매매와 함께 거대 국제조직범죄 집단이 선호하는 아이템이 되고 있으며, 범죄 집단은 주로 법적 체계의 정비가 허술한 아프리카 지역 등을 대상으로 집중하고 있다. 유엔의 집계에 따르면 최근 이 유형의 범죄로 거래되는 금액은 매년 수십억 달러에 달하며, 이렇게 유통되는 자금들은 돈세탁, 부정부패(corruption)뿐만 아니라 살인 등 강력범죄와도 연계되고 있다. 대상 국가는 주로 아프리카, 동남아, 남미, ASEAN 국가 등이며, 대표적인 피해 동물은 뿔과 상아를 얻기 위해 코뿔소나 코끼리, 가죽을 얻기 위한 표범, 한약재로 쓰이는 희귀동물 등이 해당된다.[38]

---

37 BBC News, "Brussels Jewish Museum killings: fourth victim dies", 6 June 2014.

38 UNODC, "Wild life and forest crime", UNODC 홈페이지: http://www.unodc.org/unodc/en/wildlife-and-forest-crime/overview.html (검색일: 2016.9.24.)

2017년 12월 홍콩 당국은 심야에 보트를 이용해 해상 밀수를 하던 밀수조직을 검거하고 현장에서 300킬로그램의 천산갑 비늘을 적발하였다. 천산갑은 딱딱한 비늘로 덮여 있고 긴 혀로 곤충을 핥아먹는 작은 동물이며, 이 비늘은 중국에서 한약재로 팔리는데, 시중의 가격은 한 량(37.5그램) 당 미화 38달러에 거래된다. UNODC 보고에 따르면, 2013~2017년간 홍콩에서 적발된 천산갑이 43톤에 달하며, 주로 아프리카의 카메룬과 나이지리아에서 베트남 등지를 거쳐 홍콩으로 밀반입된 것으로 밝혀졌다. 심지어 2017~2018년에는 두 배가 적발되었으며, 2019년 1월에는 9톤의 천산갑 비늘이 적발된 것으로 확인되어 중국을 목적지로 하는 동물의 한약재 밀수는 홍콩이 관문이 되고 있음을 알 수 있다.[39]

2018년 1월 태국 경찰은 코뿔소 뿔과 상아, 호랑이 가죽 등 희귀 또는 멸종위기의 야생동물과 그 장기 등을 전문으로 취급해온 아시아 최대 밀매조직의 수뇌인 분차익 바익(40세)을 검거하였다고 발표하였다. 베트남계 태국인인 그는 라오스와 접경한 태국 북동부 나콘파놈 주(州)를 근거지로 아프리카 등지에서 들여온 상아와 코뿔소 뿔, 천산갑 비늘 등을 유통해온 것으로 알려졌다.[40] 또한 2018년 11월 미국 하원의원 테드 포(Ted Poe)는 북한이 외교관을 활용해 아프리카에서 코뿔소 뿔과 상아 등을 밀수하고 있으며 고가밀수품의 경우 외교행낭을 이용해 밀수하고 있다고 스위스에 본부를 둔 국제적 NGO인 GI-TOC(The Global Initiative Against Transnational Organised Crime)의 보고서를 인용하여 밝힌 바 있다.[41]

우리나라 밀수 사례는 국제사회가 우려하는 희귀 동식물 밀수와는 다른 형태를 보이고 있다. 1970년대에는 수출면장 없이 현지에서 외국으로 출

39 Charles Homans, Hong Kong, Crossroads of the Criminal Wildlife Trade, New York Times (2019.2.12.)

40 연합뉴스, 아시아 최대 야생동물 장기 밀매조직 우두머리 잡혔다 (2018.1.21.)

41 VOA, 2018.11.6., 미 하원의원 "북한, 야생동물 밀수로 테러 자금 조달"

항할 수 있는 활어선을 이용해 다양한 밀수품을 싣고 밀반입하는 형태였으며, 1980년대에는 외국산 제품의 높은 관세를 피하기 위해 여행자를 통한 밀수가 주류를 이루었다. 1990년대에는 세계무역기구(WTO)의 출범으로 통관절차가 간소화되자 컨테이너를 이용한 중국산 농수산물 밀수가 성행했다. 2000년대 들어 일명 "커튼 치기" 방식이 성행하였다. 이 수법은 컨테이너 안쪽에 밀수품을 숨기고 입구 쪽에는 일반물품을 적재하여 단속을 회피하는 방식이다. 최근 2017년 적발된 사례를 보면 우리나라를 거쳐 일본으로 밀수하는 금괴 밀수가 주류를 이루고 있다. 2014년부터 일본의 금에 대한 소비세가 인상됨에 따라 홍콩에서 면세로 구입한 2킬로그램짜리 골드바(gold bar) 한 개를 일본으로 밀수하면 무려 800만 원 정도의 차액을 얻기 때문이다. 우리나라와 홍콩에서 구매한 금괴를 세금이 높은 편인 일본으로 밀수하여 차액을 노리는 수법이다. 금괴 밀수의 방법은 다양하다. 과거 해상 단속의 허점을 이용하여 심야 밀수, 해수면 이하에 보관 후 가져오는 방법 등이 성행하기도 하였다. 2017년 7월 적발된 사례를 보면, 일본과 연계된 국내 금괴밀수조직이 부녀자들에게 공짜 여행을 시켜준다면서 운반책으로 이용하여 소량의 금괴를 다수 여행객이 한국을 거쳐 일본으로 밀반입토록 하는 방법이 드러나기도 하였다.

이렇듯 세계 각국의 밀수조직은 시대적으로 금전적 이득이 큰 품목을 선택하여 단속의 허점을 이용하면서 다양한 밀수 방법을 동원하고 있다. 이에 따라 각국 정부는 국내적으로는 물론 국제적으로도 긴밀히 협력하면서 단속 기술의 개발과 밀수 정보의 교류 등을 통해 밀수와의 전쟁을 지속적으로 펼치고 있다.

6. 자금세탁(Money Laundering)

자금세탁은 돈 세탁이라고도 불리며, 사전적 의미로는 자금의 출처를 은폐하기 위하여 불법적으로 취득한 자금을 외부인을 통해 전환시키는 것을 말한다. 즉, 불법행위나 범죄로 획득한 수익을 금융기관 등을 통하여 합법적인 자금으로 전환시키는 행위라고 정의할 수 있다. 초국가적 조직범죄 집단은 불법으로 획득한 자산과 자금을 은닉시키고 이동시키려 한다. 검은 돈의 출처를 위장하여 합법적 자금으로 전환시키는 것이다. 예를 들면, 마약범죄조직이 마약을 판매하여 획득한 자금이 축적되었을 때, 이러한 돈은 불법자금 또는 "검은 돈(dirty money)"에 해당된다. 범죄조직은 이 돈을 한동안 은닉한 후 은행 등 금융권에 분산하여 예금하면서 합법적으로 유통할 수 있는 자금으로 세탁을 하고자 한다. 은행은 이러한 수상한 자금이 입금될 때 출처를 파악하기 위해 예금자로부터 자금의 출처 기록을 확인하는 것이 정당한 과정이다. 그러나 범죄조직은 은행권의 엄격한 출처 파악 행위를 회피하기 위해 입출금 과정이 비교적 수월한 역외(offshore) 지역의 금융권에 예치하거나 부정부패(corruption) 등을 동원한 다양한 방법으로 불법 자금을 은닉하고 배치하며 최종적으로 다시 합법적 자금과 통합을 시킴으로써 자금세탁을 마무리한다.

자금세탁의 과정은 기본적으로 다음 세 가지 단계를 거친다. 첫째, 배치단계이다. 불법적으로 획득한 검은 돈을 수사기관에 의해 적발되지 않도록 은닉하고 소재를 이전한다. 최초의 단계로, 막대한 금액을 소액으로 분산시키거나 고액권으로 교환하여 은닉하고 현금을 여행자수표나 은행수표로 교환하여 보관하기도 한다. 은행이나 제3금융권을 이용하는 방법 외에도 카지노나 경마장 등 금융거래가 가능한 곳을 이용하기도 한다. 둘째, 반복단계이다. 수사기관의 추적을 피하기 위해 자금추적이 불가능하도록 위장된 금융거래를 반복적으로 실시한다. 부동산이나 보석, 예술품 등을 구매한 후 일정

시간이 지나 판매하여 현금화시키거나 자금세탁 관련 규제가 미약한 해외 역외국가(offshore state)에 자회사를 설립하여 이 지역이나 국가에 소재한 은행에 불법자금을 송금하는 방법도 동원된다. 셋째, 통합단계이다. 불법자금을 합법자금으로 세탁한 후 정상적인 경제거래에서 발생한 합법적 자금과 통합시킨다.

UNODC 보고에 따르면, 2009년도 한 해에 발생한 불법 활동에 의해 획득된 자금은 전 세계 GDP의 3.6%를 차지하며, 이 금액의 75%가 자금세탁되는데, 전 세계 GDP의 2.7%가 자금세탁되고 있는 것으로 파악된다. 이 금액은 미화달러로 1조 6천억 달러이며, 한화로는 약 1,920조 원에 해당되는 엄청난 금액이다.

자금세탁을 통해 마련된 비자금은 다른 범죄와 마찬가지로 정상적인 국가질서를 붕괴시키는 원인으로 작용한다. 우선 이러한 비자금은 목적을 달성하기 위한 불법적 방법의 하나인 뇌물로 이용된다. 정부관료, 정치인, 기업인 등에 대한 뇌물 제공으로 합법적으로 성사될 수 없는 사안을 성취시키며, 이러한 뇌물 제공의 방식은 불법 활동으로 금전적 수익을 취하는 범죄조직이 취하는 가장 기본적인 활동이라고 할 수 있다. 정치적 목적으로 이용되는 경우는 테러자금으로 활용될 수 있다. 테러조직은 불법 자금의 지원을 받아 무기를 구매하고 정치적 목적을 달성하고자 한다. 또한, 자금세탁은 정상적인 경제활동에 기반을 두고 있는 국가경제 질서를 망가뜨린다. 이러한 현상은 주로 저개발국가에서 발생하는데, 단기적이고 개별적 이익을 추구하는 범죄조직을 만족시키는 한편 해당 국가의 장기적인 경제발전을 저해하는 근본적인 병폐로 작용하게 된다.

자금세탁을 국제적으로 예방하고 차단하기 위해 마련된 국제적 조치는 1988년에 채택된 '마약 및 향정의약품의 불법거래 방지에 관한 유엔협약'에서 나타난다. 이 협약 제3조에서 유엔은 회원국들이 다음과 같은 자금세탁 행위를 범죄로 규정하고 자국에서 이 협약에 따라 국내법으로 제정할 것을 촉구하였다. 첫째, 획득된 재산이 범죄수익임을 알면서, 그 재산의 위법한 출처를 은닉 또는 위장하거나, 이와 관련된 사람이 관련 법적 결과를 회피하는 것을 돕기 위한 재산의 전환 또는 양도, 둘째, 획득된 재산이 범죄수익임을 알면서, 재산의 진정한 본질, 출처, 소재, 처분, 이동 또는 재산에 대한 소유권이나 권리의 은닉, 가장하는 경우이다.[42] 한편, 초국가적 조직범죄를 전담하는 유엔 기구인 UNODC는 돈 세탁을 방지하는 '돈세탁 방지 글로벌 프로그램'인 GPML(Global Program against Money Laundering)을 1997년부터 운영하고 있다. 이 프로그램은 저개발국 회원국을 대상으로 자금세탁과 테러자금 차단활동 관련 국제적 수준에서 조치해야 할 이행사항과 자국 내에서 수립하고 비준해야 하는 법적, 제도적 체계를 구축하도록 지원함을 목적으로 한다.

초국가적 조직범죄 집단에 의해 자행되는 범죄의 유형은 마약범죄를 비롯하여 인신매매 등 다양하게 발전되어 왔으며, 이에 따라, 각종 범죄로부터 획득한 불법 자금의 세탁 활동은 더욱 확대되었다. 이에 대응하기 위해 1989년 7월 프랑스 파리에서 개최된 G-7 정상회담에서 자금세탁방지 조치를 주도하는 국제기구로 FATF(Financial Action Task Force)를 설치하기로 합의하였으며, 정부간 기구(inter-government organization)의 형태로 현재 프랑스 파리에 소재하는 OECD 건물에 사무국을 두고 있다. FATF는 '국제자금세탁방지기구'로 국내에서 불리며, 자금세탁과 관련된 문제와 해결방안을 논의하고 각 회원국에 대해 권고사항을 제시하며 대응활동을 제고시키도록 노력하고 있다. FATF의 권고사항을 구체적으로 이행하는 실무기구라고 할 수 있는 기구가 '에그몽 그룹(Egmont Group)'이다. 에그몽 그룹은 1995년 벨기에에서 결성된 조직이다. FATF 회원국에 대해 각 국가가 수상한 자금을 점검하고 국제적으로 교류하여 확인하는 장치로서 FIU(Financial Intelligence Unit)를

---

42 UN Convention against Illicit Traffic in Narcotic Drugs and Psychotropic Substances, 1988, Article3, 1, (b)-(c).

설립하도록 하였으며 각국은 이 조직을 통해 수집된 정보를 FIU 본부인 에그몽 그룹으로 통보하고 해당 국가 간 정보교류를 통해 자금의 출처와 거래 내역 등을 확인할 수 있다. 즉, 에그몽 그룹은 전 세계 159개 FIU의 중앙본부라고 할 수 있다. 2007년 7월 에그몽 그룹의 사무국을 캐나다에 설치하고 운영되고 있다. 우리나라는 금융위원회 산하에 FIU가 설치되었고 '금융정보분석원'으로 명명되어 운영되고 있다.

한편, 이슬람권에서 전통적으로 이용되는 '하왈라(hawalla)' 수법은 정상적인 외환거래 방식을 회피하고 국가 간의 송금의 근거를 남기지 않는 불법적으로 이루어지는 자금세탁의 대표적 방법으로 볼 수 있다. 수백억 원의 돈이 국가와 국가를 넘나들면서도 은행을 거치는 복잡한 절차는 필요 없다. 오직 전화나 이메일, 또는 팩스로도 거래가 이뤄질 수 있을 만큼의 '신뢰'만 있으면 된다. 오랜 시간 이어져 오며 깊게 뿌리내린 이슬람권의 전통 금융 거래 방식이다. 현재 이 시스템은 전통적 의미와 관계없이 국제적인 '환치기' 수법으로 악용되고 있으며, 한국도 예외는 아니다. 하왈라 시스템은 현대 서구식 은행 시스템을 거부하는 일부 이슬람권의 사용 방식으로, 조직망이 전 세계에 걸쳐 폭넓게 퍼져 있다. 이러한 사적의 외환 거래 방식이 전통이나 문화와는 관계없이, 국제적인 환치기 수법으로 악용되고 있다는 점이 문제가 된다. 실제 하왈라는 이슬람권에서 출처가 밝혀지지 않은 자금 이동의 중요한 수단 중 하나로, 파키스탄에서만 연간 50억 달러(5조 6000여억 원) 이상이 이를 통해 움직이고 있는 것으로 알려져 있다.

하왈라(hawala)

—

아랍어로 '신뢰'라는 뜻으로, 전 세계 조직망을 통해 은행을 통하지 않고 자금을 유통하는 이슬람의 전통적인 송금 시스템을 의미한다. 본래 명칭은 훈디이다. 하왈라는 원래 실크로드 교역을 하던 이슬람 대상(隊商)들의 재산을 사막의 도적들로부터 보호할 목적으로 고안된 것으로 약간의 수수료만으로 세계 어느 곳이든지 송금이 가능하다. 송금자는 전 세계에 걸쳐 수천 개 이상 산재해 있는 하왈라 점포에서 송금 금액과 약간의 수수료를 내고 비밀번호를 부여받아 수취인에게 알려주면 수취인은 가까운 하왈라 점포에서 비밀번호를 대고 송금된 자금을 수령할 수 있는데, 이 과정에서 담보를 설정하거나 일체의 서류도 만들지 않으며 거래가 완료되는 즉시 모든 기록이 폐기 처분되므로 거래자 신분 · 금액 등 증거가 남지 않는다.[43]

7. 사이버 범죄(Cyber Crime)

사이버범죄는 사이버테러와 함께 사이버 공격 형태 중 하나다. 즉, 사이버공격(Cyber attack)을 자행하는 주체가 그 목적에 따라 사이버테러와 사이버 범죄를 자행할 수 있는데, 테러와 조직범죄의 비교적 커다란 차이는 금전적 목적이거나 아니면 정치적, 종교적, 이념적 목적에 있는지를 구분하는 것이다. 따라서 사이버 공격 중에서 금전적 이득을 목적으로 자행하는 것은 사이버 범죄이고, 정치적 목적 등을 두고 대상자에게 타격을 가하거나 무력화시킬 목적으로 자행되는 공격은 사이버 테러로 구분할 수 있다. 여기서는 사이버 범죄에 대해서만 살펴본다.

사이버범죄는 사이버 공간, 즉 컴퓨터 기반의 네트워크에서 발생하는 범죄행위의 총체를 말한다. 사이버범죄에는 크게 두 가지 유형으로 나누어 볼 수 있는데, 사이버공간을 이용하여 전통적인 범죄행위를 저지르는 경우로

---

43 증권용어사전: http://dic.mk.co.kr/cp/pop/today.php?dic_key=17338

사이버 도박, 사이버 스토킹과 성폭력, 사이버 명예훼손과 협박, 인터넷을 통한 사기·매매춘·음화판매·마약밀매 등이 있고, 또 다른 하나는 사이버공간을 구성하는 컴퓨터시스템이나 정보통신기반에 대한 공격으로 사이버공간의 안전을 위협하는 해킹, 바이러스 유포행위 등이 있다.[44] 따라서 일반적으로 사이버 범죄(Cyber crime) 또는 컴퓨터 범죄(Computer crime)는 컴퓨터, 통신, 인터넷 등을 악용하여 사이버 공간에서 행하는 범죄로 정의할 수 있으며, 범행 목적에 따라 사이버 테러형과 일반 범죄형으로 분류할 수 있다. 사이버 범죄와 유사한 표현으로 인터넷 범죄라는 용어가 있는데, 사이버 범죄는 범죄가 행해지는 공간에, 인터넷 범죄는 범죄공간을 형성하는 수단에 중점을 둔 용어로서 양자는 동일한 개념으로 볼 수 있다.[45]

사이버 범죄는 범죄조직의 소재가 국내 및 해외를 상관하지 않은 채 어느 곳에서든 전 세계를 대상으로 자행할 수 있다는 특징이 있다. 예를 들면, 북한의 사이버 범죄팀은 중국 및 동남아시아 국가에 거주하면서 한국을 비롯하여 전 세계를 대상으로 외화벌이 차원의 사이버 범죄를 자행하고 있다. 사이버범죄는 2000년대 초반 이메일을 기반으로 하는 국제 사기에서 시작하여 점차 고도화된 기법으로 발전한다. 2006년 3월 나이지리아 조직은 이메일을 통해 허위 구호금을 모금하여 전 세계적으로 120만 달러를 벌어들인 사례가 있으며, 국내 대기업인 LG화학이 글로벌 기업을 사칭한 사이버 범죄조직에 의해 이메일로 사기를 당해 240억 원의 막대한 거래대금을 날린 사례도 있다.[46]

---

44 김종섭. 2002, 『사이버범죄 현황과 대책』. 경찰청 사이버범죄 수사대. p.5.

45 양성은. 2013, "사이버범죄의 동향과 이에 대한 형사법적 책임", 『Internet & Security Focus』 2013 9월호. p.55.

46 연합뉴스, "대기업도 당했다…대담해지는 사이버 사기범죄" (2016.5.1.)
https://www.yna.co.kr/view/AKR20160501022300004

국내에서도 최근 다양한 형태의 사이버 범죄가 적발되고 있는데, 경찰청이 2019년 1월 발표한 '2018 사이버 위협 분석 보고서'에 따르면, 2018년 사이버범죄 전체 건수는 14만 9604건이었다. 유형별로 보면 인터넷 사기가 11만 2000건(74.9%)으로 가장 많고, 이어 사이버명예훼손·모욕 1만 5926건(10.6%), 사이버금융범죄 5621건(3.8%), 사이버저작권침해 3856건(2.6%) 순이었다. 또 일반 인터넷 브라우저(크롬·익스플로러 등)로는 접속되지 않는 웹사이트인 다크넷을 통해 음란물을 유포한 운영자가 작년 3월에 붙잡히기도 했다. 다크넷의 이용자 규모는 점차 확대되고 있으며 익명성을 악용한 범죄 사례도 마약거래, 음란물, 개인정보 유포, 청부 해킹 등의 유형으로 다양화되는 경향이 확인됐다. 보고서에서는 인터넷 사기나 명예훼손 등 전통적인 사이버 범죄의 강세와 더불어 새로운 범죄유형이 등장했다는 점을 강조했다. 웹캠, IP카메라 등 사물인터넷(IoT·Internet of Things) 기기를 대규모로 감염시키는 악성코드가 유포됐으며, 기기 연결성을 이용한 IP카메라 해킹 사건이 발생하기도 했다고 밝혔다.

〈그림 1-1〉 초국가적 조직범죄 유형과 조직의 연계성

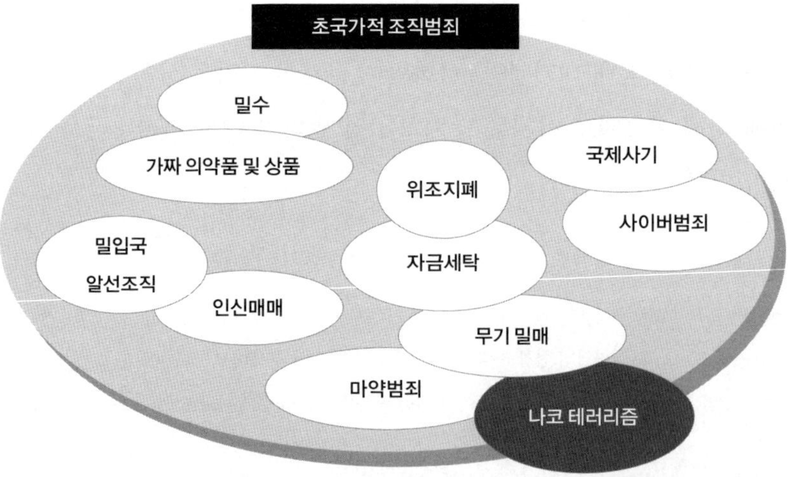

* 출처: 함중영. 2017, "북한의 국제조직범죄 활동과 대응방안 연구" p.36

위 그림에서는 초국가적 조직범죄의 유형뿐만 아니라 조직 간의 연계성을 보여준다. 밀수조직은 국경을 넘어서 밀매할 경우 차익을 크게 발생할 수 있는 범죄로서, 유명상표의 가짜상품(담배 또는 의약품 등)을 밀수조직과 연계하여 유통시킬 경우 커다란 수익을 획득할 수 있다. 밀입국 알선조직과 인신매매 조직은 상호 연계하여 활동하면서 범죄 대상자를 취업알선으로 유혹하는 방법을 활용하기도 한다. 사이버범죄는 주로 국제금융사기 또는 국제사기와 연결되어 있으며, 위조지폐 유통 조직은 자금세탁 조직과 연계하면서 위폐의 판매루트 확보와 교환된 화폐의 출처 세탁이 가능해진다.

"나코-테러리즘(Narco-Terrorism)"은 "마약"의 "Narcotics"와 "테러리즘"의 합성어로, 테러조직이 마약재배, 생산, 운송, 판매활동에 직·간접적으로 참여하여 테러활동을 후원하고 테러자금을 마련하는 행위를 말한다.[47] 미국은 9.11 테러사태를 통해 일부 테러조직이 국제 마약거래에 개입해 왔음을 파악하고, 이에 따라 '나코-테러리즘' 조직으로 아프가니스탄의 탈레반, 미얀마의 Wa부족(UWSA, Unted Wa State Army), 콜롬비아의 반군인 콜롬비아무장혁명군(FARC, Revolutionary Armed Forces of Colombia), 민족해방군(ELN, The National Liberation Army) 등을 지목한 바 있다. 콜롬비아 반군인 'FARC'의 경우, 자치지역 내 코카인 등 마약을 재배하고 생산하여 이를 유통시켜 수익금으로 활동자금을 획득하거나, 무기밀매 조직과의 연계를 통해 마약과 무기를 교환하기도 한다. 이에 따라, "나코-테러리즘"은 초국가적 조직범죄와 국제테러리즘의 융합된 행위로 볼 수 있으며, 〈그림 1-1〉에서 보듯이 완전한 초국가적 조직범죄 영역에 들어 있다고 보기는 어렵다.

---

47 한국마약퇴치운동본부, 『마약류용어사전』, http://www.drugfree.or.kr/information/index.html?contentsNum=2&category=DRUG_2&headNum=&seq=2234&tpage=1 (검색일: 2016.7.22.)

제3절

대표적 초국가적 조직범죄 집단

조직범죄 집단이 왕성하게 활동하기에 적합한 환경은 법치국가 완성의 미비, 부정부패의 만연, 그리고 국가 간 경제 및 사회환경의 차이가 심화된 조건 등이라고 할 수 있다. 20세기 중반, 제2차 세계대전이 끝날 무렵까지 이러한 환경이 조성되었으며, 조직범죄는 향토적 기반을 바탕으로 그 세력을 무한히 확장시키고 있었다. 이후 50여 년간 전 세계적으로 역동적인 발전의 시기가 있었고 냉전의 시기가 종식되면서 급격하게 확대된 국제화 사회와 첨단 기술의 발달과 통신 및 인터넷 기반의 기술 발전으로 모든 범죄의 양상을 변화시켰다. 이에 따라 전통적인 범죄조직들이 기업형으로 외양을 전환함과 동시에 최근에는 독립적으로 소수의 분파조직들이 이합집산으로 산재하는 형태를 보인다.

전통적으로 알려져 있는 대표적인 초국가적 조직범죄 집단은 일본의 '야쿠자', 중국의 '삼합회', 이태리와 미국에서 활동하고 있는 '마피아' 조직, 러시아 전역에서 활동하는 '러시아 마피아', 그리고 주로 마약범죄에 개입하고 있는 중남미 '마약 카르텔'을 꼽을 수 있다.

1. 일본 야쿠자

야쿠자는 18세기 중반 일본에서 활동하던 보부상 집단인 '데끼야(的屋)'와 전문도박 집단이었던 '바쿠토(博徒)'를 모체로 구성된 조직으로, 20세기 초부터 일본의 극우 군국주의자와 연계하면서 성장하게 되었고 세계 제2차대전 이후 사회 불안을 틈타 형성된 극우 청년집단인 '구렌따이(愚連隊)'가 연합하면서 폭력적인 집단으로 변모해 간다. '야쿠자'라는 이름의 어원은 일본의 전통적인 화투놀음(카르타) 중 삼마이(三枚)에서 가장 낮은 패인 8, 9, 3패를 지칭하는 것으로 "아무 쓸모없는 부류"라는 뜻을 의미한다.[1] 야쿠자의 조직은 오야붕(親分)과 꼬붕(子分)의 관계로 구성되는데, 한 잔의 사케(일본 소주)를 나누어 마시면서 결연을 맺으며, 결속력을 서약하는 의례를 치룬다. 야쿠자 각 조직은 오야붕-꼬붕의 관계를 확산시켜 하향식 다단계식으로 세력을 확대하고 있어 최하위의 조직원은 최고위 조직원을 알지 못한 채, 직속 상관 오야붕의 지시만을 따르는 점조직과 같은 체계를 갖추고 있다. 야쿠자의 조직에서 특이한 것은 정식 조직의 일원이 되지는 않은 채 테스트하는 과정에 있는 준 조직원(준구성원)이 있으며, 조직 내부에 들어오지 않은 채 조직 외부에서 법망을 피하면서 기업체 사장이나 임원으로 활동하면서 야쿠자의 일원으로 활동하는 부류도 존재한다. 전통적인 처벌 방식으로 "유비츠메(指詰め, finger cutting)"라는 형식이 있다. 조직원이 속죄를 하거나 처벌을 받을 경우 손가락을 절단하는 행위로, 야쿠자 조직원의 일원임을 외관상 파악할 수 있는 증표가 되기도 한다.

대표적으로 알려진 조직은 '야마구찌 구미(山口組)', '스미요시 카이(住吉会)', '이나카와 카이(稲川会)' 등 3대 조직이다. '야마구찌 구미'는 야쿠자 조직

---

1 조성권, 2011, op. cit., p.165 ; Kaplan & Dubro (2003), pp. 18-21

중 가장 규모가 큰 조직으로, 조직원이 5만 5천 명 이상이며 850개의 하부조직을 운영하면서 일본 내 야쿠자 조직원의 50% 정도를 차지한다. 고베를 조직의 본부로 삼아 전국적으로 활동하며, 최근 아시아 국가 및 미국에서도 그 세력을 확장해 가고 있다. '스미요시 카이'는 두 번째로 큰 규모의 야쿠자 조직으로, 2만여 명의 조직원이 277개 하부조직에서 활동하고 있다. 이 조직은 피라미드 구조인 야마구치 구미와는 달리, 소규모 조직들이 규합되어 큰 조직으로 만들어진 형태로, 지휘체계가 유동적이며 지휘부도 몇 개의 조직으로 분산되어 있다. '이나가와 카이'는 일본 내 제 3위 규모의 조직으로 1만 5천여 명의 조직원과 313개의 하부조직이 활동하고 있다. 도쿄와 요코하마 지역을 중심으로 활동하면서도 다른 야쿠자 조직과는 달리, 해외 조직과의 연계활동을 확대하는 움직임을 보인다. 야쿠자 조직은 주로 건설업, 카지노 도박장 운영, 마약밀매, 매춘 등 합법과 불법적인 일을 혼합하여 운영하고 있으며, 거대 규모의 야쿠자 조직은 점차 합법적 기업활동과 불법을 혼재하는 방식으로 변모하고 있는 반면, 소규모의 조직들은 마약유통, 인신매매 등 전통적인 불법행위를 통해 금전적 이익 획득을 목적으로 활동하는 추세다. 일본 당국은 야쿠자 조직 등 조직범죄 집단을 "보료구단(暴力団)"으로 분류하고 각 지역(현)별로 특별히 악성적인 폭력단 조직을 공개하면서 '지정폭력단(指定暴力団 Shitei Bōryokudan)'으로 구분하여 대응하고 있다.

야쿠자는 미국에서도 다국적 조직과 연계하여 활동하고 있다. 주로 하와이에서 활동하였으나 점차 로스엔젤레스, 샌프란시스코, 시애틀, 라스베가스, 뉴욕 등 대도시로 그 세력을 확장하고 있다. 야쿠자는 하와이를 중심으로 메스암페타민(필로폰)을 일본에서 밀반입하여 유통시키는 한편 총기류를 일본 본토로 밀수하기도 한다. 미국 현지에 체류중인 일본계 미국 거주자들을 조직원으로 활용하기도 하며 현지에서 활동하는 중국 및 한국 등 여러 나라의 갱 조직과 연계하여 도박장 및 매춘업소 등 합법 및 불법 업소를 동시에 운영하고 있다.[2] 한편, 2009년 북한 당국은 야쿠자 조직원인 '사와다 요시아키'가 마약밀거래를 위해 북한 관료들을 매수한 혐의로 체포되어 5년간 옥살이를 한 후 석방되었다고 발표한 바 있다.[3] 일본으로 귀국한 요시아키는 일본 언론과의 인터뷰에서, 자신이 야쿠자 조직원임을 인정하면서, "북한산 필로폰이 진짜인지, 가짜인지를 알아보려고 2003년 10월 북경을 거쳐 북한에 들어갔다"고 방북 목적을 설명하였다. 이러한 보도는 그동안 북한산 고순도의 메스암페타민이 일본으로 유통되었던 사례를 감안할 때, 일본 야쿠자가 북한의 마약생산 조직 또는 북한의 관료와 연계를 과거에 오랫동안 맺고 있었다는 정황을 일면 방증하는 것으로도 관찰될 수 있다.

2. 중국 삼합회 (흑사회)

삼합회의 역사적 기원에 대해서는 다양한 견해가 존재하며 17세기 말엽 소림사(少林寺) 승려들에 의해 명나라 복원을 목적으로 조직을 구성하여 활동했다는 설화가 전래된다. 그러나 이 조직이 역사적 실체로 등장한 것은 18세기 후반 광동지역에서 나타난 천지회(天地會)라는 민간 비밀단체부터라고 할 수 있다.[4] 천지회는 홍문, 홍문회, 삼합회 등으로 불리다가 아편전쟁(1840~1842)과 공산혁명을 거치면서 삼합회라는 이름으로 통일되어 불리게 되었고 점차 불법 활동 조직체로 변화되었다. 20세기 이후 중국 독립운동 및

---

2 'Yakuza Archived', 11 September 2008 at the Wayback Machine, Crimelibrary.com

3 "북한서 풀려난 일본 남성 '방북 목적은 필로폰 밀수'", RFA(자유아시아방송), 2009.1.15.; 'Yakuza returns after five years in North Korea jail on drug charge', 2009-01-16 The Japan Times

4 Ibid., 조성권. 2011, p.135 ; 川合貞吉(1979), pp. 100-113 ; Bresler(1980), pp. 27-28 ; Booth(1990), pp.7-9 ; Black(1991), pp. 21-23

공산혁명이 발발할 때 장개석 군대와 연계하여 투쟁하였으나 모택동이 승리하자 조직원들 대부분이 지하로 숨어들면서 범죄조직으로 변모된 것으로 알려져 있다. 삼합회의 "三合"은 "天·地·人"의 합일을 의미하며, 영국군이 홍콩 진주시 삼합회 조직들이 天地人 의미가 새겨진 삼각형 모양의 깃발을 들고 활동한 것을 보고 영어로 'Triads'라고 명명하게 되었다.

삼합회는 그 이후로 중국과 홍콩, 대만으로 흩어지면서 각각 조직으로서 발전해왔는데, 중국 본토에서는 범죄조직이라는 의미로 '흑사회(黑社會)'로 불리며 약 15만 명이 조직원으로 구성되어 있고, 홍콩에서는 '신의안(新義安, Sun Yee On)'과 '14K'라는 대표적 조직이 8만여 명의 조직원을 거느리고 있으며, 대만에서는 대표적인 조직으로서 '죽련방(竹聯幇, 2만 명)', '사해방(四海幇, 5만 명)' 등이 활동 중인 것으로 추산하고 있다. 중국 삼합회 조직들의 주요 불법 활동은, 동아시아와 서남아시아 일대를 대상으로 마약밀매가 주류를 이루며, 인신매매, 밀입국, 해외 인질강도, 골동품 및 문화재 도굴 및 밀거래 등 다양한 범죄에 개입하고 있다. 중국 정부는 '흑사회'에 대해 특정한 범죄조직을 지칭하는 것이 아니라 일본의 '야쿠자'를 폭력단으로 지칭하듯이 중국의 조직폭력배 또는 범죄조직을 총칭하는 용어로 사용하고 있으며, '흑사회 범죄조직'에 대해 다음과 같이 설명하고 있다. ① 지역별로 이미 악랄한 세력이 형성되어 일정한 세력범위를 가지고 있다. ② 범죄를 직업화하고 비교적 장기간에 걸쳐 하나 이상 또는 수개의 범죄를 저질러 왔다. ③ 조직원 수가 비교적 많고 또한 상대적으로 고정되어 있다. ④ 반사회성이 특히 강하며 악행을 다반사로 하여 일반인을 괴롭힌다. ⑤ 일정한 경제적 실력을 갖고 있으며 어떤 때는 부문별 경제실체를 직접 운영하기도 한다. ⑥ 뇌물매수와 협박 등의 방법으로 공안 및 사법기관 그리고 당·정 간부를 매수 하여 범죄조직의 보호막으로 삼는다.[5]

---

5 신상철, 2010, "중국 흑사회성질범죄조직(黑社会性质犯罪组织)에 대한 고찰", 『경찰학연구』 제10권 제1호(통권 제22호), p.241; 马霞, 2003, 중국 전인대 형법 제 294조

〈그림 1-2〉 삼합회의 조직과 구성[6]

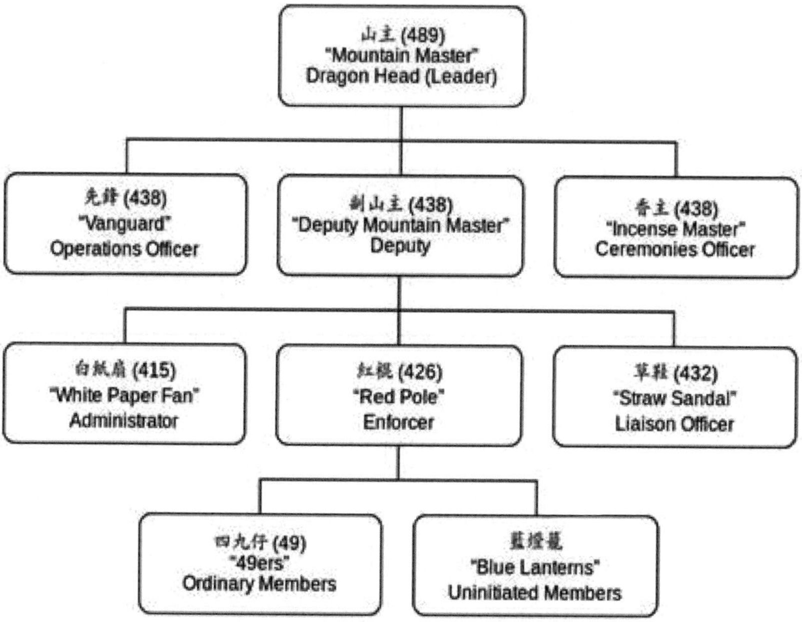

삼합회는 전통적으로 조직 구성상 번호를 부여하여 조직원의 계급과 직위를 표시하는 그들만의 암호를 사용하는 특성을 보인다. 최고위급 수뇌는 산을 의미하며 489번이고, 그다음 계급인 부두목은 438이며, '선봉'은 438/2238로 수뇌를 보호하는 역할을 담당한다. 426번은 공격과 방어를 총괄하는 전투 책임자이고, 49번은 일반 전투원을 의미한다. 415번은 재정 담당이며, 432는 연락관 역할이고, 25번은 수사당국에 위장 침투한 정보원을 의미한다.[7] 한편, 최근 수사당국의 조사에 따르면 이러한 숫자를 통한 조직 구성은 점차 모호해지며, 사라지는 추세인 것으로 알려져 있다.

---

6 https://en.wikipedia.org/wiki/Triad_(organized_crime)#21st_century

7 Stephen L. Mallory, Understanding Organized Crime (Jones & Bartlett Learning, 2007), pages 137-138

2019년 7월 홍콩에서 중국 본토로의 범죄인 인도 입법 안에 반대하는 반정부 시위가 확산되자, 홍콩 삼합회 조직원들이 시위대를 대상으로 쇠파이프와 각목으로 폭력을 행사하며 공포 분위기를 조성한 사례가 보도되었다. 당시 폭력을 행사하다 체포된 가해자들은 홍콩 삼합회인 14K와 워싱워(和勝和, Wo Sing Wo)의 조직원으로 확인된 바 있다.[8] 이러한 사례를 보아, 최근 삼합회는 국가 권력기관과의 협력을 통해 조직을 유지하고 확장하는 기회주의적인 태도를 취하는 것으로 관찰된다.

3. 마피아

마피아 조직의 활동은 주로 미국에서 벌어지고 있는 것으로 알려져 있으나, 실제 그 기원을 보면 이탈리아 시칠리아에서 13세기부터 농지보호를 위해 구성해 놓은 소규모 사병조직에서 비롯된다. 이후 시칠리아는 17세기 스페인, 18세기 오스트리아 및 프랑스에 의해 통치를 당해오다가 1860년 가리발디(Giuseppe Garibaldi)가 시칠리아로 진군하여 통일을 이루게 된다. 외세가 물러간 시칠리아에는 이후 수십 년간 4부류의 권력층이 영향력을 행사하며 존재했다. 첫째는 교회이며, 둘째는 지방 지주들이다. 지주들은 토지를 소유한 저명한 인물들이며 세금이 아닌 임대료를 징수하는 사람들이다. 셋째는 공식적인 정치적 구조인데, 시장이나 시 위원회 위원들이다. 넷째는 지역의 어른 노릇을 하는 사람으로 "갈란뚜오모(galantuomo, 마피아 신사)"라고 불리는 사람들이다. 이들은 폭력조직처럼 사병을 거느리고 있었으며, 표면적으로는 토지관리 등의 역할을 하는 것처럼 보이면서 실제로는 의뢰를 받거나 필

---

8 "What Are the Triads, and What Is Their History of Violence?", New York Times, 2019. 7. 24.

요에 따라 살인, 협박 등을 자행하였다. 마피아는 이렇게 태어났다. 1922년부터 무솔리니의 파시스트 철권통치 시절에 다소 마피아에 대한 압박이 있었으나, 결국 마피아는 시실리아 문화와 사회의 일부로 자리잡게 되었다. 그때 주민들은 치안의 문제를 경찰과 판사에게 의존할 수 없는 시절이었고, 마피아는 불법으로 인식되지도 않았으며, 오히려 법에서 인정받는 조직이었다. 따라서 이 조직범죄 집단은 대부분의 경제를 장악할 수 있었다. 미국에 와서는 "cosa nostra", 문자 그대로 "우리들의 것"이라는 조직으로 존재한다.

마피아(MAFIA)의 어원은 이탈리아의 혁명적 민족주의자 '주셉페 마치니(1805-1872)'의 이름을 차용하여, "마치니는 절도, 방화, 독살을 정당한 것으로 인정한다(Mazzini Autorizza Furti Incendi Avvelenamenti)"는 문장의 앞 글자를 따서 만들었다는 설이 있다.[9] 또는 18세기 초 시칠리아 지역에서 사용한 '마피오소(Mafioso, "좋은" 뜻의 형용사)'라는 언어를 아랍 사람들이 듣고 시칠리아 마피아로 호칭하였다는 추정도 있다.[10] 그러나 마피아라는 용어의 공식적 사용은 1865년 시칠리아의 주지사 괄떼리오(Filippo Antonio Gualterio)가 중앙정부에 대한 보고서를 제출하면서 최초로 등장한다. 1877년 이탈리아 상원의원 프랑케티(Leopoldo Franchetti)가 시칠리아를 여행하며 작성한 글에서 마피아를 폭력적 범죄 집단으로 묘사하였다.[11] 시칠리아 마피아 조직들은 부패한 정치권력과 연계하면서 농촌 마피아에서 도시 마피아로 변신하기 시작하였고 라이벌 조직 간의 폭력적 경쟁은 지속되었다.

---

9 Metapedia : A popular urban legend exists which claims that Giuseppe Mazzini, the leader of Young Italy and one of the most prominent figures in the quest for Italian unification, founded the Mafia and that the name Mafia means Mazzini Autorizza Furti Incendi Avvelenamenti (Mazzini authorizes theft, arson and poisoning). http://en.metapedia.org/wiki/Mafia (검색일: 2016.7.25.)

10 Spadafora Filippo, 2010, "Origins of the Sicilian Mafia", *Best of the Sicily Magazine*, http://www.bestofsicily.com/mag/art345.htm (검색일: 2016.9.16.)

11 조성권, 2011, op. cit., p.47.

제2차 세계대전 이후 시칠리아 마피아는 크게 5단계로 변화하였다. 첫째, 1945~57년까지 반공을 위해 기독교민주당(CD)이 마피아와 유착관계를 형성하였다. 이러한 공생관계를 기반으로 정치부패가 형성되어 향후 50년간 이탈리아 정치에 마피아가 밀접하게 개입하게 된다. 둘째, 1957~72년까지 시칠리아 마피아가 미국 마피아와 연계하여 국제 헤로인 밀매에 점차적으로 개입한다. 셋째, 1975~84년까지 국제 헤로인 밀매에서 시칠리아 마피아가 주도적인 역할을 담당한다. 시칠리아 마피아의 황금기라고 할 수 있다. 넷째, 1983~90년대 초까지 정부와 마피아와의 전쟁으로 마피아의 침체기라고 할 수 있다. 다섯째, 1990년대 이후 최근까지로, 이태리 마피아는 미국 마피아 등 국제적인 유대관계 회복을 위해 노력하는 한편 내부적으로는 여전히 자국의 정치인과 종교인 대상 부패적 유대관계를 지속 추진하며 영향력을 확대하기 위한 새로운 활동을 모색하고 있다.[12]

일본 야쿠자에 비교하여 볼 때, 이태리 마피아는 조직원의 입단식이나 조직원과의 결속관계를 공고히 하는 전통적 요식행위가 없다. 또한 야쿠자와 같은 문신을 하거나 조직원을 나타내는 외부적 표식도 사용하지 않는다. 일반적으로 조직범죄 집단이 세력과시를 즐겨하는 반면, 마피아는 조직에 관하여 특별한 외향적 표출을 지향하지 않는다. 마피아 조직원은 평범하고 실용적인 가족적 분위기를 유지하는 것으로 관찰된다. 1980년대 이전에도 마피아 수뇌부는 값비싼 외제차를 타거나 궁전 같은 호화빌라에서 거주하는 성향을 보이지 않으며, 오히려 마피아와 연계된 고위 정치인들에게 그러한 화려한 환경을 조성시켜 주는 편이었다.[13]

미국의 금주법(1920-1933)이 시행된 시기를 계기로 이태리 출신의 마피아

---

12 Ibid., p.52.

13 Filippo Spadafora, Origins of the Sicilian Mafia

조직을 포함한 다양한 유형의 범죄조직들이 미국을 무대로 급성장하기 시작했다. 금주법이 폐지되면서 마피아 조직들은 국제적 마약거래에 보다 더 관심을 갖게 되었고 도박, 매춘, 고리대금 등 전통적 불법행위를 통한 금전적 이득의 추구는 지속되었다. 시칠리아 출신의 이태리 마피아 조직들은 아일랜드계와 유대계 범죄조직을 제치고 미국에서 가장 막강한 조직으로 자리 잡게 된다. 미국의 마피아는 19세기 초 미국 동부 도시로 이주한 시칠리아 출신의 마피아 조직원들과 그를 추종하는 후예 조직원들이 조직한 "블랙핸드(Black Hand)" 조직에서 그 기원이 시작된다고 할 수 있다.[14] 미국 내에서 활동하는 대표적인 조직은 '라 코사 노스트라(La Cosa Nostra)'이며 현재 10만여 명의 조직원을 거느리면서 뉴욕과 시카고를 중심으로 20여 개 패밀리를 구성한 채, 주로 마약밀매, 도박, 무기밀매, 매춘, 고리대금업 등에 개입하고 있다.

4. 러시아 마피아

러시아 마피아[15]의 경우는 이탈리아 출신의 마피아와는 성격을 달리한다. 1980년대 말 소련의 해체에 따라 공권력도 축소되면서 소련 정보기관인 KGB 요원과 공산당 간부, 군인, 지역 유지들이 현직에서 빠져나오게 됨으로써 이들을 중심으로 지하경제에서 영향력을 확보하고 현직의 공직자에게도 영향력을 미칠 수 있는 '러시아 마피아' 조직을 결성하게 된다. 이 조직의 특징은 지역적으로 또 소수민족의 혈통적으로 구성되어 있으며, 대부분 현

14 Jon Black, "The Black Hand - Mafia and the Black Hand" GangRule.com http://www.gangrule.com/gangs/the-black-hand#5 (검색일: 2016.9.16.)

15 러시아 마피아는 러시아식 발음으로 "마피야(Mafiya)"로 칭해야 한다는 주장도 있다.: 배규성, 예병환, 2010, "푸틴 시기 러시아의 조직범죄와 부패", 『한국시베리아연구』 제14권 1호, p.4

지 공권력과 결탁하여 경제적 이득을 최대화 하는 것을 목적으로 활동한다. 1990년대부터 활성화된 러시아 마피아의 활동은 다른 초국가적 조직범죄 집단과 비교할 때 대표적으로 세 가지의 다른 점을 보인다. 첫째, 이태리 마피아나 중국 삼합회, 일본 야쿠자 보다 더욱 폭력적이고 잔인한 성격을 보인다. 당시 인터폴의 분석결과 1990년대 중반 러시아 마피아는 "폭력에 호소한다"고 언급하면서 다른 조직범죄에 비해 가장 폭력적인 조직으로 평가하였다. 둘째, 국제이민의 시류에 편승하면서 급속하게 초국가적으로 러시아 마피아 조직이 확대되었다. 셋째, 다른 조직범죄 집단과 달리 그 구성원이 주로 전직 및 현직 정보기관 요원, 군 및 경찰 출신 등 국가기관과 연루되어 있는 자들이 상당수 개입되었다.[16] 지역적으로는 모스크바 등 대도시와 우랄 서부지역의 군수공업지대, 블라디보스톡 등 극동지역 항구도시, 로스토프 등 국경도시, 타쉬켄트 등 중앙아시아 지역 등으로 구분되며, 민족별로는 체첸, 아제르바이잔, 아르메니아, 그루지아 마피아 등이 활동하고 있다. 조직의 구성은, 행동대원, 중간간부, 배후 지원세력 등으로 구분되는데, 행동대는 젊은 층의 열성적 조직원과 현역 군인들이 포함되며, 중간간부는 전·현직 관료 및 기업체 운영자이고, 배후 세력은 이들과 뇌물 및 청탁관계로 결탁된 관료, 군, 경찰 등이다. 조직의 수뇌는 주로 전직 KGB 간부 출신인 것으로 알려져 있는데, 이들이 부패한 현역 공직자들과 결탁하여 수많은 기업과 은행 등을 운영하고 있으며 마약밀매, 위폐유통, 무기밀매, 자금세탁 등의 불법 활동을 자행하면서, 심지어 러시아 총생산의 40% 이상의 지하경제를 장악하고 있는 것으로 알려져 있다.

러시아 마피아의 발전은 고르바초프 이전의 구소련 시대, 고르바초프의 페레스트로이카 시대, 옐친의 민영화 시대, 그리고 푸틴의 "법에 의한 독재"

16 Ibid., 배규성, 예병환, pp.10-11

시대로 구분할 수 있다. 러시아 마피아는 기존의 전통적 범죄조직들과는 형성과정에서 차이점이 있는데, 계획경제에서 시장경제로 전환하는 과정에서 국가의 민영화 사업에 깊숙이 개입하면서 막대한 수입을 올리고 표면상 기업형 조직으로 자리 잡게 되었다. 고르바초프 시대 지하화되었던 러시아 범죄조직이 옐친의 자본주의화 과정에서 민영화라는 먹잇감을 통해 양성화되었고 동구권 진출을 통한 국제적 통로를 확보하게 된 것이다. 초기에는 구소련의 영향력이 잔재한 신생독립국과 동유럽 국가들을 대상으로 영향력을 확대하다가 서유럽과 북미, 중남미로 진출하였다. 요약해 보면, 러시아 마피아는 구소련의 민영화 과정을 통해 습득한 기업가적 태도를 갖추었고, KGB라는 공권력 형태의 막강한 배후와 독재 국가적 차원에서 축적된 무자비한 경험을 바탕으로, 해결의 수단으로 뇌물제공보다는 폭력적이고 강압적인 성향이 강하며, 러시아인이 퍼져 있는 어느 나라에서든지 조직원을 확대시키면서 방대한 활동을 하고 있다.[17]

5. 중남미 마약 카르텔

안데스 산맥에 걸쳐 있는 콜롬비아, 페루, 볼리비아는 코카인을 생산하여 주로 북미지역에 코카인을 공급하고 있는데, 이들 3개 국가가 재배하는 코카인 경작지는 무려 14만 헥타르 이상으로, 이 지역에서 매년 662~902톤이 생산되고 있다.[18] 이 코카인의 대부분은 멕시코 등 중미를 거쳐 대형 시장인 미국 등 북아메리카로 유통되고 있으며, 이러한 불법 행위를 관장하고 있

---

17 조성권, 2011, op. cit., pp.218-220

18 코카인 경작재배지는 콜롬비아 40%, 페루 40%, 볼리비아 20% 이며, 이에 따라 생산량은 각각 320톤, 320톤, 160톤 정도로 추산된다.(출처: UNODC, World Drug Report 2015)

는 조직이 바로 마약 카르텔이다. 마약 카르텔은 안데스 산맥 3개 국가에서 생산하는 코카인과 향정신성물질 등의 마약류를 북미와 유럽지역으로 유통시키는데, 콜롬비아와 멕시코를 근거지로 1천여 군소 조직이 활동 중이다.

1970년대~1990년대 콜롬비아에서 활동한 대표적인 조직은 안티오키아(Antioquia)주의 수도인 메데진(Medellin)에서 기반을 갖고 형성된 '메데진 카르텔(Medellin Cartel)'과 콜롬비아 칼리(Cali)를 기반으로 시작하여 확대된 '칼리 카르텔(Cali Cartel)'이다. 메데진 카르텔의 보스가 1993년 12월 정부군에 의해 피살되고, 1995년 6월 칼리 카르텔의 두목이 경찰에 체포되면서 이 조직들은 세력이 약화되고 와해되었다. 그러나 1964년부터 시작된 콜롬비아 내전으로 인해, '콜롬비아무장혁명군(FARC, Revolutionary Armed Forces of Colombia)'과 '민족해방군(ELN, National Liberation Army)'이 정부군을 대상으로 내전을 전개하고 있는 상황이며, 이들 반군은 내전에 필요한 전쟁 물자를 얻기 위해 자치지역 내에서 대규모로 코카인을 생산하고 있어 군소 카르텔의 활동은 여전히 존재한다고 볼 수 있다.

멕시코는 남미에서 생산한 마약을 북미로 운반하는 역할을 담당하는 지역으로 활용되고 있다. 멕시코에서 1930년대 중반부터 마약범죄의 주도권을 잡기 위한 조직들 간의 암투가 지속 확장되다가 1970년대 초 미국에 코카인을 공급하는 루트를 개척한 콜롬비아 출신의 '에레라(Herrera)' 조직[19]이 멕시코 조직과 연계하면서 현대적 의미의 초국가적 조직범죄가 시작된 것으로 볼 수 있다. 멕시코의 국제적 마약조직의 시작은 과달라하라 지역 기반으로 1980년 조직된 '과달라하라 카르텔'인데 1980년대 멕시코를 장악하여 활동하였다가 현재 '시날로아 카르텔', '로스 제타스', '걸프 카르텔' 등 9개 주요 조

---

19 '에레라(Benjamin Herrera Zuleta)'는 1970년대 초 칼리에 기반을 두고 뉴욕에 코카인 유통망을 주도하였던 콜롬비아 출신의 마약조직 두목이다. : 조성권, 2007, "마약조직 지속성의 원인에 대해 - 콜롬비아 칼리 카르텔의 사례연구", 『이베로 아메리카』 제9권 1호, p.32

직이 중미 지역을 장악하면서 콜롬비아 조직과 결탁하여 전 세계 시장으로 코카인 등 마약류를 밀수하고 있다.[20] 이들 조직이 마약을 북미 지역으로 운반하는 방법은 사람과 차량을 이용하는 전통적인 방법 외에도 첨단의 장비를 동원하면서 다양해지고 있다. 최근 적발된 사례를 보면, 소형 잠수정이나 소형 비행기 등을 이용하여 운반하였고, 가장 위협적인 방법으로 멕시코에서 땅굴을 파고 미국으로 연결시키는 사례가 지속 발견되고 있다.

1990년대 중반부터 2000년대 초 콜롬비아의 주축 카르텔인 '메데진 카르텔' 및 '칼리 카르텔' 등 거대 마약 카르텔이 와해되면서 남미 지역에서는 새롭게 이합집산으로 구성된 군소 마약조직들이 마약범죄에 개입하고 있으며, 북미 및 유럽지역 마약거래망 외에도 중국 삼합회, 러시아 마피아, 일본 야쿠자 등과 연계하면서 동아시아 지역으로도 범죄 영역을 확대하는 추세를 보인다.

---

20 Padgett Tim & Shannon Elaine, 2006, "The Border Monsters", *Time* (2006.6.11.)

제2장

초국가적 조직범죄 대응활동

제1절

유엔의 대응활동

1. 조직범죄 대응활동

세계 제2차 대전의 끔찍했던 비문명적 대량살상의 교훈을 바탕으로 1945년 10월 발족된 국제연합(United Nations)은 자유주의자들이 요구하는 국제기구의 모습에 더욱 부합하면서 정부·비정부 차원의 행위자(actor)들을 회원으로 모아 정치·경제·사회·인권 등 각 분야에서 갈등해결을 위해 노력하고 있다. 이제, 국제사회는 21세기로 접어들며 글로벌 환경을 맞이하면서 전통적 전쟁발발의 불안보다는 국제적 교류 확대에 편승한 국제적 범죄조직의 새로운 "비문명 사회"의 확장이 심각한 상황으로 대두되고 있음을 체감하게 되었다. 우리의 문명사회를 비문명 사회로 만드는 범죄자들은 국제테러조직을 포함하여 마약밀매·인신매매·밀수·위폐 및 가짜상품 제조 등을 자행하는 '초국가적 조직범죄 집단'이라고 할 수 있다.[1]

---

1 코피 아난(Kofi A. Annan, 前 유엔사무총장), 2000, '유엔 초국가적 조직범죄 방지협약' 서문, "Uncivil Society"

제2차 대전 이후 국제연합이 창설되자, 국제사회는 각국의 불법적 활동을 국제체제의 규범 하에 두려고 하였던 과거 국제연맹의 노력을 지속적으로 수행해야 한다는데 동감하였고, 이를 위해서는 범죄의 예방 및 통제가 국제연합의 하나의 관심분야가 되어야 한다고 인식하게 되었다. 이러한 목적으로, 1950년 국제연합 총회에서 '국제형벌 및 교정위원회'를 해체하고 그 기능과 기존 문서 등을 국제연합 활동 안에 포함시켰다.[2] 이 위원회의 업무 기능을 이어받은 국제연합은 경제사회이사회(ECOSOC) 부속으로 '사회위원회(Social Commission)'를 설치하여 범죄방지 및 범죄인 처우에 관한 연구를 수행하도록 하였다. '사회위원회'의 연구결과로 국제연합 사무국(Secretariat)은 1951년 '형사정책의 국제적 개관(International Review of Criminal Policy)'이라는 책자를 발간하였는데, 여기에 포함된 내용들은 집행유예 및 관련 문제들, 소년범죄, 범죄처우에 관한 규칙 제정, 여자 수형자의 구금시설 내 처우문제, 교정요원 선발 및 훈련문제, 범죄방지 및 범죄자 처우문제와 관련한 과학적 행동지식 및 훈련과 정부수집 등 21개 항목으로 구성되었다.[3] 이 프로그램을 통해 포괄적으로 국제연합이 회원국을 대상으로 범죄에 대응하는 환경을 구성하려는 노력은 엿볼 수 있으나, 주로 각 국가 내부적으로 갖춰야 할 기본적 처우문제 및 범죄방지에 주목하고 있어서, 국제적 차원의 구체적인 범죄대응 활동 단계로 보기는 어렵다고 할 수 있겠다.

그러나 이러한 역사적 발전과정을 거쳐 경제사회이사회 안에 '유엔범죄방지위원회'가 구성되어 유엔범죄방지 프로그램이 소개되고 시대적 변화 상황에 맞게 국제적인 범죄에 대처하는 노력이 나타난다. 초국가적 조직범죄와 관련된 국제연합의 노력은 1975년 제5차 제네바 회의에서 개최된 '유엔

---

2 General Assembly Resolution 415(V) 1950.12.1.

3 윤정석, 1996, "유엔 범죄방지프로그램", 『형사정책연구원 연구총서』 pp. 11-243.

범죄방지회의'에서 기업형 범죄문제를 주제로 논의하였던 것을 최초로 거론된 것으로 보는 주장도 있다.[4] 5년마다 개최된 유엔범죄방지회의는 이어서 1980년 제6차 카라카스 회의에서 "범죄와 권력남용: 법의 지배 밖에 있는 범죄와 범죄자"라는 주제로 조직범죄에 대한 국제적 주의를 환기시켰는데, 이 회의에서 법의 지배 밖에 있는 범죄로 주로 거론된 것은 조직범죄, 뇌물, 부패범죄 등이었다. 1985년 제7차 밀라노 회의에서는 초국가적 조직범죄 집단에 의해 국내법집행과 국제협력이 도전받고 있다는데 공감하면서 '밀라노 행동계획'이 채택되었다. 1990년 제8차 아바나 회의에서는 "조직범죄, 테러범죄에 대한 효과적인 국내적 및 국제적 조치"라는 주제 하에 초국가적 조직범죄 문제를 토의하였다.[5]

2. 유엔의 불법 마약류 통제 활동

한편, 초국가적 조직범죄의 핵심 유형인 국제마약범죄를 퇴치하려는 국제연합 차원의 노력은 이미 1961년에 채택된 국제협약인 '1961년 마약에 관한 단일협약(Single Convention on Narcotic Drugs of 1961)'에서 실천되었으며, 1975년 제5차 '유엔범죄방지회의'보다 앞선다고 할 수 있다. 이 협약은 국제적 협력을 통해 1961년까지 나타난 마약류 중 아편, 헤로인, 코카인 등 천연마약의 남용을 막기 위해 체결되었으며, 2가지의 실천사항과 목표를 설정하였다. 그 실천사항은, 첫째, 불법마약의 소지, 사용, 거래, 배포, 수출입, 제조, 생산을 차단하고 의학적 및 과학적 목적의 이용만을 철저하게 보장하는 것

---

4 신의기, 1996, "초국가적 조직범죄에 대한 유엔의 대응 - 초국가적 조직범죄에 관한 나폴리 세계각료회의 결의안을 중심으로", 『형사정책연구소식』 제35호

5 Ibid., p.5

이며, 둘째, 마약범죄조직을 저지하기 위해 국제적 협력을 강화한다는 내용으로 구성되었다. 1972년까지 출현된 새로운 마약을 대상목록에 포함시켜 1972년 개정의정서를 작성하여 재체결하여 1975.8.8. 국제협약으로 발효되었으며, 현재까지 서명 및 비준국가는 북한(2007.3.19.)을 포함하여 185개 국가에 이른다.[6]

이어서 1971년에 채택한 '1971년 향정신성 물질에 관한 협약(Convention on Psychotropic Substances of 1971)'은 국제적으로 향정신성물질을 통제하고자 체결되었으며, 향정물질과 합성마약 등 다양한 신종마약에 대한 통제를 목적으로 주요 원료물질을 4개의 통제목록으로 설정하여 국제적 통제활동을 실시키로 하였다. 1976년 8월 국제협약으로 발효되었고, 현재까지 34개국이 서명하고 북한(2007.3.19.)을 포함하여 183개국이 비준 등의 형태로 가입하였다.[7] 점차 국제화되어가는 시대적 변화에 편승하여 마약범죄의 유형 또한 다양한 제조 및 유통과 자금세탁의 방법이 동원됨에 따라, 국제연합은 1988년 상당히 구체적인 국제적 차원의 대응활동을 명시한 협약을 채택하기에 이른다. '1988년 마약 및 향정신성물질의 불법거래방지에 관한 유엔협약(United Nations Convention against Illicit Traffic in Narcotic Drugs and Psychotropic Substance of 1988)'은 앞선 두 개의 마약통제협약을 바탕으로 국제적 통제활동을 효율적으로 실시하기 위해 제안되어 체결되었다.[8] 즉, 이 협약에서는 포괄적인 대응조치를 명시하였는데, 그중 통제배달, 돈 세탁, 마약범죄자의 정보교류 및 인도를 위한 조치 등 사법적 차원의 협력강화와 신종마약 출현을 효율적으로 차단하기 위한 주요 전구물질(Precursor)의 원천적 차단을 목적으로 하였다.

---

6 외교부 자료 : 한국 가입 현황 : 조약 제139호(1961.3 채택, 1964.12 발효) 및 제601호(1972.3 채택, 1975.8 발효)

7 Ibid., 조약 제619호(1971.2 채택, 1978.4 발효)

8 Ibid., 한국 가입 현황 : 조약 제1476호(1988.12 채택, 1999.3 발효)

1990년 11월 11일 국제협약으로 발효되었고, 서명 국가는 87개국, 비준 국가는 189개국에 달한다. 북한은 이 협약에 2007년 3월 19일 가입(Accession)[9]하였고 서명 및 비준은 하지 않았으며, 협약 7조 8항에 의거 북한 '안전부'의 주소와 연락처, 17조 7항에 의거 '해양관리국'의 주소와 연락처, 전자우편 주소(Mab@silibank.com)를 명기하였다.

국제마약범죄 대응활동의 주축은 국제연합 내 경제사회이사회(ECOSOC) 산하 '마약위원회(CND)'이며, 이 위원회를 중심으로 각 회원국은 3개 마약범죄 관련 국제협약을 국제적 규범으로 삼아 각 국의 실천과 국가 간 협력활동을 점검한다. '1961년 협약(1972년 개정)'을 근거로 국제마약범죄 통제활동을 관리 감독하는 準사법 기구로서 '국제마약통제위원회(INCB, International Narcotics Control Board)'가 1968년 설립되었다.[10]

1991년 국제연합 총회는, 국경을 넘나들면서 확대되는 마약범죄와 맞서기 위해 이미 체결된 3개 마약관련 국제협약을 법적 활동근거로 삼고, 경제사회이사회(ECOSOC)의 마약위원회(CND)의 지휘를 받는 기구로서 '유엔마약통제프로그램(UNDCP, United Nations Drug Control Programme)'이라는 국제기구를 오스트리아 비엔나에 본부를 두고 창설하였다. 그러나 초국가적 조직범죄는 점차 마약범죄 뿐만 아니라 인신매매, 밀입국, 밀수, 위조지폐 및 가짜상품 제조 및 유통, 불법무기 거래, 돈 세탁 등 다양한 범죄로 확장됨에 따라, 국제연합은 경제사회이사회(ECOSOC) 산하에 있던 '유엔 범죄방지위원회'

---

9 이 협약은 서명(Signature)과 비준(Ratification)으로 참여토록 되어 있으나, 비준 外에도 Accession(가입), Acceptance(동의), Approval(승인), Formal Confirmation(공식 인정), Succession(승계) 의 기준으로 참여를 유도하였다.

10 INCB는 총회 추천 10명, WHO 추천 3명 등 총 13명으로 구성된 전문가 집단으로, 당사국과의 협력을 통해 의료·과학적 용도의 합법마약 생산 및 사용을 통제하고, 각국의 국제협약 준수·이행을 점검하며, 불법마약의 생산·유통 차단활동을 수행한다. (출처: '1961년 단일마약협약(1972년 개정)' 제9조 "INCB 구성과 기능")

의 기능을 수용하면서 1992년 '범죄예방 및 형사사법위원회(CCPCJ)'[11]를 기능위원회의 하나로 새롭게 설립하고 국제적 범죄와 국내범죄 요소를 포함하여 마약을 제외한 범죄 문제를 담당하게 된다. 이에 따라, UNDCP도 2000-2001년간 UN ODCCP(Office for Drug Control and Crime Prevention)로 개칭하였다가 2001년 말부터 '유엔 마약 및 범죄사무소(UNODC, United Nations Office on Drug and Crimes)'로 기구명칭을 변경하였고 현재는 '마약위원회(CND)'와 '범죄예방 및 형사사법위원회(CCPCJ)'의 지휘를 받는 활동 기구로서 확대되었다.[12]

3. 전구물질(Precursor) 차단 활동

천연마약이든 합성마약이든 마약류는 대부분 최종 완성품이 되기 위해 화학물질이 첨가된다. 이러한 화학물질은 헤로인이나 코카인과 같은 천연마약을 제조하는데 있어서 첨가되는 여러 가지 구성요소 중 하나이지만, 합성마약을 생산하는 불법 마약 생산 과정에서는 필수적인 물질이다. 일반적 개념으로, 마약이 완성품으로 제조되기 위해 필수적으로 요구되는 화학물질을 '전구물질(precursor)'이라고 칭한다. 전구물질이라는 용어는 마약을 제조하는데 포함되는 화학물질을 폭넓게 의미하기도 한다. 과학적 관점에서 전구물질은 "마약을 제조하는 과정에서 분자 형태의 수준(molecular level)에서 마약 및 향정신성 물질에 포함되는 화학물질"로 정의된다. 그러나 마약 제조 과

11 '유엔 범죄예방형사사법위원회(CCPCJ, The Commission on Crime Prevention and Criminal Justice) 는 1992년 총회의 요청을 받아 경제사회이사회 결의(1992/1)에 따라 설립되었다.(http://www.unodc.org/unodc/en/commissions/CND/index.html, 검색일 : 2015.6.7.)

12 UNODC 홈페이지는 ODCCP의 개칭에 대해 언급 없이 공식적으로 1997년부터 UNODC가 발족된 것으로 기록하였다. 그러나 2000.11월 발표된 UNTOC 결의문 11항(P.4)에는 ODCCP의 기구명이 나타난다.

정에서 투입되는 시약(reagents)이나 용해제(solvents)는 전구물질에 해당되지 않는다.[13]

대표적 전구물질로, 아편에서 헤로인으로 제조하는데 첨가되는 무수초산(Acetic anhydride), 코카인을 제조하는데 첨가되는 과망간산칼륨(Potassium permanganate), 메스암페타민을 제조하는데 원료로 사용되는 에페드린(Ephedrine)이 있다. 1988년 유엔 협약에 따라, 2019년까지 전구물질로 명시된 화학물질은 Table I 21개 물질, Table II 8개 물질, 총 29개 물질이다.

그동안 마약류 공급 차단을 위해 불법 마약작물 박멸과 대체작물 개발 활동 등을 전개해왔지만, 이 과정에서 전구물질을 통제하는 활동은 수행되지 않았다. 합성마약 공급이 증대되고 있는 현상을 감안할 때, 전구물질을 통제하는 것이 효과적인 공급차단 전략으로 활용될 수 있다. 전구물질로 활용되는 화학물질은 일반적으로 생산되고 거래되는 물질이므로, 생산과 유통에 있어서 허점이 상당부분 노출된다. 화학물질을 생산하는 산업체는 항시 화학물질을 전구물질로 전환시켜 유통시키고 이윤을 배가시키려는 잠재적 욕망이 존재하며, 실제 전 세계의 화학산업 분야에서는 화학물질의 생산이 증가되고 있으며, 동시에 전구물질로의 변용도 지속 증가하고 있다. 이에 따라, 국제사회는 이러한 전구물질로 활용될 수 있는 화학물질을 불법 마약제조로 변용하는 것을 방지하고, 합법적으로 거래할 수 있도록 통제하는 방법을 강화시켜왔다.

마약통제 활동의 준사법 기관인 '국제마약통제위원회(INCB)'는 전구물질의 불법 전용을 통제하기 위해 노력하는 주도적 기관이다. INCB는 유엔마약위원회(CND)와 함께 오스트리아 비엔나에 소재하는 UNODC 기구 내에 설치되어 있으며, 전구물질 통제를 위해 국제협력을 위한 다양한 프로젝

13 World Drug Report 2014, Precursor Control, p.54

트를 수행하는 한편, 매년 전구물질 연례보고서(INCB Annual Report on Rrecursors)를 발간한다. INCB가 주도한 전구물질 주요 차단공작으로 3가지를 꼽을 수 있는데, 무수초산을 추적하는 '토파즈 공작(Operation Topaz)', 과망간산칼륨을 추적하는 '퍼플 공작(Operation Purple)', 에페드린 관련 화학물질을 추적하는 '프로젝트 프리즘(Project Prism)'이 수행되고 있다.

4. UNODC 설립과 활동

UNODC는 오스트리아 비엔나에 소재한다. 오스트리아의 역사를 간략히 살펴보자면 다음과 같다. 976년 바벤베르크(Babenberg) 왕가 통치부터 오스트리아의 기원이라 할 수 있는데, 1273년 합스부르크(Habsburg) 왕가가 시작되어 640년간 통치를 이어왔다. 1740부터 40년간 통치를 하였던 마리아 테레지아(Maria Theresia) 여제가 잘 알려진 인물이다. 1867년 오스트로-헝가리 제국을 형성하고 넓은 영토를 차지하였으나, 1914년 페르디난트(Ferdinand) 황태자가 세르비아 청년단에 의해 암살당하는 사건이 발생하여 세계 제1차 대전이 발발하고 패전한 후 제국 영토의 27%만 차지하는 지금의 모습이 된다. 1938년 독일 나치에 합방된 후 세계 제2차 대전에 독일편에 서서 참여하였다가 패전하고 1945년 4대 연합국에 분할당하여 1954년까지 통치된다. 1955년 4월 진정한 독립을 맞이하고 영구 중립국으로 제2공화국을 선포하였으며 같은 해 12월에 유엔에 가입하였다.

오스트리아 정부는 1957년에 국제원자력기구(IAEA), 1966년에 유엔공업개발기구(UNIDO)를 오스트리아 수도 비엔나에 유치하였다. 1968년 당시 외교부장관이었던 쿠르트 발트하임(Kurt Waldheim)이 비엔나에 유엔 사무소를 무료로 건설해주겠다고 제안하면서 유엔센터를 유치하기 위해 노력하였다. 유엔은 이에 응하였고, 1973년부터 '비엔나국제센터(Vienna International

Centre, VIC)'라고 명명된 유엔사무소 건설을 비엔나 동쪽 신도시 지역에 착공하였고, 1979년에 완공하였다. 5천여 명이 근무하는 대규모 시설이었으나, 오스트리아는 유엔에 대해 상징적으로 매년 1실링(한화 92원 정도)의 임대료를 받기로 하고 99년간 임대계약을 체결하였다. 실제 임대료로 환산하면 2003년 기준 연간 1,550만 유로(약 200억 원)에 해당되지만, 오스트리아 정부는 유엔 기구의 유치가 더욱 이득이 된다고 판단한 것이다. 실제, VIC 완공 이후 4년만인 1983년에 투자금액 전액을 회수하였으며, 지금도 5천여 명의 직원이 인근에 상주하고, 전 세계에서 회의에 참석차 유입되는 인원이 지속 증가하여 비엔나의 경제적 발전에 큰 도움이 되는 것으로 평가된다.

유엔 총회는 마약범죄에 대응하기 위하여 총회에서 의결하여 1991년 유엔마약통제계획(UNDCP)이라는 기구를 발족하였으며, 이 기구는 비엔나 국제센터에 소재하며 마약범죄 예방과 차단을 위해 활동하기 시작하였다. 마

〈그림 2-1〉 비엔나국제센터(VIC) 전경

약범죄뿐만 아니라 초국가적 조직범죄의 확대에 대처하기 위해 마약과 범죄를 함께 다루는 기구로서 1997년 '마약통제 및 범죄예방 사무소(ODCCP)로 기구를 확대하였다. 2002년에 '유엔 마약 및 범죄사무소(UNODC)'로 기구 명칭을 변경하고 현재 전 세계 초국가적 조직범죄 우범지역을 중심으로 80개 국가 이상에서 115개 지역사무소를 운영하면서 2,400여 명의 직원들이 활동하고 있다. UNODC의 3가지 주요 임무는 첫째, UNODC 지부 사무소와 해당 국가 간의 프로젝트 수행을 통해 마약, 초국가적 조직범죄, 테러리즘에 대항할 수 있는 역량을 제고시키고, 둘째, UNODC 자체적으로 마약 및 범죄에 대한 연구 분석을 통해 지식과 이해를 증진시켜 대응정책으로 발전시켜 나가는 것이며, 셋째, 기존에 체결한 마약 및 초국가적 조직범죄 관련 국제협약을 회원국 각자의 실정법에 적용시켜 활용할 수 있도록 지원하는 것이다. UNODC가 다루는 업무는 크게 3가지로, 첫째, 마약통제 및 마약범죄 개선 등에 관한 일이다. 둘째, 인신매매, 조직범죄, 부정부패 등 범죄분야이다. 셋째, 테러리즘 예방 분야인데, 이 분야는 현재 테러리즘 상황의 발생을 모니터링하는 수준에 머물러 있다. UNODC의 주요 활동으로는 리서치와 정책 분석, 국제협약 등 법 규범 검토 및 개선, 기술적 지원 등 3가지 사항에 중점을 두고 있다. 즉, UNODC는 국제기구로서 국제체제내의 초국가적 조직범죄라는 문제를 관장하는 인간안보 분야의 한 부분에 대한 국제적 거버넌스 및 국제레짐[14] 역할을 담당하는 기구로서 위치를 확보하게 되었다.

UNODC라는 국제기구는 2000년 11월 채택한 국제협약으로 보다 완

---

14 국제레짐(international regimes)은 일반적으로 국제관계의 특정 쟁역에 있어서 국가들에 의해 합의가 된 명시적 혹은 묵시적인 규칙을 지닌 제도로서 관습을 포함한다. 국제협약, 국제적 제도(system)가 대표적 레짐이며, 국제기구도 폭넓은 범위에서 포함된다..: Stephen D. Krasner defined international regimes as "Implicit or explicit principles, norms, rules and decision-making procedures around which actors' expectations converge in a given area of international relations", Krasner, Stephen D. 1983c. Structural Causes and Regime Consequences: Regimes as Intervening Variables. In International Regimes, edited by S. D. Krasner. Ithaca, NY: Cornell University Press.

성된 인간안보 분야의 거버넌스 역할을 수행하게 된다. 2000년 9월 국제연합 총회에서 개최된 밀레니엄 정상회담에서 각국의 정상들이 한 자리에 모여 '밀레니엄 선언'[15]을 작성하였고, "모든 남성과 여성은 굶주림과 폭력과 압제와 부당함에서 벗어나 존엄스럽게 그들의 삶을 살고 자녀를 양육해야 할 권리가 있다"고 발표하였다. 이에 부응하여, 국제연합의 회원국들은 취약한 환경에 처한 약자들을 먹잇감으로 삼아 불법적 금전이득을 취할 목적으로 비문명 사회를 조장하는 초국가적 조직범죄에 효율적으로 맞서기 위하여 2000년 11월, 초국가적 조직범죄의 의미를 구체적으로 단정하고 '유엔 초국가적 조직범죄 방지협약(UNTOC)'을 체결하기에 이르렀다. 당시 대표적 국제범죄조직인 이태리 마피아 조직을 겨냥하여 그들의 발원지인 시칠리아 섬의 주도(州都)인 '팔레르모'에서 각국의 정상 및 각료급 대표들이 모여 서명식 행사를 개최함으로써 마피아 조직의 심장에 칼을 꽂아 단죄(斷罪)한다는 상징적 의미를 갖기도 하였다. 이 협약은 글로벌화 되어가는 현대사회에서 발아된 새로운 국제사회의 파괴세력인 국제범죄를 저지해 보려는 국가 간 공동 대응활동의 결과로 볼 수 있으며, 국제연합의 총회 산하 UNODC 주도로 채택된 비전통적 안보 분야인 '인간안보(Human Security)' 분야의 국제협약으로서, 비교적 최근에 회원국의 조화로운 동의하에 완성되었다는 점이 돋보인다.

국제연합은 UNODC를 중심으로 국제레짐 차원에서 초국가적 조직범죄에 대응하고 있으며, 주로 국제적 규범을 확립하고 이를 바탕으로 각 회원국의 국내법 제·개정을 통해 국제사회에서 통일되고 일관된 거버넌스가 구축되도록 추진해왔다. 그러나 그동안 채택된 국제협약들은 마약관련 국제협약과 UNTOC 및 3개 의정서이며, 이 협약들은 마약·인신매매·불법이

---

15 Millennium Declaration : http://www.un.org/esa/devagenda/millennium.html, (검색일 2015.6.6.)

주·총기밀매 등과 관련된 몇 가지 제한적인 유형에 불과하다. UNODC에서 관할하고 있는 자금세탁·사이버범죄·가짜상품·밀수 등 여타 다양한 초국가적 조직범죄의 유형에 대해서는 국제적 규범보다 국가 간 협력활동에 의존하고 있는 한계를 보이고 있다. 국제연합의 활동은 절차와 과정이 민주적이고 개방적이며 정확한 근거를 요구하므로 대응활동의 움직임이 전박적으로 기민하지 못하다. 또한, 국제연합 차원에서 대응활동이 결정되었다 할지라도 제재와 처벌의 한계가 존재함에 따라 즉각적인 실효성이 잘 나타나지 않는다. 최근 부각되고 있는 인신매매·사이버범죄 등 특정 범죄유형이 특정 지역에서 새로운 수법을 동원하며 심각한 상태로 신속하게 악화되고 있음에도 국제체제 차원에서 규범론적 또는 방법론적 장치를 시대변화에 맞게 적시에 개발하지 못하고 있다는 비판적 평가도 피할 수 없어 보인다.

※ UNODC 업무 관련 유엔의 국제협약

—

UN Single Drug Convention – United Nations Single Convention on Narcotic Drugs (1961 as amended by the 1972 Protocol)

UN Psychotropic Substances Convention – United Nations Convention on Psychotropic Substances (1971)

International Agreements 1988 UN Drug Convention – United Nations Convention against Illicit Traffic in Narcotic Drugs and Psychotropic Substances (1988)

UNTOC – UN Convention against Transnational Organized Crime (2000) and its supplementing protocols:

Trafficking in Persons Protocol – Protocol to Prevent, Suppress and Punish Trafficking in Persons, Especially Women and

Children, supplementing the United Nations Convention against Transnational Organized Crime

Migrant Smuggling Protocol – Protocol against the Smuggling of Migrants by Land, Air and Sea, supplementing the United Nations Convention against Transnational Organized Crime

Firearms Protocol – Protocol against the Illicit Manufacturing of and Trafficking in Firearms, Their Parts and Components and Ammunition, supplementing the United Nations Convention against Transnational Organized Crime

UNCAC – UN Convention against Corruption (2003)

Global Initiative against Transnational Organization Crime (GI-TOC)

—

GI-TOC 기구는 스위스 제네바에 본부를 둔 초국가적 조직범죄 관련 국제적 비정부기구(NGO)이다. 전 세계 초국가적 조직범죄 분야의 전문가 500여 명을 전문가 그룹으로 확보하고 네트워크를 형성하고 있으며, 가장 최근에 나타나는 모든 현상에 대해 각 지역과 각 유형별로 연구하고 분석하여 홈페이지에 게재한다. (https://globalinitiative.net/)

초국가적 조직범죄 관련 신속한 정보를 분석하고 공개함으로써, 유엔과 각 국가의 대응활동을 보완하는 역할을 수행하고 있다.

제2절

주요 해외 국가 및 조직의 대응활동

1. 미국

미국의 조직범죄는 1920년대 금주법시대를 거치면서 밀주거래, 보험사기, 마약, 매춘 등의 불법행위를 주요 수익사업으로 운영하면서 막대한 불법이익을 축적하여 정계, 경제계, 관계와 사법관련 종사자들까지 매수함으로써 거대한 범죄조직으로 성장하였다. 제2차 세계대전 중에는 미연방수사국의 활동이 안보와 방첩활동에 중점을 두면서 조직범죄에 대한 색출활동이 느슨해지자 범죄조직은 도박과 암시장에서 활동영역을 넓혀갔다. 미국 범죄조직의 활동은 절도, 장물, 사기증권 매매, 도박, 고리대금업, 마약, 노동조합운동에의 불법개입, 공갈, 주류밀매, 매춘 및 포르노산업 등의 불법행위로부터 식품제조, 부동산업, 레스토랑, 호텔, 주류업, 보험업, 노동조합침투, 자동판매기 리스업, 연예업 등의 합법산업까지 매우 다양하다. 범죄조직도 이탈리아계 마피아에서부터 흑인범죄조직, 남미계범죄조직, 동양계 범죄조직 등 인종적, 문화적 특성에 바탕을 둔 많은 범죄조직들이 활동하고 있다.

미국의 조직범죄 규제를 위한 방법은 다양하게 나타나고 있다. 법적인 규제장치를 마련하고, 특수한 수사기법을 일정부분 허용하며, 증인보호 프로그램, 면책제도 등을 통해 증인을 보호하고 내부고발을 장려하는 등 제도적 장치를 마련하고 있다. 미국에서 조직범죄에 대처하기 위해 만들어 놓은 제도 중 가장 강력한 법규정이 이른바 RICO법(Racketeering Influenced and Corrupt Organization Act)이다. U.S.C.(United States Codes, 미국연방법전) 제18편 제1961조부터 제1968조에는 RICO법으로 통칭되는 조직범죄대책을 위한 규정이 설정되어 있다. 이 법은 1970년에 제정된 '조직범죄규제법(Organized Crime Control Act)'의 제9편으로 일부를 구성하지만 별개의 법처럼 'RICO법'으로 불리기도 한다. 동법에서는 살인, 유괴, 도박, 방화, 강도, 뇌물, 공갈, 외설물 거래, 마약류 거래, 위조, 절도, 횡령, 공갈, 사기, 신분증 관련 범죄, 시민권 불법취득, 사법방해, 수사방해, 증인·피해자·정보원 등에 대한 증언방해 및 보복, 여권위조, 강제노동, 업무방해, 자금세탁, 아동학대, 장물거래, 컴퓨터 프로그램 등 불법복제, 노동조합 기금 횡령, 규제화학물질 거래, 외국환 관련 범죄, 이민법 관련 범죄 등 범죄조직이 저지르고 있는 범죄들과 또는 주법(州法)에 범죄로 규정되어 1년 이상의 구금형에 처해지는 협박행위 등을 조직범죄적 행위(racketeering activity)로 규정한다. 1986년에는 자금세탁규제법(Money Laundering Control Act of 1986)을 제정하여 자금세탁을 범죄로 규정한 최초의 국가가 되었다. 이 법의 기본 취지는 금전거래상의 자금이 불법행위로부터 얻었다는 것을 인지하고도 거래를 하는 행위자를 이 법의 적용대상자로 하며, 특히 조직범죄를 주요 대상으로 삼는다는 점에 특징이 있다.

미국의 조직범죄에 대한 수사방법으로는 통신 등의 감청과 잠입수사, 형사면책 등을 이용하고 있다. 잠입수사란 잠입수사원에 의한 일정기간에 걸친 일련의 잠입활동을 동반한 수사를 말하는데 이는 FBI직원 또는 이와 공동으로 연방, 주 또는 지방의 다른 법집행기관 직원에 의한 가공성명 또는 위장신분의 사용을 동반한 수사 활동이다. 또한 잠입수사에 필수적인 비밀정보원의 활용에 관해서는 2002년의 비밀정보원의 활용에 관한 법무장관 지침(Attorney General's Guidelines regarding the use of Confidential Informants)에서 규정하고 있다. 비밀정보원이란 중죄에 해당하는 범죄활동에 관한 유익하고 신뢰할 수 있는 정보를 연방 법집행기관에 제공하는 자 또는 정보의 제공을 법집행기관이 기대할 수 있는 자이며, 그들 가운데 장래 공판에서 증언할 것을 합의한 자를 '협력증인'이라 한다. 조직적인 범죄수사에 있어 이러한 잠입수사나 비밀정보원을 이용하는 경우 잠입수사원이나 비밀정보원 자신이 위법한 행위에 관여할 수밖에 없는 사태가 발생할 것을 예상할 수 있는데 이들 지침에서는 그러한 위법행위를 허용하는 요건과 절차에 대하여도 규정하고 있다.

조직범죄는 범죄특성상 증인의 자발적인 증언만을 기대할 수 없고 수사기관이 적극성을 가지고 증인으로 하여금 증언을 하도록 설득할 필요성이 있는데 이를 위해서는 증인을 범죄조직의 보복으로부터 보호하여야 한다는 필요조건이 충족되어야 한다. 이러한 필요성에 입각하여 미국에서는 조직범죄대책의 일환으로 증인보호프로그램을 만들어 1970년 조직범죄규제법 제5장에 제도화하였으며, 1984년 포괄적 범죄규제법으로 대체되었다. U.S.C. 제18편 제3521조는 조직적 범죄활동 기타 중대범죄에 관한 공적인 절차에 관하여 연방 또는 주정부의 증인 및 잠재적 증인에 대한 폭력적 범죄 등이 행해질 가능성이 있다고 법무장관이 판단하는 때에는 당해 증인의 이주 및 기타 보호조치(예컨대 새로운 신분증을 만들어 주거나 보호에 필요한 적당한 문서를 만들어 주고, 주택 및 생활비를 제공하거나 취직을 알선하는 등)를 취할 수 있다고 규정하고 있다.[1]

미국 자국 내 조직범죄가 점차 초국가적 조직범죄로 확대되면서, 오바마 대통령 당시 백악관 국가안전보장회의(NSC, National Security Council)는 미국의

---

1 신의기, 2006, '조직범죄에 대한 국제적 대처와 우리나라의 대응방안', 국제범죄대응정책 연구논총 2호

초국가적 조직범죄에 대해 주체, 목적, 방법을 구분하여 정의하였다. 즉, 초국가적 조직범죄의 주체는 여러 주권 국가에 걸쳐 활동하며 존속 시간에 제한이 없는 복수의 조직원이며, 목적은 권력 및 금전적 이익을 불법적 활동을 통해 확보하는 것이고, 방법은 국경을 초월하는 거래와 통신을 이용하는 것이다. NSC 주관으로 만들어진 미국의 초국가적 조직범죄 대응 전략은 다음과 같다. 첫째, 국제사회에 미치는 초국가적 조직범죄의 위협에 대한 국제적 인지도를 높인다. 둘째, 초국가적 조직범죄의 영향력 확대와 확산을 저지하기 위한 다국적 협력활동을 증대시킨다. 셋째, 초국가적 조직범죄 집단이 활동하는 수단과 방법, 기반을 제거한다. 넷째, 초국가적 조직범죄가 일반 시민과 국가안보, 정부의 관리체계에 끼치는 폐해를 축소시킨다. 다섯째, 궁극적으로 국가안보에 커다란 위협으로 자리잡고 있는 초국가적 조직범죄의 네트워크를 붕괴시킨다.

이러한 전략을 바탕으로 미국 정부는 초국가적 조직범죄 대응활동을 국가안보전략으로 포함하면서 다음과 같은 5개의 중대한 정책 목표를 설정하였다. 첫째, 초국가적 범죄 집단이 자행하는 폭력, 손해로부터 미국인과 협력 국가들을 보호한다. 둘째, 협력 국가들이 정부 운영 기능과 투명성을 강화하도록 지원하여 초국가적 성격을 가진 조직들을 국가별로 고립시키고 정부와 범죄 조직 간의 연결 고리를 차단한다. 셋째, 초국가적 조직범죄 집단의 경제적 세력을 형성하는 원천을 파괴하고 미국의 중요한 전략 시장 및 금융 시스템을 보호한다. 넷째, 초국가적 조직범죄 집단이 주로 사용하는 기반시설(infrastructure)을 파괴하여 범죄활동이 국가 테러 활동으로 확산될 수 있는 여지를 차단한다. 다섯째, 초국가적 조직범죄 집단의 위험성에 대한 국제 사회의 인식을 제고하고 다국적 협력관계를 구축하며 공공과 민간의 협력을 유도한다.[2]

---

2 https://obamawhitehouse.archives.gov/administration/eop/nsc/transnational-crime/definition, & /strategy

미국의 인신매매 보고서

미국은 인신매매를 현대판 노예제도로 간주하면서 성적 착취 및 강제 노역의 목적으로 행해지는 범죄로 규정한다. 미국에서 2000년에 제정된 '인신매매 피해자 보호법(The Trafficking Victims Protection Act of 2000, TVPA)'은 2000년 11월 유엔에서 채택한 '유엔 초국가적 조직범죄 방지협약(UNTOC)' 및 부속서로 존재하는 인신매매 방지 의정서보다 조금 앞서서 만들어졌다. 미국의 인신매매 피해자 보호법은 2017년에 최종 개정되었다.

미 국무부는 위 TVPA와 유엔의 인신매매 방지 의정서에 명시된 대응 활동을 기준으로 매년 전 세계 국가를 대상으로 평가하여 인신매매 보고서(Trafficking in Persons Report)를 작성하여 미 의회에 보고하는데, 미 국무부는 해당 국가에 주재하는 미국 대사관의 작성내용을 중심으로, 정부 관료들의 기록, 비정부기구 및 국제조직의 기록, 간행물 및 언론보도 내용, 학술적 연구자료, 리서치 등을 취합하여 완성한다. 또한 개인이나 단체 차원에서 수시로 제보할 수 있도록 메일(tipreport@state.gov.)을 공개하여 전 세계에 홍보하고 있다.

〈표 2-1〉 인신매매 관련 자료 수집 출처

- **IOM Counter Trafficking Data Collaborative (CTDC)**
  2017년 11월부터 운용되었으며, 전 세계 인신매매 관련 조직들의 자료를 취합하여 허브 역할을 하고 있다.
- **Victim Case Management System (VCMS):**
  'Liberty Shared' 단체 운영
- **Polaris**
  미국에서 운영되는 24시간 신고제도로, 문자와 전화로 접수
- **UNODC Global Report on Human Trafficking**
  회원국의 보고서를 취합하여 발간, 142개 국가의 내용이 소개되었다.
- **Southern African Development Community (SADC)**
  Anti-Trafficking in Persons Network: UNODC 지원으로 운용된다.
- **UNODC Human Trafficking Knowledge Portal**
  UNODC는 2011년 10월부터 Human Trafficking Case Law Database 운용

미국의 인신매매 보고서는 자국의 실정법(TVPA)을 근거로 전 세계 국가에 대해서 1단계(Tier 1)부터 3단계(Tier 3)까지 3단계로 구분하여, 평가한다. 가장 잘 대응하는 그룹이 Tier 1에 속하고 가장 부족한 국가가 Tier 3에 속한다. 1단계(Tier 1)에 속하는 나라는 미국의 인신매매 피해자 보호법(TVPA)에서 요구하는 기본 기준을 충분히 충족시키는 수준이다. 2단계(Tier 2)는 TVPA의 기준을 충족하지 못하지만 이 기준에 도달하기 위해 충분한 노력을 기울이는 국가가 해당된다. 2단계 중에서도 '관찰대상 국가(Tier 2 Watch List)'가 구별되는데, 2단계 국가 중에서 인신매매의 심각한 형태로 인한 피해자의 숫자가 증가하는 경우, 개선노력의 증거가 부족한 경우, 현재는 부족하지만 다음 해에 추가적인 노력이 예견되는 경우 등에 해당되는 국가가 속한다. 3단계(Tier 3) 국가는 TVPA 기준에 미치지 못하면서도 해당 정부가 개선의 노력도 보이지 않는 경우이다. 2019년 보고서에 3단계로 분류된 국가는 북한, 중국, 쿠바, 이란 등 21개 국가이며, 우리나라는 1단계에 속한다.[3]

미국의 인신매매 피해자 보호법(TVPA)에 의거하여 3단계 국가에 대해서는 미국 차원에서 원조 제재가 취해질 수 있다. 미 대통령은 3단계 국가에 대해 해외지원(인도주의 지원 제외)을 중지할 수 있으며, 교육, 문화 교류 프로그램 등에 제공하였던 자금지원을 철회할 수 있다. 또한 다국적 개발은행이나 IMF 등에서 3단계에 속하는 국가가 예산지원 및 대출을 요구할 경우 미 대통령은 이를 거부하도록 조치할 수 있다. 미국의 인신매매 보고서는 미국의 관점에서 하나의 국가 차원에서 작성되는 보고서이나, 위와 같은 실질적인 제재조치가 이행될 수 있다는 점에서 제재가 존재하지 않는 유엔 기구(UNODC)의 보고서보다 실효적이라고 평가할 수 있다.

3 Trafficking in Persons Report-June 2019, US. Department of State

미국 국무부가 매년 작성하는 인권보고서는 '인권활동에 대한 연례 국가보고서(The annual Country Reports on Human Rights Practices)'라는 제목으로 발간된다. 이 보고서는 미국의 '해외지원법(Foreign Assistance Act of 1961)'과 '무역법(Trade Act of 1974)'에 의거하여 미 국무부가 작성하고 이를 의회에 제출하게 된다. 미 국무부는 보고서 작성을 위해 해외 공관의 정보, 해외 정부의 자료, 비정부기구 및 국제기구 조직들의 자료, 법조계 전문가들의 의견, 언론보도 및 학술자료 등을 수집하되, 해당 국가에 주재하는 공관에서 국가별 보고서의 초안을 작성한다.

미국의 인권보고서 작성 목적은 미국 해외원조법에 의거하여 의회에 제출하게 되어 있는데, 이 법에서 미국의 대외정책 및 무역정책상 해당 국가의 인권과 노동자 권리 존중 상황을 고려하도록 요구하고 있다. 이에 따라, 미 국무부가 보고서를 의회에 제출하고, 미 의회 의원들은 보고서의 내용을 감안하여 대외정책과 무역정책을 결정하게 된다. 이 보고서는 초국가적 조직범죄의 대응활동보다는 국제형사재판소(ICC)의 법령인 로마규정(Rome Statute)에서 다루는 국제적 범죄 중 하나로 '反인권범죄'의 범주에 가깝다.[4]

---

4 미국은 2002년 제정된 ICC의 법령인 로마규정의 당사국이 아니다. ICC에 대한 미국의 입장은 일관되지 못한데, 민주당과 공화당의 입장이 구분되는 모습이다. 클린턴 행정부는 2000년에 로마규정에 서명을 한 바 있으나 상원에 비준동의를 구하지 않았다. 부시 정권은 ICC에 가입하지 않는다는 입장이었다. 오바마 정권은 ICC와의 관계 개선을 노력했고, 옵저버 자격으로 참여하였다. 한편 트럼프 정권은 ICC가 미국의 아프가니스탄 민간인 살해 의혹을 조사한다는 이유로 ICC를 비난하고, 오히려 ICC에 대해 제재를 취하기도 하였다.

2019년 보고서에서 중점적으로 다루었던 인권문제 평가 요소는 다음과 같다.

1. 재판의 절차 없이 재량으로 인명을 살상하거나 비법적 및 정치적 동기로 살해
2. 실종, 특히 정부가 개입하여 감금, 납치, 실종된 경우
3. 고문과 기타 가혹한 비인권적 행위, 또는 비인간적 처우 및 처벌의 경우
4. 법적 절차 없이 재량으로 체포하고 감금하는 행위
5. 공정한 정식 재판을 거부
6. 내부적 갈등 중에서 발생하는 권력남용
7. 표현의 자유를 침해
8. 평화적 집회 및 결사, 자유로운 이동의 자유를 침해하는 경우
9. 종교의 자유를 침해
10. 정치적 활동에 참가하는 것에 대해 방해
11. 정부의 투명성 결여 및 부정부패[5]

위 평가 요소에 따라 개별 국가마다 인권상황을 평가하는데, 2019년 보고서에서 북한에 대해 평가한 내용 중에는 교도소 내 간수에 의한 여성 수감자 강간이 만연되어 있고, 가해자에 대한 처벌이 부재하였다는 증언이 포함되어 있다. 또한 강제노역을 금지하는 법 조항은 있으나 정부 주도로 건설사업 등에 주민들을 동원하여 강제노동을 시키며, 개혁노동, 노동을 통한 재교육 등의 명목으로 정치범에 대한 처벌을 부과하고 있다는 내용이 포함된다. 이 보고서는 각 국가마다 이행하고 있는 인권 존중의 상황을 상당히 구체적 요소별로 구분하여 상세한 조사내용을 공개하는데 중점을 두고 있으며, 국가별 등급 평가 등의 구분이나 불량국가에 대한 제재조치 등은 언급되지 않는다.

---

5 2019 Country Reports on Human Rights Practices, U,S. Department of State

미국 국무부는 해외원조법(Foreign Assistance Act of 1961) 제489조에 의거하여 매년 3월 1일까지 국제마약통제전략보고서(International Narcotics Control Strategy Report)를 작성하여 미 의회에 제출한다. 이 보고서는 전 세계의 국가별 상황을 포함하는데, 국제마약거래 퇴치활동, 전구물질 등 화학물질 통제, 자금세탁 및 금융범죄 방지를 위한 노력을 평가한다.

이 보고서는 주요 불법 마약생산, 마약경유국가, 전구물질 및 원료 생산·유통 국가, 자금세탁 국가들을 자국법에 의거하여 명시하게 되어 있다. 이에 따라, 3가지로 구분되는데 첫째, 주요 불법마약 생산 및 마약경유지로 이용되는 국가, 둘째, 불법마약의 생산에 필요한 주요 전구물질의 출처가 되는 국가, 셋째, 주요 자금세탁 국가 등이다.

2020년 보고서(2019년 상황 평가)에서, 주요 불법마약 생산 및 유통국가는 아프가니스탄을 포함하여 22개 국가를 꼽았다. 그 중 베네주엘라와 볼리비아는 국제협약 및 미국의 실정법에 의거하여 극심하게 저촉됨에 따라 대통령이 지정한 사례이다. 한편, 불법마약을 생산하는데 있어서 필요한 전구물질을 생산하고 거래하는 주요 국가는 영국, 독일, 네덜란드, 일본 등을 포함하여 39개 국가를 지정하였는데, 그 중 한국도 포함되어 있다. 자금세탁이 행해지고 있는 주요 국가로는 자국인 미국을 포함하여 80여 개 국가를 포함하였다.

2. 일본

일본의 범죄조직에 대한 일본정부의 공식 명칭은 보료구단(暴力團, 폭력단)이며 법률적 문서를 비롯한 공식 문서에서는 이 명칭을 사용한다. 또한, 일본에서 야쿠자에 대한 법률적 의미는 "집단적 또는 상습적으로 폭력을 수반한 불법 행위를 자행할 우려가 있는 단체"로 규정된다. 폭력단은 과거에는 도박·사설마권, 마약류 밀매, 협박·공갈에 의한 금품갈취, 보호비 등을 주된 수익의 원천으로 삼았지만, 최근에는 그 활동이 다양화되어 기업 대상 폭력이나 민사 개입폭력 등도 증가하고 있다. 민사 개입폭력이란 교통사고의 합의나 부동산임대차에 관한 분쟁, 채권회수시에 민사상의 권리자나 관계자로서 개입 또는 관여하여 위법하고 부당한 이익을 취하는 것을 말하며, 최근에는 행위 주체 및 형태의 다양화에 의해 그 활동영역이 사이버 영역까지 확대되고 있다. 예를 들면, 교통사고를 당한 피해자에게 야쿠자 일원이 접근하여 피해보상금을 더욱 많이 받아주겠다고 한 뒤, 가해자에게 폭력적 분위기를 조성하면서 협상금액을 높여 최초 협상 금액보다 높은 금액으로 보상금을 지불하도록 하는 것이다. 이러한 결과로, 야쿠자 조직원은 피해자로부터 사례비를 받으며, 향후 유사한 일이 발생할 경우 피해자를 대신해 나서겠다는 약속을 한다.

1980년대 일본 내에서 야쿠자의 활동이 확산되면서 일반 시민들까지 피해를 보게되자 일본 정부는 1991년 '폭력단 대책법'을 제정하였다. 이 법에 따라 일본 '국가공안위원회'는 야쿠자 조직 중에서 중점 관리할 필요가 있는 조직들을 '지정 폭력단'으로 명시하여 관리하게 되었다. 이 법에 따라 지정 폭력단의 일원이 범죄를 자행할 경우 해당 폭력단의 수뇌에게 그 책임을 부과하여 처벌할 수 있다. 이어 1999년 8월 조직범죄를 둘러싼 국내외 정세에 적절하게 대처하기 위하여 소위 "조직범죄 대책 3법"이라고 칭하는 3개 법률을 제정하였다. 첫째, '조직적인 범죄의 처벌 및 범죄수익의 규제 등에 관한 법률(1999년 법률 제136호)'이다. 이 법은 '조직범죄 처벌법'이라고도 하는데, 일정한 유형의 조직적인 범죄가 형법에 정한 살인, 체포·감금 등 일정범죄에 해당하고, 단체활동으로서 조직에 의해 행해진 경우, 또는 단체에 부정한 권익을 얻게 하거나 단체의 부정한 권익을 유지·확대시킬 목적으로 행해진 경우에 형법에 정한 각 죄의 법정형의 상한 또는 하한을 높인 것이다. 이렇게 법정형을 높인 것은 조직적으로 행해지는 범죄의 위험성은 같은 모습을 보이더라도 더욱 위험하기 때문에 법정형을 높인 것이다. 조직범죄처벌법은 11가지 유형의 범죄에 대하여 형을 가중시킴과 동시에 조직적인 범죄와 관련된 범죄수익 은닉죄 및 자금세탁죄를 규정하고 있다. 조직범죄처벌법 제9조는 사업경영지배죄를 규정하고 있는데, 범죄자금이 합법적인 경제활동에 악영향을 미치는 것을 방지하기 위한 것이다. 둘째, 범죄수사를 위한 통신감청에 관한 법률(1999년 법률 제137호)이다. 이 법은 '통신감청법'이라고도 칭한다. 이 법은 조직범죄대책3법 가운데 가장 논란이 된 것으로 통신감청과 사생활보호를 어떻게 조화시킬 것인가가 문제되었다. 통신감청의 방법으로는, 전화감청(wire-tapping)을 포함한 전기통신회선을 경유한 통신감청(팩스통신, 컴퓨터통신을 포함)과 전자기기를 이용한 실내의 대화감청(bugging, 전자감청이라고도 한다)이 있다. 셋째, 형사소송법의 일부를 개정하기 위한 법률(1999년 법률 제138호), 즉, '형소법개정법'이다. 형사소송법의 일부를 개정하기 위한 법률에서는 증인보호 규정을 정비하였다. 증인 등 또는 그 친족에 대해서는 협박, 위협 등으로부터 증인을 보호하기 위해 형사소송법 제295조 제2항을 신설하여 증인에 대한 피해가 발생될 우려가 있는 경우에는 주거지 등에 대한 신문을 제한하도록 하는 등 증인 등의 안전이 위협받는 일이 없도록 배려하는 것을 요구할 수 있게 하였다. 이러한 조치는 과거에도 가능하였던 것이지만 명문화하여 판사, 검사, 변호인 등의 주의를 환기시켜 증인의 보호에 충실하도록 하고 증인에게 심리적 안정을 줄 수 있다.[6]

2011년 일본 도쿄도와 오키나와현은 '폭력단 배제조례'를 같은 해 10월부터 시행하였다. 폭력단 배제조례는 폭력단도 법의 테두리 내에서 영업활

---

6 신의기, op. cit., 2006

동을 할 수 있지만 업소 보호를 명목으로한 보호비 갈취, 분쟁의 중재 의뢰 등 폭력단에 이익이 될 수 있는 행위를 차단하고, 청소년의 폭력단 사무실 출입 등을 금지하도록 하는 내용이다. 또한 기업에는 거래처가 폭력단과 관련이 있는지를 확인하도록 했다. 위반할 경우 현장조사와 폭력단 배제 권고 등을 받을 수 있고, 이를 따르지 않을 경우 인터넷상에 기업명이 공개된다.[7] 이 조례에 따르면 "기업과 자영업자들이 야쿠자와 친분을 맺거나 야쿠자가 수익을 얻을 수 있는 모든 행위의 제공을 금지"한다는 요지로, 야쿠자 조직원들에게 차량을 판매하거나 휴대전화 개통 및 계좌 개설도 금지되며, 회합장소 및 호텔, 음식점 대여도 처벌 대상이 된다.

3. 중국

중국의 조직범죄 집단은 통칭하여 '흑사회'로 불린다. 흑사회의 조직 중 가장 잘 알려진 조직이 삼합회라고 할 수 있다. 삼합회는 중국 본토에서 1920년대와 1930년대에 절정을 이루었다가 1949년 중국 공산당의 적극적인 퇴치활동으로 세력이 와해되면서 1960년대 홍콩, 마카오, 대만에서 주로 활동하게 된다. 중국 정부는 1986년 공안부 중심으로 공안사업계획을 주도하면서 흑사회 대응활동을 전개하였고, 1996년 형법에서 조직범죄를 명시하면서 엄중하게 대응하고 있다.

조직범죄 집단은 1960년대 중국 본토를 벗어나 "홍마타이"로 불리는 홍콩, 마카오, 대만 지역에서 활동하였으며, 1970년대부터 1980년대말까지 빠르게 성장하였고, 주로 마약범죄, 금괴밀수, 희귀 동식물 밀수 등을 자행하

7 연합뉴스, 2011.9.29., '日 도쿄, 10월부터 폭력단 배제 조례 시행'

였다. 1990년대부터 홍마타이 지역을 거점으로 본토와 교류하면서 초국가적 조직범죄 집단으로 활동이 지속됨에 따라, 중국 정부는 흑사회를 타도하고 악을 물리친다는 의미로 "타흑제악(打黑除惡)"의 슬로건을 내걸고 "엄정타격"을 주도하였다. 2000년대에 들어서 조직범죄 집단이 다시 성행함에 따라 2005년 중국 공안은 새로운 "타흑제악"을 전개하면서 흑사회 조직 타도 활동에 주력하였다. 그 결과 2006년 이후 14,000여 개의 조직범죄 집단 중 13,000여 개 조직이 와해되었으며, 최근에도 매년 400여 개의 조직을 검거하여 와해시키는 것으로 중국 정부는 발표하였다.

중국의 조직범죄 집단의 특징은 다음과 같이 4가지로 구분할 수 있다. 첫째, 금전적 이익을 추구하며 합법적 침투를 병행한다. 둘째, 강한 조직력을 구축하고 계획적이며 분업화된 체계를 갖추고 있다. 셋째, 조직의 안정성을 추구하며 비교적 안정된 조직을 운영한다. 넷째, 경제력을 바탕으로 반사회적이고 비상식적인 형태로 자본을 확대한다.

실제 흑사회는 "금전파평(金錢擺平)"의 방식을 활용하는데, 모든 것을 뇌물로 해결한다는 의미이다. 중국의 흑사회를 제거하는 활동은 "부추베기"에 비유하기도 하는데, 중국이라는 넓은 영토에서 무수하게 많은 조직이 생겨나고 와해되는 것이 반복됨에 따라 와해활동에 한계가 있음을 묘사한다. 한편, 중국의 흑사회는 정치적 환경에서는 생존하기 어려운 현상을 보인다. 정치적 연루보다는 경제적 활동에 집중한다. 주로 마약범죄, 매춘 등을 주요 돈벌이 수단으로 사용하며, 조사공사, 자문공사 등 합법적 회사를 설립하여 불법적 채무회수, 청부폭력 등 해결사 역할을 담당한다. 또한 필요하다면 "흑금정치"로 불리는 공직자 포섭활동도 전개한다.[8]

중국 당국은 1980년대부터 조직범죄 집단을 색출하기 위한 방법으로

---

8 中国有组织犯罪的发展现状及立法完善对策(2012) 법치연구 2012년 제2기 張元惶
https://www.doc88.com/p-9723393397312.html

각 지방에서 자체적으로 간헐적인 소탕작전을 전개하였으나, 고위층과 연계된 조직범죄 집단은 단속에서 빠져나가기 마련이었다. 2011년 형법 제294조를 개정하여 "흑사회"에 대한 정의를 명시하고, 조직범죄가 국가와 국가 소유의 기업에까지 피해를 끼치고 있어 적극적인 대응이 필요함을 뒤늦게나마 인정하였다. 개정된 법률 조항에는 조직범죄 집단을 정의하고, 이러한 범죄에 개입된 자는 7년 이상의 징역과 재산몰수를 명시하였다. 또한 삼합회와 대만 갱조직을 겨냥하여 "해외 조직범죄 집단이 중국 본토에서 조직원을 모집"하는 것을 범죄화하는 조항을 추가하였다.

1979년 중국 형법 제정시 조직범죄에 대해 정확하게 명시한 법 조항은 없었다. 1982년부터 범죄조직이라는 의미로서의 '흑사회'라는 단어가 홍콩, 대만과 인접한 광둥성, 푸젠성 등 지방에서 먼저 통용되다가 1986년에는 흑사회라는 개념이 전국적인 범위에서 사용되었다. 흑사회 형식의 범죄조직이 중국내 전 지역으로 확산되자 1992년 10월 중국 공안부에서는 "각 성(省), 시(市), 현(縣)의 범죄단체 조직소탕 연구 토론 회의장"을 마련, 이들 범죄조직을 일망타진하기로 결정하고 이러한 흑사회 성향의 범죄조직 특징에 대해 다음과 같은 개념을 정립하였다. "흑사회 조직은 지역별로 세력이 형성되어 있고, 장기간에 걸쳐 범죄를 저질렀으며, 조직원 수가 비교적 많고 또한 상대적으로 고정되어 있으며, 반사회성이 강하고, 일정한 경제력을 보유하면서 뇌물공여와 협박 등의 방법으로 공안 및 사법기관 그리고 당·정 간부를 매수하여 범죄조직의 보호막으로 삼는다."[9]

중국 공안부에 의해 흑사회에 대한 개념상 정의는 1997년에 개정되어 선포된 중국 신형법전에 비로소 성문화된 법조항을 두게 되었다. 이런 배경

---

9 신상철, 2010, 중국 흑사회성질범죄조직에 대한 고찰, 경찰학연구 제10권 제1호; 马霞, 黑社会性质组织犯罪的性质、成因及对策分析, 固原师专学报(社会科学版),2003, Vol.27

하에 제정된 형법 제294조의 주요 내용은 다음과 같다.

- 폭력, 위협, 기타 수단을 이용하여 조직적으로 위법한 범죄활동을 행하고, 일정지역을 장악하여 불법적인 악행으로 일반인을 억압하거나 또는 잔인하게 상해를 가하여 경제·사회생활 질서를 심각하게 파괴하는 흑사회를 조직하거나 지도, 적극 참가한 자는 3년 이상 10년 이하의 유기징역에 처한다.
- 해외에서 활동하는 흑사회범죄조직원으로, 중국의 국경내에 잠입하여 흑사회범죄 조직을 발전시킨 자는 3년 이상 10년 이하의 유기징역에 처한다.
- 국가 공무원이 흑사회 조직을 비호하거나 흑사회의 위법한 범죄활동을 종용, 방임한 경우에는 3년 이하의 유기징역, 구류 또는 정치권리 박탈에 처한다. 죄질이 중한 자는 3년 이상 10년 이하의 유기징역에 처한다.[10]

한편, 중국 당국의 조직범죄 대응활동 노력에 대해 회의적인 시각도 존재한다. 소위 "적흑"공조라고 할 수 있는, 중국 공산당 간부와 조직범죄 집단간의 공모가 여전히 존재하기 때문이다. 2012년 뉴욕타임즈 보도에 따르면 원자바오 중국 국무원 전 총리의 가족들이 중국 금융회사와 사업체와 연루되어 27억 달러를 축재했으며, 이와 관련하여 가족 중 아무도 조사받지 않았다는 내용이다.[11] 중국 관료의 부패는 전통적으로 중간간부 또는 하급관료들이 조직범죄와 연계되어 왔으나, 최근에는 고위층에서도 조직범죄 집단

---

10 Ibid.

11 "Billions in Hidden Riches for Family of Chinese Leader,"The New York Times, October25, 2012,

과 연계되어 부패가 발생하는 것으로 나타난다. 또한, 중국 공권력과 결탁한 범죄 조직원이 반정부 인사를 청부살해 또는 폭행하는 사례도 발견된다. 2014년 2월 홍콩에서 활동하는 반중 언론인 케빈 라우(Kevin Lau)가 두 명의 괴한에게 공격을 당하여 중상을 입었다. 조사결과 가해자는 중국에서 온 삼합회 범죄 조직원이었으며, 주범은 중국 본토로 도주하였다.[12] 이러한 사례를 볼 때 중국 본토의 흑사회는 기업화, 합법화를 가장하면서 직위 고하를 막론하고 관료들을 매수하여 공모하면서 금전적 이득을 최대한 확보하기 위한 불법적 범죄 행위를 자행하고 있다. 따라서 중국의 초국가적 조직범죄 대응활동은 법령 개정 및 간헐적 일제 단속으로 효과를 보기는 어려우며, 결국 중국 공직자의 부패해결 차원에서 접근하여 조직범죄와의 연결 고리를 차단해야 한다는 평가이다.[13]

홍콩

1960년대 중국 본토에서 홍콩으로 이동했던 조직범죄 집단이 왕성하게 활동하였다. 1974년 맥 레호스(MacLehose) 주지사는 '부패방지독립위원회(ICAC)'를 창설하였고, 이를 통해 부패한 공직자를 처벌하고 축출하는 도구로 삼았다. 홍콩 삼합회 조직과 경찰의 보호 관계가 점차 사라지고, 1988년 홍콩 정부는 '삼합회 포기 제도(TRS, Triad Renunciation Scheme)'를 도입했다. 이 제도는 홍콩 내에 독립적인 삼합회 포기 재판소를 임시로 설치하여 삼합회 조직원이 자수하고 조직에서 이탈할 경우 사면해 주는 조치였다. 이에 더하여 '사회적 조례(Societies Ordinance)'를 동시에 발효하였는데, 정부 당국이 삼합

12 "Ex-Ming Pao Editor Kevin Lau attacked," BBC News, February 26, 2014,

13 JOHN S. VAN OUDENAREN, Enduring Menace: The Triad Societies of Southeast China, Asian Affairs: An American Review, 41:127–153, 2014

회 조직원으로 의심되는 개인에 대해 신속하게 기소할 수 있는 조치였다. 이러한 규범은 삼합회 조직의 구성원을 효율적으로 범죄화하고 처벌할 수 있는 도구로 작용하였다. 1994년 홍콩 정부는 '조직범죄 조례(OSCO)'를 제정하여 경찰에게 권한을 부여하였는데, 이 조례에 의거하여 삼합회가 전통적으로 행해오던 제례의식이나 숫자를 이용한 상징 등을 모두 범죄로 규정하고 처벌할 수 있도록 하였다. 이에 따라 최근 삼합회 조직원들은 전통적으로 행해오던 의식과 상징 등을 포기하는 성향을 보이고 있다.

홍콩 정부는 삼합회 등 조직범죄 집단의 비밀성을 감안하여, 조직 내부에 침투하는 비밀공작을 심도있게 전개하고 있다. 경찰 또는 협조자를 조직원으로 가장하여 삼합회 조직에 침투시켜 정보를 수집하고, 전통적 의식과 숫자와 수기의 상징을 사용할 경우 이를 증거로 확보하여 검거하고 처벌하는 방식으로 범죄조직을 타도하고 있다. 결국, 홍콩 삼합회는 세력 단합과 내부 결속 목적으로 전통적으로 행해오던 의식과 소통 방법을 포기하게 되었다. 최근에도 홍콩 정부의 이와 같은 비밀공작 활동은 효과를 보고 있으며, 홍콩의 조직범죄 집단은 경찰의 정보원 또는 경찰의 비밀공작이 어디까지 침투해 있는지를 우려하는 상황이 되었다.[14]

4. 러시아

러시아의 조직범죄 집단을 통상 '러시아 마피아'라고 불린다. 이는 전 세계에서 범죄조직으로 통칭되는 '마피아'라는 개념을 조직범죄 집단이라는 의미로 사용하기 때문이다. 본래 마피아는 19세기 중반부터 이탈리아에서

---

14 Ibid.

사용되어 왔으며, 미국에서도 통칭 마피아라는 이름으로 구체적인 자체 조직명이 있는 범죄조직이 산재한다. 러시아와 구소련 지역에서는 마피아(Mafia)가 아니라 '러시아 마피야'(Mafiya)라는 용어를 사용한다. 러시아 마피야는 서방에서 보는 단순한 조직범죄 집단만을 지칭하는 것이 아니기 때문이다. 1990년대 체제전환 과정에서 러시아인의 대부분은 이윤을 추구하는 모든 사람과 조직을 마피야라고 칭했다. 또한 러시아마피야는 성장배경이나 경제활동이 서방의 마피아와 다른 성격을 보이고 있다.

'러시아 마피야'라는 용어를 최초 사용한 인물은 캐나다 기자출신 한델만(Handelman)으로, 마피야 현상을 설명하기 위해 러시아식 발음인 마피야를 사용함으로써 서방세계의 마피아와 다른 점을 강조하였다.[15] 러시아에서 '마피야'는 서방국가에서 불리는 단순한 마피아 갱 집단을 의미하는 것이 아니다. 마피야의 의미는 범죄조직을 칭하는 한편, 정부 관료와 연계되어 불법을 행하는 부정부패를 의미하기도 한다. 즉, 마피야는 법률을 위반하여 활동하는 모든 부정부패 현상을 의미한다. 마피야의 조직원은 하급 공직자부터 고위관료까지 연계되어 있다. 예를 들면, 러시아 마피야 조직은 국가 소유의 비행기를 빌려서 사용하기도 하는데, 마피야 조직이 정부 관료와 연계되어 있고 상호 유기적인 협조관계가 형성되어 있기에 가능한 사례다. 오늘날 러시아에서 사업 활동은 법률을 위반하지 않고서는 거의 불가능한 상황이다. 러시아 경제법의 대부분은 명확하지 않으며, 상거래 부문에서는 모리배 같은 특징을 지니고 있다. 러시아 마피야는 오랜 기간 봉건주의와 사회주의 그리고 시장경제로의 체제전환 과정에서 사회 전체가 복합적으로 만들어 낸 산물이다.

러시아는 1993년에 러시아 헌법이 채택되었고 이어 정부법 등 다양한

---

15 한종만 외, 2009, 러시아 조직범죄집단과 한국의 형사정책적 대응방안, 한국형사정책연구원: Stephen Handelman, Comrade Criminal, Russia's New Mafiya (New Haven and London: Yale University Press, 1995).

법률이 정비되었다. 1990년대 중반기에 조직범죄 대응을 위한 법적 장치로서, 뇌물방지법, 조직범죄 방지법, 러시아 국가공무 기본법, 범죄자금합법화 방지법 등이 제정되었다. 그러나 이미 이 시기에도 러시아의 부정부패는 만연하여 "러시아에서는 되는 일도 없고, 안 되는 일도 없다"는 세평이 있을 정도로 정부 관료에 대한 뇌물과 비리가 모든 일을 가능하게 하였다. 2000년 1월 러시아 안보위원회에서 조직범죄의 심각성을 인식하고 국가안보에 대한 위협으로 간주하기 시작했다. 러시아 형법 제35조는 조직범죄행위를 유엔에서 채택한 국제협약(UNTOC)의 정의와 유사하게 명시하였다. 또한 처벌 규정에서도 모든 초국가적 조직범죄 유형을 다루면서 엄격한 처벌을 명시하였다.

러시아 푸틴 대통령은 2005년 국정연설에서 불법적인 탈세나 조세회피에 대해서 엄격하게 법 집행할 것을 강조하였다. 2006년에도 푸틴 대통령은 강력한 부패 근절 노력을 촉구했다. 러시아 마피아의 활동으로 얻어진 수익은 범죄수익이며, 따라서 이러한 검은 자금을 합법화하는 것이 가장 큰 문제가 된다. 러시아는 2002년 2월부터 범죄수익 합법화 방지법을 발효하면서 조직범죄집단에 대해 강력하게 대응하는 자세를 보였다. 그럼에도 불구하고 러시아내 자금세탁은 지속되고 있으며, 역외금융센터와 조세회피지역 등 법망을 회피하기 위한 다양한 방법이 활용되고 있다.

마약범죄에 대응하기 위해 1997년 개정된 러시아 형법에 의거하여 엄정한 처벌을 공시하였음에도 불구하고, 러시아의 마약범죄는 각 지방별로 지속적으로 발생하며 일부 지역은 증가추세를 보이고 있다. 푸틴 대통령 집권 후에도 러시아의 마약문제는 전국적으로 확산되고 있으며 특히 극동지역이 심각한 상태이다. 2003년 3월 러시아 대통령의 명령에 의해 러시아 마약유통 통제청이 대통령 직속으로 설립되었고 마약범죄에 대한 제반 사항을 총괄한다.

러시아 정부가 인신매매 방지를 위해 노력하는 수준은 미 국무성의 인신매매 연례보고서에 따르면 기본적인 기준에도 도달하지 못하며 제도적으로도 미흡한 최하위 단계로 평가되어 왔다.[16] 현행 러시아 형법은 매춘 강요와 조직 결성에 대해서는 벌금과 3년 이하의 징역에 처할 수 있다는 규정이 있으나, 매춘 행위 자체에 대한 의미있는 처벌 조항은 없다. 성매매 특별법에 대해 러시아 의회 의원들 간 찬반 의견이 맞서고 있으며, 결국, 러시아에서의 인신매매 방지 움직임은 정부차원에서 적극적으로 이루어지지 못하고 있다.

러시아 정부의 초국가적 조직범죄 대응활동은 법적 제도적 정비는 확립되어 있으나, 결국 조직범죄 집단과 관료와의 연계로 인한 부정부패가 결정적인 걸림돌이 되고 있다. 푸틴 집권 이래 강력한 법제도와 이행을 촉구하고 있으나, 90년대 초부터 만연한 '러시아 마피아'의 문화는 러시아의 광활한 영토만큼이나 깊게 뿌리내리고 있다.

5. 인터폴(국제형사경찰기구, ICPO)

인터폴은 각국의 경찰이 상호 간에 주권을 존중하면서 국제범죄의 방지, 진압에 협력하기 위해 1956년에 설립된 조직으로, 정식명칭은 '국제형사경찰기구(ICPO : International Criminal Police Organization)'이다. 이 기구는 '각국의 현행 법률 범위에서, 그리고 세계인권선언의 정신에 입각해 모든 형사경찰당국 간 최대한 협조를 보장·증진하는 것(헌장 제2조)'에 그 설립 목적을 두고 있다. 본부는 프랑스 리옹(Lyon)에 소재하고, 각 회원국은 인터폴 본부 및 회원국 간의 연락 및 협조요청에 주요한 창구가 되는 국가 중앙사무국을 설치·운영하고 있다. '인터폴(INTERPOL)'이라는 이름은 1946년부터 전신 주소(telegraphic address)의 약호로 사용되어 왔으며, '국제형사경찰기구'라는 정식

16 미 국무부 발간하는 인신매매 보고서(2019)에서 러시아는 Tier 3로 최하위 단계로 평가되었다.

명칭보다 약호인 인터폴이 더 널리 호칭된다.

1914년 모나코에서 열린 국제경찰회의가 효시이며, 1923년 유럽 24개국으로 국제형사경찰위원회(ICPC)가 발족, 1956년에 현재와 같이 개조되었다. 원래 비정부간기구로 출범한 인터폴은 1971년 유엔 경제사회이사회로부터 정부 간 기구로 공인되었으며, 1996년 10월 유엔총회에서 유엔의 옵서버 자격을 인정받았다. 가입국은 2018년 현재 192개국이며, 우리나라는 1964년 제33차 베네수엘라 총회에서 가입하였다.

인터폴의 임무는 "경찰과 보안업무에 관한 협력과 발전을 증진시킴으로써 범죄를 예방하고 대응하는 것"으로 명시되어 있다. ("Preventing and fighting crime through enhanced cooperation and innovation on police and security matters") 이를 위해 인터폴은 보안이 확보된 채널을 통해 세계 각 국의 법집행 당국 간의 가능한 최대의 폭넓은 교류와 지원이 가능토록 환경을 구축하고, 이를 바탕으로 전 세계 경찰의 자료와 정보에 접근하며, 공작활동을 지원하고 법 집행관들의 역량강화를 위해 훈련을 지원한다.

한편, 인터폴 집행위원회는 인터폴 내 주요기구 중 하나로 주요 사업에 대한 결정 및 집행 등을 감독할 권한을 갖는다. 위원회는 총재 1명, 부총재 3명, 집행위원 9명 등 13명 위원으로 구성되며, 아시아·유럽·아메리카·아프리카 대륙별로 3명씩의 의석이 분배돼 있다. 위원직은 선출직으로 임기는 3년이다. 정치적인 중립성을 지키기 위해서, 인터폴의 헌장은 어떤 정치적, 군사적, 종교적, 인종적 문제에도 개입 할 수 없게 되어 있다.(헌장 제3조)

인터폴에서 다루는 범죄의 주요 유형은 치안, 테러, 조직범죄, 인도에 반한 죄, 환경 범죄, 집단 학살, 전쟁 범죄, 해적, 마약 생산, 마약 밀매, 무기 밀매, 인신매매, 돈세탁, 아동 포르노, 화이트 칼라 범죄, 사이버 범죄, 지적재산권 침해, 부정부패 등이다.

인터폴은 국제법상의 권한을 갖는 정식 국제기구가 아닌, 각국 경찰 간의 정보공유 협력체에 불과하다. 범죄인 또는 혐의자에 대한 체포권이 없으며 '세계를 지키는 경찰'이라기보다는 '각국 경찰을 연결해주는 역할'이라고 볼 수 있다. 다만 초국가적 조직범죄나 범죄인 인도와 관련, 당사국 행정부가 적극적으로 개입하기 어려운 사정이 있을 때 인터폴을 통한 국제공조는 비록 법적 구속력은 없지만 실질적으로 큰 힘을 발휘한다. 예를 들어 A국의 경찰이 자국 범죄자가 B국으로 도주한 것 같다고 의심하면 인터폴을 통해 B국에 해당 인물이 존재하는지 확인을 요청할 수 있다. 만약 B국가의 경찰이 인터폴에 가입되어 있지 않으면 이 절차가 외교채널을 통해 이뤄지므로 절차와 과정이 지연되고, 조사결과의 정확도 역시 신뢰도가 떨어진다. 심지어 상대 국가의 조회 요청을 거부할 수도 있다. 하지만 인터폴에 가입되어 있다면 매우 신속하고 정확하게 조회할 수 있다. 다만 인터폴의 가입여부와 범죄인 인도 조약과는 별개라서 조회를 통해 B국에 해외 도피 범죄자가 있다는 것을 확인해도 범죄인 인도조약 비체결 국가라면 체포하여 송환할 수는 없다. 하지만 인터폴에서 그 인물을 예의주시하거나 국제수배령을 내린다면 이야기는 달라진다. 범죄인 인도 조약이 체결되지 않은 B국에서 그 대상자가 다른 나라로 출국하게 되면 그 즉시 인터폴이 이 인물의 행적을 추적하기 시작한다. 만약 그 인물이 A국과 범죄인 인도 조약이 체결된 C국으로 출국한 사실이 확인되면 그 즉시 A국에 통보하여 A국에서 C국에 그 인물의 체포를 요청하고 범죄인 인도 조약을 통해 A국에 송환되도록 돕는다. 국제형사사법공조법에 의하면 주로 국제적 범죄의 정보와 자료교환, 전과조회, 사실 확인과 수사 등에 대해서는 인터폴을 통해 협조요청이 가능하다. 인터폴은 자체 수사 인력이 없으므로 '엑스400'이라는 통신망을 운영하는데, 이 네트워크는 전 세계 인터폴 회원국의 중앙사무국과 연결되어 있다. 예를 들어 우리나라에서 해외 도피사범이 발생하면 이 네트워크를 통해 프랑스 리옹의 사무총국과 입국 가능성이 높은 나라의 중앙사무국에 수배사실이 통보된다. 그러면 수배 사실을 통보받은 나라의 경찰이 수배자를 찾아내 체포한 뒤 우리나

라 중앙사무국에 알려오고, 다시 우리나라로 신병이 인도되게 된다.[17]

인터폴 국제수배는 인터폴 사무총국에서 도피범죄인, 우범자 등 국제범죄 관련 인적 및 물적 대상에 관한 정보·자료를 각 회원국에 신속히 통보·정보를 공유함으로써 그 대상을 색출·감시·검거하는 국제 공조체제를 의미한다. 국제수배의 종류는 다양하며 다음과 같다.

① Red Notice (적색 수배: 국제 체포) 일반형법을 위반하여 구속 또는 체포영장이 발부되고 범죄인 인도를 목적으로 발행

② Blue Notice (청색 수배: 국제정보조회) 피수배자의 신원과 소재확인을 목적으로 발행

③ Green Notice (녹색 수배: 공공안전 위협 경고) 상습범이거나 재범 우려 국제범죄자의 동향을 파악하여 범죄를 예방하기 위하여 발행

④ Yellow Notice (황색 수배: 실종자, 신원미상자 신원 확인) 가출인의 소재확인 또는 기억상실자의 신원확인을 목적으로 발행

⑤ Black Notice (흑색 수배: 변사체 정보 확인) 사망자의 신원확인을 목적으로 발행되며, 사망자의 사진, 지문, 치아 상태 등 자료를수록

⑥ Purple Notice (자색 수배: 범죄수법 정보 공유) 새로운 범죄수법 등을 회원국에 배포, 범죄예방 및 수사·교육자료로 활용하기 위해 발행

⑦ Orange Notice (주황색 수배: 테러, 위험인물 경고) 폭발물, 테러범(위험인물) 등에 대하여 보안을 경보하기 위해 발행

이외에도 장물 수배(Stolen Property Notice)가 발행되는데, 도난, 불법취득 물건이나 문화재 등의 발견을 목적으로, 장물의 특성 및 사진이 수록된다.

---

17 진병동, 2018, '국제범죄에 대한 인터폴과 유로폴의 대응 및 역할에 관한 연구', 유럽경찰연구 2018 여름호

6. 유로폴(EUROPOL)

유럽연합 형사경찰기구, 유로폴(European Police Office)은 국제형사경찰기구인 인터폴의 유럽식 형태이다. 유럽 연합(EU) 결성의 시금석이 되는 1993년의 마스트리히트 조약을 통해 합의되어 출범한 유럽연합의 형사경찰기구로, 유로폴의 설립은 1992년의 마스트리흐트 조약1)에서 합의되었다. 유로폴은 1994년 1월 3일에 설립되었으며, 당시에는 '유로폴 마약국(Europol Drugs Unit, EDU)'라고 하는 소규모의 조직이었다. 1998년, 유로폴의 헌장이 전체 가입국에게 비준되고, 실질적으로 활동하게 되었다. EU의 신규 가입국도 차례로 헌장에 비준하고 있으며 1999년 7월 1일부터 실질적으로 활동했다. 본부는 네덜란드의 헤이그에 있으며, 본부 스태프 410명과 그 밖에 연락관 등을 합쳐 1천 명 이상의 직원이 근무하며, 현재 220개의 연락사무소가 운영중이다. 범죄 분석관 100여 명이 활동중이며, 매년 국제적으로 발생하는 사건 4만 건 이상을 지원하고 있다.

유로폴의 목적은 유럽연합 회원국들이 국제적 범죄에 대응하여 활동하는데 지원하는 것이다. 주로 불법 마약, 인신매매, 지적재산권 침해 범죄, 사이버범죄, 유로화 위조지폐, 테러리즘 등을 대상으로 대응활동을 전개하고 있다. 유로폴 자체에는 수사 권한이나 체포 권한 등의 큰 권한은 없고, 각 경찰 기관을 지원하는 것이 중심이다. 지원하는 방법으로는, 정보 교환이나 정보분석, 전문 기술의 제공이나 훈련 지원 등이 있다. 각 기관과의 제휴를 강화하기 위해서, 다언어 소통 가능한 기관이 되어 각국의 경찰 기관은 각자의 모국어로 유로폴에 문의를 해서 모국어로 대답을 받을 수 있게 되어 있다.

유로폴의 2016-2020년 전략에 따르면 유로폴은 사이버범죄, 조직범죄, 테러리즘 대응활동과 정보기술 역량 강화 등을 중점 목표로 삼고 있다. 2020년 4월부터는 '유럽 금융 및 경제범죄센터(EFECC)'를 발족하여, 회원국 간 금융범죄 및 경제범죄 영역에서의 공작적 활동을 지원하고, 금융범죄에 대한 체계적인 수사를 증진하도록 지원하면서, 주로 경제범죄 분야에 주안점을 두고 있다.

유로폴이 경찰의 역할이라면, 사법기관으로서 유로저스트(Eurojust)가 존재한다. 이 기구는 2003년 헤이그에 창설된 EU 사법 공조기구로 회원국 검, 경찰 당국에 복수 회원국 관할 사건에 대하여 수사 공조를 지원한다. 유로저스트의 경험을 바탕으로 유럽 이사회 또는 9개 회원 그룹은 유럽 검찰을 임명하여 EU의 경제적 이익을 침해하는 사건에 대응한다.

제3절

우리나라의 초국가적 조직범죄 대응활동

1. 초국가적 조직범죄 추이

2018년 3월부터 6월까지 경찰청은 선거 및 이권개입 등 불법행위를 일삼는 조직폭력배와 서민 생활 주변에서 폭행·협박·갈취 등으로 불안을 야기하는 생활주변 폭력배를 집중 단속하였다. 그 결과, 조직폭력배 총 1,385명을 검거하여 이중 232명을 구속하였는데. 2017년 특별단속 대비 검거인원은 작년과 동일하지만, 구속인원이 22.1%인 42명이 증가하였다. 또한 생활주변 폭력배는 총 24,548명을 검거해 이중 599명을 구속하였다. 2018. 3. 27. 보도내용에 따르면, 춘천지역에서 6년간 활동하던 조직폭력배가 적발되었다. 이 조직은 '통합 춘천식구파'이며, 두목 및 간부 등 12명이 구속되고 53명이 불구속되었다. 국내에서 야쿠자나 마피아 수준의 조직범죄 집단으로서 활동하는 조직은 와해되었으며, 다만, 지역 기반의 조직폭력배가 잔존하는 수준이다. 한편, 젊은 층의 조직폭력배가 증가하는 추세를 보인다. 10대 조직폭력배들이 2020년 154명, 2021년 91명, 2022년 210명까지 적발되고 있어 소위 MZ조폭들이 늘어나는 현상이다.

사이버범죄는 여전히 기승을 부리고 있다. 한국 경찰은 2019.6.6.~7.4. 중국 광저우와 옌지에서 검거된 한국인 전화금융사기(보이스피싱) 등 도피사범 6명을 국내로 송환하여 검거하였다. 경찰청 외사수사과에서는 인터폴은 물론 중국 각 지역에 파견 중인 경찰주재관을 활용, 공안부 및 지역 공안 당국과협력하고 있으며, 사이버범죄에 관하여 중국 공안부는 최근 양국 간 활성화된 국제공조수사 관계를 고려하여 협조적인 편이다.

국내에서 발생된 총기밀매 사례는 비교적 드문 편이며, 가장 최근 적발된 사례는 2006년 7월 부산항에서 적발된 사건이다. 몽골과 중국을 경유한 화물선이 부산에 입항하였고, 컨네이너 속에 적재된 쇠난로 속에 러시아제 마카로프 자동권총 1정과 리벌버 권총 3정, 실탄 115발이 발견되었다. 이러한 총기는 국내 폭력조직이 사용할 목적으로 밀반입하기도 하며, 일본 야쿠자 조직 등에 전달되기도 한다.

국내 마약범죄는 지속 발생하고 있다. 2023년 발간한 대검찰청 마약류범죄백서에 따르면, 2022년도 전체 마약류사범은 18,395명으로 전년(16,153명) 대비 13.9% 증가하였다. 마약사범은 2,551명으로 전년(1,745명) 대비 46.2% 증가하였고, 향정사범은 12,035명으로 전년(10,631명) 대비 13.2% 증가하였으며, 대마사범은 3,809명으로 전년(3,777명) 대비 0.8% 증가하였다.

국내에서 남용이 선호되는 메스암페타민의 경우 2020년 64kg을 적발하였으며, 2021년에는 569kg을 적발하였고, 2022년에는 175kg을 적발하였다. 미얀마에서 제조되어 태국 시장에서 유통되는 야바(Yaba)의 경우, 2020년 22kg 정도를 적발하였는데, 2022년에는 167kg을 적발하여, 국내에서 체류중인 태국인 등 외국인에 의한 마약남용이 급증하는 것으로 나타난다.

2019년 10월 경찰은 북한산으로 추정되는 메스암페타민을 유통한 탈북민 등 19명을 검거하였고, 전국 17개 지방경찰청이 검거한 북한산 마약 유통사범을 모두 합하면 100명에 육박할 것으로 판단하였다. 북한산 메스암페타민은 중국에서 입수한 원료물질을 북한으로 전달하여 생산하고, 다시 중국을 통해 한국과 일본 등으로 유통된다고 정보 당국은 파악한다.[1]

제주도는 무사증입국을 허용하는 지역으로, 이러한 점을 악용하여 한국에 불법체류하려는 목적으로 외국인이 입국하는 경우가 빈번하게 발생한다. 관광산업을 활성화시켜 경제적 이득을 취할 목적으로 무사증 입국제도를 시행하고 있으나, 외국인의 불법체류 등 밀입국 환경으로 보면 취약한 지역이 되기도 한다. 제주지방경찰청은 2019년 8월~10월 말까지 관계당국과 합동으로 외국인 강력범죄 대응 활동을 전개하고, 불법체류자 277명 적발 불법체류자 고용 및 알선책 35명 등 모두 312명 검거하였다. 한편, 2018년 5월에는 이슬람 종교를 믿는 예멘인들 561명이 제주도에 무사증 입국하여 난민신청을 하였고, 2명이 난민 인정을 받았으며, 412명은 인도적 체류가 허가되어 국내에 체류중이다.

2. 대응활동

(1) 주요 대응 기관

주요 대응기관은 국가정보원, 경찰, 해경, 세관, 식약처, 검찰, 법무부 등의 국가기관이다. 2009년 총리실 산하에 '국제범죄대책협의회'가 발족하여 2016년까지 한시적으로 운영되었으며, 필요시 재소집한다는 방침이다. 한편, 동 협의회에서는 2010년 '국제범죄대책협의 규정'을 국무총리훈령(제549호)으로 마련하여 시행하였으며, 2013년 2월 28일까지 효력을 가진다고 명시하

1 조선일보, 2019.10.8. "북한산 필로폰 국내 유통시킨 19명 검거"

였다. 이에 따라 2013년 업무규정을 개정하였고 2014년 12월 31일부터 개정된 업무규정이 발효되었으며 동 규정의 부칙에는 규정 소멸에 대해서는 명시된 바 없다. 다만 실무적으로 2016년 말까지 동 협의회가 운영되었다가 현재는 필요시 운영을 재개한다는 입장으로 협의회 운영이 중지되어 규정 역시 효력이 소멸된 상태다. 그러나 우리나라 초국가적 조직범죄 유관기관이 한데 모여 용어의 정의와 업무분담 및 실무대책 위원회를 정립한 것은 기본 대응 체계를 갖춘 것으로 평가할 수 있다.

국가정보원의 초국가적 조직범죄 대응업무는 국가정보원법 제3조(임무) 1항에 명시되어 있다. 이 법에 따르면 국가정보원은 "국제범죄조직"에 대한 정보 수집, 작성, 배포의 임무가 주어지는데, 여기서 국제범죄조직은 현행 추세에 맞게 "초국가적 조직범죄"로 개정될 필요가 있다. 국가정보원은 실로 곤충의 더듬이와 같은 역할을 수행한다. 초국가적 조직범죄에 대한 전반적인 정보를 수집하는 한편, 조직범죄 집단의 활동에 대한 구체적인 정보를 수집하여, 이를 검증하고 발전시켜 신뢰도가 높은 정보로 가공한다. 정보기관은 수사권이 없으므로, 국정원의 정보는 수사기관에게 전달되고, 경찰 등 수사기관과 공조하여 조직색출의 최대한의 성과를 거두기 위해 노력한다. 또한, 단순한 검거와 색출에만 전념하는 것이 아니라, 지속적인 정보수집 채널 유지를 위한 국가 간 정보협력, 교육, 연구, 국제동향 파악 및 분석, 신종범죄의 홍보 및 대응방안 마련 등의 종합적인 싱크탱크 역할도 수행한다.

경찰은 초국가적 조직범죄 집단을 검거하고 수사하는 실질적인 기관이다. 본청은 외사수사과에서 담당하고, 서울지방청의 경우 국수대(국제범죄수사대) 5대를 운용하며, 기타 지방청은 보안부 외사과 산하에 국수대 조직을 운영 하고 있다. 경찰은 국정원, 세관 등 국내 유관기관 간 협력뿐만 아니라 인터폴 및 해외 경찰조직과의 공조수사를 강화하고 있다. 경찰해외주재관은 범죄가 비교적 만연한 국가에 파견되어 주재국 경찰을 카운터파트(counterpart)로 삼아 범죄 공조업무를 수행한다. 국내에서 범죄를 저지르고 해외로 도피한 피의자를 국내 송환하거나, 인터폴과 협력해서 초국가적 조직범죄에 대응하는 역할이 주를 이룬다. 2020년 현재 32개국 49개 공관에 60여 명이 파견되어 활동 중이다.

해양경찰청(해경)은 주로 해상을 통한 초국가적 조직범죄 대응활동을 전개한다. 2019년 10월에는 코카인 100킬로그램을 해상 밀반입하려던 해상 운반책을 검거하였고, 수입이 금지된 중국산 축산가공품을 국내로 밀수하는 조직을 검거하였으며, 해외 인증마크를 허위로 표시해 수출한 국내 업체 대표를 구속하기도 하였다. 해경은 이러한 국제적 범죄가 지속됨에 따라 2020년 3월 해양 국제범죄 중 4가지 사항에 중점을 두고 활동하겠다고 발표하였다. 해경에서 발표한 4대 해양 국제범죄는 다음과 같다.

- 밀수, 밀입국, 부정무역 등 국경관리 분야
- 범죄수익금 자금세탁, 산업기밀 유출 등 국익수호 분야
- 국민 먹거리와 생활안전을 위협하는 국민안전 분야
- 외국인 인권침해 및 갑질행위 등 인권보호 분야[2]

우리나라에서 세관(Customs) 업무를 담당하는 기관은 관세청이다. 1970년 독립된 중앙행정기관으로 주요 임무는, 적정한 수출입 통관 및 물류 촉진, 국가재정수입 확보, 대외경제질서 확립, 국민건강 및 사회안전 보호 등 4개 사항에 중점을 둔다. 관세청 조사감시국은 불법무역·무역금융범죄 단속, 관세국경 감시 감독 업무를 수행하면서 대표적 초국가적 조직범죄의 유형인 밀수를 예방하고 색출하기 위해 노력한다. 정보협력국은 국제기구 및 해외 국가의 세관과 협력업무를 담당한다. 이를 통해 세관 간 밀수 정보 등

---

2 해사신문, "해경 4대 해양국제범죄 강력 대처할 것" 2020.3.2

을 제공하고 국경에서 검거 및 차단할 수 있는 기회를 증대시킨다. 관세청은 주요 임무 중 하나로 국제 밀수정보를 활용하여 공항만 국경을 통해 밀반입되는 마약류를 차단한다. 이를 위해 정보활동도 필요하지만 점차 첨단화되는 범죄조직에 맞서기 위해 첨단 탐지장비 확보 및 특별단속 등의 다양한 방법을 구사한다. 공항만을 통해 유입되는 마약류는 2017년 69킬로그램을 적발한 데 비해 2018년 426킬로그램을 적발하여, 무려 500% 이상의 적발물량의 증가를 보였다.

특히, 관세청은 공항만 통관업무를 담당함에 따라, 1988년 유엔마약협약에서 소개된 '통제배달(controlled delivery)'의 주무 기관으로 역할을 한다. 2018년 10월 에쿠아도르를 출발하여 멕시코를 거쳐 부산항 경유, 중국을 최종 목적지로 운반되는 환적화물을 우리나라 세관이 11월 14일 부산항에서 하역하여 조사한 결과 컨테이너 안에 적재된 가방에서 코카인 약 64킬로그램을 적발하였다. 이는 멕시코 세관의 정보 제공에 의해 이루어진 성과였다. 중국으로 배달된 후 수령자를 적발하는 것이 통제배달 차원에서 가장 큰 성과이겠으나, 한국, 멕시코, 중국세관이 합동으로 추적하여 결정한 사안으로, 실무 공작 차원에서 가장 적절한 순간에 유통을 차단하기로 판단한 것으로 추정된다.

식품의약품안전처(식약처)는 주로 마약범죄 예방 및 단속활동을 함으로써 초국가적 조직범죄 방지활동에 참여한다. 국내 합법 마약류 통합관리 시스템을 구축하고 마약의 오남용을 예방 및 차단한다. 이와 더불어, 국가정보원 등 유관기관에서 수집한 신종마약 관련 정보를 바탕으로 마약류 성분을 포함한 새로운 물질이 나타날 경우 신속한 검사를 통해 긴급마약으로 지정하고 통제할 수 있다.

검찰은 "국제범죄" 전담부서를 두고 있지는 않다. 다만, 대검찰청 강력부에서 우리나라 마약범죄를 총괄적으로 종합하고 분석하며 매년 "마약류범죄백서"를 발간한다. 또한 우리나라 유일한 국제적 마약퇴치를 위한 국제협력 목적의 회의체로서 해외 주요 국가 대표단을 초청하여 '마약퇴치국제협력회의(ADLOMICO : Ant-Drug Liaison officials' Meeting for International Coorperation)'를 매년 개최한다.

우리나라 검찰은 사법경찰의 수사를 지휘하거나 기소하는 업무 외에도 직접수사를 할 수 있다. 흔히 인지부서라고도 한다. 직접 수사부서는 특수사건을 수사하며 부장검사가 수사 총 지휘를 맡는다. 대표적인 직접 수사부서로는 마약사범, 조직폭력배 등을 수사하는 강력부, 간첩, 산업스파이, 내란 및 외환의 죄, 노동, 선거사범 등을 수사하는 공공수사부, 정치인, 고위 공무원 및 재벌 등의 대형 비리사건 등을 수사하는 반부패수사부(특별수사부)가 있다.

법무부 산하 조직으로 '출입국·외국인정책본부'는 지역별로 '출입국·외국인청'을 두고 있으며, 지역청 산하에 출장소, '출입국·외국인 사무소', '외국인보호소', '출입국·외국인 지원센터' 등을 운용하고 있다. 공항만에서 외국인의 출입국 업무를 담당하는 외에도 국내 불법체류 외국인을 단속하고 보호하는 업무를 담당한다. 법무부는 국내 체류 외국인 자료를 확보하고 있으며, 완전출국자 및 강제출국자 자료를 확보하고 있다. 이러한 자료는 외국인 범죄를 예방하고 수사하는 데 중요한 자료로 활용된다.

(2) 대응활동 근거 법령

마약범죄는 '마약류관리에관한법률'에 의해 관할된다. 세관의 밀수 대응활동과 관련하여 관세법이 적용되는데, 제269조(밀수출입죄) ① 제234조 각 호의 물품을 수출하거나 수입한 자는 7년 이하의 징역 또는 7천만 원 이하의 벌금에 처한다.

위조지폐는 형법에 명시된 통화의 위조 등에 관한 죄로 처벌한다. 돈으로 쓰기 위해 화폐를 위·변조하면 무기 또는 2년 이상의 징역에 처한다.「형법」제207조(통화의 위조 등) ① 행사할 목적으로 통용하는 대한민국의 화폐,

지폐 또는 은행권을 위조 또는 변조한 자는 무기 또는 2년 이상의 징역에 처한다. 「형법」제208조(위조통화의 취득) 행사할 목적으로 위조 또는 변조한 제207조 기재의 통화를 취득한 자는 5년 이하의 징역 또는 1천 500만 원 이하의 벌금에 처한다. 위·변조된 화폐인 줄 알면서도 사용하면 2년 이하의 징역 또는 500만 원 이하의 벌금에 처한다. 「형법」제210조(위조통화 취득 후의 지정행사) 제207조 기재의 통화를 취득한 후 그 정을 알고 행사한 자는 2년 이하의 징역 또는 500만 원 이하의 벌금에 처한다. 판매할 목적으로 국내외 화폐와 유사한 물건을 제조·수입·수출하면 3년 이하의 징역 또는 700만 원 이하의 벌금에 처한다. 「형법」제211조(통화유사물의 제조 등) ① 판매할 목적으로 내국 또는 외국에서 통용하거나 유통하는 화폐, 지폐 또는 은행권에 유사한 물건을 제조, 수입 또는 수출한 자는 3년 이하의 징역 또는 700만 원 이하의 벌금에 처한다. ② 전항의 물건을 판매한 자도 전항의 형과 같다

인신매매와 관련된 처벌은 형법 289조(인신매매)에서 "사람을 매매한 사람은 7년 이하의 징역에 처한다"라고 명시되었다. 그러나 "사람을 매매한다"는 구체적인 설명은 부재하여, 국제협약 및 해외의 인신매매 정의에 미치지 못하는 법령이라고 지적될 수 있다. 또한, 우리나라 형법에서는 인신매매 피해자에 대해 "피해자"라는 의미를 명확하게 명시하지 못함에 따라, 국제협약에서 요구하는 피해자의 수준을 충족치 못한다는 비판이 존재한다. 다만, 2004. 3. 22. 제정된 성매매특별법('성매매방지 및 피해자보호 등에 관한 법률'과 '성매매알선 등 행위의 처벌에 관한 법률'을 묶어서 부르는 표현이다.)에서는 인신매매의 성적 착취의 피해자로서 명시하였다.

총기밀매와 관련하여 저촉되는 법률은 "총포·도검·화약류 등의 안전관리에 관한 법률"이다. 이 법에서 "총포"란 권총, 소총, 기관총, 포, 엽총, 금속성 탄알이나 가스 등을 쏠 수 있는 장약총포(裝藥銃砲), 공기총(가스를 이용하는 것을 포함한다. 이하 같다) 및 총포신·기관부 등 그 부품(이하 "부품"이라 한다)으로서 대통령령으로 정하는 것을 말한다. 우리나라는 총기에 대해 강력한 규제를 할

뿐 아니라 살상도구로 활용될 수 있는 도검류에 대해서도 단속규정이 엄격하다. 위 법에서 "도검"이란 칼날의 길이가 15센티미터 이상인 칼·검·창·치도(雉刀)·비수 등으로서 성질상 흉기로 쓰이는 것과 칼날의 길이가 15센티미터 미만이라 할지라도 흉기로 사용될 위험성이 뚜렷한 것 중에서 대통령령으로 정하는 것을 말한다.

'폭력행위 등 처벌에 관한 법률' 제4조(단체 등의 구성·활동)에서, 이 법에 규정된 범죄를 목적으로 하는 단체 또는 집단을 구성하거나 그러한 단체 또는 집단에 가입하거나 그 구성원으로 활동한 사람은 다음 각 호의 구분에 따라 처벌한다.

1. 수괴(首魁): 사형, 무기 또는 10년 이상의 징역
2. 간부: 무기 또는 7년 이상의 징역
3. 수괴·간부 외의 사람: 2년 이상의 유기징역

〈표 2-2〉 우리나라의 초국가적 조직범죄 관련 유엔협약 가입 현황

국제협약	가입	발효
1961년 마약에 관한 단일협약	1961.3.30.	1964.12.13.
1961년 마약에 관한 단일협약 개정의정서	1972.3.25.	1975.8.8.
1971년 향정신성 물질에 관한 협약	1971.2.21.	1978.4.12.
1988 마약 및 향정신성물질의 불법거래방지에 관한 국제연합협약	1988.12.20.	1999.3.28.
국제연합 초국가적 조직범죄 방지 협약 (2000.11)	2000.11.15	2015.12.5
국제연합 초국가적 조직범죄 방지 협약을 보충하는 육상, 해상 및 항공을 통한 이주자의 불법이민 방지를 위한 의정서	2000.11.15	2015.12.5
국제연합 초국가적 조직범죄 방지 협약을 보충하는 총기류, 그 구성부분과 부품 및 탄약의 불법제조 및 불법거래 방지를 위한 의정서	2001.5.31	2015.12.5
국제연합 초국가적 조직범죄 방지 협약을 보충하는 인신매매, 특히 여성과 아동의 인신매매 방지, 억제 및 처벌을 위한 의정서 (2003)	2000.11.15	2015.12.5
국제연합 부패방지협약	2003.10.31	2008.4.26

제5조(단체 등의 이용·지원)에서는 단체 또는 집단을 이용하여 이 법이나 그 밖의 형벌 법규에 규정된 죄를 범하게 한 사람은 그 죄에 대한 형의 장기 및 단기의 2분의 1까지 가중하고, 그러한 단체 또는 집단의 구성·유지를 위하여 자금을 제공하였을 때에는 3년 이상의 유기징역에 처한다.

우리나라는 새로운 초국가적 조직범죄가 나타날 때마다 신속한 관련 법 개정 및 제도마련을 실시하며, 국내 유관기관 및 해외 유관기관 간 적극적인 협력을 통해 대응활동을 효과적으로 전개하고 있다. 이에 더하여 국민의 범죄 신고의식이 높은 편으로 범죄 징후만 포착되어도 적극 신고하고 있어 해외 다른 국가들과 비교하여 볼 때, 초국가적 조직범죄 대응활동이 우수한 편이라고 할 수 있겠다. 한 국가에서 부정부패가 만연하고 부패를 먹이로 삼아 확장되는 초국가적 조직범죄 집단이 왕성하게 유지될 때, 그 나라는 발전 가능성이 요원해진다. 이런 논리에 적용시켜 볼 때, 우리나라는 그동안 취해온 법과 제도의 신속한 개정, 국민들의 신고의식 제고, 담당 공직자의 부패방지 노력 등을 통해 경제성장과 사회질서 확립이 가능하였던 것으로 평가된다.

제4절

부정부패(Corruption)와 초국가적 조직범죄

1. 부정부패의 의미

부정부패란, 부정과 부패가 합쳐진 용어인데, 부정이란 공적인 직권이나 행정수단을 사적으로 이용하는 부당한 행위를 의미하는 한편, 부패는 직권 남용을 통하여 이득을 취하거나 사회공익을 위반하는 윤리적 행위를 포괄하는 적극적인 개념이다.[1] 국내에서 일반적으로 인지된 부정부패의 의미는 공직자의 부정한 권한 남용과 이를 통한 사익 추구로 사회질서가 부패하는 상황을 말한다. 즉, 공직이라는 직책을 중심으로 정의되었다고 볼 수 있다. 한편, 국제투명성기구(Transparency International)는 부정부패란, 일반적으로 "사익 추구를 위한 위임된 권한의 남용"으로 정의한다. 부정부패는 금액의 규모나 발생하는 영역의 범위에 따라서 대규모, 소규모, 정치적 등으로 분류할 수 있다. 첫째, 대규모 부정부패는 고위층의 정부 인사나 공직자가 개입되어

1 문정인, 모종린, 1999, 『한국의 부정부패 – 그 비용과 실태』, 오름, p.17

국가적 차원의 정책이나 국가의 기능을 왜곡시켜 공공의 이익을 훼손시키면서 사익을 추구하여 발생하는 경우다. 둘째, 소규모 부정부패는 일상생활에서 사소하게 발생하는 사안으로, 주로 비고위층 공직자들이 병원, 학교, 경찰서, 기타 공공기관 등에서 대민업무를 하는 과정에 국민들에게 제공해야 할 재화와 서비스를 왜곡시켜 사익을 추구하는 경우다. 마지막으로 정치적 부정부패는 정책이나 제도, 규정이나 법령의 조작을 통해 정책 결정자들에 의해 자원이나 자금이 왜곡되게 처리되는 것을 말한다. 이 경우 정치적 부정부패를 자행하는 정책 결정자는 자신의 위치를 남용하여 권력과 지위를 유지하거나 부를 획득하려는 목적을 가진다.

부정부패가 발생하는 원인은 규모에 따라 다르겠으나, 일반적으로 사회 구성원 사이에서 경쟁을 하는 과정이나 사업을 하는 경우, 관련 업무 공직자에게 청탁이나 협박 등의 방법으로 접근한다. 통상적으로 나타나는 부정부패의 원인은 다음과 같다. 첫째, 조직 관리의 문제점이다. 권한을 갖고 있는 조직에서 공직자에 대해 관리와 통제가 부실한 경우다. 둘째, 경제적 문제점이다. 경제적 곤란에 처하거나 부를 획득하기 위해 비윤리적인 방법을 동원하여 돈을 벌려는 의도에서 비롯된다. 셋째, 윤리적 도덕적 가치의 상실이다. 정당한 방법과 법질서에 따라 생활하려는 태도가 왜곡되고 삶의 가치가 저하될 때 발생한다. 넷째, 이기적 태도의 극단화이다. 국가와 사회에 대한 조화로운 의식이 상실되고 나 혼자만 잘 살면 된다는 생각에서 비롯된다. 다섯째, "깨진 유리 창 이론"에 편승한다. 이미 이 사회는 부패한 사회라는 자의식을 통해 자신의 부정부패를 합리화시키는 경우다. 여섯째, 욕심의 확장이다. 개인의 사업 영역의 확장은 정치적 영향력과 연계되는 상황이 많은데, 뇌물과 협박을 동원하여 정경유착의 방식을 통해 사업의 확장을 꾀하는 경우다.

2. 부정부패의 폐해

부정부패는 사회적 정치적 경제적 분야에서 나타나는 다양하고 복합적 현상으로, 일개 국가뿐만 아니라 전 세계에 연계되어 영향을 미친다. 부정부패는 기본적으로 다음과 같은 폐해를 가져온다. 첫째, 민주주의와 법치 질서를 와해시킨다. 부정부패는 선거절차를 왜곡시킴으로 민주적 제도가 정착되는 것을 저지시키고, 법질서를 변칙적으로 적용하게 하며, 뇌물의 제공과 부정한 청탁을 통해 관료들의 청렴성을 상실시킨다. 둘째, 시장질서를 왜곡시키고 경제적 발전을 저해한다. 부패로 인해 경제적 발전이 저해되는 이유는, 부패가 만연한 국가에 해외투자가 이루어질 수 없고, 자국 내 사업가들이 창업하기 위해서 뇌물과 뒷돈을 마련해야 하므로 그러한 비용을 감당할 수 없기 때문에 결국 경제적 활동이 불가능하기 때문이다. 부패는 경제적 실패의 주요 요소이며 빈곤의 경감과 경제발전의 주요한 장애요인이다. 셋째, 국가의 정부를 불안정하게 만든다. 부정부패는 서서히 퍼지면서 결국 사회 전체를 폭넓게 잠식하는 전염병과 같다. 부정부패는 경제개발에 쏟아 부어야 할 자금을 왜곡시켜 공정한 경쟁과 질서를 기대하는 국민들에게 비참한 불균형을 초래하며, 국민에게 돌아가야 할 기본적인 사회서비스를 제공하는 국가의 역량을 와해시킴으로써 국가의 건실한 정부 운영을 위태롭게 한다. 또한 지속가능한 개발을 위해 국가가 미래를 위해 추구해야 할 모든 계획을 왜곡시킴으로써 국가의 미래를 위한 역할을 불구로 만든다. 넷째, 조직범죄와 테러리즘 등 인간안보의 위협을 번성시키는 온실 역할을 한다. 특히 초국가적 조직범죄의 네트워크를 이용하여 경제범죄, 그 중에서도 자금세탁을 동원하여 비자금을 확보하고, 이를 활용하여 정경유착의 부정부패를 더욱 확대한다.[2]

---

2 Convention on Corruption, 2003.12.31., Foreword.

이러한 악의적 현상은 인구가 많은 큰 국가나 인구가 적은 소국, 또는 부국이나 빈국 모든 나라에서 발견되는데 특히 개발도상국에서는 가장 파괴적인 효과를 보이고 있다. 부패는 더 이상 지역적으로 국한된 문제가 아니라 초국가적 현상이며 모든 사회와 경제에 영향을 미친다. 따라서 국제적 협력이 있어야 예방하고 근본적인 대응조치를 취할 수 있다.

3. 초국가적 조직범죄 연계성

초국가적 조직범죄의 전형적인 금융범죄의 유형인 자금세탁은 부정부패와 긴밀히 연관되어 있다. 자금세탁은 한 국가 안에서의 조직범죄집단 또는 개인에 의해서도 자행되나, 일반적으로 규모가 큰 사안은 대부분 초국가적 조직범죄에 포함된다. 초국가적 조직범죄 집단은 21세기에 들어서면서 더욱 기업화 전문화되고 있다. 따라서, 부정부패를 통한 이익 확보를 위해 합법을 가장한 편법과 불법으로 공직자와 입법자, 정치가 등에게 접근하고 있다.

국제협약에서 나타난 부정부패의 방법적 유형을 보면, 뇌물, 권한남용, 영향력행사, 세탁, 폭력·협박·매수 등을 통한 사법 방해 등이다. 즉, 조직범죄집단이 부정부패의 대상자에게 행하는 전형적인 범죄 유형이라고 할 수 있다. 이러한 방법이 충분히 적용되는 환경은 비교적 저개발국가 또는 법치적 질서가 부재한 국가이며, 조직범죄가 만연한 러시아나 아프리카의 저개발국가에서 그 사례를 발견할 수 있다.

초국가적 조직범죄는 부정부패를 이용하여 유지된다. 범죄조직은 관련 공직자나 고위층 관계자에게 뇌물을 주거나 약점을 확보한 후 협박하는 방법 등으로 인신매매, 마약밀매, 무기거래 등을 자행한다. 이러한 범죄의 과정에 개입된 다양한 부분에서 부정부패를 이용하여 금지된 사항을 극복하며 범죄를 전개할 수 있다. 저개발국가에서 최근 만연된 불법 목재 채취 등 환경

범죄 역시 담당 공직자들과의 불법적 거래를 통해 성행하고 있다.

2014년 10월 UNODC 주최로 개최된 부정부패 연계 초국가적 조직범죄 사례 발표 세미나에서, 정치적 부패, 인신매매, 무기거래, 밀수와 관련된 사례가 발표되었다.

〈사례발표 1 – 방글라데시의 정치적 부정부패〉

방글라데시는 1991년부터 국회를 구성하여 정부를 운영하고 있는데 법치질서와 제도적 부실로 인해 부정부패가 만연한 편이다. 특히, 정권에 개입하고 있는 지역의 세력가들이 마피아 조직처럼 활동하고 있다. 지역 세력구조에 대한 저널리스트의 조사에 따르면, 금전 획득을 위한 범죄의 주요 유형은 토지 강탈, 마약거래, 강도 및 절도 등인데, 이러한 범죄에 연루된 영향력 행사자는 정치인이 80%를 넘고, 다음으로 지역 마피아(현지어로 Mastaan)들이 60% 이상 개입하는 것으로 나타난다. 즉, 방글라데시의 경우 지역적으로 발생하는 초국가적 조직범죄인 마약범죄 등의 사건에 브로커로 활동하는 지역 마피아 조직들이 개입하여 정치인들과의 부정부패 관계를 형성하며 영향력을 행사하는 것으로 나타난다.[3]

〈사례발표 2 – 페루의 인신매매 관련 부정부패〉

페루에서 발생된 인신매매의 경우 부정부패와 연계된 사례는 다음과 같다. 2007년-2014년간 인신매매 사건이 2,080건 발생하였고 3,129명의 피해자가 등록되었다. 인신매매 피해자를 모집하고 운송하며 착취하는 3가지 분

---

3 Manzoor Hasan, 2014, The Real Politics of Bangladesh: The Inside Story of Local Power Brokers

야에서 모두 부정부패가 연계되는데, 피해자 및 인신매매 알선 업무와 관련한 법적 조치 과정에서 담당 공직자와의 부정부패가 발생한다. 주요 부정부패 대상 기관은 국가경찰로, 인신매매 전 과정에서 연계되며, 형사처리 과정에서도 연계되고 인신매매 피해자 보호과정에서도 연계된다. 또한, 사회적 서비스를 제공하는 기관이나 복지서비스 제공 기관, 심지어 미디어 영역에서도 부정부패와 연계된 가능성이 농후하다는 주장이다.[4]

〈사례발표 3 – 부정부패와 무기거래〉

현재 국제적으로 거래 되고 있는 소형무기, 무기부품, 탄약 등의 총 물량은 연간 85억 달러 이상이며 그 중 31억 달러 이상이 기록이 없이 밀거래로 이루어지고 있다. 불법 거래하는 대표적인 국가는 북한, 이란이다. 전 세계적으로 7,600만 정 이상의 무기가 잉여 생산되어 창고에 보관되어 있으며, 국가들은 이를 파괴하기보다는 해외에 판매하여 경제적 이득을 취하고자 한다. 또한 이러한 총기에 필요한 탄약 역시 밀거래의 주요 대상 품목이다. 이러한 이득을 취하기 위해 관련된 사람들에 의한 부정부패가 발생하는데, 현재도 지속적으로 재고 창고에 보관된 무기들은 지속 사라져가고 있는 현실이다. 주로 국가적 차원에서 보안업무를 담당하는 관계자들이 부정부패에 연루되는데, 무기를 빌려주거나, 탄약을 밀거래하는 경우도 있고, 무기 창고의 관리를 소홀이 하거나 제도적 허점이 발생함에 따라 군사적으로 보관중인 무기들이 불법 유출되는 상황이다.[5]

---

4 Joel Jabiles E. 2014 Human trafficking and Corruption in Peru.

5 Anna Alvazzi del Frate, 2014, Corruption and small arms: A dangerous liaison

환경조사기관(EIA, Environmental Investigation Agency)이라는 기관은 멸종 위기 야생동물이나 열대우림지에서 자라는 나무와 식물들의 불법 채취 및 밀수 관련 정보를 수집하고 현장을 조사하며 이 내용을 공개하는 기관이다.[6] EIA는 2014년 UNODC 세미나에서, 부정부패와 환경범죄는 상호 지원적인 관계를 유지하고 있으며, 인도네시아, 라오스, 모잠비크, 베트남의 환경범죄가 부정부패와 연루된 사례를 소개한 바 있다.

EIA의 2017년 보고서에서 야생동물 밀렵 및 밀수가 부정부패와 연계된 사례를 폭로하였는데, 아프리카와 아시아 국가에서 코끼리 상아를 획득하기 위한 밀렵이 성행한 이유로, 밀렵감시관 및 관련 정치인들이 부정부패 사슬에 연루되어 밀렵활동을 묵인하거나 관련 정책 및 법률의 제정을 방해하는 것으로 드러났다. 매우 정교하게 조직된 밀수조직은 초국가적으로 네트워크를 형성하고 있으며 밀렵 사냥꾼, 국내 밀수업자, 초국가적 밀수업자, 최종 시장거래 업자와 관계기관 공직자 등이 연계되어 있다. 이들 공직자들은 주로 세관 직원이 주류를 이루는데, 관련 서류를 바꿔치기 하거나 상아의 운송에 대한 서류 등을 모두 합법화 시켜 합법적 거래로 조작하기도 한다. 또한, 베트남과 중국의 국경지대에서는 코끼리 상아의 밀수를 눈감아 주는 대가로 관계 공무원에게 매일 미화 18,000달러에서 30,000달러까지 뇌물을 제공하는 것으로 조사되었다(Bennett 2014). 2014년 아프리카 탄자니아에서는 컨테이너에 가득 찬 코끼리 상아를 해외로 밀수출하도록 묵인한 탄자니아 세관 6명이 검거된 사실도 있었으며, 탄자니아에서 중국으로 해상 밀수하는 과정에서 중국과 탄자니아 공무원들이 뇌물을 받은 사실도 발견되었다. 초국가

6 Julian Newman, 2014, Corruption in Wildlife and Forest Crime

조직범죄 집단은 검색이 허술하고 관련 제도가 부재한 지역을 타깃으로 삼아 지역 공무원 등을 매수하여 밀수를 자행하는데, 잔지바르가 상아 밀수 출구로 이용되며, 나이로비의 몸바사 킬린디니(Kilindini) 항구와 조모 케냐타(Jomo Kenyatta) 국제공항이 야생동물 밀수의 주요 운반지로 알려져 있다(Weru 2016).[7]

4. 부정부패 저지 활동

유엔총회는 2001.1.22. 결의안(55/61)을 채택하여 유엔사무국 및 전문가 그룹을 통해 부패방지를 위한 국제법률문서의 작성에 대한 검토를 실시하고 2003년 10월 31일 제58차 유엔총회에서 "유엔부패방지협약"(United Nations Convention against Corruption)을 정식으로 채택하였다. 제1장 일반조항, 제2장 예방조치, 제3장 범죄화, 제4장 국제협력, 제5장 자산회수, 제6장 기술지원 및 정보교류, 제7장 이행체제, 제8장 최종 조항으로 나누어 71개 조로 구성된다. 이 협약에서 부정부패의 대상은 공무(public function) 및 공무원(public official)과 연루되는 협의의 개념으로 한정하는 반면, 공무와 공무원의 범위는 광의로 규정하여 외국공무원·국제기구공무원도 그 대상에 포함한다. 또한, 공공부문뿐만 아니라 사적부문에 대하여도 부패방지정책 및 제도를 수립하고 뇌물제공 및 뇌물수수 등을 범죄화하여 처벌할 것을 촉구한다.

국제연합의 부정부패방지협약은 5가지 주요 영역으로 구성된다. 첫째, 예방적 조치이다. 공적 분야와 사적 분야에서 취해져야 할 예방조치가 포함된다. 둘째, 부정부패를 범죄화하고 법집행 강화를 촉구한다. 부정부패의 다

---

7 Tanya Wyatt, Corruption and Wildlife trafficking: Three Case Studies Involving Asia, Asian criminology (2018) 13:35-55, p.40-41.

양한 영역을 포함시켜 범죄로 규정하고 이를 법률로 제정 또는 개정하고 이에 맞서 싸울 수 있는 조치로써 법집행 제도를 확보해야 한다. 셋째, 국제적 협력이다. 이 협약에 따라 부정부패 범죄와 연계된 당사국 간 범죄인 인도조약을 이행하고 법정에서 활용될 증거자료 등 관련 정보를 상호 제공하며 기술적 지원을 적극적으로 교류하여야 한다. 넷째, 자산의 회복이다. 부정부패로 인해 물질적 피해를 당한 국가나 개인에게 자산을 회복시켜야 한다는 원칙이다. 즉, 부정부패의 범죄로 인해 피해를 입은 피해자는 피해가 복구되어야 하는 권한을 가지고 있음을 인정해야 한다. 다섯째, 기술적 지원과 정보의 교류다. 부패를 효율적으로 예방하고 차단하기 위해서는 포괄적이고 다중적 영역의 접근이 요구되며 더 나아가 기술적 지원을 통해 국가의 대응능력을 향상시킬 수 있는데, 여기서 기술적 지원이란 성공적으로 대처하는 국가의 모범적인 제도를 준용하는 것도 포함된다.

동 협약 제1장에서 협약의 목적은 부정부패 예방과 투쟁을 강화하고, 국제협력과 기술적 지원을 촉진하며, 공공분야(public affairs)와 공공자산의 적절한 관리와 신뢰성을 강화하는데 있다고 명시되었다. 즉, 이 협약에서 부정부패는 협의적으로 보아 공공분야와 관련된 사안이며, 공직에 있는 관리나 정치인들의 부정부패를 중점 대상으로 삼고 있다고 볼 수 있다. 여기서 "공직자(public official)"란, 국가의 입법, 법집행, 행정업무를 담당하거나 또는 국가의 사법적 업무를 담당하는 자, 국가기관 또는 국가가 운영하는 기업 등에서 국가의 기능을 수행하거나 국내법에 따라 공공업무를 수행하는 자, 국내법에 따라 일반적으로 공직자로써 정의되는 자를 말한다. 이러한 공직자의 정의는 임기의 장단기를 불문하고 급여의 유무나 나이와 무관하게 포괄적으로 포함하여 공직자를 의미하는 것으로 명시되었다.

한편, 이 협약에서 언급되는 부정부패는 다양한 유형을 언급하는데, 우선 자금세탁의 방지를 촉구하였고, 제3장에서 뇌물, 영향력의 상호 행사, 기능의 남용, 불법축재, 사적 분야의 다양한 부정형태를 범죄로 포함하여 입법하고 법집행 하도록 당사국들에게 촉구한다. 첫째, 뇌물제공은 부정부패의 주류를 이루는 형태로, 자국 내 공직자 대상뿐만 아니라 해외 공직자 또는 공공 국제기관의 직원을 대상으로 뇌물을 제공하는 것을 포함한다. 둘째, 공직자에 의한 횡령, 착복, 자산의 왜곡이다. 공직자 자신의 이득 또는 타인의 이득을 위해 의도적으로 모든 형태의 자산을 대상으로 자행한 경우를 말한다. 셋째, 영향력의 상호 제공이다. 부당이득을 얻기 위한 목적으로 공직자에게 금전적 이득을 약속하면서 청탁하거나 영향력을 행사하는 행위를 말한다. 해당 공직자는 이러한 약속을 통해 미래의 부당이득을 예상하고 부정부패에 연루된다. 넷째, 기능의 남용이다. 공직자가 의도적으로 자신이나 타인의 부당이득을 획득하기 위해 자신의 지위와 권한을 남용하는 경우다. 다섯째, 불법 축재이다. 법적 원칙과 절차에 따라 부를 축적하는 것이 아니라 공직자가 의도적으로 불법축재를 하여 자신의 부의 축적에 대해 합리적으로 설명하지 못하는 경우를 말한다. 여섯째, 사적 영역에서의 뇌물제공이다. 공공기관이 아닌 사적 분야에서의 부당이득을 위한 영향력 행사, 청탁, 자산의 횡령 등에 대해서도 범죄로 포함시킬 것을 촉구한다.

5. 한국 부정부패의 과거와 현재

(1) 개요

1945년 일제 강점기에서 해방된 이후 곧이어 한국전쟁(1950~1953)을 겪은 한국 국민들은 전쟁의 폐허에서 새로운 삶을 시작해야 했으며, 단일민족으로 구성된 국가 구성원들은 일부 재벌과 권력자를 제외하고는 대부분 비슷하게 열악한 조건과 환경에서 경쟁이 시작되었다. 그 당시 태어난 베이비붐 세대[8]들은 살아남아야 한다는 절박함과 남보다 더 잘 살아야 한다는 경쟁심을 바탕으로 열심히 노력하였고, 이로 인해 국가는 급속한 경제성장을 이루어 냈으며, 전후 불과 68년이 지난 지금 한국은 세계 경제순위 10위를 기록하며, 민주주의와 시장경제가 비교적 안착된 선진국들의 모임으로 알려진 '경제협력개발기구(OECD)'의 회원국의 일원으로 포함되었다. 치열한 경쟁 사회에서 필연적으로 존재하는 부정부패가 만연하였음에도 불구하고, 일상생활에서 만연하고 제도적 문제점을 보이는 흑색의 부정부패가 비교적 성공적으로 차단되고 통제되었으며, 이에 따라 민주주의와 시장경제, 인권 중심의 사회적 가치가 비교적 성공적으로 성장하였고 정착한 것으로 평가된다. 실제 한국사회의 부정부패는 정부기관과 정치권에서 부패가 여전히 남아 있다는 평가인 반면, 경찰, 학교, 병원 등 일상생활의 부패는 감소했다는 체감적인 반응이 공존한다.

한국전쟁 후 한국 사회는 잿더미에서 새롭게 시작해야 했고, 인적자원이 풍부하다는 유리한 조건 외에는 국가발전에 필요한 자원은 전무하였다고 보아도 과언이 아니었다. 전후 태어난 베이비붐 세대로 인해 작은 영토에 많은 인구가 북적이게 되었고, 이 세대의 각자 구성원은 혹독한 경쟁을 벌여 서로의 우위를 점하기 위해 노력하였으며, 사회구조의 우위를 점령하고 경제적 이익을 선점하기 위한 경쟁이 치열한 상황이었다. 경쟁의 과정이 치열할수록 부정부패를 포함한 모든 수단과 방법이 동원되었으며, 특히, 학교에서의 입시비리, 취업과정에서의 부패, 경제활동에서 사업계약 획득을 위한 공직자 연계 부패, 지역마다 기득권을 행사하는 조직범죄 집단과 정치권 연계 활동, 정치권의 권력을 유지하고 확대하려는 과정에서 나타난 정치적 부패 등이 한국 사회 모든 곳에서 총체적으로 나타났다. 한국 사회에서 나타나는 부

---

8 1955~1963년 태어난 대한민국 세대를 말하며, 전체 인원은 712만 명으로 현재 인구의 14.6%를 차지한다.

패의 원인은 해외 국가들과 다를 바 없으나, 특징적인 것은 자신의 이익을 추구하기 위한 부패행위에 더하여, 족벌주의와 정실주의가 주요 원인이 된다는 것이다. 단일민족의 특성상 한국 사회는 족벌과 학연, 지연 등의 연고를 중심으로 "아는 사람을 찾아가는" 청탁과 상호 영향력 행사가 만연하였다.

그동안 한국에서 나타난 부패의 대표적 방법적인 유형은 독직(graft), 뇌물수수, 공금횡령 등이다. 첫째, 독직이란 공직자가 고유 업무를 수행하면서도 이에 대한 대가를 요구하는 것이다. 뇌물수수와 유사해 보이나 개입되는 범위가 넓고 강요성이 있다는 의미에서 차이가 있다. 둘째, 뇌물수수 행위는 사회 전반에 걸쳐 보편적으로 행해지는 부패의 형태다. 한국사회에서 나타나는 특징 중 하나는 뇌물을 수수한 공직자가 상납, 평납, 하납 등을 통해 부당한 이익을 공유한다는 것이다.[9] 즉, 뇌물을 상사와 동료와 부하직원들에게 제공하면서 뇌물수수에 대한 내부 신고자의 폭로 위험성을 낮추고, 향후 지속적으로 수수하기 위한 목적으로 조직적인 뇌물수수 체계를 갖추려는 태도가 발견된다. 셋째, 공금횡령 행위이다. 주로 개인적인 차원에서 자행되는 부패 형태로, 허위문서 작성이나 허위보고 등으로 사적 이익을 획득하고자 공금을 횡령하는 행위를 말한다. 횡령의 수익을 자신이 취할 수도 있으며, 가족 또는 제3자에게 이익을 주기 위해 발생하기도 한다.

1953년 한국 전쟁이 종료된 이후부터 70여 년간의 재건 기간 동안 한국의 경제성장은 놀라운 속도로 발전하였으며, 이러한 성장의 배경에는 지속적으로 전개되어 온 반부패 활동이 주효한 것으로 평가된다. 2018년 국제투명성기구(TI)에서 발표한 국가별 부패지수 순위에 따르면 한국은 전체 180개 대상 국가에서 45위를 차지하고 있는데, 이 수치는 아시아 국가 중에서는 싱가폴(3위), 일본(18위), 대만(31위)에 이어 4위를 차지하는 비교적 높은

---

9 김준호, 1991, "한국의 범죄문제 - 뇌물행위를 중심으로", 현대한국사회문제론, 서울, 한국복지정책연구소 출판부, p.187-189

순위로 볼 수 있다. 한국 국민의 설문 답변에 따르면 아직도 정치권과 공권력의 부패가 심각하다는 평가이지만, 동시에 국민의 힘으로 개선시킬 수 있다는 긍정적 기대가 높은 편(66%)으로 나타난다.[10] TI의 설문조사 평가는 해당 국가 국민을 대상으로 설문조사식으로 진행되는데, 국민이 자유롭게 정부를 비판할 수 있는 환경이 국가 마다 다른 점을 고려하지 않고 있다는 한계성도 있다. "정부가 반부패활동을 충분히 수행하고 있는가?"라는 질문에 대해 한국 국민은 "잘못하고 있다. 76%", "잘 하고 있다. 14%"를 보이는 반면 스리랑카는 "정부가 잘못하고 있다. 23%", "잘 하고 있다. 49%"를 보이고 있다. 이 수치로 보면 정부의 반부패 활동에 대한 만족도가 한국 국민에 비해 스리랑카 국민들이 훨씬 높은 것으로 보이나, 실제 스리랑카의 2018년 부패지수는 89위에 이르며, 절대부패에서 벗어나지 못한 38점의 평가를 받고 있다.[11] 이러한 설문조사에는 언론의 자유와 인권존중의 정도가 국가마다 차이가 있다는 배경을 고려해야 할 것이다. 자국 정부에 대해 쓴 소리를 얼마든지 할 수 있는 환경이 기본적으로 조성되어 있는지도 고려되어야 할 것이다.

(2) 한국 부정부패의 과거

그동안 한국사회에서 나타난 부정부패의 사례를 보면, 총체적 부패, 구조화 및 관행화된 부패, 대형화된 부패 등으로 나타난다. 이러한 한국의 부정부패 사례를 국제투명성기구(TI)에서 금전적 규모와 발생 영역에 따라 구분한 대규모(grand), 소규모(petty), 정치적(political) 부패 등 3가지 유형으로 적용하면 다음과 같다.

---

10 People and Corruption: Asia and Pacific (2017), P.24.: Q. Please tell me whether you agree or disagree with the following statement: "Ordinary people can make a difference in the fight against corruption".

11 Corruption Perception Index, CPI, 2018.

TI에서 분류하는 '대규모 부정부패'는 고위층의 정부 인사나 공직자가 개입되어 사익을 추구하여 발생하는 경우다. 한국의 경우 정치권과 경제계의 재벌들이 결탁함으로써 소위 '정경유착'의 대규모 부정부패를 자행하는 행태가 주류를 이루어 왔으며 1997년 외환위기를 겪게 된 직접적인 원인으로 지목되었는데, 그 중 대표적인 사례로 한보사태와 기아사태를 꼽을 수 있다.[12]

한보사태는 1997년 한보그룹이 부도가 나면서 발생한 대규모 경제범죄 사건으로, 한보그룹의 정태수 회장이 당시 김영삼 대통령의 차남 김현철 등 정계 유력인사에게 뇌물을 제공하며 무려 5조 7000억 원의 불법 대출을 받고 무리하게 사업을 추진하다가 결국 도산되어 엄청난 국고 손실을 입힌 사례다. 기아사태는 관치금융 구조하에서 정치권 및 행정관료의 과도한 규제와 개입을 배경으로 하여 방만한 경영과 무리한 사업확장이 그 원인이 되는 사례이다. 기아그룹 부도 사태의 경우 재정난에 빠진 기아의 처리방법에 대하여 정치권이 직접적으로 깊숙이 개입하여 은행권 및 제2금융권을 직접 조정하여 사태를 해결하려고 시도하였다. 이로 인해 재무구조가 왜곡되었고 방만한 경영과 임원들의 부패도 고비용을 초래하였으나, 기아그룹은 부실경영의 책임을 지기보다는 기득권 수호에 급급하여 정부의 무조건적인 지원을 요구하였고, 이로써 기아사태가 장기화되면서 한국의 경제에 커다란 손실을 주었다. 이러한 정경유착의 관행을 배경으로 하는 부패 형식은 해태그룹, 한

---

12 '1997년 외환위기': 1997.12.3. 국가부도 위기에 처한 대한민국이 IMF으로부터 자금을 지원받는 양해각서를 체결한 사건이다. 기업이 연쇄적으로 도산하면서 외환보유액이 급감했고 IMF에서 195억 달러의 구제금융을 받아 국가부도 사태를 면했다. 태국, 홍콩, 말레이시아, 필리핀, 인도네시아 등 동남아시아의 연쇄적 외환 위기 속에 대한민국 정부의 외환관리정책의 미숙과 실패가 'IMF 환란'의 직접적인 원인으로 알려져 있다. (이정환. IMF 10년…한국 경제는 왜 역동성을 잃었을까. 미디어오늘. 2007.11.21.)

라그룹 등 다른 대기업들의 연쇄적인 부도를 가져오게 되었고 결국 IMF의 구제금융을 요청하는 단계로 악화되었다.

소규모 부정부패(petty corruption)

TI에서 분류하는 '소규모 부패'란 일상생활에서 사소하게 발생하는 사안으로, 중하위직 공직자들이 금전적 이득 획득을 목적으로 자행하는 생계형 부패라고 할 수 있다. 그러나 작은 부패행위도 사회의 질서와 원칙을 무너뜨리는 결과를 초래하기 때문에 금전적 규모는 적은 편이라 할지라도 부패가 만연된 사회는 결국 "밑 빠진 독에 물 붓기"식의 환경이 조성되며, 정의로운 사회와 국가발전은 기대하기 어렵게 된다.

한국의 경쟁사회는 자녀들이 다니는 학교에서부터 시작된다. 학부모들은 자녀들이 다른 아이들보다 좋은 성적과 평가를 받도록 교사에게 촌지를 주어야 했으며, 교사에게 뇌물을 주는 행위는 심각한 경쟁을 유발하였고, 빈민층의 자녀는 상대적으로 피해를 보면서 사회의 불만감은 고조되었다. 병실이 부족한 유명 대학병원에 입원하기 위해서는 병원장이나 병원 직원을 개인적으로 찾아가 뇌물을 주며 청탁해야 했다. 과속이나 불법 운전으로 적발된 운전자들은 교통경찰에게 범칙금 대신 뇌물을 주었고, 경찰은 재량권을 행사하면서 사익을 챙겼다. 심지어 경찰 오토바이 순찰대가 착용하는 긴 장화(부츠)에는 1만 원권 지폐가 가득한 시절도 있었다. 권력기관의 직원은 교통법규를 위반하여도 경찰의 단속을 두려워할 필요가 없었다. 경찰이 이들을 법에 의거하여 적발하면 보복성 문책을 당하는 후환이 두려워 단속 대상에서 제외되었기 때문이다. 밀수조직은 세관 직원에게 정기적으로 상납하였고, 불법과 편법을 동원하여 유흥업소를 운영하는 조직범죄 집단은 지역 경찰과 결탁하여야 했다. 이렇듯 한국의 민생 곳곳에 부패는 만연하였고 부패가 없이는 경제적, 정치적, 사회적 생존과 성공이 보장되지 않는 듯하였다.

정치적 부정부패는 정책이나 제도, 규정이나 법령의 조작을 통해 정책 결정자들에 의해 자원이나 자금이 왜곡되게 처리되는 것을 말한다. 사익을 챙기려는 수준을 넘어서, 권력을 유지하고 기득권을 지속적으로 장악하며 확장하려는 목적으로 발생하는 부패를 의미한다.

한국의 권력형 정치부패는 정경유착의 구조, 대통령과 친인척 비리, 대통령에 의한 특별사면권 남발 등에 의해 나타나며, 결국 최고의 권력을 갖고 있는 대통령이 부패와 연계되는 사례가 대표적이라고 할 수 있다.[13] 첫째, 정경유착(political- economic ties)은 한국의 정치부패의 고질적인 원인으로 나타난다. 기업가는 정치인에게 정치자금을 제공하고 정치인은 반대급부로 기업가에게 다양한 특혜를 제공하는 것으로, 정치인과 기업가 사이의 사익적인 밀착관계이자 불법적 담합이라고 할 수 있다. 둘째, 대통령 및 친인척의 비리이다. 한국의 대통령제도는 실로 제왕적 대통령의 제도라고 할 수 있다. 대통령에 당선만 되면 주요 보직의 인사권을 갖게 되며 국가의 대규모 사업에 대한 결정권을 갖게 되므로 대통령과 친인척에 줄을 서야 확실한 자리를 보장받을 수 있다. 이런 이유로 정치인은 물론 공공기관의 관료와 사법부의 법조인, 기업의 재벌들이 대통령과 친인척에게 줄을 서며 온갖 청탁을 부탁하게 된다. 셋째, 대통령의 사면권 남용이다. 대통령의 특별사면권을 활용하여 정치인과 기업인을 사면함으로써 그들의 중대한 범죄를 무마해주고 여러 가지 형태의 반대급부를 받는 것이다. 초대 이승만 대통령 때부터 거의 모든 대통령은 특별사면을 실시하였는데, 권력형 부패로 수감된 정치인과 친인척을 사면하는 한편, 기업가들을 사면함으로써 또 다른 권력형 부패가 이루어졌다.

---

13 조현연, 2011, "한국의 권력형 정치 부패 – 특성과 해법 탐색", 제16집

한국 대통령은 군부 출신에서 문민화 출신 및 기업가, 여성 대통령까지 다양하게 구성되었으나, 특별사면은 예외 없이 모든 대통령에 의해 실시되었다.

한국의 대통령들은 부패와 연계된 이유로 퇴임 이후 법정에 서는 사례가 빈번히 발생하였다. 1948년 정부 수립 이후 70여 년 동안 한국을 통치한 역대 대통령들은 대부분 본인 또는 가족이 부패와 연계되어 법의 처벌을 받거나 불명예스러운 운명을 맞았다.

(3) 한국의 반부패 활동 (Anti-corruption Activities)

한국의 대통령은 초대 이승만 정권부터 시작하여 현재까지 다양한 출신성분을 보이고 있다. 초대 대통령은 미국 유학파 출신이며, 이어 군부 출신의 대통령이 정권을 장악하였다. 1987년 6월 민주항쟁으로 대통령 직선제가 실시되고, 1993년 2월 야권의 지도자가 대통령으로 당선되면서 문민정부가 시작되었다. 지역별로 보면 영남 출신과 호남 출신의 대통령이 임기를 이어서 당선되었고, 상고를 졸업하고 대학을 다니지 못한 서민 출신의 대통령도 있었다. 이어 재벌기업 사업가 출신 대통령이 나오고 국내 최초로 여성 대통령도 배출되었다. 지난 70여 년간 한국 정치권에서는 비교적 다양한 출신성분의 대통령이 등장하였고, 1979년 박정희 대통령 서거와 군부 출신의 대통령들이 떠난 이후 대통령의 독재와 장기집권은 사라졌다. 국민들은 변화를 원했고, 이 뜻을 받아들여 당선된 대통령은 혁신적인 변화를 만들어냈다. 새로 당선된 대통령은 전임 대통령의 부패를 단호히 처벌하면서 국민의 지지를 얻기 위해 노력하였으나, 한편으로는 대통령 스스로가 정경유착과 정치 기득권 유지를 위해 부패와 연루되기도 하였다. 정부 차원의 자정노력과 반부패 활동도 있었으나, 2016~2018년 기간 중 한국 전역에서 발생한 국민들의 촛불집회 시위는 정치권의 권력형 비리와 부패를 청산하겠다는 가장 영향력 있는 활동이었다. 이를 통해 대통령의 탄핵과 새로운 대통령의 선출이 이루어졌다.

한국 정부와 국민은 경제성장과 더불어 민주화를 발전시켜 나가면서 법적, 제도적, 의식적 개선조치를 전개해 나갔고 이러한 조치는 경제뿐만 아니라 정치적, 사회적 환경을 변화시키고 발전시켰다. 금융실명제, 부동산실명제 등 획기적 개선조치가 성공적으로 정착되면서 이를 바탕으로 한 또 다른 개선조치는 더욱 빠르게 마련되었고 정착되었으며 새로운 개선조치가 지속적으로 강구되고 있다.

법적·제도적 조치

한국에서 부정부패와 관련된 법적 조치는 다음과 같다. 첫째, 형법(129조~135조)에서는 공무원의 뇌물죄에 대해 최대 10년 이상의 징역형을 명시하였다. 둘째, '공무원 범죄에 관한 몰수 특례법(2013 시행)'이다. 공무원이 범죄를 통해 불법재산을 획득한 경우 불법수익과 불법재산 모두를 몰수한다. 셋째, '부정청탁 및 금품 등 수수의 금지에 관한 법률(소위 김영란법, 2015 시행)'이다. 공무원이나 공공기관 임직원, 학교 교직원 등이 부정청탁과 뇌물을 받지 못하게 하는데 그 목적이 있으며, 일정 규모(식사 3만 원, 선물 5만 원, 경조사비 10만 원) 이상의 금품을 받으면 직무 관련성이 없더라도 처벌하는 것을 골자로 하고 있다. 넷째, 선거와 관련해 정치인에게 뇌물을 받는 행위를 규제한 '공직선거법'이 있다. 다섯째, 국가 차원에서 부정부패에 대해 총체적 관리하도록 '부패방지 및 국민 권익위원회의 설치와 운영에 관한 법률(2018 개정)'이 이행되고 있다.

이러한 법적 규범에 더하여 제도적으로 부패를 원천 차단하는 대표적인 조치들이 이행되었다. 첫째, 금융실명제이다. 금융기관과 거래를 함에 있어 가명이나 차명이 아닌 본인의 실제 명의, 즉 실명으로 거래해야 하는 제도를 말한다. 한국의 금융실명제는 '금융실명거래 및 비밀보장에 관한 긴급명령'

에 의거, 1993년 8월 12일 이후 모든 금융거래에 도입되었다. 둘째, 부동산 실명제이다. 금융실명제의 도입에 따라 1995년 부동산에 대해서도 취해진 제도로, 실질적으로 본인이 보유하고 있는 부동산을 자신의 이름으로 등기해야 한다. 셋째, 공직자 재산등록제도이다. '공직자윤리법'(일부개정 2009.04.01)에 따라 4급 이상 공무원은 본인과 배우자 직계 존비속의 재산을 등록해야 한다. 또한 이 법에 의거하여 퇴직한 공무원은 현직의 업무와 연관된 취업이 제한됨으로써, 재직 중 부정부패와 연계할 수 있는 가능성을 제한한다. 넷째, 공익신고제도이다. 2011년 3월 제정된 '공익신고자 보호법'에 따라 공익침해행위에 대해 신고할 수 있는 제도를 말한다. 다섯째, 위법한 상관의 명령을 이행 거부할 수 있는 제도가 공직사회에서 시행되고 있다. 국가공무원에 대해, 소속 상관의 직무상 명령이 명백히 위법한 경우에는 이의를 제기하거나 이행을 거부할 수 있게 하고, 이에 따른 인사상 불이익을 받지 않도록 하였다.[14]

위의 직접적인 제도 외에도 경제적, 사회적 제도의 개선으로 부패방지 활동에 기여하는 제도가 발견된다. 첫째, 자금세탁 방지 제도이다. 자금세탁 방지(AML) 제도란, 국내외적으로 이루어지는 불법자금의 세탁을 적발 및 예방하기 위한 법적·제도적 장치로서 사법제도, 금융제도, 국제협력을 연계하는 종합 관리시스템을 의미한다. 2001년 9월 3일 국회에서 '특정금융거래정보의 보고 및 이용 등에 관한 법률'과 '범죄수익 은닉 규제 및 처벌 등에 관한 법률'이 의결되고, 9월 27일 공포됨으로써 시작되었다. 같은 해 11월 28일 동 법률 시행과 함께 이를 위한 정부기관으로 금융정보분석원(Korea Financial

---

14 국가정보원법 제9조 6항: "직원은 원장, 차장과 그 밖의 다른 직원으로부터 제2항에 해당하는 행위의 집행을 지시 받은 경우 원장이 정한 절차에 따라 이의를 제기할 수 있으며, 시정되지 않을 경우 그 직무의 집행을 거부할 수 있다. 〈신설 2014. 1. 14.〉", 제9조 제2항: 그 직위를 이용하여 특정 정당이나 특정 정치인에 대하여 지지 또는 반대 의견을 유포하거나, 그러한 여론을 조성할 목적으로 특정 정당이나 특정 정치인에 대하여 찬양하거나 비방하는 내용의 의견 또는 사실을 유포하는 행위

Intelligence Unit; KoFIU)이 출범함으로써 한국에도 본격적으로 자금세탁 방지 제도가 도입되었다. 둘째, 휴대폰 실명제도 역시 부패 차단에 기여하고 있다. 전기통신사업법 제32조의4 제2항에 따르면, "전기통신사업자는 전기통신역무 제공에 관한 계약을 체결하는 경우 계약 상대방의 동의를 받아 본인 여부를 확인하여야 하고, 본인이 아니거나 본인 여부 확인을 거부하는 경우 계약의 체결을 거부할 수 있다."고 명시되었다. 이로써 한국에서 휴대폰을 사용하기 위해서는 실명 인증을 해야 하고 이를 통해 부패 연계 사건에 대한 수사가 효율적으로 전개될 수 있다.

의식의 전환

한국 사회는 경쟁심이 강한 사회적 환경의 바탕으로 발전하였으며, 이에 따라 경쟁자의 부정행위에 대해서 민감하게 관찰하고 적극적으로 대응하는 성향을 보인다. 이러한 형태는 신고의식으로 표출되는데, 한국 정부의 부패신고와 공익신고 제도의 확대에 부응하여 부정과 불법행위에 대한 신고는 국가 반부패 활동에 상당한 기여를 하고 있다. 또한 이러한 신고에 의해 공직자의 부정부패 행위가 언제 어디서나 관찰되고 엄격하게 처벌됨에 따라 공직자들의 의식도 크게 전환되고 있다. 공직자는 20년 이상 재직하고 퇴직할 경우 공무원연금을 받게 되는데, 재직 중 범한 죄로 금고 이상의 형을 받을 경우 소속 기관으로부터 자체 징계를 받는데 더하여 연금액이 절반 이하로 감소되면서 경제적으로 막대한 손실을 당하게 되어, 공직자 사회에서 부패행위는 곧 "패가망신 당한다"는 인식이 확산되고 있다.

부정과 불법에 대한 신고는 크게 부패신고와 공익신고로 나뉘며 누구든지 신고할 수 있다. 부패행위 신고제도는 '부패방지 및 국민권익위원회의 설치와 운영에 관한 법률'의 근거로 공직자가 직무와 관련하여 지위·권한 남용 또는 법령위반을 통해 사익을 도모하는 행위가 발견되면 신고할 수 있다. 공익신고제도는 '공익신고자 보호법'을 근거로 공익침해행위를 신고하는 것으로, 국민의 건강과 안전, 환경, 소비자 이익, 공정한 경쟁 및 이에 준하는 공공의 이익과 관련하여 신고할 수 있다. 신고에 대해 국가는 신고보상금 또는 신고포상금을 지급할 수 있는데, 신고보상금이란 신고로 인하여 직접적인 공공기관 수입의 회복이나 증대 또는 비용의 절감이 있는 경우이고, 신고포상금은 공공기관의 직접적인 재정수입이 발생하지 않더라도, 신고로 인하여 현저히 공공기관에 재산상 이익을 가져오거나 손실을 방지한 경우 또는 공익의 증진을 가져온 경우이다. 특히, 부패신고의 활성화를 위해 부패신고 보상금 지급 기준을 상향 조정하여 보상대상 가액의 최대 30%에 해당하는 금액으로, 최고 30억 원까지 지급하며, 국민권익위원회는 신청일로부터 90일 이내에 지급여부 및 지급금액을 결정하여 신속하게 지급한다.[15] 신고는 내부신고와 외부신고로 구분된다. 내부신고는 조직 내부에서 발생한 부패행위를 알게 된 경우 이를 시정하고자 신고하는 행위로, 사전적·예방적 부패 억제 기능뿐만 아니라 효율적인 부패통제 수단이 된다. 외부신고는 조직 구성원이 아닌 사람이 부패행위를 인지하고 이를 시정하고자 신고하는 행위로, 진정한 의미의 시민의식의 발휘라고 할 수 있다. 특히, 한국 사회에서 부패가 가장 심한 공공기관인 경찰에 대해서는 '경찰공무원 비리신고 보상금' 제도가 운영되고 있다. 사회적 파장이 큰 고질적·조직적 비리, 다액 금품수수 등 경찰공무원 비리신고로 부패척결에 지대한 공로가 인정되는 경우 최대 1천만 원의 보상금을 지급한다.

오늘날 한국 사회는 모든 분야에서 부정부패를 발견하거나 공익적 차원에서 제보할 내용이 있다면 누구든지 손쉬운 방법으로 신고가 가능하다. 인터넷과 전화를 통해 민원을 제기할 수도 있고 직접 작성한 익명 또는 기명의

---

15 국민권익위원회 홈페이지: http://www.acrc.go.kr/acrc/board.do?command=searchDetail&menuId=05020302

제보를 아파트 건의함이나 학교 또는 병원의 건의함에 넣기만 하면 된다. 한국의 대도시 주민들이 주로 거주하는 아파트 게시판과 승강기 안에는 지역 관청 차원에서 제보를 받기 위해 부착해 놓은 전화번호와 메일 주소가 발견된다. 심지어 대중교통 수단인 버스와 전철에서도 불편한 상황이 있으면 신고해달라는 안내문이 부착되어 있다. 한국의 신고제도 활성화 현상은 신고자 보호제도가 성공적으로 운영되고 있다는 사실을 반증한다. 부패행위에 대한 신고가 활성화되기 위해서는 신고자 보호제도가 절대적으로 필요하다. 과거에는 신고자에 대해 공직자의 보복행위가 가능하고 이에 따라 신고가 두려운 상황이 조성되었으나, 지속적인 신고자 보호제도의 시행과 강화로 인해 개선된 상태다. 한국 정부는 국민권익위원회를 중심으로 안심하고 신고할 수 있는 신고자 보호제도를 확대하였고, 2017년 국민권익위원회에 신고된 사안은 총 4,066건으로 월 평균 339건에 달하며, 이는 자발적인 신고가 용기 있는 결단으로 인정되는 사회풍토가 정착되고 있음을 보여준다.[16]

"갑질문화" 타파

한국 사회에서는 전통적으로 우위에 있는 자가 하위에 있는 자에게 부당한 권력을 행사하는 사례가 많았으며, 이러한 부정적 관행을 소위 '갑질'이라고 칭한다. 갑질은 갑이 하는 행위를 비하하는 표현으로 접미사인 '질'을 결합한 신조어라고 볼 수 있다. 한국 사회에서 체결되는 계약의 기본은 당사자를 갑(甲), 을(乙)로 구분하여 여러 조건상 우위에 있는 자가 갑이 되며 이에 응하는 자가 을이 된다. 즉, 기업에 취업할 때, 고용하는 고용주는 갑이며 취업을 희망하는 자는 을이 된다. 부동산 계약을 할 때도 부동산을 소유한 자

---

16 '부패신고 및 보호보상, 청렴교육 강사양성 표준강의3' (pdf.), 국민권익위원회 청렴연수원

가 갑이며, 임대 또는 구매하려는 자는 을이 된다. 계약서의 존재 여부와 관계없이도 갑을 관계가 형성된다. 대학에서 강의를 하고 성적을 부여하는 교수는 갑이 되며, 교수의 지시대로 따라야 하는 학생은 을이 될 수 있다. 최근 들어서 한국 사회의 갑을 관계는 지위, 계급의 고하(高下)를 표현하게 되어서 현재는 대기업과 협력업체, 업주와 종업원, 상사와 부하직원, 고객과 서비스업 종사자, 교수와 제자 등에 이르기까지 폭넓게 사용되고 있다. 갑을 관계는 필요에 의한 행정적 구분이며 이 자체가 부정적인 문화는 아니다. 다만, 이러한 우위에 있는 지위와 상황을 이용하여 부당한 권력행사와 불법적인 지시로 을의 지위에 있는 자를 이용하고 착취하며 불편한 상황을 초래할 경우 이를 '갑질'이라고 칭할 수 있다. 이러한 행위는 법률적 용어로 '우월적 지위 및 권한의 남용행위'로 칭해지는데, 현 부패방지법이 명시한 협의의 부패행위에는 포함되지 않는다.

그러나 '갑질'이 부정부패와 관련되는 실제적 상황은 다음과 같다. 첫째, 갑은 자신의 부당한 이익을 위해 을에게 부당한 요구를 하게 되며, 을은 불이익을 피하기 위해 이를 수용하게 되는데 이러한 관계가 형성될 때 부패의 루트가 형성된다. 둘째, 을은 갑에 의한 불이익을 회피하기 위해 편법이나 불법, 도덕적 해이가 발생하게 되며, 을은 이러한 상황을 갑의 탓으로 돌리면서 범죄의식을 회피하게 되고 사회의 부패가 확산된다. 셋째, 갑은 을에 대한 부당한 요구가 관철되지 않을 경우 이에 대한 보복식의 조치를 취하는데, 이 자체가 정당한 조치가 아닌 부패한 결과를 초래하는 것이다. 이와 같은 상황을 고려할 때, 우월적 지위 및 권한 남용행위, 즉, '갑질' 행위를 광의의 부패행위로 규정하는 것은 타당하다고 할 수 있다.

'갑질' 행위에 대한 평가는 매우 포괄적이고 다소 추상적이어서 법규범 차원에서 모든 갑질 행위를 범죄로 취급할 수는 없다. 정도가 심한 갑질 행위에 대해서는 신고를 받고 관계 당국의 수사와 기소를 거쳐 불법 여부를 판단하여 개선할 수 있다. 그러나 전통적으로 묵인되어왔던 관계와 행위 등은 시대의 변화에 따라 갑질 행위로 볼 수도 있고 또는 전통적인 관행으로 볼 수도 있다는 모호한 상황이 남아 있다. 그럼에도 불구하고 한국 사회는 다수를 차지하는 약자, 즉, 을의 보호를 위해 갑질 행위에 대한 개선활동도 적극적으로 추진 중이다. 한국의 반부패 활동은 이제 '갑질 타파'라는 슬로건도 포함하여 폭넓게 전개되고 있다. 이에 따라, '국민권익위원회'는 우월적 지위와 권한을 남용한 부패구조 개선을 위해 공공부문과 민간부문으로 나누어 실태를 관찰하고 불법사항을 발견할 경우 신속한 법적 조치를 통해 개선한다는 방침을 갖고 있다.[17]

(4) 한국의 반부패 활동 평가

한국의 반부패 활동이 국제적 차원에서 모범사례로 소개될 정도로 성공적 평가를 받고 있는가? 한국 사회에서 부패행위가 여전히 잔존하거나 개선되지 않는 한계성은 무엇인가? 라는 두 가지 질문을 제시하고 답을 구하고자 한다.

첫째, 한국의 반부패 활동에 대한 긍정적 평가이다. 2017년 국제투명성기구(TI)에서 작성한 아시아-태평양 지역 국가에 대한 부패실태 및 평가 보고서에 따르면, 경찰, 학교, 공공 의료시설, 법원 등의 기관 중 가장 부패한 기관은 경찰인 것으로 나타난다. 경찰을 포함하여 학교나 병원 등에 뇌물을 제공한 경험을 묻는 질문에서 한국의 경우 뇌물을 준 경험이 있다는 사람들의 수치는 응답자의 3%를 보이는데, 이 수치는 호주 4%, 미얀마 40%, 베트남 65%, 인도 69%를 차지하고 있어 한국은 경찰 등 공직자에게 뇌물을 제공하

---

17 국민권익위원회 연구용역 보고서, 2015, "우월적 지위와 권한을 남용한 고질적 부패구조 개선방안 연구", 한국고용복지연금연구원

는 부패가 상당히 낮은 편으로 나타난다.[18] 즉, 한국의 경찰, 학교, 병원 등은 과거에 비해 부패가 상당히 개선되었고, 한국 사회에서 뇌물과 관련된 부패 행위도 성공적으로 감소되었음을 보여준다. 이제 한국 사회에서는 경찰에게 뇌물을 주면 뇌물제공자는 수십배의 벌금과 함께 형사처벌을 받아야 하고, 뇌물을 수수한 경찰은 패가망신 당하게 된다. 학교에서 교사들에게 전달되던 촌지는 사라졌고, 타인의 이름을 빌려 부동산 투기를 하거나 불법적 수단으로 벌어들인 비자금을 축적할 수 있는 합법적 방법은 존재하지 않는다. 수상한 금융거래나 부정한 거액 수익에 대해서는 금융실명제 등의 효율적 제도를 통해 정밀하게 조사하고 폭탄 세금과 벌금을 부과하여 초기 투기의도를 잠재운다. 이러한 문화가 정착되면서, 한국 국민들은 한국 사회에서 정치권 권력형 부패는 여전하지만 서민과 관련된 공직자 부패는 과거에 비해 체감적으로 상당부분 감소하였다는 평가를 한다. 같은 TI 보고서에서, 일반 서민들이 부정부패와 맞서 싸우면 개선이 될 수 있는지를 묻는 질문에 대해 호주 80%, 한국 66%, 파키스탄 33%를 보이고 있어, 한국에서는 보통사람에 의한 부패 청산이 가능하다는 긍정적 의식이 비교적 높은 편으로 나타난다. 한국 공직자의 부정부패 척결에서 핵심적 역할을 담당하는 검찰총장은 지난 6년 동안 3명이 새로 임명되어 교체되었고, 이때마다 부패 척결을 중점 업무로 다룰 것을 선언하였다. 사회지도층 비리, 기업과 금융의 비리, 방위사업 비리 등 구조적, 고질적 비리를 발본색원하겠다고 하였으며, 부정부패 수사와 사회 구조적 비리 수사에도 엄중 대처하겠다고 하였고, 2019년 7월 새로 임명된 윤석열 신임검찰총장은 공정 경쟁질서를 무너뜨리는 범죄를 엄단하

---

18 Op. cit. PEOPLE AND CORRUPTION: ASIA PACIFIC (2017) p.16-17 : Q. And how often, if ever, did you have to pay a bribe, give a gift, or do a favour for: a teacher or school official; a health worker or clinic or hospital staff; a government official in order to get the document, a government official in order to get the ser vices; a police officer; a judge or court official.

고, 정치분야에서는 권력기관의 정치와 선거 개입 문제, 불법자금 수수를 척결하고, 경제분야에서는 시장 교란 반칙행위, 우월적 지위 남용을 척결하겠다고 발표하였다. 우리나라의 반부패 조치는 정책 투명성, 부패방지 및 신고활성화 부문에서 성공적으로 실시되고 있으며, 최근 청렴문화 정착 부문에서도 상당한 개선을 이루었다. 공공부문에서 정보공개가 확대되고, 2011년 「공익신고자 보호법」 제정 이후 지속적 개정이 이뤄지며 강제력과 파급력 있는 제도적 개선이 이뤄졌다. 또한 2016년 '청탁금지법'의 실시로 인해 청렴문화 정착에 있어서도 상당한 진전이 관측되고 있으며, 성공적으로 정착이 되고 있어, 향후 사회 전반에 청렴문화가 정착될 것으로 기대된다.[19]

둘째, 권력형 비리의 잔존 한계성이다. 앞서 살펴본 대로 한국의 대통령들은 대부분 정치적 부패와 권력형 비리에 연계되어 있음이 드러난다. 군부 출신의 대통령들은 경제개발을 구실로 정경유착을 통해 비자금을 축적하였으며, 이후 국민의 기대를 받고 출범한 문민정부에서도 대통령 친인척을 통한 정경유착과 정치권 비호의 부정부패는 여전히 지속되었다. 2008~2013년 재임한 이명박 대통령은 뇌물과 횡령 등의 혐의로 투옥되었고, 이어 2013~2016년 재임한 박근혜 대통령은 촛불집회로 집결된 국민들의 대규모 시위를 바탕으로 국회에서 탄핵을 당하였고, 뇌물 등 혐의로 구속되었다. 한국 사회의 부패 개선 노력은 지속되어 왔으나 결국 최고위 공직자인 대통령의 비리와 부패는 가장 최근까지도 지속된 것으로 드러나고 있다. 그러나 국민들의 적극적인 참여와 신고의식으로 부패의 개선은 하위부터 고위층으로 점차 확대되고 있으며, 지금까지 처벌되고 있는 전직 대통령들의 비참한 상황을 목도한 현재와 미래의 정치권은 과거의 부패행위를 반복하지 않을 것이라는 기대감을 갖게 한다.

---

19 김병연, 2017, "부패와 경제성장의 상관관계 연구", pp.81-82. 국민권익위원회

제3장

북한의 초국가적 조직범죄

제1절

유형별 개입 실태

1980년대 말 동구권 몰락과 1991년 소비에트 연방 해체 이후로부터 현재에 이르기까지 국제사회에서 북한의 불법 활동으로 부각되는 것은 핵무기 및 미사일 개발, 反인권범죄, 그리고 외화벌이를 목적으로 하는 불법활동 등 3가지로 구분된다. 국제적 관심사를 고려해 보면, 국제사회에서는 앞의 두 가지 사안에 대해 우선적인 우려를 표명하면서 큰 관심을 보여왔으나, 1970년대부터 전개된 북한의 불법활동은 초국가적 조직범죄 범주에 포함되는 범죄임에도 불구하고 행위자(actor)가 국가적 수준인지 또는 개별 조직적 수준인지를 밝혀내지 못한 채, 국제체제 차원의 대응보다는 해당 국가의 개별적 대응활동에 의존해왔다. 그동안 적발된 북한과 관련된 초국가적 조직범죄 활동을 분석해 보면 앞서 언급한 UNODC의 7가지 범죄 유형에 대부분 포함되는 것을 알 수 있다. 본 연구에서는 초국가적 조직범죄 차원에서 유엔의 범위를 수용하여 UNODC에서 중점적으로 다루고 있는, 마약·무기밀매·위폐·가짜상품·밀수·인신매매·사이버범죄 등 7가지 범죄 유형으로 북한의 초국가적 조직범죄 활동을 열거하고 분석해 본다.

1. 마약범죄

북한에서 해외와 연계되어 나타난 초국가적 조직범죄의 유형은 1970년대 중반부터 드러나기 시작하였는데, 가장 규모가 큰 범죄로 국제사회의 이목을 끌게 된 사건은 마약범죄였다. 〈표 3-1〉에서 나타난 '북한의 마약범죄 적발사례'를 보면, 북한 마약범죄의 시기적 차이, 마약종류별 구분, 수법의 변화 등을 파악할 수 있으며, 해외에서 검거되고 적발된 사례를 근거로 북한 내부의 마약범죄 생산현황 및 유통 전략 등을 추적할 수 있다.

1970년대 초 경제적 상황이 악화된 북한은 모든 해외 공관에 대해 자체적으로 경비를 조달하도록 지시하였고[1] 이로 인해 해외에서 근무하는 공관원들은 공관 경비 조달뿐만 아니라 본국으로 송금해야 할 각자의 할당 금액을 충당하기 위해서 특단의 조치를 취해야 했다. 북한의 불법 활동이 국제적으로 알려진 사례는 1976년에 노르웨이 주재 북한공관 직원들이 모두 가담하여 마약과 담배, 주류 등을 밀거래한 사건이다. 당시 보도된 내용에 따르면, 공관장을 포함한 17명의 북한 외교관들은 4천 병의 폴란드産 보드카와 담배 14만 개피를 스웨덴에서 밀거래하였고, 덴마크에서는 400병의 주류와 담배 4,500만 개피, 그리고 대마초를 원료로 만든 마약류인 해시시(Hashish) 147킬로그램을 구매하여 밀거래하면서 차익을 챙기려 하였다. 이 사건으로 인해 공관장을 비롯해 모든 북한 외교관들이 추방당하는 국가적 망신을 당하기도 하였다.[2]

북한 공관원의 불법 활동은 1970년대부터 시작하여 크고 작은 사건이

---

1 Marcus Noland, 2000, *Avoiding the Apocalypse : The Future of the Two Koreas*, Washington: Institute for International Economics, pp.119-121

2 "SCANDINAVIA : Smuggling Diplomats", *Time* (1976.11.1.); "Swedes Convinced North Korea Directed Smuggling", *The New York Times* (1976.10.22.)

지속 발생되었다. 북한 공관원의 불법 활동은 주로 두 가지인데, 외교관의 면책특권을 이용하여 無검색 통관하는 외교행랑(파우치)으로 밀수를 하는 것이며, 또 하나는, 면세로 구매한 물품을 되팔아서 이득을 취하는 수법이다. 외교행랑을 이용하는 물품으로는 주로 마약류와 미화 위조지폐가 적발되었으며, 면세로 구매한 물품은 비교적 차익이 크게 나는 주류와 담배가 주를 이룬다. 외교관의 국제법적 위치를 방패로 삼아, 주재국에서 적발이 되어도 큰 처벌을 받지 않고 기껏해야 본국 추방으로 끝날 것이라는 외교적 관례를 악용하는 방식이다. 실제, 북한 공관원의 이러한 수법의 불법 활동이 최근에도 지속적으로 적발되는 것으로 드러나고 있는데, 이는 현재에도 북한 공관의 자금난과 본부의 충성자금 납부 압박이 지속되고 있음을 입증하는 것으로 추정할 수 있다.

〈표 3-1〉에서 나타난 북한의 마약범죄 적발 사례를 보면, 1970년대에는 주로 북한 공관원들에 의해 마약류 밀수 범죄가 적발되었으며, 1980년대에 들어서는 북한 공관원과 현지 조직 간에 연계하여 다소 큰 규모로 확대되고 있음을 알 수 있다. 1976년 이집트 주재 북한 공관원이 마약류인 해시시 400킬로그램을 밀거래하다 적발되었고 1979년 5월과 9월에는 라오스 주재 북한 공관원이 헤로인을 거래하다가 추방되는 등 1970년대에만 10여 건이 적발되었다.[3] 북한과 관련되어 1970년대 적발된 마약범죄의 마약류 종류는 주로 천연마약인 아편과 대마초를 비롯하여 아편을 원료로 제조되는 강성마약인 헤로인, 대마초를 원료로 강도를 강화시킨 해시시 등이 주로 나타난다. 또한 지역적으로 이집트, 라오스, 인도 등 현지에서 흔히 남용되는 마약류를 밀거래하였는데, 이를 볼 때 주재국에 근무하는 북한 공관원들이 현지에서 마약류를 획득하여 밀거래를 통해 재판매하면서 수익을 얻으려는

---

3 조성권, 1999, "북한 마약밀매의 실태와 대응방안", 『정책연구』통권 131호, 서울: 국가안보정책연구소, 〈부록1〉.

시도로 추정된다.[4] 1980년대 들어서는 5건의 적발사건이 집계된다. 1987년, 북한 공관원이 인도 마약조직과 코카인을 거래하다 네팔에서 검거되었고, 1988년에는 마카오에 파견 나온 북한 요원이 홍콩 마약조직과 연계하여 헤로인을 거래하다 검거되기도 하였다. 이 기간 중에는 북한 공관원뿐만 아니라 마카오 체류 북한 주재원과 정보요원이 현지의 마약조직과 거래하는 정황이 나타났으며, 헤로인의 거래물량이 점차 확대되는 추세가 주목된다.

1992년 8월 당시 김정일 국방위원장은 "백도라지 사업"을 지시하고 내각, 국가안전보위부, 인민보안성, 인민무력부 등 국가기관을 총동원하여 북한의 북쪽 지역에 양귀비 재배를 대대적으로 실시토록 하였고, 위 기관들이 관리하도록 조치하였다.[5] 미국의 "US News & World Report"紙는 1999년 2월 8일字 기사에서 "북한은 정부 차원에서 6,800헥타르에 양귀비를 재배하고 있으며, 연간 44톤 이상의 아편을 생산해서 해외 공관망을 이용해 밀매하고 있으며, 아편 경작으로 인한 식량부족은 연간 7,800만 달러 규모의 미국 식량원조로 충당하고 있다"고 보도하였다.[6]

북한의 마약생산 및 해외 밀거래 행위는 1990년대에 들어서면서 가장 활발하게 전개되었다. 1990년 3월 인도네시아 해안에서 적발된 북한 국적선박의 대마초 밀수 사건부터, 1999년 10월 일본 야쿠자 조직이 북한과 연계하

---

4 Greitens, Sheena Chestnut. 2014, *Illicit - North Korea's Evolving Operations to Earn Hard Currency*, Committee for Human Rights in North Korea, 2014. p.17. 그레이튼스는 미국 분석내용을 인용하여 70년대 북한의 마약범죄는 주로 "재판매 목적으로 현지에서 마약류를 구매한 것"으로 결론을 내렸다.

5 NK조선, 2013.10.28. "마약 - 양귀비 재배와 제조 판매", http://nk.chosun.com/bbs/list.html?table=bbs_28&idxno=3212&page=4&total=,209&sc_area=&sc_word= (검색일: 2016.7.19.) ; 국민행동본부, 국가정보원 보도자료 번호 13322 등록일자 1999년 1월 22일, 1998년 11월 6일 국가정보원 감사에서 이종찬 국가정보원장이 국회 정보위원회에 보고한 자료 중에서 발췌된 내용을 인용. http://nac.or.kr/article/view.php?id=nac_news&page=3&page_num=30&select_arrange=hit&desc=&sn=off&ss=on&sc=on&keyword=&category=&no=134 , (검색일: 2016.7.19.)

6 김연광, 2003, "나남제약 근무 이광철 - 북한 헤로인 생산기지 나남제약 공장의 全貌", 『월간조선』, 2003년 11월호, pp.458-465

여 해상으로 메스암페타민(Methamphetamine) 250킬로그램을 일본으로 밀반입하여 적발된 사건까지 무려 50여 건의 적발사건이 발생하였다. 이 시기에는 밀거래 마약류의 종류와 관련하여 두 가지 특징이 눈에 띈다. 첫째, 아편과 아편계 강성마약인 헤로인의 거래가 주로 러시아 극동지역 중심으로 이루어졌다. 헤로인은 양귀비를 재배하여 얻어지는 생아편을 원료로 전구물질(Precursor)인 무수초산(Acetic Anhydride)을 첨가하여 만들어지는 강성마약인데, 1991년 3월 체코 주재 북한대사관 소속 공관원 부부가 헤로인 2킬로그램을 밀반입하다 검거된 이래, 주로 러시아 극동지역에서 아편 및 헤로인 밀수 사건이 16건이나 적발되었다. 러시아 극동지역으로 반입되는 아편과 헤로인은 그 지리적 여건을 감안할 때, 북한에서 생산된 것으로 추정된다. 둘째, 1990년대 들어서 북한은 감기약 원료로 사용되는 에페드린(Ephedrine)을 해외에서 대량 수입하기 시작하였으며, 90년대 후반부터는 에페드린을 원료로 제조되는 메스암페타민이 대량 생산되어 일본과 대만으로 밀거래되는 사례가 나타났다. 1995년 8월, 북한은 중국 회사를 통해 독일에서 에페드린 20톤을 수입하였으며, 1998년 1월에는 인도에서 에페드린 2.5톤을 수입한 사례가 국제마약통제 활동에 의해 드러나기도 하였다. 이러한 적발 사례는 빙산의 일각에 불과할 것이며 다수의 적발되지 않은 에페드린 수입 사례가 있었다는 의미이기도 하다.

1990년대 중반 북한은 심각한 홍수 피해를 겪고 아편 생산이 부진해지자 1996년부터 메스암페타민 생산을 늘리기 시작했으며 당시 최대 생산능력은 연간 10~15톤에 달하는 것으로 추정된다.[7] 메스암페타민은 전통적으로 일본에서 선호하는 마약이었으며, 야쿠자 등 범죄조직이 일본의 마약 시장에 상시 공급해 온 것으로 알려져 있다. 따라서 북한으로서는 국가 차원의

7 이서항, 1998, 『아태지역 불법마약 거래현황과 대책』, 서울: 외교안보연구원

시설과 장비를 이용하면서 국영 제약공장에서 고품질, 고순도의 메스암페타민 생산이 가능하였을 것이며, 주로 일본과 한국의 수요에 따라 공급하면서 현지 마약조직과 결탁하여 거래하면서 그 거래를 확대시킬 수 있었다.

한편, 일본으로 밀반입된 메스암페타민의 경우, 대부분 해상을 통한 대규모 물량의 밀수가 적발되었는데, 일본을 왕래하는 정기 선박에 은닉하여 밀반입되는 사례도 있었으나, 북한에서 출발한 북한 선박이 서해 및 공해상에서 일본 어선 등과 접촉하여 메스암페타민을 전달한 후에 일본으로 밀반입하는 수법이 주로 발견되었다. 이러한 조직적 활동은 일본 야쿠자와 중간 브로커인 한국인 또는 조선족 조직이 연계되었으며, 대표적인 사례로, 1998년 8월에 일본 코치현에서 적발된 500킬로그램, 1999년 4월에 돗토리현에서 적발된 100킬로그램, 및 큐슈 해안가에서 적발된 300킬로그램 등의 사건이 있다.

위 내용을 정리해 보면, 북한에서는 1990년대 초 헤로인 생산이 확대되었고 1990년대 중반부터 메스암페타민의 대량 제조 및 유통이 증가한 것으로 분석할 수 있다. 이 시기는 1990년대 초 소련과 동구권 몰락의 영향을 받은 북한이 소위 "고난의 행군"이라고 명명하였던 경제적 시련을 겪던 시기에 해당되는 기간으로, 북한의 벼랑 끝에 몰린 경제난 극복을 위해 가능한 모든 수단과 방법이 동원되었을 것으로 이해된다.

북한의 마약거래는 1990년대 후반부터 대만조직과의 연계 사례도 발견된다. 1999년 5월, 대만 마약조직은 대만선박 '페이 다오(Pei Dao) 1'호를 이용하여 공해상에서 북한선박과 접촉하여 메스암페타민 157킬로그램을 옮겨 싣고 대만으로 밀반입하던 중 적발되는 사건이 발생하였다. 이어 1999년 10월 3일, 대만 선박 '신셩호(Xin Sheng Ho)'는 메스암페타민 565킬로그램을 선적하고 일본 가고시마현 큐로세 해안으로 접근하다가 적발되었는데, 이 선박은 북한 남포에서 출발한 북한 선박으로부터 마약을 전달받은 것으로 밝혀졌다. 또한, 1998년 9월, 북한군인 2명이 헤로인 10킬로그램과 메스암페타민 5킬로그램을 중국 단동으로 밀반입하던 중 검거되었고, 1999년 7월에는 북한인 2명이 러시아 공항을 통해 헤로인 2킬로그램을 밀반입하려다 검거된 사례가 발생하였는데, 이러한 사례들을 종합해 보면, 북한과 연계된 마약거래는 대부분 북한의 주변 국가인 러시아, 중국, 대만, 일본, 그리고 한국이었음을 알 수 있다.

2000~2004년간 북한의 국제적 마약범죄 적발사례는 〈표 3-1〉에 따르면 14건에 달한다. 2000년대로 들어서 북한의 마약범죄는 왕성했던 1990년대의 추세를 이어가면서 2000년 초부터 일본과 대만을 목적지로 해상 마약 밀수가 대규모로 전개되었다. 2000~2002년 기간 중 대만 조직과 북한의 밀거래는 3차례 적발되었는데, 대만 범죄조직은 대만 어선을 활용하여 북한에서 출항한 선박을 공해상에서 접촉하는 수법으로 헤로인과 메스암페타민을 대량으로 밀반입하였다. 이 기간 중 적발된 마약류는 헤로인 213킬로그램과 메스암페타민 42킬로그램으로, 일본의 야쿠자가 메스암페타민을 거래하는 것에 비해 대만 조직은 헤로인을 선호하고 있음을 짐작할 수 있다.

2000~2002년 기간 중 해상을 통한 북한과 일본 조직 간의 메스암페타민 밀거래는 지속되었으며 3건의 대규모 적발사례가 발견된다. 2000년 2월, 일본 간사이 거점의 야쿠자 조직원들이 조총련계 한국인들과 연계하여, 일본 선박 '에이후쿠 마루'호를 운반선으로 활용하면서 북한 원산에서 출항한 북한 선박과 공해상에서 접촉하고, 메스암페타민 250킬로그램을 옮겨 선적한 후 일본으로 밀반입하던 중 적발되었다. 2001년 12월에는 북한에서 일본으로 마약을 운반하던 북한 선박이 일본 해안에서 침몰된 사건이 있었으며, 2002년 1월에는 메스암페타민 150킬로그램을 선적한 중국 선박이 일본 후쿠오카 해안에서 나포되었는데, 이 선박은 북한 서쪽 해상에서 북한 선박으로부터 메스암페타민을 넘겨받은 것으로 밝혀졌다. 또한 2002년 11월과 12월에는 북한산으로 여겨지는 메스암페타민 500파운드(225킬로그램)가 일

본 해안에서 발견되기도 하였다.[8]

2001년 10월 필리핀 해역에서 국적 미상의 선박이 적발되었는데, 이 선박은 북한 선박으로부터 메스암페타민 800킬로그램을 넘겨받아 운송한 것으로 확인되었다. 또한 같은 해 11월, 북한 나진항을 출발하여 부산항에 입항한 중국 선박 '츄싱(Chu Xing)호'에서 메스암페타민 91킬로그램이 적발되기도 하였다. 2003년 4월에는 호주 해역에서 북한 선박 '봉수호'가 헤로인 125킬로그램을 운반한 혐의로 나포되었는데, 이 사건은 호주 내륙의 조직범죄 집단과 봉수호가 연계하여 마약을 밀거래한 것으로 드러나면서 국제적으로 커다란 관심을 유발하기도 하였다.

2002년 7월 적발된 대만 마약조직의 북한산 마약 밀반입 사건은, 대만 선박이 북한 해역으로 직접 진입한 후 북한군함을 접선하여 헤로인 79킬로그램을 선적하고 대만 기릉시 항구에 접안하던 중 대만 수사당국에 의해 적발된 사례로, 여기에서 적발된 헤로인은 "쌍사지구표(雙獅地球標, Double Uoglobe Brand)"[9]라는 포장지에 담겨 있었다.[10] 이 포장지는 미얀마와 골든트라이앵글 지역에서 생산되어 유통되는 헤로인의 포장지로 알려져 있는데, 북한이 미얀마산 헤로인을 구매한 후 재판매한 것인지 또는 북한에서 제조된 헤로인을 미얀마산으로 위장하려는 것인지 당시에 확인하기는 어려운 상태였다. 그러나 2003년 발생된 봉수호 사건으로 그 내막이 좀 더 명확해진다. 2003년 4월 호주 해역에서 적발된 북한 선박 봉수호의 헤로인 운반 사건은, 2000년

---

8 Perl, Raphael F. 2007, "Drug Trafficking and North Korea: Issues for U.S. Policy", CRS report for Congress, Order Code RL32167. p.7(각주: 적발사례)

9 雙獅地球標(쌍사지구표)는 1970년대 미얀마 Shan부족 중심으로 조직된 "쿤사(Khun Sa)" 조직에 의해 Shan부족과 Wa부족이 생산하였던 헤로인을 포장하였던 상표로 알려져 있는데, 중국 운남성 일대와 태국-미얀마-라오스 접경지역인 황금의 삼각지대(Golden Triangle)에서 발견되기도 한다.(출처: Dittmer, T.W. 2014, "Khun Sa", Random Post); 미얀마에서 발견되는 헤로인 상표는 쌍사지구표 외에도 "Crouching Lion", "Lucky Strike", "Panda and Dragon", "Tiger" 등이 있다.(출처: Brookes Stephen, 1990, "In the Land of China White", *Insight*)

10 Lintner, Bertil. 2007.4.20. "North Korea's burden of crime and terror", Bangkok: *Asia Times*

대 북한의 해상 마약거래 사건의 절정을 이룬다. 이 사건에서도 적발된 헤로인은 과거 미얀마에서 생산되어 해외로 유통되었던 "쌍사지구표(雙獅地球標, Double Uoglobe Brand)"라고 표시된 포장에 쌓여 350~400그램 단위 벽돌 모양으로 적재되어 있었다. 봉수호에서 발견된 헤로인의 출처를 두고 북한산인지 또는 봉수호 탑승 북한인들의 주장대로 다른 마약조직에 의해 적재된 미얀마 생산 마약인지에 대해서는 논란이 있었다.[11] 그러나 봉수호가 2003년 4월 호주 해역에 도달하기 직전 북한 남포항을 출발하였던 점, 봉수호에서 적발된 "쌍사지구표(雙獅地球標, Double Uoglobe Brand)"의 포장 문양이 전통적인 미얀마産 문양과 차이가 있는 점, 골든트라이앵글 지역에서 제조된 이 상표는 1970~1980년대 성행하였다가 1996년 "마약왕 쿤사(Khun Sa)"[12]의 항복과 함께 이 지역의 헤로인 생산이 소멸되었던 점, 그리고 이미 북한에서 고순도의 헤로인을 대량 생산하고 있다는 점을 감안한다면, 미얀마産 헤로인을 호주로 운반했다는 주장을 인정하기에는 무리가 있다. 또한, 봉수호 사건에 앞서 일본과 대만 해역에서 적발된 북한산 마약의 운반사건을 볼 때, 해상 운반을 통한 근거리 운반을 주로 행했던 점, 물량이 대규모인 점, 헤로인의 순도가 당시 골든트라이앵글에서 제조된 헤로인에 비해 고순도인 점 등을 고려하면, 북한에서 제조된 헤로인을 미얀마산으로 위장하였다는 의견이 보다 개연성이 있는 것으로 판단된다.[13]

---

11 Dawson, Alan. 2003, "Australian Bust Adds Evidence North Korea Major Player in Global Heroin Trade", *Bangkok Post*. (21 July 2003). ; "Macao-based organized crime said behind N. Korea heroin trade", *Kyodo News International, Inc*. (20 November 2003) ; Simpson, Cam. "N. Korea drug-trade charges in question; Evidence shaky in case cited by U.S.", *Chicago Tribune* (10 March 2005)

12 Fuller, Thomas, 2007.11.5., "Khun Sa, Golden Triangle Drug King, Dies at 73", *International New York Times*

13 2003년 봉수호에서 적발된 헤로인의 포장 관련, 당시 美 DEA 및 국내 마약수사 및 정보기관에서는 북한산 헤로인을 미얀마산으로 위장하려는 북한의 술책일 가능성이 높은 것으로 판단했다.(2003년 아태지역 HONLEA 회의 토의내용)

북한의 마약 생산과 관련하여 그동안 많은 탈북자와 북한 전문가들의 소개로 인해, 이미 구체적으로 그 내용이 알려져 있다. 1992년 8월 김정일이 극심한 경제난 타개책의 일환으로 양귀비 재배사업을 지시하였으며, 이 사업은 소위 '백도라지 사업'으로 명명되어 양강도 지역에서 양귀비를 대규모로 재배하기 시작하였고, 1996년부터 미얀마 지역의 마약전문가로 보이는 기술자들을 초빙하여 양귀비에서 추출한 아편으로 고순도 헤로인 제조방법을 발전시켰다. 마약을 해외에 수출하는 각 기관들은 '100만 달러 운동'을 벌이고 있으며 공로가 있는 무역일꾼들에게는 '백도라지 영웅'이라는 칭호를 수여하면서 해외 마약 밀매를 경쟁적으로 확대시켰다.[14] 메스암페타민의 경우, 1995년부터 중국 및 인도 등지에서 원료물질인 에페드린을 확보하기 시작하였으며, 1996년부터 '만년제약공장'과 평양시 소재 '평양제약공장' 등지에서 메스암페타민 생산을 본격화하기 시작한 것으로 알려져 있는데, 1997년 귀순한 고위급 탈북자인 前 북한 노동당 국제담당 비서 '황장엽'은 "나남제약공장은 헤로인을 생산하고 순천제약공장은 모르핀을, 평양제약공장은 메스암페타민을 생산한다"고 2001년 6월 증언하였다. 이어 황장엽은 "1994년 정무원 총리인 강성산이 나에게도 마약을 팔 수 없겠느냐고 부탁해 온 적이 있다"며 "강성산은 해군에 부탁해야겠다고 하더니 실제 1990년대 중반까지 해군을 시켜 동남아 해역에서 마약을 팔았다"고 증언하였다.[15]

'백도라지 사업'에 대한 언급은 2000년대 이후 탈북한 다수의 탈북민으로부터 증언되었는데, 나남제약에서 근무했던 탈북민 이광철은 "1995년부터 나남제약 5직장에서 헤로인이 제조되어 중앙당 97호실 소속 '유경회사'를

---

14 한영진, 2006, "김정일의 향락생활과 범죄 행위 속에 멍들어가는 북한 주민", 『북한연구』 2006년 4월호. p.135; NK조선, "마약-양귀비 재배와 제조 판매" 2013.10.28.

15 데일리NK. 2006, "황장엽, 김정일 비자금 마카오-광저우 두 곳에서 관리", 2006.1.16. http://www.dailynk.com/korean/read.php?cataId=nk02200&num=17366

통해 해외 밀거래 되었다"고 증언하였다.[16] 또한, 가장 최근인 2015년 11월 탈북한 탈북민 전某씨는, '평양정성제약공장'의 지하 5호 직장에서는 북한 노동당 간부들이 출입하면서 아편과 대마를 원료로 9가지 종류의 마약을 대량 생산하였다고 증언하였다.[17] 한편, '체스트넛'(Sheena Chestnut, 2005)은 탈북자들의 증언을 모아, 구체적인 북한의 마약 생산 장소를 열거한다. 탈북자 '박성학'에 따르면. 함경북도 청진에 소재하는 '나남제약공장', 평양에 소재하는 '만년제약공장', 평남 순천시에 소재하는 '순천제약공장'에서 마약류를 생산하고 있으며, 또 다른 탈북자 '김영일'에 따르면, '나남제약공장'으로 아편이 전달되어 고순도의 헤로인이 생산된다는 것이다. 또한, 탈북자 허某에 따르면, 나남제약공장에서 생산된 아편은 "백도라지 뿌리"라는 허위 상표를 붙여 해외로 수출되기도 하였다는 것이다.[18]

2000년대 북한이 마약밀매로 벌어들인 수익은 연간 최대치로 10억 달러까지 추산된다. 이러한 금전적 수익은 김정일 정권을 유지하기 위한 중요한 자금이었다. 마약밀매의 수익금으로 지도자의 통치 스타일대로 당간부 및 군부, 법집행 기관들에게 호화품을 선물하고 특권층을 배려해주면서 이들의 충성심을 유지시킬 수 있기 때문이다.[19] 북한의 국제적인 마약밀매 활동은 2005년을 변곡점으로 급격하게 감소된다. 이후 북한의 마약문제는 내부적 사회문제로 악화되기도 하여 통제가 강화되기도 하였으나 여전히 중국을 통한 밀거래는 지속되고 있다.

2005년경 북한의 마약밀매 사업은 해외의 문제뿐만 아니라 내부적으로

---

16 김연광, 2003, op. cit.

17 조선미디아, 2016, 『북, 평양정성제약 지하공장에서 마약생산』 (2016.3.21.)

18 Chestnut. Sheena E. 2005, op. cit., p.57

19 Noland, Marcus and Haggard, Stephen, 2008, "North Korea's External Resources and Constraints". *Korea's Economy*. Vol 24 pp. 83-91.

도 커다란 사회적 변화를 맞게 된다. 북한은 아편 및 헤로인의 생산과 더불어, 일본과 한국에서 선호되는 메스암페타민의 생산을 1996년부터 본격화하였는데, 2000년대 들어서 메스암페타민의 해외 밀매도 증가하였지만, 북한 내부적으로 북한 주민들에 의한 남용이 확산되기 시작하였다. 메스암페타민은 분말로 판매되나 크리스탈(白礬 모양) 형태로 제조되어 북한주민들 사이에서는 '얼음' 또는 중국과 거래하면서 생겨난 '삥두(氷毒)'라는 이름으로 불린다. 본래 '삥두'는 중국에서 제조된 메스암페타민의 크리스탈 형태를 지칭하는데, 2005년경부터 북한의 마약제조 기술자들이 비밀리에 개별적으로 생산하면서 '삥두(또는 빙두)'라는 이름으로 북한 주민들에게 유통시키면서 그 이름이 널리 알려졌고 점차 그 중독성이 확산되기 시작하였다. 북한 군부에서도 피로 회복을 위해 암암리에 마약이 유통되었고, 마약을 투약한 후 범죄를 자행하거나, 마약의 효능이 왜곡 과장되면서 심각한 사회문제로 확산되기에 이르렀다.

북한 사회의 마약남용의 심각성은 단순히 변방지역 뿐 아니라 평양 등 중심지에서도 만연하였으며, 연령층도 10대 청소년부터 장년층의 당 간부까지 확산되었으며, 심지어 북한에서는 "마약을 적당히 복용할 경우에 장수할 수 있다"는 소문이 퍼지면서 당과 군 간부들 사이에서도 마약을 복용하는 현상이 적지 않다고 한다. 또 마약 복용을 단속해야 할 인민보안성(우리의 경찰에 해당) 보안원, 검찰소 검사까지 마약을 상습적으로 복용해 마약밀매를 제대로 단속하지 못하고 있는 것으로 알려졌다.

2008~2011년간 함경북도 지역에서 탈북한 경찰, 무역상, 교사, 공장 노동자, 운동선수, 광산노동자, 의사, 대학 교수, 상인, 학생, 식당종사원, 간호원, 운전사 등 24명을 대상으로 조사한 결과에 따르면, 2000년대 초부터 아편보다는 메스암페타민이 진통제로서 선호되었으며, 2004~2005년 메스암페타민이 대량 제조되었는데 외화벌이 목적과 더불어 북한 내 군부에서 각성제 사용 목적으로 평양시 소재 상원제약공장 등지에서 생산된 것으로 알려

졌다. 2003~2007년에는 북한의 마약제조 기술자들이 개인적 비밀장소에서 제조하여 북한 내부적으로 유통하였으며, 2004년경부터 북한 내 부유층은 고급식당에서 식사 후 후식처럼 식후에 남용하는 것도 목격되었다는 증언도 있다. 2007년부터는 중국산 메스암페타민(氷毒)이 중국을 왕래하는 북한 무역상들을 통해 북한으로 유입되어 일반층에도 확산되었으며, 2009년부터는 학교의 10대 학생들 사이에서도 남용되고 피로감을 느끼는 광산 노동자들의 경우 70% 이상이 남용하는 것으로 전해졌다.[20]

이 당시 북한 내부의 마약남용 정황을 입증하듯이, 2006년 3월 북한 인민보안성 명의로 발표한 포고령에서, 주민들과 국영공장 및 단체들에게 마약을 불법적으로 매매하거나 사용하지 말 것을 경고했으며, 이를 어길 경우 사형에 이를 수 있고 가족과 동료들에게도 집단책임을 묻는 등 엄하게 처벌할 것이라고 명시하였다.[21] 그러나 포고령의 내용을 보면 북한 정권의 통제 의도를 어느 정도 유추할 수 있다. 인민보안성의 포고령은 "전력선, 통신선을 끊거나 마약거래 행위 하는 자들을 엄벌에 처함에 대하여"라는 제목으로 전달되었는데, "마약을 비법적으로 생산하거나 수출하는 행위를 하지 말고 마약에 대한 보급, 취급, 이용질서를 어기는 행위를 하지 말라"고 경고하는 한편, 이 포고를 어기는 엄중 행위를 한 자는 직위와 공로, 소속에 관계없이 사형에 처하고, 가족은 추방한다고 밝혔다.[22] 즉, 국가적 차원에서 생산하는 마약 외에 개인 기술자가 사적으로 생산, 유통하는 것을 강력히 통제하고자 하며, 직위 및 소속을 강조하는 면을 볼 때, 국가기관에 소속되어 있는 관리들

---

20 Lankof, Arndrei & 김석향. 2013, *A New Face of North Korean Drug Use* ;
이 조사 내용은 2013년 8월 독일 '쥐드도이치 짜이퉁' 신문과 CNN에서도 인용되었다.

21 US State of Department, 2007.3. *International Narcotics Control Strategy Report*, p.308 http://www.state.gov/documents/organization/81446.pdf

22 김윤영, 2009.『북한의 범죄실태와 보안경찰기관의 대응책』, 치안정책연구소, p.55

이 사적으로 마약을 유출하고 거래는 사례가 빈번하였음을 반증한다.

위의 상황을 종합해 보면, 2002~2006년 기간 동안 북한 사회에서 마약 문제가 내부적으로 심각한 상태에 처했으며, 이에 따라 김정일 국방위원장의 아편 재배 및 마약 밀매 금지 지시(2002.3)에 이어 인민보안성 명의의 포고령(2006.3)이 발표되었는데, 이를 통해 두 가지 사실을 유추할 수 있다. 첫째, 생산면적이 넓고 일반인들의 접촉이 용이한 아편류 및 헤로인의 생산보다는 통제가 용이하며 소량 생산으로 고부가 가치를 갖고 있는 메스암페타민 생산에 집중하였다. 그동안 양귀비 재배를 바탕으로 하는 아편류 및 헤로인 생산은 다양한 "특수 단위"에서 생산되어 통제가 어려웠으며, 이로써 "비법적 생산 및 수출"이 가능했던 상황임을 짐작할 수 있다. 둘째, 북한 사회에 만연하고 확산되고 있는 마약의 생산, 남용, 해외 밀거래 등의 문제가 일반 주민은 물론 군, 경찰, 관리들이 개입되어 확대됨으로써 사회적 혼란을 야기 시키는 수준에 도달하였다. 한편, 2005년 이후부터 북한의 마약거래 추세가 중국을 시장으로 지속되고 있는 정황이 발견되기 시작하였다. 미 국무부 보고서(2011)에서도 북한의 국가 차원 또는 북한인이 개입된 대규모 마약 거래가 발견되지 않았다고 밝히면서. 그러나 북한과 인접한 중국 국경지역에서 적발되는 마약밀수 사건은 지속되고 있는데, 이 보고서에 따르면, "중국은 두만강 일대의 정찰을 강화하고 있으며, 북한산 마약의 중국 밀매가 증가하였다"고 확인하였다. 실제 2010년 중국 당국이 적발한 북한산 마약류의 물량은 미화 6천만 달러(한화 720억 원 상당)에 달하였는데, 적발되지 않은 마약류를 감안한다면 훨씬 더 많은 마약류가 중국을 통해 유통되었음을 의미한다.[23] 또한, 이러한 현상은 북한의 마약밀매 전략이 해상유통에서 소위 "중국 루트"를 통한 육상 유통으로 전환되었음을 의미하기도 한다. 클레이튼(Matthew Clayton,

---

23 Clayton, Matthew, 2013, '*Drugs in the DPRK 2006-2011: A Quantitative Analysis*', p.9. ; Dong-A Ilbo. 2011. "NK's massive drug trafficking angers China: source." http://english.donga.com/

2013)이 '데일리NK'와 'North Korea Today'의 자료를 근거로 집계한 내용에 따르면, 2006년 1월부터 2011년 9월까지 북한에서 적발된 마약범죄 건수는 59건이며, 총 327명이 검거된 것으로 밝혀졌다. 이 중에는 중국으로 밀수하던 북한인 마약범죄자도 포함되는데, 2006년 이후부터는 북한 정권 차원의 마약밀매 외에도 개인 기술자의 생산과 유통으로 인한 마약범죄가 증가되었음을 의미한다.[24]

북한에 거주하는 소식통들을 통해 정보를 수집하고 있는 북한 전문가가 2011년 당시 북한의 마약범죄 상황을 파악한 내용에 따르면, "북한 정부는 해마다 4천만 달러 규모에 달하는 2톤 가량의 고품질의 메스암페타민(순도 98% 이상)을 생산하여 중국을 통해 전 세계로 불법 유통하고 있다. 이 마약은 브로커들 사이에서 "김정일 1호"라는 은어로 불리는데, "김정일 1호"로 불리는 두 가지 이유는 첫째, 이 메스암페타민이 최상급 순도이며, 둘째, 메스암페타민 판매 자금을 통치자금으로 사용하고 있기 때문이다"라고 전언했다. 또한 북한 내 소식통은 "국가기관(보위부가 중심)이 '김정일 1호'를 매년 평균 2톤 이상 거래하고 있으며, 압록강 하구인 평안북도 신의주, 용천 인근 서해에서 암거래 형식으로 중국 브로커들에게 밀매하고 있다"고 북한의 마약범죄 실태를 제보했다.[25]

북한산 마약은 중국 내에서 이른바 '3-3-3' 밀매 시스템으로 유통되고 있는 것으로 알려졌다. 마약 밀매에 9~10명이 한 조가 되는데, 북한인 3명이 북-중 국경지대로 마약을 가지고 나오면 조선족 3명이 중국 동북3성 지역에서 운반하고 이를 한국인 3명이 넘겨받아 한국과 일본에 유통시킨다는 것이다. 중국 지린(吉林) 성의 옌볜(延邊) 조선족자치구와 창바이(長白) 조선족자

---

24 Ibid., p.17.

25 하태경, 2011. "김정은이 김정일에게 물려받은 사악(邪惡) 산업", 『신동아』, 2011년 1월호

치현, 랴오닝(遼寧) 성의 단둥(丹東) 시는 북한산 마약이 중국으로 들어오는 핵심 루트로 알려져 있다. "동북3성에서 거래되는 마약은 모두 북한에서 넘어온 것"이라는 말이 공공연히 퍼져 있다. 2008년 10월 지린성 바이산(白山) 시 공안은 창바이 현에서 순도 100%의 메스암페타민 5.4킬로그램을 압수했다. 2010년 7월 옌볜 공안은 메스암페타민 1.5킬로그램을 압수했다. 메스암페타민 순도가 100%에 달하는 것은 개별 소규모 조직이 생산한 것으로 보기는 어렵다.[26] 비록, 적발된 범죄조직은 개별 조직이었으나, 메스암페타민의 순도가 100%에 달한다는 것은 소규모 마약조직에 의해 제조되었다기보다는 제약공장 시설과 기술에서나 제조가 가능한 상황임을 고려할 때, 정권차원의 개입이 존재하는 것으로 판단된다.

2013년 11월 미국 검찰이 발표한 국제마약조직 적발 사건에서, 영국, 중국, 필리핀 등 다국적 조직원 5명을 검거하였는데, 이들은 북한산 메스암페타민 1톤을 필리핀에 보관하였으며, 이 마약을 미국으로 밀반입시킬 계획을 추진 중인 것이 밝혀졌다. 미국 마약수사기관(DEA)이 공작원을 구매자로 위장하여 적발한 이 사건에서, 북한은 여전히 고순도의 메스암페타민을 생산하고 있으며, 중국 및 필리핀 등 동남아 국제조직원과 연계하여 전 세계로 밀거래하고 있음을 확인할 수 있다.[27]

2013년 미국의 '국제마약통제전략보고서(INCSR)'는 "2004년 이래로 북한 정권과 연계된 대규모의 마약밀매 사건은 확인된 바 없다"고 밝혔다. 이것은 2004~2005년 '로얄 참(Royal Charm)' 공작과 '스모킹 드래곤(Smoking

---

26 스포츠동아, 2011.7.5. "[단독]中, 북한산 마약에 뿔났다"
https://sports.donga.com/article/all/20110705/38547901/3

27 Horwitz, Sari, November 20, 2013, "5 extradited in plot to import North Korean meth to U.S.", *The Washington Post*
https://www.washingtonpost.com/world/national-security/5-extradited-in-plot-to-import-north-korean-meth-to-us/2013/11/20/4a2a3840-5222-11e3-9e2c-e1d01116fd98_story.html

Dragon)' 공작 이후 실제 북한의 국가 차원의 마약밀매, 위폐, 가짜상품 등의 대형 불법행위 사건이 적발되지 않았음을 근거로 작성된 것이다. 그러나 북한의 국가차원의 해외 마약 밀거래는 완전히 소멸된 것은 아니며, 비록 거래 규모는 2000년대 초처럼 대규모는 아니지만 마약의 종류를 아편류에서 메스암페타민(일명: 얼음, 빙두, 히로뽕)으로 특화하면서 생산 및 유통 방식의 보안성을 강화하였고, 거래 대상도 가장 가까운 접경국가인 중국을 거쳐 중국의 마약조직을 통해 일본 및 동남아와 북미의 조직과도 연계하여 유통시키고 있음을 위 사례들을 통해 알 수 있다.

2017년 INCSR 보고서에서는 북한 내부에서 개별적인 조직에 의해 메스암페타민이 생산되고 북한 주민들의 남용이 비교적 폭넓게 만연되어 있다고 전했다. 중국 국경과 접한 북한의 북쪽 지역에서는 사회 각계각층에서 메스암페타민(얼음)의 남용이 심각한 편으로, 공급이 많고 가격이 비교적 저렴하기 때문이다. 일부 북한 주민들은 마약을 의약용도로 자의적으로 사용하기도 하는데, 국가 차원에서 수요감축이나 치료를 제공하는 것은 발견되지 않는다. 지난 수년 동안 북한 정권 차원에서 마약을 생산하거나 유통한 사건이 적발된 사례는 없다. 이는 북한 관료들의 개입이 축소되었거나 생산 및 유통 수법상 은닉하는 방법을 더욱 개발한 것으로 추정된다. 현재 북한에서는 개별 마약조직들이 규모가 비교적 작은 시설에서, 정부 관료에게 뇌물을 제공하면서 은밀하게 생산하고 있다. 이렇게 생산된 마약의 최종 목적지는 중국이다.

2019년 한국 경찰은 북한산 메스암페타민을 남용하고, 유통해 온 탈북민 19명을 검거하였다. 2019년 10월 8일 경찰의 발표에 따르면, 서울지방경찰청 보안수사대는 같은 해 5월부터 8월까지 국내에서 북한산 메스암페타민을 흡입하거나 유통한 19명을 검거하였는데, 이들은 경찰 조사과정에서 자신들이 흡입·유통한 메스암페타민이 '북한산'이라고 진술한 것으로 알려졌다. 이들은 전원 탈북민으로 국내에서 택배기사나 자영업 등을 하고 있는 것으로 확인되었다. 경찰은 검거된 이들을 조직의 말단급으로 보고 북한 정권 차원에서 개입되었을 가능성도 염두에 두고 유통조직의 윗선을 추적하고 있다.[28] 탈북민들이 자유로이 중국을 왕래할 수 있는 환경을 이용하여, 북한산 마약이 중국을 경유하여 국내로 밀반입되는 '중국루트'가 활성화되고 있다.

〈표 3-1〉 북한의 마약범죄 적발 사례

1976년	-	덴마크 및 스칸디나비아 지역에서 2명의 공관장을 포함한 17명의 노르웨이주재 북한 외교관, 마약, 담배, 주류 밀거래 적발 (Time, 1976.11.1.)
	5월	이집트 주재 북한 외교관, 해쉬쉬 400kg 소지혐의로 체포
1977년	1월	베네주엘라 주재 북한 외교관 3명, 아편 174kg 소지
	5월	인도 주재 북한대사 비서급 공관원, 대마초 15kg 소지
1979년	5월	라오스 주재 북한 공관원, 마약운반 중 체포되어 강제 추방
	8월	라오스 주재 북한 공관원, 마약 밀반입 및 자금 운반 중 체포되어 추방
	11월	라오스 주재 북한 외교관, 헤로인 15kg 운반 중 적발
1980년	2월	이집트 주재 북한 외교관 2명, 헤로인 400g 소지
1985년	10월	동독 주재 북한 공관원, 헤로인 150포대, 몰핀 150kg 밀반입 중 적발되어 강제추방
	12월	파나마 주재 북한 공관원, 마약 불법판매 혐의로 강제 추방
1987년	3월	네팔 주재 북한 공관원이 인도 조직과 연계하여 코카인 75g 운반중 적발
1988년	1월	미국, 뉴욕에서 마카오 거주 북한인, 홍콩 마약조직과 연계하여 헤로인 1~200파운드 거래 중 적발
1990년	3월	인도네시아 해안에서 북한 국적선박 '온청련'호(Aeun Chung Ryon, 또는 'Oun Chong Nyon Ho'), 대마초 운반중 적발
	9월	북한인 2명, 일본 조직과 연계하여 에페드린 1.5kg 및 몰핀 혼합 마약류 11kg 일본으로 밀반입
	末	북한 함흥 출신 러시아 벌목공, 아편 1kg 러시아로 밀반입
1991년	3월	체코 주재 북한대사관 소속 외교관과 처, 헤로인 2kg 스웨덴으로 밀반입 중 적발
	12월	북한 만경봉호 탑승 정치지도원 3명, 몰핀 13.3kg 및 아편 10kg 소지하고 일본으로 입국하던 중 적발

28 동아닷컴, 2019.10.8., "'북한산 필로폰 유통' 탈북민 무더기 검거…北 개입 가능성?" http://www.donga.com/news/article/all/20191008/97778517/2

1994년	2월	북한 평양의 공작원, 한국 범죄조직 및 아시아 샤론조직, 서남아시아 조직 등과 연계하여 헤로인 100kg 밀매 (1992-1993년간 적발된 마약류)
	6월	러시아 블라디보스톡에서 북한 보위부 소속 1명과 고위간부 아들 1명, 러시아 조직과 연계하여 헤로인 8.25kg 밀거래
	7월	북한인 1명, 신발에 아편 200g 은닉 러시아로 밀반입
		중국 주재 북한대사관 소속 무역대표부 직원, 아편 6kg 중국 상해로 밀반입
	8월	북한 정보요원, 러시아 극동지역 마피아 조직과 연계하여 러시아에서 헤로인 거래 중 검거
	-	북한 보위부 요원, 아편과 기타 마약류 중국 밀반입 하던 중 체포
1995년	1월	북한 인민무력부 운영 마카오 소재 무역회사 소속 북한인 2명, 아편 6kg 중국 상해로 운반 중 체포
	2월	러시아 블라디보스톡에서 북한인 2명, 헤로인 8kg 밀반입 중 적발, 2.2톤의 헤로인 거래 중 1차 선적 물량인 것으로 밝혀짐
	7월	북한 보위부 요원, 중국 연길에서 헤로인 500g 공항으로 밀반입하다 적발
		잠비아에서 북한 외교관, 코카인 2.4kg 소지
	8월	에티오피아에서 북한인, 코카인 밀반입 중 검거
		마카오 및 홍콩 활동 북한 무역회사(Eunhong) 직원, 현지 마약조직과 연계하여 아편 거래
		북한은 중국 회사를 통해 독일에서 에페드린 20톤을 수입. 그 중 1.5톤은 의약용으로 사용하고 나머지 18.5톤을 불법마약 제조용으로 이용
	-	중국, 길림성에서 북한인 연계 아편 밀수 사건이 10차례 발생
1996년	3월	상선 'Choyang Land'를 이용, 중국 선양 소재 북한 공관원과 한국 조직원이 연계하여 메스암페타민(크리스탈 형태) 6.3kg 한국 부산항으로 밀반입
	9월	러시아 블라디보스톡에서 북한인 2명, 아편 2kg 밀매 중 검거
	11월	러시아 극동지역 슬라비얀카에서 북한 벌목공, 생아편 30kg 밀반입 중 검거
	-	러시아, 북한 외교관 및 무역대표부 직원에 의한 아편 밀반입 물량이 100kg인 것으로 보도
1997년	4월	북한 화물선 '지성2호'(선장 맹송철), 남포에서 출발하여 일본 호소지마항으로 메스암페타민(각성제) 60kg 밀반입 하던 중 적발됨. 조총련계 2명과 일본 야쿠자 조직 연계
	5월	라오스 주재 북한 외교관, 마약류 밀반입 혐의로 체포
		중국, 단동에서 북한인 8명, 메스암페타민 900g 밀수 혐의로 체포
	7월	러시아, 하바롭스크에서 북한인 벌목공, 아편 5kg 밀매 중 검거
	8월	라오스 주재 북한 외교관, 현지에서 마약류 밀매 혐의로 검거
	9월	러시아, 극동지역 파르티잔스크에서 북한인 1명, 아편 45g 밀매 중 체포
	11월	러시아 블라디보스톡에서 북한 외교관, 아편 22kg 밀반입

1997년	12월	한국, 마약조직, 북한산 메스암페타민 2.6kg 밀반입 중 대구에서 적발
		북한인 2명, 헤로인 8kg 러시아로 밀반입 중 검거
1998년	1월	북한은 인도로부터 에페드린 2.5톤을 수입(98.8월부터 에페드린을 통제물질로 지정)
		멕시코 주재 북한대사관 1서 최승현 등 2명, 코카인 35kg 러시아로 밀반입 하던 중 모스크바 공항에서 적발
	4월	북한 화물선에서 일본으로 밀반입 중인 메스암페타민 58.6kg 적발
	여름	북한인 2명, 아편 3kg 러시아로 밀반입 중 검거
	7월	시리아 주재 북한 공관원 2명, 이집트 카이로에서 향정신성 의약품 50만 정(250억 원 상당) 밀수 기도 중 적발
	8월	일본 야쿠자 및 중국 거주 조선족 조직, 북한과 연계하여 흥남에서 출발한 북한 선박을 이용, 일본 해안에서 어선과 접촉하여 메스암페타민 200kg 및 300kg 일본 코치현으로 밀반입
	9월	한국인 9명, 북한산 아편 218g 거래 중 검거
		중국-북한 국경에서 북한군 2명, 헤로인 10kg 및 메스암페타민 5kg 중국으로 밀반입 하던 중 검거
	10월	독일, 베를린에서 북한 대사관 부대사급 공관원, 헤로인 및 무기 밀매 혐의로 검거
1999년	1월	러시아, 하바롭스크에서 북한 노동자, 아편 1kg 밀거래
	2월	국내 조직원 2명, 중국에서 구매한 북한산 메스암페타민 600g 서울로 밀반입
		중국 주재 북한 영사관 공관원, 아편 9kg 밀매 사건에 연루
	4월 3일	북한, 중국 조선족 조직, 야쿠자, 한국 조직 등이 연계하여 메스암페타민 100kg을 일본 돗토리현 사카이미나토市으로 해상 밀반입. 북한 흥남에서 선적하여 공해상에서 중국 국적 화물선으로 운반한 후 한국 항구를 경유, 일본으로 운반하던 중 적발됨.
	4월	북한산 메스암페타민 300kg, 일본 큐슈 해안가 및 교토 시내 주차중인 차량에서 적발
	5월 3일	대만 조직 4명, 대만 선박 'Pei Dao 1'호를 이용하여 공해상에서 북한 선박과 접촉, 메스암페타민 157kg을 밀수
	7월	북한인 2명, 러시아 Novosibirsk의 Tolmachevo 공항을 통해 헤로인 2kg 밀반입 시도하다 검거
		러시아, 나홋가 해안에서 북한 무역회사(Zenko-20) 직원 2명, 아편 밀반입 중 체포
	10월 3일	대만 선박 'Xin Sheng Ho' 이용, 대만 및 홍콩, 야쿠자 조직이 연계하여 메스암페타민 565kg 일본, 가고시마현 큐로세 해안으로 밀반입 하던 중 검거됨. 북한 남포에서 출발한 북한 선박으로부터 운반된 것으로 밝혀짐.
2000년	2월	일본 간사이 거점의 야쿠자 조직원들이 북한과 연계된 조총련계 한국인과 연계하여 북한 원산 출발 북한 선박과 접촉, 메스암페타민 250kg을 일본 선박 '에이후쿠 마루'호에 선적 일본 밀반입
	12월	북한에서 해상으로 밀반입된 북한산 헤로인 134kg 대만에서 적발
2001년	4월	대만에서 북한산 메스암페타민 42kg 적발

<table>
<tr><td rowspan="4">2001년</td><td>여름</td><td>서해 공해상에서 북한산 헤로인 70kg을 선적한 해상 마약밀수 조직이 적발됨</td></tr>
<tr><td>10월</td><td>북한 선박으로부터 메스암페타민 500kg 및 300kg 등 2회 운반한 국적 미상 선박이 필리핀에서 적발됨</td></tr>
<tr><td>11월</td><td>북한 나진에서 메스암페타민 91kg을 선적한 중국 선박 'Chu Xing'호가 한국 부산항에서 적발</td></tr>
<tr><td>12월 22일</td><td>북한에서 일본으로 마약을 운반(1988년 사진자료)했던 북한 선박이 일본 해안에서 침몰</td></tr>
<tr><td rowspan="4">2002년</td><td>1월 6일</td><td>일본, 후쿠오카 해안에서 메스암페타민 150kg 선적한 중국 선박 적발. 이 선박은 북한 서쪽 해상에서 북한 선박과 접촉하여 메스암페타민을 넘겨받은 것으로 밝혀짐</td></tr>
<tr><td>4월 20일</td><td>북한 선박 '봉수호' 이용, 미얀마산으로 위장한 북한산 헤로인 125kg 호주 해안으로 밀반입 시도 중 적발, 북한인 및 말레이시아인 2명, 싱가포르인 1명, 중국인 1명 등 조직원 검거</td></tr>
<tr><td>6월</td><td>대만 조직원 9명, 북한산 헤로인 79kg 해상 밀반입 하던 중 검거</td></tr>
<tr><td>11월</td><td>일본에서 북한산 메스암페타민 500파운드(225kg) 적발</td></tr>
<tr><td>2003년</td><td>6월</td><td>중국 선박 'Chu Xing'호, 북한 나진항에서 북한산 헤로인 125kg을 선적하고 부산으로 입항, 적발</td></tr>
<tr><td rowspan="2">2004년</td><td>2월</td><td>중국 조직과 연계된 17명의 한국 조직원들이 북한산 메스암페타민 5.4kg 국내 밀반입 하던 중 검거 (조갑제닷컴, 2006.2.12.)</td></tr>
<tr><td>3월 1일</td><td>중국, 길림성에서 북한인들이 북한산 마약류 밀수 중 체포됨</td></tr>
<tr><td>2009년</td><td></td><td>중국 당국, 2009년 상반기에 북한 마약 관련 운반책 367명 검거, 마약 6,139kg 압수</td></tr>
<tr><td>2010년</td><td></td><td>중국 당국, 북한산 마약류의 물량이 2010년 미화 6천만 달러에 달하였다고 발표</td></tr>
<tr><td rowspan="2">2011년</td><td rowspan="2"></td><td>2006.1–2011.9 북한에서 적발된 마약범죄 건수는 59건, 총 327명이 검거되었으며, 주로 북–중 밀수 사건임 (Matthew Clayton, 2013)</td></tr>
<tr><td>북한 정부는 해마다 4천만 달러 규모에 달하는 2톤 가량의 고품질 메스암페타민을 생산, "김정일 1호"라는 은어로 통하며 중국을 통해 전 세계로 유통 (하태경, '신동아', 2011.1)</td></tr>
<tr><td>2013년</td><td>11월</td><td>미국 검찰은 중국, 영국, 필리핀 국적인 등으로 구성된 마약조직 5명을 검거, 이들은 북한산 메스암페타민 1톤을 필리핀으로 들여와 미국으로 밀반입 추진 중 적발됨 (The Washington Post, 2013.11.20.)</td></tr>
<tr><td>2019년</td><td>10월</td><td>한국 경찰은 북한산 메스암페타민을 남용하고 국내에서 유통한 탈북민 19명을 검거, 이들은 유통한 마약이 북한산이라고 진술 (동아닷컴, 2019.10.8.)</td></tr>
</table>

* 마약적발 사건 및 이하 북한의 불법활동 적발사건 관련 주로 인용한 출처는 아래 2편의 논문 내용이다.

- Chestnut, Sheena E. 2005, "The Sopranos State?", Appendix B: Incidents of North Korean Involvement in Drug Smuggling

- 윤황, 2007, "동북아 평화질서 구축의 쟁점 : 북한의 국제범죄 유형과 특징", 〈표1〉 북한의 국제범죄 유형과 사례(1960년대~2000년대)

2. 불법 무기거래

국제연합은 2000년 11월 15일 총회에서 채택한 '유엔 초국가적 조직범죄방지협약(UNTOC)'에 더하여 'UNTOC를 보충하기 위한, 무기 및 무기부품, 탄약에 대한 불법적 제조 및 유통 방지에 대한 의정서'[29]를 2001년 5월 31일 총회의 결의(55/255)에 따라 채택하였다. 이 의정서의 목적은 소규모 총기에 대한 국제적 정의를 설정하여 국가 간 법적 연결 관계를 확립하고, 회원국 간 불법적 제조 및 유통에 대해 효율적으로 협력하여 차단하는 데 있다. 회원국은 이 의정서를 비준함으로써, 초국가적 조직범죄 통제 장치를 마련하고 자국 실정법의 제정 또는 개정을 통해 이행하게 된다. 불법무기 방지 의정서는 다음 3가지 주요 목적을 함의한다. 첫째, 이 의정서에서 정의한 소형무기의 불법 제조 및 유통과 관련한 범죄를 자국에서도 범죄로 확립한다. 둘째, 합법적 무기의 제조 및 유통에 대한 정부의 허가 또는 통제를 확고히 하는 체계를 정립한다. 셋째, 무기의 제조 및 유통과 관련하여 효율적으로 추적하고 기록을 유지한다.

이 의정서에서 언급하는 "화기(Firearm)"에 대한 정의는 다음과 같다. 제3조(용어의 정의) (a) "화기(또는 무기)"란, 휴대할 수 있는 총열이 있는 무기로서, 폭약의 힘으로 탄환, 실탄 또는 발사체를 발사시키거나, 발사하도록 디자인

---

29 'Protocol against the Illicit Manufacturing of and Trafficking in Firearms, Their parts and Components and Ammunition, supplementing the United Nations Convention against Transnational Organized Crime'(Annex), General Assembly resolution 55/255 of 31 May 2001.

된 것, 또는 쉽게 발사할 수 있도록 전환이 가능한 것을 말하며, 골동품 무기 또는 이 무기의 복사형태는 포함시키지 않는다. (b) "부품(조립품과 구성품을 포함)"은 무기를 제조하기에 필요한 요소 물품들을 의미하며, 발사음을 소거하기 위한 소음총의 부품도 이에 포함된다. 한편, 제4조(적용의 범위)에 의거, 이 의정서는 국가 대 국가 간 유통 또는 회원국 국가적 차원의 적법한 운송에 대해서는 회원국의 권한을 침해하지 않는다는 입장에 따라 이 협약을 적용하지 않는다고 그 한계를 설정하였다. 제5조(범죄화)에서는 무기 및 부품, 탄약의 불법제조와 불법유통, 변형 및 허위제작에 대해 회원국이 자국의 범죄로 규정토록 하고, 이 범죄를 자행할 목적으로 조직, 지도, 지원, 교사, 설비지원, 상담의 경우에도 범죄로 포함하도록 주문하였다. 위 의정서에 따르면, 초국가적 조직범죄 차원에서 거래되는 무기밀매는, "휴대할 수 있는 총열이 있는 화기(Firearms)", 즉, 권총 또는 소총류의 무기를 주로 대상으로 하고 있다. 따라서 그보다 규모 및 화력이 큰 대포 및 미사일 등 무기의 불법거래는 이 협약으로 통제할 수 없고 2013년 4월 2일 유엔 총회에서 채택된 '재래식 무기거래 조약(ATT, Arms Trade Treaty)'에 의거하여 불법 여부를 판정하여야 할 것이다.

북한의 무기 거래는 위 의정서의 대상이 되는 소총류의 밀매 차원을 훨씬 뛰어 넘어 ATT 차원에서 다루어질 수 있는 재래식 무기뿐만 아니라 미사일, 대량살상무기(WMD), 그 부품 등의 밀거래 흔적이 충분히 관찰된다. 다만, 이러한 국가 간 무기 거래가 국제법적 적법성의 여부를 떠나, 초국가적 조직범죄 차원의 '소형 화기(Firearms)의 불법 거래' 문제로 다루어지기에는 위 의정서 제4조(적용의 범위)에 근거하여 볼 때, 그 범위의 적용상 논란의 여지가 있다. 따라서 본 책자에서는 UNODC의 관할사항이며 2000년 11월 채택한 UNTOC 및 2001년 5월 채택한 총기밀매 관련 의정서의 범위에 한정하여, 북한이 이 의정서에서 명시하는 "국가 대 국가 간 유통 또는 회원국 국가적 차원의 적법한 운송"의 규범을 어기고 불법적으로 거래하는 동향을 중심으로 살펴본다.

북한이 재래식 무기를 해외에 수출하였던 동향은 1970년대 북한과 쿠바가 구소련 무기를 거래한다는 의혹이 불거지면서 드러나기 시작했다. 당시에 사용되었던 선박은 북한 국적선인 '청천강(Chong Chon Gang)'호인데, 1977년 남포에서 건조된 청천강호는 길이가 155미터로, 무기 수송을 위해 이중 구조로 건조돼 있었다. 이 선박은 2013년 7월, 파나마 정부에 의해 대서양 연안에서 억류되어 검색을 받게 되었고, 그 결과 20만 톤의 설탕부대 밑에 숨겨진 미사일 등의 무기류가 적발되었다. 당시 청천강호에는 미그21기 2대, 미그21기 엔진 15개, SA-2지대공미사일 3개, SA-3지대공미사일 및 레이더 6개, 기타 미사일 관련 장비와 탄약이 실려 있었다.[30]

2003년 김영남 국가최고회의 상임위원장이 대표단을 이끌고 시리아를 방문하여 협정을 체결한 이래, 북한의 무기류 수출은 시리아, 레바논, 이란 등 중동의 주요 국가를 대상으로 대규모로 이루어졌다. 유엔협약에서 한정된 소형화기 차원을 넘어 북한의 무기거래는 미사일 및 대량살상무기(WMD)로 확대되었고, 단순히 무기뿐만 아니라 전략무기를 보관하는 지하시설 및 기술이전 등의 관련 산업 수출로 외화벌이가 확대되었다. 즉, 북한의 무기거래는 초국가적 조직범죄 차원의 범위를 벗어나 국가적 차원에서 지속 확대되었으며 2005년 이후에는 외화벌이의 중추적 역할을 담당하는 비중 있는 요소로 자리 잡기에 이르렀다.

미국 의회 산하의 의회조사국(CRS)이 미국 의회에 제출한 재래식 무기거래에 관한 연례 보고서에 따르면 북한은 지난 2000년부터 2003년까지 4년 동안 미국, 러시아, 유럽, 캐나다, 일본, 호주, 뉴질랜드를 제외한 개발도상국가(Developing Nations)에 모두 미화 8억 달러어치의 무기를 수출했다. 그 후 2004년부터 2008년까지 5년간은 3억 달러를 수출했다. 추정치로 보면 북한

---

30 이정현, 2014. "북한이 우간다, 에티오피아, 탄자니아, 이란 등과 불법 무기 거래하는 수법은..." 『월간조선』(2014.4.27.): http://news.chosun.com/site/data/html_dir/2014/04/27/2014042700943.html

이 불법적 무기거래로 연간 2억~5억 달러 정도를 벌어들인 것으로 보인다. 당시 북한의 1년 수출액이 9억 5천 달러임을 감안하면 무기 수출을 포함한 불법 무기거래로 벌어들인 2억~5억 달러는 연간 수출액의 21~52%를 차지하는 막대한 규모인 셈이다.[31]

미국 FBI(연방수사국, Federal Bureau of Investigation)는 자국 내 유관기관과 합동으로 1998년부터 비밀공작을 전개하여, 북한에서 생산된 미화 위폐와 불법 무기류를 2004년부터 미국의 뉴저지州 소재 뉴왁(Newark) 항구와 캘리포니아州 롱비치(Long Beach) 항구에서 적발하기 시작하였다. 이 두 건의 비밀공작은 각각 '로열 참 공작(Operation Royal Charm)'과 '스모킹 드래곤 공작(Operation Smoking Dragon)'으로 명명된 것으로, 이 공작을 통해 북한산 위조지폐와 가짜담배, 무기류 등을 대량 적발하게 된다.[32] 이 공작의 하이라이트로 2005년 8월에 이 사건과 관련된 범죄조직원들을 미국으로 유인하여 총 87명을 검거하게 되는데, 그 중 '호릉(Jyimin Horng)'이라는 마카오 거주 중국인은 북한의 고위급 인물과 접촉하며 미화 위폐와 무기류를 밀거래하는 브로커였다. 당시 미국 수사당국의 기록에 따르면, 브로커 호릉(Horng)은 미화 위폐 1백만 달러와 AK-47 소총 1,200정, 대전차로켓포 75개, 로켓발사기 50개, 소음기부착 권총 100정 등을 미국으로 밀반입하기로 북한측과 계약하였고, 호릉이 소지하고 있던 북한무기 카탈로그와 계약서에 따르면 이것은 모두 북한의 고위관리를 통해 들여오는 것으로 확인되었다.[33]

---

31 이만종, 2012, "북한의 테러지원 무기밀매 실태와 대응방안", 『韓國公安行政學會報』 第46號(2012). p.158

32 미 FBI 홈페이지, 2005. "Stopping Crime at Our Shores FBI Helps Bust Major International Smuggling Operation", https://archives.fbi.gov/archives/news/stories/2005/august/pistole_082205 ; 美 FBI 홈페이지. Operation Smoking Dragon. https://www.fbi.gov/news/stories/2011/july/dragon_070511;

33 Asher, David L. 2006. "Statement before the Subcommittee on Federal Financial Management, Government Information, and International Security" pp.2-3.; Te-Ping Chen, 2008, "Smoking Dragon, Royal Charm", International Consortium of Investigative Journalists, : 2005년 7월 7일 런던에서 발생한 충격적인

2005년 8월 마무리된 미국의 두 건의 적발사건 조사결과, 북한이 그동안 국가 간 적법한 무기거래가 아닌 국제범죄조직과의 연계를 통해 소총과 로켓포, 소음권총 등을 유통한 것이 드러나게 되었다. 이어, 2009~2013년 기간 중 북한이 불법적으로 거래하였던 무기 밀수의 대표적인 사례는 다음과 같다.

2009년 8월에는 이란으로 향하던 호주 국적의 선박 'ANL Australia'가 바하마 깃발을 달고 운항하였는데, UAE '코르파칸'항에 정박되어 세관에 의해 검색된 결과 이 선박에는 북한에서 제조된 122밀리미터 로켓용 추진 폭탄 2,030개와 전자 회로, 로켓용 고체연료 추진제 등 무기류와 폭발물 관련 물품이 컨테이너 10개에 은닉되어 있었다. 이 선박은 UAE에 도착하기 전 중국의 항구에서 북한의 무기류가 은닉된 컨테이너를 적재한 것으로 확인되었고 UAE 당국은 적발한 무기류를 모두 압류하였다.[34] 또한 2009년 12월 태국 방콕의 '돈므앙' 공항에서 북한산 무기를 제3국으로 운송하던 그루지야 국적의 화물기가 억류되었고, 태국 당국의 조사결과 그 화물기 안에는 북한제 M-1985 240밀리미터 다련장 로켓포를 비롯해 이동식 지대공 미사일 40기, 유탄발사기(RPG) 수백 정 등 북한제 무기 40여 톤이 불법 적재된 것이 적발되었고, 이들은 약 미화 1,800만 달러에 이르는 것으로 추산되고 있다.[35]

2013년 4월 터키(Turkey) 정부가 북한에서 출발한 선박을 대상으로 압수 수색한 사건과 관련해 의혹이 제기됐다. 터키 당국은 미국의 제보를 받고

지하철 및 버스 테러공격 사건으로 인해 전 세계가 국제테러와 예방활동을 강화하게 되었고, 이러한 이유로 무기밀매 계약서 외에 물증 확보를 위한 공작은 지속되기 어려웠으며 미 당국은 그때까지의 증거를 바탕으로 관련된 범죄조직원을 유인하여 검거할 계획을 세우게 되었다. 이에 따라 2005년 8월에 구매자로 가장한 미 FBI 공작원 커플이 결혼식을 구실로 이들 범죄조직원들을 미국 영토로 초청하면서 유인하여 검거하였고 공작을 종결하게 된다.: https://www.icij.org/project/tobacco-underground/smoking-dragon-royal-charm (검색일: 2016.9.20.)

34 Nicholson, Brendan, 2009.8.31., "Australian ship in arms row", *The Sydney Morning Herald*

35 이만종, op. cit., p.159

4월 3일 터키에 정박한 리비아 국적의 '알 엔티자(Al Entisar)'라는 어선을 검색하였는데, 이 선박에 적재된 화물은 터키에 도착한 후 육로로 시리아에 도착할 예정이었다. 선박 화물 검색을 통해 1,400정의 소총과 권총, 3만 발의 탄약, 방독면 등이 적발되었다. 이번 적발로 북한이 시리아에 방독면을 수출하고 있으며, 그동안 북한-시리아간 화학무기를 공동 개발해 왔다는 의혹을 제고시키기도 하였다.[36] 한편, 2013년 2월에는 북한에서 제작한 무기가 소말리아(Somalia) 모가디슈 상점에서 발견되었으며, 같은 해 7월에는 북한에서 생산한 14.5밀리미터 중기관총 탄약통도 발견됐다. 의혹이 높아지자, 해당 탄약통은 1977년 리비아와 북한이 맺은 협정에 의해, 북한에서 리비아로 넘어간 것으로 해명됐다. 그러나 해당 탄약통이 리비아를 거쳐 소말리아로 흘러들어간 과정은 석연치 않은 부분으로 남는다.[37]

2013년 7월과 8월에 북한이 해상 불법 무기거래한 정황이 포착되었다. 7월에는 북한 선박 '청천강호'가 쿠바에서 물건을 선적하고 북한으로 향하던 중 유엔안보리 제재조치 위반과 파나마 운하 통과시 무기류 적재 신고 위반으로 파나마 당국에 의해 억류되었고 35명의 선원이 체포되었다. 당시 조사를 담당한 파나마 당국자 설명에 의하면 이 무기류는 구소련 시절 생산된 무기류로 수리 보수를 위해 북한으로 보내진 것으로 알려졌다.[38] 이어 2013년 8월 터키 정부는 무기류를 적재하고 운항한 북한선박을 억류하고 조사 결과를 발표하였다. 북한에서 출발한 이 선박은 1,400정의 소총과 권총, 3만발의 탄약, 방독면 등을 적재하고 리비아로 운항 중이었으며, 미국으로부터 이 선

---

36 Demick, Barbara, 2013.8.27., "North Korea tried to ship gas masks to Syria, report says", *Los Angeles Times*

37 이정현, 2014, op. cit.

38 Reuter, 2013.7.18. "U.S. concerned over North Korean arms ship, Panama awaits U.N", http://www.reuters.com/article/us-panama-northkorea-un-idUSBRE96H0VQ20130719 (검색일: 2016.8.17.)

박에 무기류가 적재되었다는 정보를 제공받은 터키 당국은 2013년 4월 보스포러스 해협을 통과하던 이 선박을 억류하였다.[39]

대북 정보를 수집하는 언론매체에 따르면, "북한이 수출하는 경무기의 대부분이 소말리아로 나가고 있으며, 소말리아에서만 1년에 200억 달러를 벌고 있다. 또한, 미사일 수출은 대체로 이란과 시리아에 많이 나가고, 쿠바에 탱크와 자동소총, 탄약을 많이 팔았다."고 전했다.[40]

2015년 12월 영국의 '왕립 합동안보연구소(RUSI, Royal United Services Institute)'는 "북한의 무기 거래 고객들 가운데는 오랫동안 외교관계를 유지해 온 나라들 외에 비국가 무장단체도 포함되어 있다."고 연구 보고서(Andrea Berger, 2015)에서 밝혔다. 이 보고서에 따르면, 북한은 전 세계 62개 나라뿐만 아니라 비국가 단체에 대해 무기나 관련 부품, 서비스를 판매하였고 2006년 이후에는 시리아, 이란, 미얀마, 콩고민주공화국, 콩고, 우간다, 에티오피아, 에리트레아 등 십 수개 나라들이 북한으로부터 무기 및 부품, 서비스를 구매하고 있다는 것이다. 북한이 판매하는 무기 목록은 다양한데, 소규모 무기와 탄알부터 탱크, 병력 수송 장갑차, 지대공미사일, 레이더, 잠수함, 고속초계정, 심지어 탄도미사일까지 포함된다. 또한 북한은 국가간 거래 외에도 스리랑카 반군세력인 '타밀엘람해방호랑이(LTTE)' 및 팔레스타인 무장단체인 '하마스(Hamas)'와도 거래한 정황이 드러났다.[41]

---

39 Los Angeles Times, 2013.8.27. "North Korea tried to ship gas masks to Syria, report says", http://articles.latimes.com/2013/aug/27/world/la-fg-wn-north-korea-syria-gas-masks-20130827 (검색일: 2016.8.17.)

40 송봉규, 2015, "북한의 국제범죄 확산과 전망", 『한국경찰학회보』17권 6호, p.167; 『데일리안』2013.7.2. "북 만든 위조지폐 진짜 돈으로 바꾸는 수법이..", http://www.dailian.co.kr/news/view/341106 (검색일: 2016.9.14.)

41 백성원, 2015.12.10. "북한, 틈새시장 노린 무기 거래 활발, 조력자 네트워크 끊어야", 미국자유의소리(VOA), http://www.voakorea.com/a/3096176.html (검색일: 2016.9.20.) ; Andrea Berger, 2015, *Target Markets: North Korea's Military Customers in the Sanctions Era*, RUSI Publications.

2016년 2월 9일 미국의 정보 수장인 제임스 클래퍼 국가정보국장은 미국 상원 군사위원회 청문회에 출석해 북한의 휴대용 지대공 미사일 확산에 대한 우려를 표명하였다. 클래퍼 국장은 "항공기에 커다란 위협이 되고 있는 휴대용 방공무기 시스템(MANPADS, man-portable air defense system)과 같은 실용적인 무기들이 북한에서 생산되어 세계로 확산되고 있는데 대해 우려하고 있다"고 증언하였다. 클래퍼 국가정보국장은 청문회에서 "무기 거래는 북한의 주요 수입원"이라며 유엔이 금지한 북한의 무기 밀매 시도를 계속 경계해야 한다고 강조하였다. 실제로 '미국과학자연맹(FAS)'은 2010년 보고서에서, "이러한 미사일은 국제 암시장에서 수천 달러부터 수만 달러까지의 가격이 형성되어 있으며, 가장 저렴한 것은 1~2천 달러에도 판매된다."고 발표했다.[42]

2018년 2월 유엔안전보장이사회 대북제재위원회는 북한이 2012~2017년 기간 동안 화학무기 제조에 필요한 내산성타일(acid-resistant), 벨브, 온도계 등을 최소 40여 차례 시리아에 수출한 것으로 보고하였다. 구체적 사례로 2018년 1월 내산성타일을 적재한 두 척의 선박이 시리아 다마스쿠스로 향하던 중 해상에서 유엔 회원국에 적발되었다. 이러한 사실은 지난 2016년 8월에 북한 미사일 기술자 대표단이 시리아를 방문하여 화학무기에 필요한 부품을 전달하였고 시리아의 화학무기 및 미사일 생산시설에서 목격되었다는 증언을 감안할 때, 1990년대부터 북한의 시리아의 화학무기 프로그램 개발을 지원하고 있다는 내용과 무관하지 않음을 알 수 있다.[43] 한편, 동 유엔 위원회는 북한이 유엔 제재를 어기고 시리아뿐만 아니라 예멘, 리비아 등 세계 분쟁지역에 무기를 밀매하였다고 보고하였다. 유엔 조사관들은

---

42 김영권, 2016, "'클래퍼 미 국가정보국장, 북 휴대용 미사일 확산 크게 우려" (2016.2.12.) VOA(미국의소리), http://www.voakorea.com/content/article/3188229.html

43 허완, "북한이 시리아에 화학무기 재료를 수출해왔다는 증거가 나왔다", 허핑턴포스트코리아 (2018.2.28.)

북한이 시리아 무기밀매상을 통해 예멘 후티파 반군에게 탱크와 로켓추진수류탄(RPG), 탄도미사일을 수출하는 거래를 하였다고 보고하였다.[44]

2018년 2월 6일자 호주 일간지 '시드니 모닝 헤럴드'는 호주 외교부 대변인의 발표내용을 보도했다. 이에 따르면, 북한은 미얀마에 다중로켓 발사기, 지대공 미사일 등 재래식 무기와 함께 탄도미사일 체계도 판매한 것으로 드러났다. 호주 정부는 미얀마가 유엔안보리의 대북제재를 어기고 북한과 무기거래를 한 것으로 비난하였다. 한편, 북한이 소말리아 해적에게 잠수정을 수출하려던 정황도 발견되었다. 2018년 7월 북한은 독일제 엔진(MTU-1800)을 탑재하여 북한에서 생산된 잠수정을 중국인 브로커를 통해 소말리아 해적에게 판매 추진하였다가 중국이나 홍콩을 경유하는데 어려움이 있어 좌절된 사례가 드러나기도 하였다.[45]

위에서 살펴본 북한의 무기 거래의 과정 및 운송수단 등이 적법한 것으로 보이지는 않으나 2001년 의정서에 저촉되는 초국가적 조직범죄의 행위라고 단정하기에는 무리가 있다. 첫째, 북한의 무기거래는 최소한 국가 간의 거래형식을 띄고 있다. 북한의 거래 대상자가 아프리카 및 중동, 동남아의 국가 정부이며, 이러한 과정에서 다른 루트로 현지의 범죄조직과 연계를 갖고 있어 정확한 불법성을 구별하기가 어렵다. 둘째, 북한이 국가 간 거래의 형태로 수출하는 무기류는 UNODC에서 관할하는 소총류의 무기류보다 한층 차원이 높은 로켓포, 미사일 등의 대량살상무기(WMD)를 포함하고 있어 UNTOC 부속 총기밀매방지 의정서에 저촉된다고 보기는 어렵다.

재래식 무기거래에 대해서는 유엔 차원에서 '무기거래조약(Arms Trade Treaty)'이라는 국제협약을 채택하기 위해 노력해 왔다. 2013년 3월 18~28일

44 강태화, "유엔, 북한 예멘 반군에 탱크, 탄도미사일 몰래 팔았다" 중앙일보 (2018.9.17.)

45 박용한, "북한, 소말리아 해적에 잠수정 수출 시도" 중앙일보 (2018.7.19.)

'무기거래조약에 관한 최종 유엔회의'에서 최종문안 채택에 실패하였으나, 조약채택의 전체 동의 방식을 포기하여 2012년 4월 2일 유엔총회 결의(100여 개국 공동 제안)를 통해 ATT 최종문안을 채택하였는데, 이때 153개국이 찬성하였으며, 북한을 포함한 이란, 시리아 등 3개국이 반대하였고, 러시아, 중국, 인도, 인도네시아 등 23개 국가가 기권하였다. 즉, 북한은 무기거래조약(ATT)의 조약 당사국도 아닌 실정이므로 ATT의 규범을 준수할 의무에 구속되어 있다고 볼 수도 없다.[46]

2004년 5월 4일 파이낸셜타임즈(FT) 보도에 따르면, 미국의 한반도 문제 전문가 해리슨(Selig Harrison)이 방북하여 김영남 최고인민회의 상임의장과 2시간에 걸친 인터뷰를 하였으며, 이 자리에서 김영남은 "북한은 외화를 벌기 위해서 미사일을 판매할 권리가 있다"고 언급하면서 북한의 무기거래는 국가 간 적법한 거래임을 주장한 것으로 알려졌다.[47]

〈표 3-2〉 북한의 무기밀매 적발 사례

2005년	8월	AK-47 소총 1,200정, 대전차로켓포 75개, 로켓발사기 50개, 소음기부착 권총 100정 등을 북한에서 미국으로 밀반입하기로 계약한 브로커 Jyimin Horng 검거.(Operation Royal Charm, FBI Report 2005.8.22.)
2009년	8월	이란으로 운항하던 ANL Australia호를 UAE, 코르파카 항구에서 검색, 금수 품목인 북한제 122㎜ 로켓용 추진 폭탄 2,030개와 전자 회로, 로켓용 고체연료 추진제 컨테이너 10개 분량 적발 (The Sydney Morning Herald, 2009.8.31.)
	12월	그루지야 국적 화물기, 북한제 M-1985 240mm 다련장 로켓포, 이동식 지대공 미사일 40기, 유탄발사기(RPG) 수백 정 등 북한제 무기 40여톤 은닉 사실이 태국 돈므앙 공항 검색으로 적발됨
2013년	2월 7월	북한에서 제작한 무기가 소말리아(Somalia) 모가디슈 상점에서 발견되었고 같은 해 7월 북한에서 생산한 14.5mm 중기관총 탄약통도 발견됨 (연합뉴스, 2013.2.12.)

46 유준구, 2013, "유엔 재래식 무기거래조약(ATT) 체결의 쟁점과 시사점", 『주요국제문제분석』(2013.7.11.)

47 Mallet, Victor, 2004, "Korea offers U.S. pledge on arms." *Financial Times*. 4 May 2004.; Harrison, Selig, 2004, "Inside North Korea: Leaders open to ending nuclear crisis.", *Financial Times*. 4 May 2004.

2013년	4월 3일	터키 당국, 리비아 국적 선박 '알 엔티자(Al Entisar)'에서 1,400정의 소총과 권총, 3만 발의 탄약, 방독면이 적발. 이 무기류는 북한에서 선적되어 터키를 거쳐 시리아에 운송될 예정으로, 북한이 방독면을 시리아로 수출한데에는 북한-시리아간 화학무기 공조 개발 의혹이 고조됨. (Los Angeles Times, 2013.8.27.)
	7월	북한 선박 '청천강호'는 파나마 정부에 의해 대서양 연안에서 억류되어 검색, 20만톤의 설탕 밑에 미사일 등의 무기류가 은닉, 미그21기 2대, 미그21기 엔진 15개, SA-2지대공미사일 3개, SA-3지대공미사일 및 레이더 6개, 기타 미사일 관련 장비와 탄약이 발견됨.
2018년	2월	유엔 대북제재위원회 전문가 보고서는 북한이 2012~2017년 기간 동안 화학무기 제조에 필요한 내산성타일(acid-resistant), 밸브, 온도계 등을 최소 40여 차례 시리아에 수출하였다고 발표(허핑턴포스트코리아, 2018.2.28.)
	9월	북한이 유엔 제재를 어기고 예멘 후티파 반군에게 탱크와 미사일을 판매하였고, 시리아 중개상을 통해 후티파 반군에게 로켓추진수류탄(RPG), 탄도미사일 판매 (연합뉴스 2018.9.16., 중앙일보 2018.9.17.)

3. 위조지폐

초국가적 조직범죄 대응업무를 담당하는 UNODC에서는 1988년 채택된 '유엔 마약류 및 향정물질 불법유통 방지 협약(United Nations Convention against Illicit Traffic in Narcotic Drugs and Psychotropic Substances of 1988)'을 근거로 1997년에 자금세탁에 대응하는 글로벌 프로그램을 만들고, 이를 전담하는 팀을 조직하여 현재까지 위조지폐를 포함한 금융범죄 사안을 광범위하게 관할하고 있다. 이 프로그램의 목적은 각 회원국의 자금세탁 등 테러조직에게 지원되는 자금 차단 등의 조치 능력을 강화하는데 있으며, 이에 관한 선진제도와 기술을 필요한 회원국에게 지원하는데 있다.[48] 그러나 아직까지 UNODC 주도의 적극적인 차단활동은 없으며, 저개발 국가 대상으로 교육과 지원을 통해 선진국의 수준으로 이끌어 간다는 목표에 한정된다. 즉, UNODC의 위조지폐와 자금세탁 범죄를 예방하고 차단하는 거버넌스 역할은 국제

48 UNODC 홈페이지. http://www.unodc.org/unodc/en/money-laundering/index.html?ref=menuside

규범 마련과 교육 수준에서 진행되고 있으며, 결국 자국 또는 타국의 화폐가 위조지폐로 제작되어 유통되고 있는 상황에 대해서는 피해 당사국들이 대처해야 하는 것이 현실이다.

북한이 국가 차원에서 화폐를 생산하는 조폐기관이 있는 만큼, 국가기관의 시설과 기술을 이용하여 미화 달러를 위조하여 생산한다면 개별적인 조직범죄 집단의 활동에 비해 대량생산이 용이하고 위폐의 정밀도 또한 배가될 것으로 쉽게 짐작이 간다. 북한의 조폐기관은 70년대 중반부터 스위스, 이태리 및 오스트리아로부터 인쇄기계와 잉크 등을 구입하여 요판, 활판, 평판 인쇄가 가능한 시설을 갖추었다. 주권 국가의 차원에서 자국의 화폐를 제작하려는 의도는 당연한 조치이므로, 그러한 목적으로 선진국의 기계와 기술을 도입하는 것은 위조지폐 제조의 의도와는 무관하다. 그러나 북한이 자국의 화폐를 제작하는 과정에서, 미화 제조에 사용되는 잉크나 인쇄기법을 도입하여 미화달러와 유사한 화폐를 제작한다면 그 위폐의 정밀도는 여타 군소 조직범죄 집단의 위폐와는 차원이 다른 초정밀 위조지폐가 될 것이며 또한 대량생산도 가능할 것이다. 실제, 북한은 이미 1950년대 한국전쟁 기간 중에 한국 사회의 혼란을 야기하고 적화통일을 이루려는 목적으로 한국의 화폐를 위조하여 사용한 사례가 있으며, 그 증거물들은 서울 용산구에 위치하는 전쟁기념관에 전시되어 있다. 이런 관점에서 볼 때, 북한은 위조지폐의 생산과 유통을 하나의 전략적, 전술적 수단으로 이용해왔음을 알 수 있다.

한편, 1990년대 이후 발견된, 매우 정교하게 제작된 미화 위조지폐에 대해서, 미국 재무부는 자체 조사결과, 북한이 소위 "슈퍼노트(Supernote)"라고 불리는 100달러짜리 초정밀 미화 위조지폐를 생산해 온 것으로 추정하고 있다.[49] 슈퍼노트를 조사해 온 미국 재무부의 타운센드(Bruce Townsend) 부국장

49 미국 당국(Secret Service)은 저급 위폐와 구분하기 위해 초정밀 위조지폐를 '슈퍼노트(Supernote)'라고 지칭한다. 최초의 슈퍼노트는 1990년에 발견되었으며 고유식별 명칭으로 'PN(Parent Note)-14342'로 지칭하였

은 2004년 슈퍼노트의 조사결과를 다음과 같이 발표하였다. "지난 수년 동안 미국의 금융범죄 전담기관인 '비밀수사국(SS, Secret Service)'은 위조지폐의 동일한 유형(슈퍼노트 C-14342 유형)들을 조사해 왔는데, 이 위폐는 요판 및 활판 인쇄술 등이 적용된, 복잡하고도 고가의 인쇄기술로 제작되었음이 밝혀졌다. 이 유형의 위조지폐는 북한으로부터 유통되고 있다. 그동안 발견된 미화 위조지폐의 동일한 유형의 제작에서 나타난 정교한 기술은, 중요한 과학적, 기술적 요소를 갖추었고, 충분한 자금자원을 받아, 장기간 지속해 온 범죄적 기업 활동의 증거이기도 하다."[50]

〈표 3-3〉 "북한의 위조지폐 적발 사례"에서 보듯이 1980년대 초부터 미화 위조지폐와 관련된 북한의 불법행위가 드러나기 시작했다. 1983년 북한 공작원이 미화 위조지폐 8천 달러를 오스트리아 비엔나 은행에 입금하는 과정에서 적발된 사례가 있었으며, 1984년과 1987년 적발된 사건의 배후에는, 북한 노동당 '101연락소'와 북한 평성 소재 '평성상표인쇄공장'에서 미화 위조지폐를 대량 생산한 것으로 나타난다.[51] 1989년 필리핀 당국이 북한 공관원의 외교행낭에서 적발한 미화 위조지폐는 미국 당국(SS)의 관심을 끌기에 충분했는데, 이때 적발된 위폐는 보통 위폐와는 달리 초정밀 위폐였으며, 이때부터 '비밀수사국(SS)'은 "슈퍼노트"라고 명명하면서 이와 유사한 계열의 위폐를 수집하여 분석하기 시작하였다.

마약범죄와 마찬가지로 1990년대 들어서 북한이 연계된 위조지폐 범죄

다.: Engber Daniel, 2005.8.23., "What are Supernotes?", *Explainer*, http://www.slate.com/articles/news_and_politics/explainer/2005/08/what_are_supernotes.html (검색일: 2016.7.27.)

50 Chestnut, Sheena E. 2004, op. cit., p.82.; Bruce Townsend, 2004, "금융범죄 조사관 국제협회 발표 내용", (2004.9.2. Chicago, Illinois)

51 윤황, 2007, "동북아 평화질서 구축의 쟁점 : 북한의 국제범죄 유형과 특징", 『통일문제연구』 2007년 상반기. p.125

개입 사례가 급증하는데, 1990년대 북한 공관원 등 북한인이 미화 위조지폐를 유통시키다가 적발된 사례는 15건에 달하며 그 금액도 200만 달러 정도로 집계된다. 1994년 7월 북한 외교관 여권을 소지한 마카오 소재 '조광무역' 직원들이 마카오에서 미화 위조지폐 18만 달러, 홍콩에서 25만 달러를 유통시키려다 적발되었으며, 1996년 7월에는 캄보디아 프놈펜에서 일본 적군파 출신 테러리스트인 "요시미 다나까(Yoshimi Tanaka)"가 미화 위폐 20만 달러를 거래하던 중 검거되었다. 다나까는 1970년 적군파 동료 8명과 함께 일본 항공기를 탈취하여 북한으로 입국한 이래, 북한에서 "김일수"라는 이름으로 개명하여 북한의 공작원으로 활동하였는데, 1996년 캄보디아 주재 북한 대사관 소속의 외교관 신분으로, 캄보디아, 태국 등 동남아를 다니면서 북한에서 제작한 미화 위폐 300만 달러 이상을 유통시켜 온 혐의로 기소되었다.[52]

1998년에는 김정일 비자금 담당 서기인 "길재경"이 러시아 블라디보스톡에서 미화 위폐 3만 달러를 환전하려다 적발되어 추방되기도 하였다. 특히, 이 사건은, 당시 김정일 비자금 담당 서기직과 국제부 부부장직을 겸임하고 있는 북한 노동당 고위급 간부인 길재경이 직접 미화 위폐를 환전하려 했다는 점에서 주목할 만하다. 길재경은 이미 1970년대 중반에 스웨덴 대사로 재직하던 당시에도 외교관 신분을 이용하여 마약밀매를 하다가 적발되어 추방된 사례가 있으며, 1997년부터는 러시아 블라디보스톡을 방문하면서 김정일이 애호하는 캐비어(Caviar) 등을 구입하면서 거액의 미화 위조지폐를 사용한 것으로 밝혀졌다.[53] 당시 김정일 국방위원장을 보좌하는 가장 가까운 고위층의 당간부가 미화 위폐를 사용한 것은 북한의 위폐제작이 개인적 범

---

52 '다나까'는 후에 태국 법정에서 증거불충분으로 석방되었고, 일본으로 송환되어 항공기납치 범죄에 대한 처벌을 받아 수감되었다. (출처: Bhanravee Tansubhapol & Nussara Sawatsawang, "Terror Suspect Cleared of Forgery Charge," Bangkok Post, 24 June 1999.)

53 전경웅, 2005, "국정원이 공개했던 '북 달러 위조사례'", 『조갑제닷컴』(2005.12.24.)

죄조직의 차원이 아니라 국가기관 차원에서 제작되고 유통되었음을 드러내는 객관적 판단 자료라고 할 수 있다.

또 한 가지 주목할 만한 사례는, 미국 검찰이 2004년 9월 북아일랜드 노동당 당수를 역임했던 "션 갈랜드(Sean Garland)"와 前 KGB 요원 등 6명에 대해 북한산 미화 위폐 유통 혐의로 기소하였던 사건이다. 미 검찰의 기소내용에 따르면, 이들 조직은 북한에서 생산된 미화 위폐를 모스크바에 소재한 러시아 조직과 연계하여 구매하였으며 이 위폐를 다시 영국과 유럽을 통해 자금세탁을 하였다는 것이다. 갈랜드 등은 2005년 영국에서 검거되어 법정에 서게 되었으나 보석으로 풀려난 기간 중 아일랜드로 도주함으로써 사건의 결말을 맺지 못하고 종료되었으며,[54] 이 사건을 통해 북한의 위폐는 90년대 초반부터 러시아 마피아 및 이와 연계된 KGB를 통해 IRA(아일랜드 공화국군 임시파, Provisional Irish Republican Army, PIRA) 조직까지 유통되었음을 유추할 수 있다.

2000년대 들어서는 독일과 체코의 국경지대에서 북한에서 제작된 것으로 추정되는 미화 위폐 25만 달러가 적발된 사건이 있으며, 2004~2005년에는 미국 본토와 괌에서 미화 위폐를 다량 적발하게 된다. 2005년 8월 22일, 미국 법무부에서 발표한 두 건의 비밀공작의 결과는 미국으로 유통되는 슈퍼노트의 출처가 북한이라는 정황을 더욱 확고하게 하였다. '로얄 참 공작(Operation Royal Charm)'과 '스모킹 드래곤 공작(Operation Smoking Dragon)'으로 명명된 이 공작을 통해 미국 뉴저지와 로스엔젤레스 등 두 곳에서 북한산 위조지폐와 가짜담배, 무기류 등을 대량 적발하게 된다.[55] 이 공작은 미국 FBI

---

54 USA v. Garland et al., Grand Jury Indictment, 1:05-cr-00185-RMC(D.D.C.2005), http//cryptome.org/sean-garland-003.pdf

55 미 국무부 보도자료, 2005, "Federal Racketeering Indictments Target International Smuggling, Counterfeit Currency Operation", http://www.justice.gov/archive/opa/pr/2005/August/05_crm_426.htm

중심으로 마약과 위폐 등 초국가적 조직범죄 대응 기관들이 연합하여 6년 이상을 진행해 온 합동공작으로, 적발 결과를 근거로 하여 미국 당국은 북한의 돈 세탁 기관으로 활용되어온 마카오 소재의 은행인 '방코델타아시아(BDA)'를 지목하여 북한으로 송금될 자금을 동결하는 결정적인 조치를 취하였다.

미국 당국은 'Royal Charm' 공작을 통해, 2004년 10월 뉴저지(New Jersey)州의 뉴왁(Newark) 항구로 입항하는 선박에 선적된 컨테이너에서 문구류 물품으로 위장된 미화 위조지폐 33만 8천 달러를 적발하였다. 이어서 12월에 도착하는 컨테이너에서는 3백만 달러를 적발하였는데, 총 적발된 미화 슈퍼노트는 338만 달러에 달하였다. 이 컨테이너 안에는 위폐뿐만 아니라 가짜담배 및 마약류도 대량 은닉되어 있었으며, 미국 당국은 이 사건과 관련된 다국적 범죄조직원 59명을 검거하였고 6건을 기소하였다. 한편, 같은 시기에 캘리포니아(California)州의 로스엔젤레스(Los Angeles)와 롱비치(Long Beach) 해안에서 적발한 사건은 앞서 언급된 'Royal Charm' 공작과 연계된 사안으로, 'Smoking Dragon'이라는 공작명으로 전개되었다. 이 공작에서는 미화 위폐 120만 달러와 유명상표의 담배로 포장된 4천만 달러 상당의 가짜 담배, 그리고 엑스터시 등 마약류가 적발되었고, 이와 관련된 다국적 범죄자 30명이 체포되었으며 4건이 기소되었다. 이 사건의 공작과 수사를 담당한 미 FBI는 2008년 발표에 이어, 상세한 조사결과를 바탕으로 작성된 2011년 5월 후속 수사결과 보고에서, "두 건의 공작으로 적발된 미화 위폐는 매우 정교한 위폐로, 북한에서 생산된 것으로 믿어진다."고 발표하였다.[56]

2005년 8월에 발표된 'Royal Charm' 및 'Smoking Dragon' 공작결과와 관련하여, 당시 미 국무부 북한 불법 활동 담당국 국장인 애셔(David L. Asher,

---

56 미 FBI 홈페이지. "Operation Smoking Dragon." op. cit.

2005)는 이 공작에서 적발된 미화 위조지폐는 북한이 생산하였고, 아시안 국제범죄조직들과 연계하여 1달러 당 40센트 이하로 판매하였던 사실이 드러났다고 발표하였다. 美 비밀수사국(SS)은 1989년 필리핀에서 적발한 슈퍼노트 및 1994년 마카오에서 적발한 슈퍼노트를 조사하면서 축적된 분석내용을 바탕으로, 2005년 두 건의 공작에서 적발한 위폐를 조사하면서 이 위폐들이 북한에서 생산된 것임을 입증하는데 문제가 없다고 발표하였다. 그동안 북한은 항상 주장하듯이 북한 정권은 위폐 범죄에 개입한 사실이 없고 북한 내 개별 범죄조직이 생산한 위폐라고 주장해 왔었다. 이와 관련, 애셔 국장은 "이번 공작에서 적발된 위폐는 초정밀 슈퍼노트임에도 불구하고, 일반적인 위폐조직들이 판매하는 금액(액면 화폐의 60% 정도)보다 훨씬 낮은 가격인 1달러 당 40센트(40%)에 판매하려는 의도를 볼 때, 범죄조직 차원이 아니라 그보다 더 높은 차원에서 대량 생산한 것으로 볼 수 있다"면서 북한 정권이 위폐 생산에 개입하는 근거로 제시하였다.[57]

미국 정부는 이 사건 조사결과 그 배후에는 북한이 있었음을 확신하고, 철저한 조사결과를 바탕으로 북한에 대한 즉각적인 대응조치를 취하였다. 우선적으로 마카오에 소재하는 '방코델타아시아(BDA)'에 대해 북한의 위폐와 자금세탁 범죄가 연계된 것으로 확인하고 미국과 관련된 모든 자금을 동결하면서, 북한으로 송금될 모든 자금을 동결하도록 요구하였다. 이에 따라 BDA는 미국의 요구에 부응하여 북한으로 입금될 52개 계좌에 들어 있는 2천 5백만 달러를 동결시키게 된다. 이로써 북한은 외환 부족의 경제난을 겪으면서 심각한 경제적 곤경에 처하게 된다. 결국, 북한의 태도변화에 따라

---

57 Ascher, David L. (The former director of the Illicit Activities Initiative on North Korea as the Department of State), November 15th, 2005. "The North Korean Criminal State, its Ties to Organized Crime, and the Possibility of WMD Proliferation". Nautilus Institute, Policy Forum Online 05-92A, p.4. http://nautilus.org/napsnet/napsnet-policy-forum/the-north-korean-criminal-state-its-ties-to-organized-crime-and-the-possibility-of-wmd-proliferation/ (pdf)

2007년에 미국과의 협상이 성사되어 BDA의 자금동결을 해제한 이후로 북한의 마약 및 위폐와 관련된 범죄는 표면적으로 급감하게 되었다.

북한의 위폐 제작에 대한 입증문제와 관련하여, 1990년대 중반의 미국 정부는 구체적 증거는 부족한 상태라고 결론을 내렸다. 1996년 당시 비밀수사국(SS)의 린치(Dennis Lynch) 요원은 "초정밀 미화 위폐가 북한에서 제작되었다는 구체적인 증거는 없다."고 언급하였다. 그러나 슈퍼노트를 조사해 온 미국 재무부의 타운센드(Bruce Townsend) 부국장이 2004년에 발표한 내용에 따르면 앞서 기술한 바와 같이 "지난 수년 동안 미국의 금융범죄 전담기관인 비밀수사국(SS)은 위조지폐의 동일한 유형(슈퍼노트 C-14342 유형)들을 조사해왔는데, 이 유형의 위조지폐는 북한으로부터 유통되고 있다."고 확인하기에 이른다. 타운센드의 주장은 글레이저(Danny Glaser, 2006) 등 다수의 미국 정부 관료들에 의해 재차 확인되었는데, 글레이저는 2006년 '뉴욕타임즈(The New York Times)'와의 인터뷰를 통해, "북한은 위조지폐의 제작 및 유통과 관련이 없다고 부인해왔지만, 북한이 관련된 증거는 압도적이며... 따라서 북한이 미화 위폐를 생산하고 유통한 것에 대해 의심할 여지가 없다"고 언급하였다.[58] 이러한 정황들을 바탕으로 그레이튼스(Sheena Chestnut Greitens, 2014)는 일반적으로 비국가적 행위자로서 위폐조직 등이 조직범죄를 자행하는 것과는 구분되게, 북한은 국가적 행위자로서 유일하게 미화 위폐를 제작하고 세계적으로 유통하였다고 분석하였다.[59]

2003년 바흐(William Bach) 미 국무부 국제 마약 및 법집행 국장은, "미국 비밀수사국(SS)의 위폐 담당부서는 1994년 마카오에서 보고된 내용으로부터 북한이 미화 위조지폐를 생산하고 있음을 인지하고 있었다."고 증언하였

58 Stephen Mihm, 2006.7.23, "No Ordinary Counterfeit", *The New York Times*

59 Greitens, Sheena Chestnut. 2014, op. cit., p.25

다. 당시 마카오에서, 북한 외교관 여권을 소지한 마카오 소재 북한 무역회사 간부들이 미화 위폐 25만 달러를 '마카오 은행(Macao Bank)'에 입금시키려다 적발된 사건도 있었고, 추가로 발생한 미화 위폐 적발사건도 발견되었다고 증언하였다. 이러한 자료를 바탕으로 당시 美 국가정보국장인 네그로폰테(John Negroponte)는 2006년 美 의회에서, 북한이 생산한 '슈퍼노트'와 관련하여, "북한은 마약 및 밀수뿐만 아니라 미화 위조지폐를 생산하고 해외에 유통시키고 있다"고 증언하였다.[60]

2007년 하우벤(Ronda Hauben)이 미국 당국의 '방코델타아시아(BDA)' 조사와 관련하여 배후에 있었던 내용을 연구하고 발표한 논문에 따르면, 당시 BDA의 스탠리 아우(Stanley Au) 은행장이 1994년 6월에 북한으로부터 BDA로 입금된 미화 달러 지폐가 위조지폐인 사실을 발견하고 이 내용을 미국 정부 당국에 통보하였는데, 비밀수사국(SS)요원들은 이 미화 위조지폐를 뉴욕은행(Republic National Bank of New York, 지금의 HSBC) 홍콩지점으로 전달하도록 하였고, BDA 측과 협조관계를 유지하면서 북한의 위조지폐 흐름을 지속 관찰해왔던 것으로 나타난다.[61] 이런 정황으로 보아, 미국 당국이 북한에서 만들어진 위조지폐에 대한 보다 충분한 증거를 확보하기 위해서 1994년부터 공작적 차원에서 BDA를 대상으로 증거수집 활동 및 관찰을 지속해왔고, 이러한 활동은 1998년부터 2004년까지 진행해왔던 Royal Charm 공작과 Smoking Dragon 공작으로 이어지면서 총 458만 달러의 위조지폐를 적발하는 성과를 거두었으며, 이를 근거로 2005년 9월 BDA를 통해 북한으로 입금

---

60 Nanto, Dick K.,.2009, "North Korean Counterfeiting of U.S. Currency". Congress Research Service (CRS) RL33324 (June 12, 2009) p.4.

61 Hauben, Ronda, 2007, "Behind the Blacklisting of Banco Delta Asia". *Policy Forum Online* 07-044A: June 5th, 2007. pp.2-3

될 2천 5백만 달러를 차단시켰던 모든 과정이 설명된다.[62]

미국 의회보고서에 따르면, 북한에서 생산한 슈퍼노트는 총 4천 5백만 달러로 집계된다. 2009년 美 국무부 보고에 따르면, 2007년 2월 북-미 회담 이후로 북한 당국은 마약과 위폐 범죄에 가담한 주민에 대해 엄벌에 처할 것을 강조하기도 하였는데, 2009년에도 북한산 슈퍼노트가 지속적으로 해외에서 발견되고 있어, 이 위폐가 2007년 이후 북한에서 새롭게 생산하여 유통한 것인지, 아니면 이미 생산된 슈퍼노트가 해외에서 지속 유통되고 있는 것인지 판단하기가 어려운 상황이라고 밝혔다.[63]

북한의 미화 위폐는 2004~2005년 미국 본토에서 적발된 두 건의 공작 사건 이후 국제적으로 대규모 물량으로 적발된 사례는 발견되지 않는다. 그러나 위 사건들을 고려해 보면 북한의 위폐는 북한 외교관의 유통방법 이외에도 중국 및 동남아 조직범죄 집단과 구소련의 정보기관인 KGB라는 국가기관의 연계를 맺으며 이미 동남아, 미국, 유럽 대륙으로 널리 유통되었음을 알 수 있다. 1996년 귀순한 前 조선노동당 총비서장 및 前 조국평화통일위원회 위원장 '황장엽'은 "위조지폐는 김정일 서기실에서 직접 관장하고 있으며, 1990년대 초반 동남아나 유럽 등 북한에서 멀리 떨어진 곳에 뿌려지다가 감시가 심해지자 시장이 큰 중국에서 주로 유통되고 있다"고 2001년 6월 증언한 바 있다.[64] 따라서 2005년 이후 북한과 연계된 대규모 미화위폐 적발 사례는 발견되지 않으나, 위폐 유통의 중국 루트는 여전히 유지되고 있다고 볼

---

62 Ibid., p.3. : BDA 측은 북한산 위폐에 관해 미 당국에 1994년 통보하였고 협조하였으나, 미 당국은 BDA가 이미 20년 이상 북한의 불법행위와 연계되어 있었다는 점을 들어 2005년 9월 블랙리스트 등록 및 미 자금 거래 동결조치를 취하였다.

63 Nanto, Dick K. op. cit., p.1.; U.S. Department of State, Bureau of International Narcotics and Law Enforcement Affairs, "2009 International Narcotics Control Strategy Report", Volume I: "Drug and Chemical Control", Washington, DC, February 27, 2009, Country Reports: North Korea.

64 데일리NK (2006.1.16.), op. cit.

수 있다.

한편, 미국 당국이 위폐의 피해를 회피하기 위해 2013년 10월부터 새로운 디자인의 100달러 신권을 발행하기 시작하였는데, 이와 관련하여 국내의 한 언론매체는 최근 "북한 김정은의 미화 위폐 제작 지시설"을 제기하기도 하였다. 이 보도에 따르면, 최근 북한의 김정은 위원장이 100달러 위조지폐를 새롭게 제작하도록 지시하였으며 이에 따라 중앙당 출판사는 해외 파견된 101연락소에 새로운 양면 복사기를 들여오도록 요청하였다는 것이다.[65] 위의 정황을 볼 때, 미국 당국은 북한 위폐의 피해를 회피하기 위해 신권 교체를 지속 추진하고 있으나 이미 80~90년대 북한에서 대량 생산된 위폐는 최소한 군소 위폐 범죄조직 차원에서 지속 유통되고 있으며, 미화 신권에 대한 위조지폐 생산은 비록 슈퍼노트의 초정밀 위폐 수준에 미치지 못하더라도 미국에 대한 적대감이 최고조에 달하고 국제체제의 경제제재로 인해 궁핍함에 처한 김정은 정권하에서 비교적 저급한 위폐라도 생산할 가능성은 배제할 수 없다고 하겠다.

〈표 3-3〉 북한의 위조지폐 적발 사례

1983년 6월	오스트리아 비엔나 은행에서 북한 공작원이 미화 8천 달러 입금하는 과정에서 위조지폐로 판명
1984년	북한 노동당 101연락소, 미화 위조지폐 다량 제작 해외 유통
1986년	북한 공관원이 리비아에서 미화 위조지폐 수천 달러를 교환하려다 적발
1987년 12월	북한 평성 소재 상표인쇄공장에서 1달러 5백장을 100달러 화폐로 변조
1988년 4월	북한은 미화 달러화폐 위조 목적으로 '붉은 수은'을 콩고민주공화국에서 구입 시도
1989년	필리핀 당국, 북한 공관원의 외교행낭에서 '슈퍼노트' 적발

65 박대로, 2015.5.21. "北김정은, 위조지폐 제작 지시설", 『뉴시스』
http://www.newsis.com/ar_detail/view.html?ar_id=NISX20150521_0013677919&cID=1304&pID=10300

1994년	7월	북한 외교관 여권을 소지한 마카오 소재 '조광무역' 직원 등 5명이 미화 위조지폐를 마카오에서 18만 달러, 홍콩 25만 달러 밀거래 혐의로 체포
		일본인 4명, 미화 위조지폐 소지 혐의로 일본에서 체포. 이들은 중국 광동성 주하이(Zhuhai) 소재 은행에서 미화를 획득했다고 진술
1995년	8월	북한 노동당 소속 무역회사, 미화 위폐 1만 달러를 일본에서 일본 사업자에게 지불하다 적발
1996년	1월	중국에서 정무원 석탄공업부장 김리룡, 미화 위조지폐 5천 달러 레일 구입비로 지출
	3월	모스크바 주재 북한 공관원과 북한인 3명, 미화 위폐 80만 달러 환전하다 적발되어 추방
	7월	베트남-캄보디아 국경에서 요도호 납치범 적군파 출신 '다나까'(북한명 김일수), 북한 공관원 2명과 함께 북한인 차량으로 이동 중 위폐 20만 달러 소지(그 중 12만 달러는 사무실에서 적발) 및 운반 혐의로 캄보디아 당국에 체포
	12월	몽골 주재 북한 '민주조선'사 운영자와 '홍만상사' 북한인 직원 '안동현', 몽골에서 위폐 11만 달러 사용하다 적발되어 강제 추방. 조광무역에서 적발된 위폐와 동일한 종류로 밝혀짐
		몽골주재 북한대사관 3등서기관 김철민, 북-몽골 합작회사인 "모란상사" 박창룡, 북한산 미화위폐 11만 7,300달러 유통 중 적발(※ 위 사건과 동일 사건으로 추정됨)
		루마니아 주재 북한 무역참사관 김철호, 위폐 5만 달러 환전하다 적발되어 추방
1997년	2월	모스크바 주재 북한대사관 3등서기관, 미화 10만 달러 소지 혐의로 검거
	6월	일본 도야마 경찰, 일본내 미화 위폐 유통 혐의자 북한인 '이영복' 지명 수배
	8월	일본 관세청, 고베항 정박 북한 '능라도'호 선내에서 미화 위조지폐 28장 적발
1998년	4월	김정일 비자금 담당서기 '길재경', 러시아 블라디보스톡에서 미화 위폐 3만 달러 환전하다 적발되어 추방됨. 길재경은 스웨덴에서 외교관으로 근무하던 중 불법행위로 인해 1976년 추방된 사례가 있음
	12월	북한 '조광무역' 간부, 미화 10만 달러 소지혐의로 마카오에서 체포
1999년	1월	마카오에서 북한 '조광무역' 직원들, 미화 40만 달러 소지 혐의로 체포
	3월	중국 주하이 소재 북한 무역은행 지점에서 발송한 북한 외교행랑에서 미화 위폐 12만 달러 적발.
2000년	5월	독일의 체코 국경 인근지역에서 미화 위폐 25만 달러 적발
2004년	7월	괌에서 미상 금액의 북한산 미화 위조지폐 적발
2005년	6월 29일	미국 재무부, 미국 내 북한 국영기업 3곳 자산 동결
	8월 22일	미국 FBI, 2건의 공작으로 북한에서 밀반입한 미화 위조지폐 총 450만 달러 적발, 미 재무부, 마카오 소재 BDA은행에 대해 '우선적 돈세탁 은행'으로 지정(9.16)
	10월	미국 당국, '션 갈렌드' 북아일랜드 노동당 당수 및 前 KGB 요원 등 7명, 美 검찰에 의해 북한산 미화 위폐 거래 혐의로 기소(최소 1천만 달러 이상 거래). '션 갈렌드'는 2005년 검거시 보석으로 풀려났고 2008년 재차 기소되었으나 역시 보석으로 석방됨

4. 가짜상품(Counterfeits)

국제사회의 관점에서 보는 가짜상품의 불법성은 주로 인류의 건강에 직접적인 해악을 끼친다는 점에 있으며, 이에 따라 가짜상품 중에서도 가짜 의약품의 문제를 중점 퇴치해야 할 현안으로 다루고 있다. 초국가적 조직범죄 집단들이 가짜 의약품을 생산하여 국내외로 유통시키고 있어, 유엔기구를 중심으로 국제적으로 효율적인 대응방안을 마련해야 한다는 요구가 부각되고 있다. 2011년 개최된 제20차 유엔 경제사회이사회 산하 '범죄예방형사사법 위원회(CCPCJ)' 회의에서 초국가적 조직범죄 차원에서 확산되고 있는 가짜 의약품 유통 문제를 논의하였으며, 결의안(20/6)을 채택하고, '유엔 초국가적 조직범죄 방지협약(UNTOC)'을 충분히 활용하고 국제적 협력을 강화하여 가짜 의약품의 제조 및 유통을 차단하는데 주력하기로 결정하였다.[66]

〈표 3-4〉에서 보듯이, 북한의 가짜상품 생산은 주로 수익성이 높은 가짜 담배 생산과 유통에 집중하였으며, 가짜 의약품의 경우 특정 유명상품을 선정하고 북한에서 생산하여 해외로 유통시키는 것으로 파악된다. 북한에서 제조되어 해외로 밀거래되는 품목은 앞서 언급한 마약류와 위조지폐에 더하여, 해외 유명상표의 가짜 담배가 주류를 이루며, 가짜 의약품으로는 "비아그라(Viagra)"와 같이 일시적으로 유명해지면서 전 세계적으로 선호된 유명 의약품을 타깃으로 하였다. 북한 외교관들이 해외에서 면세 담배를 구매하여 소매가격으로 되팔아 차익을 남겼던 사례는 이미 1980년대 중반에 다수 발견되었는데, 이러한 종류의 소규모 불법 활동은 공관원 개인 또는 공관 차원에서 경비를 마련하기 위한 궁여지책으로 1970년대 초부터 발견되었다. 1990년대에 들어서 북한은 가짜 유명상표를 붙인 담배를 소규모로 수

---

66 UNODC, 2011, "Trafficking in Fraudulent Medicine", UNODC 홈페이지: http://www.unodc.org/unodc/en/fraudulentmedicines/introduction.html

출하기 시작하였으며 2002년경 본격적으로 대량 수출한 것으로 파악된다. 2002년도에 중국 당국은 자국 내 가짜담배 제조 조직을 적극적으로 단속하기 시작하였고, 중국 본토의 범죄조직에 의해 제조되었던 기술이 북한으로 이전되었으며, 중국 조직의 수가 줄어들자, 상대적으로 북한에서 제조하는 가짜담배의 수요가 증가하게 된 것이다.[67]

가짜 담배의 생산 및 유통은, 북한 당국으로서는 상당히 커다란 금전적 이득을 가져오는 사업이라고 할 수 있다. 북한은 나진과 남포항에서 가짜 담배를 선적하여, 중국이나 한국의 항구를 경유한 후 전 세계로 밀수출한 것으로 알려졌는데, 피해를 당하고 있던 유명 담배제조 회사인 '필립모리스 인터내셔널(Philip Morris International)', '로릴라드(Lorillard)', '일본담배산업(주)(Japan Tobacco)' 등의 회사들은 조사팀을 구성하여 북한에서 가짜 담배를 생산하고 있는 공장들을 찾아내기도 하였다. 북한의 가짜담배 밀수출로 인해 타격을 받은 국제적 담배제조 회사들은 유통되는 해당국가 당국자들과 적극적으로 북한의 불법 무역을 차단하도록 노력하고 있는데, 그 이유는 가짜 담배의 막대한 수익금 발생에 기인한다. 선박에 선적하는 40피트 크기의 컨테이너에 가득 채워지는 가짜담배는 미화 7만 달러 정도의 금액에 해당되는데, 같은 물량이 해외에서 팔리는 경우 가격은 3~4백만 달러에 달한다.[68] 즉, 가짜담배 사업은 50배의 수익을 올릴 수 있는 매우 수익성이 높은 불법 사업인 셈이다.

〈표 3-4〉에서 보듯이, 1995년, 대만 당국은 북한으로 향하는 선박을 나포하여 검색한 결과, 일본과 영국에서 유행하는 상표의 담뱃갑(담배를 담는 포장)이 내용물 없이 20개의 컨테이너에 가득 채워져 있는 것을 적발하였다. 이

---

67 Coalition of Tobacco Companies 보고서, "Production of Counterfeit Cigarettes in the Democratic People's Republic of Korea", 29 June 2005,

68 Ascher, David L. op. cit., p.5

사건은 당시 AP(Associate Press)에서도 보도한 바 있는데, 상표를 도용당한 담배회사 간부들의 설명에 따르면, 20개의 컨테이너에 담겨 있는 담뱃갑을 담배보루로 담았을 경우 200만 보루가 되며, 이 물량이 소매가로 판매될 경우, 10억 달러의 수익을 거둘 것으로 산정된다는 것이다. 이 사건을 통해, 북한은 유명상품의 담배 포장을 해외에서 수입하고, 그 내용물인 담배는 북한에서 생산하는 수법으로 유명상품의 가짜담배를 생산하여 유통해 온 것으로 밝혀졌다.

2004년 2월, 싱가포르 당국은 '말보로(Marlboro)' 상표가 표기된 가짜담배로 채워진 컨테이너를 압류했는데, 이 컨테이너는 북한의 나진에서 출발하여 부산에 기항한 뒤 싱가포르에 하역된 것이었다. 또한 같은 달에 남아프리카공화국 항구도시인 '더반(Durban)'에서 싱가포르에서 적발된 것과 유사한 컨테이너를 적발하였는데 송화자가 밝혀지지 않아 구체적 증거는 없으나 북한에서 생산된 가짜담배로 추정되었다.[69] 2004년에는 베트남, 대만, 필리핀에서 각각 컨테이너 하나씩 총 3개의 컨테이너를 적발하였는데, 그 안에는 일본의 유명 담배인 '마일드 세븐(Mild Seven)' 상표로 포장된 가짜 담배가 채워져 있었다. 이 컨테이너들은 모두 북한 나진에서 선적되었고 대만을 목적지로 운송 중이었던 것으로 밝혀졌다.[70] 또한 2006년 10월, 그리스 당국은 에게해(Aegean Sea) 동쪽에서 운항중인 북한 국적을 정선시켜 밀수여부를 검색한 결과 이 선박에서 총 3백만 보루의 가짜 담배가 적재된 컨테이너를 적발하였다. 이 가짜담배 밀수 사건에 대해 그리스 당국이 관세 탈세금액으로 징수하였다면, 1백만 보루 당 350만 유로씩 총 1천만 유로 가량을 추징할 수

---

69 Singapore Customs Report. 2004, "Singapore Customs Seized One Container of Counterfeit Cigarettes" (2004.2.24.)

70 Coalition of Tobacco Companies 보고서, op. cit.

있는 물량이었다.[71]

앞서 언급된 2005년 미국에서 발표된 '로얄 참 공작' 등 2건의 비밀공작 결과 발표에서, 북한산으로 추정되는 가짜 담배가 미국 영토에서 적발된 사례가 발견된다. 2005년 8월 미 FBI의 발표에 따르면, Royal Charm 공작으로 뉴저지州 뉴왁(Newark) 항구에서 적발된 가짜담배는 미화 2백만 달러 상당이었으며, Smoking Dragon 공작으로 캘리포니아州 롱비치(Long Beach)에서 적발된 가짜담배는 미화 4천만 달러에 달하는 물량이었다.

2006년 1월, 미국 월스트리트 저널은 '필립모리스(Philip Morris)'사의 자체 조사결과를 인용하여, 필립모리스 상표의 가짜 담배 원산지는 북한 '나진'인 것으로 확인되었다고 보도하였다.[72] 이어 2006년 5월, 일본 해상보안청은 외국선박 해상 검문 결과 북한에서 생산된 가짜 담배가 청진과 나진항에서 선적되어 한국과 대만으로 운반되고 있음을 확인했다고 발표하였다.[73] 2006년 5월 15일자 도쿄신문에 따르면, "일본 해상보안청의 외국선박 해상검문결과 북한에서 만들어진 가짜 일제담배가 한국과 대만으로 운반되고 있다는 사실을 확인했다"고 보도했다. 일본 해상보안청은 검문 결과 밝혀진 선원의 진술 내용과 정찰위성 정보를 분석하여 북한의 가짜 담배 운반선은 원산이나 청진, 나진항 등에 입항해 가짜 담배를 싣고 출항하는 것으로 확인했으며, 대만이나 부산 앞바다에서 대만과 한국 마피아 등이 보낸 선박으로 바다 위에서 물건을 옮겨 싣는 수법을 사용하는 것으로 분석하였다. 북한에서 담배 제조에 종사한 경험이 있는 탈북민들은 이러한 북한의 가짜담배 생산 및 유

---

71 Greitens, Sheena Chestnut, 2014. op. cit., p.33; Athens News Agency. 2009.10.30. "Large cache of contraband cigarettes found on N. Korean flagged ship"

72 자유아시아방송(RFA), 2006.1.30., "북한은 세계 최대 가짜 담배 생산국", http://www.rfa.org/korean/weekly_best/nk_biggest_counterfeit_cigarette_maker-20060130.html (검색일: 2016.9.24.)

73 자유아시아방송(RFA), 2006.5.15. "일 해상보안청, 북한의 가짜 일제 담배 생산 확인" http://www.rfa.org/korean/news/nk_make_fake_cigarette-20060515.html (검색일: 2016.9.24.)

통에 대해 "국가적인 계획사업"이라고 증언하였다.[74]

2008년 발표된 美 의회 보고서에서, "북한의 가짜 담배 밀수는 2004년부터 수년 동안 외화벌이의 주요 품목이 되었는데, 당시 북한의 연간 가짜 담배 생산량은 20억 담배갑 이상이었으며, 세계 최대의 가짜 담배 밀수 국가 중 하나였다"고 기술되기도 하였다.[75] 또한, 2009년 7월 키프로스 당국은 가짜담배 100만 갑 이상을 선적하고 이집트로 향하던 북한 선적 화물선 '프린스 티(Prince T)'호를 나포하였는데, 미국 의회조사국(CRS) 연구원인 북한 전문가 닉시(Larry Niksh)에 따르면, 선적된 가짜담배는 모두 북한산 가짜담배일 가능성이 높다고 분석하였다.[76]

한편, 2011년, 뉴콤(William J. Newcomb) 前 美 재무부 선임자문관은 美 하원 외교분과위원회에서, "북한은 명백하게도 1990년대 초부터 가짜 담배를 제조하는 산업 체계를 확립했다"고 보고했다. 뉴콤은 피해를 당한 담배회사들과 관련 국가들이 모인 회의체(Coalition of Tobacco Companies)에서 2005년에 발표한 보고서를 인용하여, "북한은 10~12개 정도의 가짜 담배 제조 공장을 운영하고 있으며, 이 공장에서 매년 20억 갑의 가짜 담배를 생산할 수 있다. 이러한 규모로 볼 때, 북한은 세계에서 가장 큰 규모의 가짜담배 생산 국가이며, 연간 미화 5억 2천만 달러~7억 2천만(한화 8,640억 원) 달러의 불법 수익을 올릴 수 있는 것으로 집계된다. 이 공장들 중 일부는 중국의 범죄조직이 운영하기도 하며 나머지는 북한의 군부 관할로 운영된다. 북한에서 제조된 가짜담배의 목적지는 아시아 지역뿐만 아니라 2004~2005년 Royal Charm

---

74 DailyNK, 2006.5.22. "北 가짜담배 생산도 국가 계획사업", http://www.dailynk.com/korean/read.php?cataId=nk00100&num=22535 (검색일: 2016.8.20.)

75 Wyler, Liana Sun and Nanto, Dick K., 2008, "North Korean Crime-for-Profit Activities" Report RL 33885. *Congressional Research Service*, 2008. p.12.

76 자유아시아방송(RFA), 2009.7.23. "키프로스, 담배 밀수 혐의 북한 선박 나포" http://www.rfa.org/korean/in_focus/cyprus_tobaco-07232009183235.html (검색일: 2016.8.20.)

공작과 Smoking Dragon 공작에서 입증된 것처럼 미국 본토에까지 도달되어 유통되었다."고 증언하였다.[77]

그레이튼스(Greitons, 2014)는 뉴콤의 증언 내용을 좀 더 구체적으로 설명하고 있다. 북한 내에서 가동되는 가짜담배 생산 공장은 두 가지 출처에서 자금이 지원되어 운영되는데, 해외의 범죄조직과 북한 자체 기관이라는 것이다. 북한 나진에 소재하는 3개 담배공장은 대만의 범죄조직이 자금을 충당하고 있으며, 여기서 생산되는 가짜담배를 대만조직이 연계하여 대만으로 밀반출한 후 유통시키고 있다는 것이다. 북한 기관에서 관할하는 담배공장으로, 평양 지역에 소재하는 "능라도 888 담배공장"과 "동양담배공장"이 운영되고 있는데, 북한 군부와 보위부에서 관할하여 운영하고 있다. 또 다른 공장으로 "대성담배공장"이 가동되고 있는데, 이 공장은 "대성상사"가 운영하고 있으며, 1990년대 마카오에서 미화 위폐를 거래하다 적발된 '조광무역'이 대성상사의 산하 회사로 연결되어 있다는 것이다.[78]

최근 미 국무부를 포함한 5개 기관에서 발표한 보고서(2015.12)에 따르면, 북한에서 제조된 '말보로(Marlboro)' 상표의 가짜담배가 미국 본토에서 유통되었으며, 2002~2005년간 미국 사법당국에 의해 제소된 사건만 1,300건에 이르는 것으로 밝혀졌다. 또한, 같은 시기에 미국의 여러 수사당국은 합동공작을 통해 북한에서 생산된 가짜담배를 중국 루트를 통해 유통시키는 범죄조직을 적발하고 3명을 기소하였다. 이 보고서를 통해 미국은 북한에서 생산되고 유통되는 가짜담배를 포함하여 국제적으로 생산, 유통되는 가짜담배가 미국의 국익에 피해를 미칠 뿐만 아니라, 가짜담배의 국제적 유통을 통해 벌어들이는 불법 수익은 국제범죄조직은 물론 국제테러조직과도 연

77 Newcomb, William J. 2011, "North Korea's Sea of Fire: Bullying, Brinkmanship and Blackmail" (미 하원 외교분과위원회 증언, 2011.3.10.)

78 Greitens, Sheena Chestnut, 2014, op. cit., pp.36-37.

계되면서 국가적 및 국제적 안보위협으로 부각되고 있음을 알리고자 하였다.[79] 이 같은 보고서를 바탕으로, 미국 정계에서는 수익성이 높은 가짜담배 거래는 '헤즈볼라'나 '알 카에다' 등 국제테러조직의 자금 조달을 위해 이미 2000년대 초반부터 지속되어 왔다는 주장이 나타나고 있다.[80] 북한이 2000년대 초반부터 이란, 시리아, 레바논 등의 국가와 무기거래를 하고 있으며 해상을 통한 무역거래를 지속하고 있다는 상황을 감안한다면, 북한의 가짜담배 유통이 국제테러조직과도 연계될 수 있다는 이러한 주장은 어느 정도 개연성이 있는 것으로도 보인다.

한편, 북한에서 생산되는 가짜상품은 위조지폐 외에도 "비아그라" 등 가짜 의약품이 상당수 발견된다. 2004년 이집트 주재 북한 대사관 소속의 공관원들이 "클로나제팜(Clonazepam)" 15만 정을 밀수하던 중 적발되었고, 같은 해, 불가리아 주재 북한 공관원들이 "캡타곤(Captagon, 각성제 성분의 Fenethylline 또는 Phenethylline의 상표명)" 50만 정을 소지한 혐의로 터키에서 체포되었는데, 캡타곤 50만 정의 실제 거래가격은 7백만 달러에 해당된다. 북한 공관원들이 이러한 마약류 성분의 의약품을 대량으로 거래한 이유는 분명치 않으나, 이 의약품을 북한에서 생산한 것으로는 보이지 않으며, 현지에서 쉽게 구매하기 어려운 마약류 의약품을, 쉽게 구매할 수 있는 다른 나라에서 대량 구매하여 검색을 받지 않는 외교관 신분을 이용하여 타국으로 밀수함으로써 차익을 노린 것으로 추정된다. 북한에서 생산되는 가짜 의약품이 드러나기 시작한 것은 2000년대 중반이다. 2004년 7월, 대한민국 서울에서 검거된 우리나라 국적인은 당시 가짜 비아그라 4천 정을 밀수하여 1정당 5천 원에 밀

---

79 미 국무부, 2015.12, *The Global Illicit Trade in Tobacco: A Threat to National Security*, http://www.state.gov/documents/organization/250513.pdf

80 미 하원 의원 Rick Saccone은 2016.7.13. 미 하원에서 가짜담배 조직과 테러조직 간의 연계 내용을 발표했다.: Cassie Owens, 2016.7.18. "The curious connection between illicit cigarette sales and ISIS", Politifact.com

거래하다 검거되었는데, 가짜 비아그라를 북한에서 구했다고 진술하였다.[81] 한편, 일본 당국은 북한이 가짜 비아그라를 함경북도 청진에 소재한 국영 공장에서 생산하고 있으며, 이러한 가짜 의약품들이 홍콩에 있는 구매자에게 전달되어 서남아시아 및 중동 국가로 유통된다고 발표한 바 있다. 북한의 가짜 비아그라 밀매 사업은 당시 상당한 이윤을 본 것으로 알려졌는데, 중국 조직에 거래되는 가격은 1정 당 미화 2.5달러인데 일본에서는 1정 당 2천 엔(미화 18달러) 정도 가격에서 밀매되는 것으로 알려졌다.[82]

〈표 3-4〉 북한의 가짜담배 등 가짜상품 적발 사례

<table>
<tr><td colspan="2">1995년</td><td>대만 해역에서 북한으로 운항하는 선박에서 일본과 영국의 유명 상표로 인쇄된 담뱃갑(포장)으로 채워진 컨테이너 20개 적발 (Chestnut, 2005)</td></tr>
<tr><td colspan="2">2002~
2005년</td><td>미국 본토에서 '말보로' 상표로 불법 제작된 북한산 가짜담배 유통 사건 1,300건 제소 (미 국무부, 2015.12)</td></tr>
<tr><td rowspan="4">2004년</td><td>2월</td><td>싱가포르 Durban 항구, 북한 나진에서 선적된 컨테이너에 가짜담배가 은닉된 것을 적발 (싱가포르 세관, 2004.2.24.)</td></tr>
<tr><td>7월
2일</td><td>한국에서 북한에서 제조된 것으로 추정되는 가짜 비아그라가 서울에서 적발됨. (조선일보 2004.7.1)</td></tr>
<tr><td>7월</td><td>괌에서 북한산으로 추정되는 가짜담배와 가짜 의약품을 적발(Chestnut, 2005)</td></tr>
<tr><td>-</td><td>미국 Royal Charm 공작으로 미화 2백만 달러 상당 가짜담배(Newark 항구), Smoking Dragon 공작으로 미화 4천만 달러 상당 가짜담배(Long Beach) 적발 (FBI Report, 2005)</td></tr>
<tr><td rowspan="3">2006년</td><td>1월</td><td>미국 월스트리트 저널, 필립모리스사 자체 조사결과, 필립모리스 가짜담배의 원산지는 북한 나진인 것으로 확인되었다고 보도 (Wall Street Journal, 2006.1.27)</td></tr>
<tr><td>5월</td><td>일본 해상보안청, 외국선박 해상검문결과 북한에서 생산된 가짜담배가 청진, 나진항에서 선적되어 한국과 대만으로 운반되고 있음을 확인했다고 발표 (자유아시아방송, 2006.5.15)</td></tr>
<tr><td>10월
28일</td><td>그리스 항구에 정박된 북한국적 선박 'BANA'호에서 총 3백만 보루의 가짜담배 적발 (Athens News Agency, 2009.10.30)</td></tr>
</table>

81 Ward, Andrew. 3 July 2004. "Pyongyang may have potent new cash raiser". *Financial Times* ; 신은진. "북한산 비아그라?", 『조선일보』 2004.7.1.

82 Sheena Chestnut, 2005. op. cit., p.94

2009년 7월	키프로스 당국, 가짜담배 100만갑 이상 선적한 북한선적화물선 'Prince T'호를 나포, 북한산 가짜담배인 것으로 추정 (자유아시아방송 2009.7.23)

5. 밀수

밀수(Smuggling)는 세관의 실무적 개념으로 볼 때, 관세법, 외국환거래법, 대외무역법, 마약류 관리에 관한 법률, 총포류법 등 수출입관계 법령에 위배되는 일체의 행위 또는 행위자로 정의된다. 일반적인 밀수에 해당되는 유형과 대상 물품의 종류는 방대하겠으나, UNODC에서는 최근 초국가적 조직범죄의 타깃으로 주목받는 희귀 동·식물류 밀수에 대해 특별히 심각한 우려를 표명하면서 국제사회의 적극적인 대응활동을 촉구하고 있다. 유엔에서 언급하는 희귀 야생동물과 식물(Wildlife and forest)의 밀수범죄는 국제법의 위반일 뿐만 아니라 세계의 야생 동식물 생태를 훼손시키는 불법 행위이기도 하다. 최근 이러한 유형의 밀수범죄는 금전적 이익을 최대화할 수 있다는 이유로 마약밀수, 무기밀수, 인신매매와 함께 거대 초국가적 조직범죄 집단이 선호하는 대상품목이 되고 있으며, 범죄 집단은 주로 법집행 체계의 정비가 허술한 아프리카 지역 등을 대상으로 집중하고 있다.[83]

북한의 밀수 유형은 크게 세 가지로 구분할 수 있다. 첫째는 북한 외교관들이 외교관 신분을 이용하여 면세품이나 현지 특정 상품을 구매하고 그 물품을 주재국 또는 타국에서 일반 소매가격으로 되파는 방식으로, 기본적이고 생계유지형의 형태라고 할 수 있다. 이러한 유형의 밀수는 그 품목에 상관없이 되팔았을 때 차익이 크게 나는 모든 물품이 대상이 된다. 최근 적발된 사례를 보면, 주로 외교관 면세 특권으로 구매할 수 있는 주류와 담배이며,

---

83 UNODC, "Wild life and forest crime", UNODC 홈페이지: http://www.unodc.org/unodc/en/wild-life-and-forest-crime/overview.html (검색일: 2016.9.24.)

국가 간 판매가격 차이가 크게 나는 의약품, 고급 시가와 같은 그 나라의 특산물도 포함된다. 둘째로, 생계형 밀수를 넘어 보다 거액의 차익을 보려는 밀수 행태인데, 외교관의 검색면제 또는 검색완화의 특권을 이용하여 고가의 귀금속이나 국제적으로 거래가 금지된 상아, 코뿔소 뿔 등 희귀한 특정 물품을 타깃으로 하는 밀수다. 이러한 밀수 형태는 단순히 북한 외교관 개인의 활동으로 성사될 수 없으며, 공관 차원의 협조와 북한 본부 차원의 지휘·조종을 통한 국제적 네트워크 운용이 동반된다. 세 번째로는 북한과 중국 간 길게 연결되어 있는 국경을 통한 北-中 간 밀수 형태라고 할 수 있다. 북-중 국경에서의 밀수는 북한 주민들의 생필품을 조달하기 위한 보따리상 형태의 거래부터 북한 정권 차원의 외화벌이 목적으로 전개되는 대규모 밀수까지 다양하며, 최근 국제사회의 제재로 인해 봉쇄된 "해상 루트"에 비교하여 "중국 루트"라고 칭할 수 있다.

〈표 3-5〉에서 보듯이, 시기적으로 보면, 해외에서 근무하는 북한 공관원들이 생계형 축재를 위해 외교관의 개인 수하물 검열면제 특권을 이용하여, 주로 외교행낭(파우치)을 이용한 소량의 고가품목 밀수를 시작하였고, 점차 밀수의 종류와 물량이 증가하였음을 알 수 있다. 1988년 3월, 불가리아 주재 북한공관원 2명은 루마니아 국경을 넘어 불법복제 DVD 12,000장을 밀수하다 적발되었고, 2003년 미국 당국은, 북한이 핀란드에서 포르노 DVD를 밀거래한 사건을 폭로한 사건도 있었으며, 2000년대 초반 북한 외교관들은 태국과 방글라데시에서 중고차 및 중고 휴대폰 밀수에도 개입하였다.[84] 특히, 아프리카 지역에 주재했던 북한 공관원은 멸종동물 보호 품목에 해당되는 코뿔소의 뿔이나 코끼리의 엄니(상아)를 밀수하다가 적발된 사례가 다수 발견된다. 밀수와 관련되어 활동한 탈북민에 따르면, 1988년도에 아프리카

---

84 Greitens, Sheena Chestnut. 2014, op. cit., p.37.

를 떠나오기 전까지 아프리카산 금과 다이아몬드 등 보석류를 밀수했는데 당시 8천만 달러의 이득을 얻었다고 증언하였다.[85]

아프리카 지역에 근무하는 북한 공관원들은 현지에서 밀렵꾼과 결탁하여 코뿔소의 코 뿔과 코끼리 상아 등을 구매하여, 외교행낭에 넣어 중국으로 보내며, 이를 중국의 북한 관계자들이 전달받아 중국의 한약재 암시장에서 밀매한다. 코뿔소의 뿔은 '진서각(眞犀角)'이라는 이름의 한약재로 불리며, 중국의 암시장에서 1킬로그램 당 미화 6만 5천 달러(한화 약 7,180만 원)에 거래되는 것으로 알려져 있다. 2015년 5월 3일 남아프리카공화국 경찰은 駐남아공 북한대사관 박철준 참사와 남아공에 거주하는 북한 태권도 사범 김종수를 검거하였는데, 이들은 모잠비크 마푸토市 중부 마오쩌둥 거리에 있는 시장에서 현지 밀렵꾼에게 코뿔소 뿔 4,616킬로그램을 구입해 차량으로 옮기던 중 체포되었다.[86] 검거된 과정과 거래 금액 등을 고려할 때, 아프리카 지역에 근무하는 북한 공관원이 개인적 부를 축적하기 위해 자행하는 단순한 밀수라기보다는, 비교적 큰 규모의 조직적인 밀수로 보이며, 아프리카 해외공관과 중국에 파견된 북한의 외화벌이 전담 요원들이 체계적인 네트워크를 형성하여 활동하는 것으로 추정된다.

〈표 3-5〉에서 보듯이, 마약류 물질로 지정되어 통제되고 있는 의약품을 규정이 허술한 국가에서 대량 구매하여 수요가 많은 국가로 밀수하는 사례도 관찰된다. 1998년 1월에는 시리아 주재 북한대사관 외교관 2명이 마약류로 분류되는 "로히피놀(Rohypnol)"[87] 50만 정을 이집트로 밀반입하다 적발되

---

85 Kaplan, David E. Feb. 15, 1999. "The Wiseguy Regime", *US NEWS & WORLD REPORT*, http://www.scaryreality.com/all/The_wiseguy_regime.html (검색일: 2016.8.28.)

86 전수진·안효성, 2015.5.29. "코뿔소 뿔 밀매 적발, 망신당한 북한 외교관", 『중앙일보』; 미국의 소리(VOA) 방송이 27일(현지시간) 주남아프리카공화국 한국대사관 관계자를 인용해 보도했다.: http://nk.joins.com/news/view.asp?aid=17468982 (검색일: 2016.9.14.)

87 로히피놀(Rohypnol)은 수면제의 일종으로, 속칭 '물뽕'이라 불리는 GHB(감마 히드록시 부티르산)와 케타

었고, 1999년 4월, 불가리아에서 구매한 로히피놀(Rohypnol)을 체코로 밀반입하려다 적발된 사례가 발견된다. 2004년 12월에는 불가리아 주재 북한대사관 외교관 2명이 상표명 "캡타곤(Captagon)"으로 알려진 마약류 페네틸린(Fenethylline) 50만 정을 터키로 밀수한 혐의로 체포되었다. 북한 공관원이 외교행낭 등 외교적 특권을 이용하여 통제되고 있는 의약품을 밀수한 후, 현지에서 유통하고 밀매하는 것은 현지 범죄조직의 몫으로, 결국 북한 공관원은 현지 조직과 연계하여 사전 계획을 세우고, 요구되는 의약품을 밀수의 방법으로 확보하여 현지 조직에게 건네주는 것으로 짐작할 수 있다.

한편, 2015년 3월, 방글라데시 주재 북한대사관 손영남 1등서기관이 금괴 170개 등 금 27킬로그램(140만 달러 상당)을 싱가포르에서 방글라데시로 밀수하던 중, 방글라데시 '하즈라트 샤흐잘랄' 공항 세관에 의해 적발되었다. 이 사건은 단순히 공관원 개인의 이익을 위해 개별적으로 저지른 범죄로 보기에는 무리가 있는데, 그 이유로는 첫째, 공관장 및 공관 당 비서 등 관리 체계와 공관 소속 보안요원 등에 의해 공관원의 외출, 여행 등이 철저하게 통제되고 있는 상황에서 참사관 이하 직급의 공관원이 자의적으로 2개 국가를 넘나들며 여행한다는 것은 북한 공관의 관례상 불가능 한 것이며, 둘째, 당시 손영남이 운반하였던 금괴는 미화 140만 달러(16억 8천만 원) 상당의 거액에 해당되는 밀수품으로, 개인의 일탈행위보다는 공관 차원 또는 상위의 조직 차원에서 개입된 불법행위로 보는 것이 타당할 것이다.

2015년 10월, 북한 외교관 2명이 브라질 상파울루에서 쿠바産 고급 시가를 밀반입하려다 공항 통관 절차 중 적발된 사건이 발생하였다. 브라질 당국의 조사결과, 북한 외교관 가방에는 다양한 상표의 쿠바산 시가 3,800개

민(Ketamin) 등과 함께 데이트강간 약으로 알려져 있다. 이들 약물은 색도 없고 냄새도 없을뿐더러 술이나 음료수에 쉽게 녹는다는 특징이 있다. (출처: 두산백과)

가 들어 있었다.[88] 북한 외교관의 쿠바産 시가의 밀수는 브라질, 멕시코, 페루, 베네수엘라 등지에서도 적발된 적이 있는데, 주로 남미에 근무하는 북한 외교관들이 검색 면제 혜택을 이용하여 이웃나라로 밀반입한 뒤 되팔아 차액을 얻으려는 목적에서 자행된다. 공관원들의 밀수범죄 중 개별적으로 자행되는 사례는 주로 북한 본부에서 부과되는 소위 "충성자금" 및 할당금 등을 충당해야 하는 압력과 공관원 개인의 축재 의도에 의해 발생하는 것으로 분석된다. 개인적 축재의 목적 중에는 해외 근무 중 최대한 외화를 벌어 귀북시 본부에 뇌물을 상납하고 차후에 다시 해외 근무를 할 수 있도록 여건을 조성하는 의도도 포함된다. 〈표 3-5〉를 보면, 북한 해외 공관원의 밀수 적발사례는 1980년대 초부터 최근까지 지속되고 있음을 관찰할 수 있는데, 북한이라는 한 국가를 대표하는 공관원이 외교관으로서의 품위를 유지하는 것보다, 당면한 자금 확보에 더욱 압박을 받고 있다는 절박한 현실이 느껴진다.

한편, 북한과 중국의 국경을 넘나들며 행해지는 북-중 밀수도 지속되고 있다. 2015년 6월 자유아시아방송(RFA)이 함경북도의 한 소식통을 인용하여 보도한 내용에 따르면, 북한의 밀수의 주범은 인민군 경무부라고 전했다. "북한의 밀수행위는 대부분 군인들에 의해 행해지고 있으며 특히 국경지역을 관할하는 '위수경무부(지역헌병대)'를 끼지 않고서는 대량 밀수는 생각할 수 없다. 경무부가 주도하는 밀수 품목으로는 금, 은, 동, 니켈, 공업용 다이아몬드, 몰리브덴 같은 귀금속과 골동품, 마약, 약재 등 국가자원과 동식물을 가리지 않는다"고 전했다.[89] 이 소식에 따르면, 북-중 국경에서 이루어지는 밀수는 비교적 규모가 큰 경우에는 국경경비대인 북한의 위수경무부의 연계 없이는 불가능하다는 추론이 가능하다. 또한, 북-중 정식 교통 루트를 통한

---

88 문순보, 2015, "북한 외교관들의 밀수와 일탈 행위", 『북한』(통권 527호, 2015.11), 북한연구소, pp.88-94.

89 자유아시아방송, 2015.6.7., "북, 밀수의 주범은 인민군 경무부", http://www.rfa.org/korean/in_focus/ne-je-06052015095905.html (검색일: 2016.8.1.)

무역이나 밀수 외에도, 1,300킬로미터 길이로 길게 설치되어 있는 북-중 국경선을 통해 이루어지는 밀수는 사실상 철저한 통제가 불가능하며, 북한의 국경경비대나 보위부 요원 등 공권력과의 결탁관계를 갖고 다양한 방식으로 이루어진다고 볼 수 있다. 이러한 밀수는 외화벌이를 목적으로 전개하는 북한 정권 차원의 조직적인 밀수와는 다른 형태이나, 북한 공권력의 부정부패(Corruption)[90]를 통한 북한 주민의 생계형 밀수가 이루어지고 있으며, 결국 북한 정권의 하수인들이 북-중 밀수를 통해 벌어들이는 북한 주민들의 소득을 착취하는 형태로 볼 때, 북한 정권이 북-중 국경 밀수 범죄와 무관하다고 볼 수는 없을 것이다.

〈표 3-5〉 북한의 밀수 적발 사례

1980년대 초	짐바브웨, 잠비아에서 북한 공관원 5명이 코뿔소 뿔 밀수 혐의로 검거
1980~ 1988년	북한 외교관 출신 탈북자 '김정민', 아프리카산 다이아몬드 등 보석류 밀수로 8천만 달러의 이윤을 얻었다고 진술 (Kaplan, 1999)
1986년	짐바브웨 주재 북한대사관 상무관 김태성, 코뿔소 뿔 40kg 및 30kg, 총 70kg을 하라레에서 평양으로 밀수하려다 적발
1987년	북예멘에서 대량의 코뿔소 코뿔을 밀수하던 북한국적인 '김민산'이 체포됨
1988년	에티오피아 아디스아바바에서 코뿔소 뿔을 밀수하던 북한인 '림태덕' 체포
	짐바브웨 주재 북한대사관 '정인성' 3등 서기관은 1988년 모잠비크에서 코뿔소 사냥을 위해 현지인 8명을 고용. 또한 국립공원 관리원으로부터 코뿔 10개를 입수 혐의로 하라레에서 체포
1993년	짐바브웨 주재 북한대사관 외교관 '박수영', 상아와 코뿔소 뿔 15톤을 밀거래하던 중 적발되어 추방되었으나, 후에 잠비아의 수도 Lusaka에서 지속 밀수 활동 중인 것으로 밝혀짐
1996년~	아프리카 지역에서 북한 외교관 6명 이상, 코끼리 엄니(상아) 및 코뿔소 뿔 밀수

90 유엔은 2000.12.4. '유엔 부정부패방지협약(United Nations Convention against Corruption)'을 채택하고, 공권력과 연계된 뇌물공여 등 부정부패(corruption)를 초국가적 조직범죄의 한 유형으로 포함시켜 범죄화(criminalization) 하였다.: http://www.unodc.org/unodc/en/treaties/CAC/convention-highlights.html#Criminalization (검색일: 2016.11.1.)

1998년	1월	시리아 주재 북한대사관 외교관 2명, 로히피놀(Rohypnol) 50만 정을 이집트로 밀수하다 적발. 사상 최대의 로히피놀 밀수사건으로 기록됨
	3월	루마니아 주재 북한 외교관 2명, 불법복제 CD 12,000장 밀거래
1999년	4월	체코 프라하공항에서 불가리아 주재 북한대사관 외교관, 55kg의 로이피놀을 불가리아 소피아에서 체코 프라하로 밀반입하다 적발됨
		나이지리아 주재 북한대사관 외교관 처, 85개의 코끼리 엄니(상아)를 나이지리아에서 북경으로 밀반입하던 중 경유지인 러시아 모스크바공항에서 적발됨.
2004년	6월	이집트 주재 북한대사관 외교관 2명, 15만 정의 클로나지팜(Clonazipam) 밀수 중 적발 (Chestnut 2005)
	12월	불가리아 주재 북한대사관 외교관 2명, 상표명 '캡타곤(Captagon)'으로 알려진 마약류 페네틸린(Fenethylline), 50만 정을 밀수한 혐의로 터키에서 체포 (JoongAng Daily, 2004.12.9)
2009년	11월	러시아 주재 북한 외교관, 처와 함께 면세담배 23만 개피를 핀란드에서 스웨덴으로 밀수하다 적발 (자유아시아방송, 2011.5.18)
2013년	1월	북한 외교관, 12만 달러 상당의 의약품 700kg을 항공화물로 파키스탄으로 밀반입 하던 중 적발 (VOA방송)
	7월	북한 외교관, 중국에서 입수한 주사약 1천 박스와 갈색 가루약 3.9kg을 북경-울란바토르 운행 열차편으로 몽골로 밀수하던 중 적발 (중앙일보, 2015.5.29)
	9월	북한 외교관, 몰도바에서 구매한 면세담배 4천 갑을 외교관 차량에 싣고 루마니아로 밀반입하던 중 적발 (중앙일보, 2015.5.29)
2015년	3월	방글라데시 주재 북한대사관 '손영남' 1등서기관, 싱가포르에서 방글라데시로 이동 중, 하즈라트 샤흐잘랄 공항 세관에 의해 적발. 당시 손영남은 금괴 170개 등 금 27kg (140만 달러 상당)을 밀반입 (자유아시아방송, 2015.3.6)
	4월	북한 외교관 부부, 주류판매가 금지된 파키스탄에서 면세 주류의 4-5배로 노상에서 밀매하다 적발 (중앙일보 2015.5.29)
	5월	남아공 주재 북한대사관 '박철준' 참사관, 태권도 사범 '김종수', 모잠비크 밀렵꾼으로부터 코뿔소 뿔 4,616kg을 구입하여 차량으로 옮기던 중 체포 (중앙일보, 2015.5.29)
	10월	북한 외교관 2명, 브라질 상파울루에서 쿠바산 고급시가 3,800개 밀반입하던 중 적발 (문순보 2015)

6. 인신매매

인신매매(Human trafficking)에 대한 개념은 과거 노예제도를 비롯해서 자신의 의지로 매매가 되는 계약 관계에 근거한 인신매매까지 그 방법과 범위가 매우 다양하다 할 수 있다. 본 논문에서는 2000년 11월 채택된 국제협약인 UNTOC와 이를 보완하는 인신매매 방지 의정서에서 나타난 개념을 중심으로 그 의미의 범위를 한정한다. 이 협약에서는 인신매매에 대해서 다음과 같이 정의하였다. "인신매매(Trafficking in persons)라 함은, 착취를 목적으로, 협박과 무력의 사용, 강압의 형식, 납치, 사기, 기만, 권력의 남용, 약자의 위치를 이용, 금품 또는 타인을 통제하는 사람의 동의를 얻기 위한 이득을 주고받는 등의 방법을 이용하여, 사람들을 모집하고 이동시키고 운송하고 체류관리하고 인계받는 것을 의미한다. 착취라 함은, 최소한, 타인의 매춘행위의 착취, 또는 여러 다른 형태의 성적 착취, 강요된 노동 또는 봉사, 노예 또는 노예와 같은 행위, 예속된 상태 또는 장기의 제거 등을 포함한다."[91]

한편, 미국은 유엔의 초국가적 조직범죄 방지협약이 2000년 11월에 채택되었던 시기와 거의 비슷한 시점인 2000년 10월에 자체적으로 '인신매매 피해자 보호법(Trafficking Victims Protection Act of 2000)'을 제정하였다. 이 법에 따라 미국은 매년 전 세계 국가에 대한 인신매매 피해실태, 대응활동 등을 평가하고 각 국가에 대해 권고사항을 제시하고 있다. 미국의 인신매매 대응활동은 이 법이 제정되기 전인 2007년부터 美 국무부(State of Department) 주관으로 전 세계에 배치된 미국 대사관을 중심으로 자료를 수집하여 연례보고서를 작성하고 각 국가들의 활동을 3~4개의 단계로 구분하여 자체적으로 평가하여 왔다. 또한 이 평가에 따라 미국의 원조활동에 반영하여 어느 정도의 제재 효과를 취하겠다는 의도를 갖고 있다. 미국의 '인신매매 피해자 보호법'에서는 인신매매에 대해 다음과 같이 정의하고 있다. "심각한 형태의 인신매매란, 성적 도구로서의 인신매매, 그 중 상업적 도구로서 강요와 사기 협잡에 의해 이루어진 것, 또는 18세 미만의 사람에 대해 성적 도구로서 인신매매된 경우; 또는 노동과 서비스 활동을 채용, 관리, 운반, 제공, 획득하는 행위에서 강요, 사기, 협잡을 통해 비자발적인 노예상태, 채무관계, 노예와 같

91 "UN Convention against Transnational Organized Crime" 2000.11. (Annex Ⅱ), "인신매매의 예방, 저지, 처벌에 대한 의정서", 제3조 (a)항

은 관계 등을 체결한 경우"를 말한다.[92] 즉, 미국의 인신매매 개념은 첫째, 성적 도구로 착취당하는 경우, 둘째, 강요 및 사기로 인해 부당하게 체결된 노예와 같은 노동제공 계약 관계로 한정하고 있다. 또한 이 법에서는 인신매매의 피해자와 관련된 용어들을 103조(Section 103)에 열거하고 정의를 하였고, 이어 인신매매가 초국가적 조직범죄의 하나의 유형이며 심각한 범죄임을 인식하고, 이를 저지하기 위해서는 국제적 협력이 필요하다고 강조하고 있다. 이에 따라 미국은 자국 내에서 적절한 기소와 엄격한 처벌을 강조하였고, 인신매매 피해자에 대해서는 처벌보다는 보호를 우선으로 하여야 한다고 명시하였다. 또한 예방과 차단활동을 위해 미국은 양자 및 다자간 협력을 강화해야 한다고 명시하였다.[93] 즉, 이 법에 따르면, 비록 인신매매 희생자가 자발적으로 계약에 참여하였더라도 착취되는 상황 또는 노예계약과 같은 상황으로 팔려가는 것은 모두 인신매매로 간주된다는 해석이다. 한편, 미 국무부에서 작성하고 있는 이 보고서에서는 "불법입양, 인간장기의 밀거래, 아동포르노, 매춘업 등 4가지 분야는 인신매매의 분야에서 배제한다"고 명시하여, 인간장기의 밀거래를 포함하고 있는 유엔 의정서보다는 협의의 범위에서 다루고 있음을 알 수 있다.

미 국무부 인신매매 보고서는 전 세계의 모든 국가를 대상으로 실태를 평가하고 있으며 인신매매 대응활동이 최하위인 Tier3 그룹에서부터 차상급인 Tier2, 그리고 최상위 그룹인 Tier1 그룹 등 3단계로 분류한다. 미국은 북한의 인신매매 실태와 관련하여 2010년 보고서에서 최하위인 Tier3로 구분하고 그 실태를 최초로 언급하였다. 이 보고서는 2010년부터 2016년까지 매년 북한의 인신매매 실태에 대해 언급하고 있는데, 내용상의 변화는 크게

---

92 미 국무부 보고서, 2015, *The 2015 Trafficking in Persons Report*. p.9

93 미국 인신매매 피해자 보호법, 2000, *Trafficking Victims Protection Act of 2000*. 102조 24항

없으며, 전체적으로 다음과 같이 5가지 사항을 지적하고 있다. 첫째, 가장 빈번하게 발견되는 사례로, 북한의 여성과 소녀들이 중국 국경으로 이탈하면서 인신매매의 피해자가 되어 강요된 결혼, 매춘업소 종사, 성적 노예의 피해를 보고 있다는 것이다. 이 과정에서 북한 및 중국의 인신매매조직과 북한의 관료가 결탁하여 인신매매를 방치하고 있다는 주장이다. 둘째, 북한 국내적 문제로서, 북한 내 강제노역 동원을 지적한다. 북한에서는 "150일 전투", "100일 전투" 등의 기치를 내걸고 주민들에게 비인권적인 강제노동을 부과하고 있다. 셋째, 북한의 교도소에서 수감자들에게 강제노역을 시키고 있다. 특히 정치범 수용소에 수감되어 있는 수감자들에 대해 비인권적인 열악한 환경에서 벌목, 채광, 농업 등의 노역을 기준 근로시간 이상의 장시간 강요하고 있다. 넷째, 북한 정권이 해외 국가와 양자 계약을 체결하고 북한인 노동자들을 해외로 파견하여 외화를 벌어들이고 있는데, 북한의 해외 노동자들은 비인권적인 열악한 조건과 감금 및 통제 하에서 노역을 하고 있으며, 이들이 획득하는 수입의 상당부분을 북한 당국이 착취하고 있다는 것이다. 다섯째, 이와 같은 북한의 인신매매 피해 사례에 대해서 북한 당국은 최소한의 법적 기준이나 관리 장치를 마련하지 않은 채 이를 방치하고 있다는 지적이다. 한편, 2016년 미 국무부 보고서에 따르면, 북한 당국은 오히려 인신매매를 자행하는 주체로 볼 수 있는데, 북한 당국이 교도소 및 수용소에서 수감자들에게 강제노역을 부과하고 있으며, 북한 노동자들을 해외로 송출시켜 非인권적이고 열악한 조건하에서 근무토록 강요하면서 이들의 급여를 착취하고 있고, 중국에서 성적 노예 등으로 인신매매된 피해자들이 현지에서 적발되어 본국으로 송환될 때 이들을 피해자로 보호하지 않고 오히려 탈북 정치범으로 간주하여 처벌을 하고 있다는 점을 그 이유로 제시한다.[94]

---

94 미 국무부 보고서. 2016. *The 2016 Trafficking in Persons Report*. p.228.

북한의 인신매매를 북한 내부의 사안을 배제하고 볼 때, 인신매매의 유형은 크게 두 가지로 나타난다. 첫째는 주로 북한여성들이 국경을 넘어 중국으로 팔려가는 사례이며, 두번째는, 국가 차원에서 외화벌이를 위해 러시아 및 중국 등지의 사업장과 계약을 맺어 북한인 노동력을 제공하고 그 임금에서 90% 이상을 북한 정권이 차지하는 국가 주도의 노동력 착취 형태이다.

첫 번째 유형인 북한 여성의 인신매매의 경우, 북한 국경 경비대 및 보위부 등 군인과 관리들이 북한의 인신매매 조직으로부터 뇌물을 받고 협조하는 상태에서, 북한 조직이 중국의 인신매매 조직과 연계하여 북한 여성들을 탈북시켜 중국 조직에 인계하는 형태이다. 자유아시아방송(RFA)과 2009년 인터뷰한 탈북자 '김은희'는 "탈북 여성을 상대로 하는 인신매매는 3단계로 이루어지고 있는데, 1단계는 북한에서 여성들을 모집하여 두만강까지 안내하는 북한 측 조직, 2단계는 두만강 변에서 여성들을 인계받는 중국 측 조직, 그리고 3단계는 탈북 여성들을 중국 산동 지방이나 흑룡강성 등 여러 지역으로 인신매매하는 조직"이라고 증언하였다. 북한 측 조직원은 주로 전역 장교(제대 군관) 출신으로, 국경지역에 배치된 보위부와 안전부(경찰) 직원들과 연계되어 있으며, 이들 국가 기관의 협조로 북한여성들이 두만강을 건너 인신매매될 수 있었다는 것이다.[95]

경제적 곤란을 겪던 소위 '고난의 행군' 시기인 90년대를 거쳐 90년대 말부터 북한의 주민들은 양식과 생필품을 찾기 위해 두만강을 건너 중국으로 탈북하는 사례가 점차 잦아졌으며, 2000년대 들어서 북한여성의 인신매매를 목적으로 조직적인 거래가 활성화된 것으로 관찰된다. 미국에 본부를 둔 '북한인권위원회(HRNK)'의 2009년 보고서에는, 위 탈북자의 증언처럼 중국으로 인신매매된 북한 여성 77명을 대상으로 인터뷰를 하고, 그들의 비참

---

95 RFA(자유아시아방송). 2009.7.14. "중국 속 북한인, 비극의 현장을 가다 ① 인신매매의 덫에 걸린 북한 여성들": http://www.rfa.org/korean/temp/special_report_jy-07142009180334.html (검색일: 2015.2.20.)

한 상황을 구체적으로 묘사하였는데, 중국으로 팔려가는 북한 여성들의 대부분은 성적 노예로 인신매매될 뿐만 아니라 중국인과의 강제결혼을 하도록 거래된다는 것이다. 이러한 실상은 중국 당국에 등록하지 않은 결혼에 이어 등록할 수 없는 자녀들을 출생하게 되는 反인권적 범죄로 발전할 수 있으며, 이러한 범죄는 국제형사재판소(ICC)의 국제법인 로마규정(Rome Statute)에 명시된 반인권범죄에 해당된다. 북한과 중국의 인신매매 조직이 북한여성을 희생자로 삼아 자행하고 있는 반인권범죄를 방치하고 있는 북한 정권이 국제법 차원에서 제재를 받고 개선을 해야 한다는 의미로 해석된다.[96] 한편, 2010년 미 국무부에서 발표한 '2010 인신매매 보고서'에 따르면, 중국으로 인신매매된 북한의 여성 및 소녀들은 주로 매춘업과 강제결혼의 희생자로 착취되고 있으며, 북한으로 돌아갈 경우 탈북 죄목으로 엄중한 처벌을 받게 될 것을 우려하면서, 중국내에서 감금된 생활을 참고 살아가고 있다는 것이다. 이 분야의 비정부기구(NGO)와 연구조사자들은 중국내에 이런 생활을 하고 있는 북한인은 수만 명에 달하고 그 중 70%가 여성인 것으로 추산하고 있다.[97] 북한 여성의 중국 국경지역으로의 인신매매는 2005년 이후 더욱 가속화되고 있는 사안이며, 현재에도 지속되고 있는 것으로 알려져 있다. 북한을 탈출하여 중국에서 불법적으로 체류하고 있는 북한 주민들은 적게는 수만 명에서 많게는 20만 명까지 추산되고 있다.[98]

통일연구원의 『북한인권백서』(2013~2016)에 따르면, 북한 당국이 표면적으로나마 인신매매에 관련된 범죄자를 처벌하였던 사례가 발견된다. 탈북자

---

96 Committee for Human Rights in North Korea(HRNK). 2009, *Live For Sale - Personal Accounts of Women Fleeing North Korea to China*. pp.9-10

97 미 국무부, *The 2010 Trafficking in Persons Report*. op. cit., p.198.

98 Lee Hyeonseo, 2016.5.13., "Life as a North Korean Refugee", *International New York Times*, http://www.nytimes.com/2016/05/15/opinion/sunday/life-as-a-north-korean-refugee.html?_r=0 (검색일: 2016.8.18.)

의 증언과 목격내용에 따르면, 인신매매 혐의로 체포된 주민들은 죄목의 경중에 따라 공개처형과 노동교화 처벌을 받게 된다. 2008년 이후 주민들이 목격하고 득문한 내용에 따르면, 인신매매 죄목으로 20여 명이 공개처형 되었으며 40여 명이 노동교화형에 처해졌다. 2008~2014년간 적발된 수십여 건의 사건 중 국경수비대 군인이 체포된 사례는 2건으로, 2011년 11월 1일 양강도 김형직군에서 소대 정치지도원 1명이 체포되었고, 2013년 3월 함경북도 회령시 강안동 경비대 소대장 1명이 자수하였던 사례가 발견된다.[99] 이것은 미 국무부 보고서에서 지적한 것처럼 북한 내 인신매매 통제를 위한 제도적 장치는 미비하며, 단순히 공포심 조장을 통한 통제활동의 일환으로, 필요에 따라 당국 차원에서 인신매매 관련자들을 체포하여 처벌하고 있음을 알 수 있다. 『북한인권백서』에 나타난 처벌 사례를 분석해보면, 조직원과 결탁된 북한 군인이나 관료의 처벌사례는 단 2건에 군인 2명만 적발되었으며, 대부분은 다수의 여성을 포함한 북한 주민들이 처벌된 것을 알 수 있다. 현재 북-중 국경을 넘어 중국에 인신매매되어 체류하고 있는 북한 주민들이 수만 명에 달하며, 미 국무부 보고서 등 여러 가지 출처에 따르면 대부분의 인신매매는 국경 경비대 및 관료의 결탁으로 이루어지고 있음에도 불구하고, 대부분 생계를 위해 이탈하고 있는 북한 주민들만 인신매매 범죄자로 적발되는 것은 아직까지도 북한이 인신매매 방지를 위한 체계적 조치도 취하지 않고 있음을 방증한다고 하겠다.

두 번째 유형인 북한 노동자에 대한 강제적인 노역의 사례는 북한 내부에서 발생하는 사례는 배제하고, 초국가적 조직범죄 차원에서 북한이 정권 차원에서 해외로 송출하여 임금을 착취하는 사례만 살펴본다. 북한 노동자의 해외파견은 노동자가 해외파견을 하는 국가기관, 기업소 또는 사회단체에

---

99 『북한인권백서』, 2013, p.413; 2016, p.362, 서울: 통일연구원

배치를 신청하고, 신체검사, 면접(담화) 등의 절차를 거쳐 선발된다. 파견기간은 주로 3년에서 5년이며, 현지에서 기간을 연장하기도 한다. 북한 해외노동자 대다수는 건설현장, 경공업 공장, 벌목장 등에서 현지 노동자보다 저임금의 노동력을 제공하는 것으로 파악된다. 일반적으로 북한 해외노동자는 현지 기업과 인력공급계약을 체결한 북한 기업소에 소속되어 노무를 제공한다. 도급계약 방식으로 진행되는 건설업의 경우 현지 기업이 아닌 북한 기업소의 관리·감독에 따라 무리하게 작업이 진행되며, 대부분 적정 최대 근로시간을 넘어 장시간 노동을 하는 것으로 알려져 있다. 이들의 현지 생활은 북한 당국(주로 국가안전보위부)에서 파견된 관리자들에 의해 통제된다. 대부분 작업장 인근의 기숙사에서 단체생활을 하는데, 외출은 승인을 받아 2인 이상이 조를 편성해 다녀야 하며, 일탈행위를 할 경우 처벌을 받거나 강제송환될 수 있다. 북한 노동자들은 매주 소위 '생활총화'를 통해 개인의 이익을 위해서가 아니라 당 자금을 위해 파견된 것이라는 교육을 받는다.[100] 이러한 방식으로 해외 현장에 파견된 북한 노동자들은 2014년 유엔 북한인권조사위원회 보고서에 따르면, 2014년 현재 16개국에 8만여 명의 노동자가 파견되어 북한의 외화벌이 현장에서 활동하고 있는 것으로 추산된다. 주로 러시아(4만 7천 명)와 중국(2만여 명)에 파견되어 있으며, 러시아의 경우 시베리아 벌목공과 하바로프스크의 건설 노동자로 고용된 것으로 보고서에서 밝히고 있다.

2016년 3월 6일 KBS에서 현지 취재한 보도에 따르면, 러시아 극동지역의 한 건설현장에 파견된 북한 노동자들은 월 평균 한화로 60만 원~110만 원 정도의 급여를 받는데, 그 중 75만 원을 소위 "국가계획분"으로 차감당하고 있어, 실제 북한 당국이 90% 정도의 임금을 착취하고 있으며, 이렇게 벌

---

100 임예준, 2016, "북한 해외노동자의 인권개선 방안 모색", Online Series CO16-6, 통일연구원. pp.1-2.

어들이는 외화는 연간 2억 5천만 달러에 달한다는 내용이다.[101] 최근 보도에 따르면, 북한 정권의 외화벌이에서 노동자 해외 송출은 중요한 한 축을 맡고 있으며, 북한 노동자들은 대부분 러시아와 중국 등 북한과 수교를 맺은 16개 나라에서 임업이나 건설현장, 공장, 식당 등에서 근무하고 있는데, 현재 전 세계 40여 개 나라에 10만 명에 가까운 노동자를 파견해 외화를 벌어들이고 있는 것으로 알려졌다.[102]

북한 노동자들은 폐쇄된 북한에서 벗어날 수 있다는 기대심리로, 해외 송출 노동자로 선발되기 위해 북한의 관계 당국자들에게 뇌물까지 상납하고 있는데, 이들이 해외에서 근무하는 조건은 월 1천 달러를 조금 넘는 월급을 받는 것으로 계약되었지만 급여의 상당부분을 소위 "국가계획분"이라는 명목으로 북한 정권에 상납하도록 정해져 있다. 해외 현장의 고용형태에 따라 급여 지불 방식이 다소 차이는 있으나, 대부분의 러시아 파견 북한 노동자들은 현지 생활비 일부만을 제외하고는 나머지 모든 급여가 북한 당국으로 직접 송금되는 형식이어서, 북한 노동자들은 3년 정도의 계약기간이 만료되어서 귀북할 때 종이수표 한 장만 받고 돌아가는 실정이다.[103] 한편, 북한 당국의 이러한 조치는 북한 내 암시장(장마당)에서 거래되는 미화 달러의 실제가격이 아닌, 북한의 공식 환율에 따라 미화 달러를 환산하여 북한 노동자에게 지급함으로써 북한 당국이 막대한 차액을 착취하려는 계획적인 의도이기도 하다. 즉, 2016년 2월 현재 북한의 공식 환율은 달러 당 북한 돈 107원인 반면, 장마당에서 거래되는 실제 가치의 환율은 북한 돈 8,190원이다. 돈의 가치가 무려 76배 이상의 차이를 보이고 있다. 월 1천 달러를 받는 북한 노동자의 경우, 3년 계약으로 해외 근무를 마치고 귀북한다면, 3년의 급여로

---

101 KBS 특집 취재 보도. 『北 외화벌이 현장』 (2016.3.6.보도)

102 Ibid.

103 이영종, 2015.11.10. "자본주의 물들 위험에도, 달러벌이 8만 명 내보낸 북한", 『중앙일보』. 18면.

36,000달러를 받게 되는데, 이 금액은 장마당 환율로 따지면 북한돈 3억 원에 상당하는 거액이다. 그러나 북한에 돌아가서 북한 당국으로부터 공식 환율에 따라 북한 돈 380만 원 정도(36,000달러 × 107원)를 손에 쥐게 된다. 이 금액은 실제 북한 장마당에서 통용되는 환율로 환산하면 464달러에 불과하며, 실질적으로 북한 당국은 그 노동자로부터 35,500달러를 착취하는 셈이다.[104] 즉, 북한 노동자가 러시아 등지에서 비인간적 처우를 받으며 3년간 노동을 한 대가는 불과 464달러에 불과한 셈이다.

이러한 북한 당국의 착취 방법은 개성공단 근로자에게도 해당된다. 2012년 북한 땅 개성에 공업단지가 조성되어 한국 기업 123개가 입점하고 북한 근로자 53,000명이 고용되어 2016년 2월까지 운영되어왔다. 개성공단 북한 근로자들의 월 평균 임금은 150달러 수준이며 그중 70%만 북한 돈 또는 쌀 교환권 등으로 받고, 30%는 북한 당국이 '사회문화시책비' 명목으로 떼어간다. 실제 과거 북한이 공개한 임금 지불 내역을 보면 북한의 한 근로자는 월급 76달러 가운데 70%인 53달러를 북한 원화 7천448원으로 지급 받은 것으로 밝혀졌는데, 이 금액은 북한의 암시장인 장마당에서 1달러(8,190원)도 되지 않는 셈이다.[105]

해외 송출된 북한 노동자가 받는 임금의 대부분은 김정일 시대와 같이 북한 김정은 정권의 비자금 금고로 알려진 노동당 39호실 등으로 송금되며, 통상적으로 근로자들에게는 10% 미만의 임금이 전달된다. 북한근로자 3,500여 명이 파견된 쿠웨이트의 경우 근로자 한 명이 현지 업체에서 받는 월급은 연 5,000달러 정도로 이 중 48%인 2,400달러를 북한에서 떼어간다. 남은 임금 2,600달러 가운데 10%는 방글라데시 송출회사가 떼고 25%는 북

---

104 북한환율정보, 출처: 데일리NK.. http://www.dailynk.com/korean/dailynk.php (2016.2.12.일자 환율)

105 최재원, 2016.2.14. "150달러 중 北 근로자 손엔 달랑 1달러", 『채널A』 http://news.ichannela.com/politics/3/00/20160214/76439797/1

한대사관 노동국에서 40%는 쿠웨이트 주재 북한 사업소와 각 지역 작업장에서 관리 운영비 명목으로 뗀다. 결국 북한 근로자의 연간수령액은 1,000달러 내외로, 월급으로 보면 70~80달러(한화 약 8~9만 원) 정도다. 북한에서는 당성(黨性)이 좋은 '혜택 받은 계층'이 아니면 외화벌이에 나가는 것이 어렵다. 봉급의 90%를 떼여도 북한에서 버는 돈보다는 많으므로 해외로 파견되는 것을 선호한다.[106]

위에서 살펴본 두 번째 유형의 경우는 북한 정권이 해외 국가와 고용 계약을 맺고 파견하는 형식인 만큼 인신매매의 유형과는 별개의 형태로 구분할 수도 있을 것이다. 그러나 북한이라는 고용주가 국가라는 체제를 이용하여 조직적이고 체계적으로 북한 주민을 해외 기업에 노동력으로 알선하고 그 임금을 착취하고 있으며, 러시아 북한 노동자의 사례처럼 이들의 거주 환경은 감금 상태와 다름없이 통제당하고 있고, 이들의 연간 휴일은 2일에 불과하다는 현장의 상황은, 국가에 의해 해외에 팔려와 노동력을 착취당하는 인신매매 노동자의 모습과 다름없어 보인다.[107]

〈표 3-6〉 북한의 인신매매 관련 사례

2009년	중국으로 인신매매된 북한 여성들은 성적 노예로 인신매매될 뿐만 아니라 중국인과 강제결혼을 강요당하고 있어 반인권범죄에 해당 (HRNK보고서, 2009)
2010년	미국 국무부 보고서, 중국으로 인신매매된 북한의 여성 및 소녀들은 주로 매춘업과 강제결혼의 희생자로 착취되고 있으며, 이런 생활을 하고 있는 북한인은 수만 명에 달하고 그 중 70%가 여성인 것으로 추산 (미 국무부 보고서, 2010)
2014년	2014년 현재 북한은 16개국에 8만여 명의 노동자가 파견되어 외화벌이 현장에서 활동하고 있으며, 북한 노동자의 급여가 북한 당국으로 직접 송금됨으로써, 북한 당국은 북한의 이중적인 환율을 이용하여 노동자 급여의 90% 이상을 착취 (유엔 북한인권조사위원회 보고서, 2014.2.7)

106 『북한의 해외인력송출 실태』 2012.12, 북한전략센터-코리아정책연구원 연구보고서, p.28

107 美 국무부는 '2010 인신매매 보고서'에서 북한의 인신매매 사례로 러시아 벌목공 등 북한 해외 노동자의 사례를 포함시켰다.: "The 2010 Trafficking in Persons Report", op. cit., p.199.

2016년	2월	북한 개성공단에서 북한 근로자 53,000명이 한국 측 기업에 고용되어 근무(2012-2016년), 북한 당국의 착취로 월 급여 150달러 중 1달러만 근로자에게 지급 (채널A 보도, 2016.2.14)
	3월 6일	러시아 극동지역 건설현장에 6개 북한 송출회사와 5천여 명의 북한 노동자가 파견되어, 월 평균 85만 원(한화)의 월급에서 "국가계획분" 명목으로 75만 원을 차감당하고 있어, 북한 당국이 90% 정도 착취 (KBS, '北, 외화벌이 현장')

7. 사이버 범죄

본 책자에서 논의하는 사이버 범죄는 UNODC에서 관할하는 초국가적 조직범죄 유형 중 하나로, 정치적 목적을 내포한 테러형 사이버 공격(사이버 테러)은 배제하고, 초국가적 조직범죄 집단에 의해 금전적 이득을 취할 목적으로 자행되는 범죄형 사례에 중점을 둔다.

북한의 사이버 공격은 사이버전쟁, 사이버테러, 사이버범죄 등 3가지 유형으로 구분될 수 있으며, 실제 북한의 사이버 공격은 동일한 해커 집단이 필요에 따라 테러와 범죄를 동시에 또는 선택적으로 사용하고 있어, 그 범죄성의 구분을 동기적 차원에서 사전에 구분하기는 어렵다. 2003년 1월부터 북한이 자행한 대표적 사이버공격은 20여 건이며 그 중 2011년 8월 적발된 북한의 '오토프로그램' 개발 및 유포 사건과 2012년 6월 적발된 북한의 악성코드 게임프로그램 유포 등 2건은 금전적 이득을 목적으로 자행된 전형적인 사이버범죄로 볼 수 있다.[108]

서울지방경찰청 국제범죄수사대는 2011년 8월 4일 북한 컴퓨터 전문가들과 연계하여 국내 유명 온라인게임의 아이템을 수집하는 불법 프로그램, 소위 "오토프로그램(자동 동작 프로그램)"을 제작·배포한 일당 5명을 구속했다고 발표하였다. 경찰에 따르면 이들은 중국에서 북한 컴퓨터 전문가 30여 명

---

108 정민경, 임종인, 권헌영. 2016, "북한의 사이버 공격과 대응방안에 관한 연구", 『한국 IT서비스 학회지』, pp.67-79

을 불러들여 이른바 "오토프로그램"을 제작한 후, 중국과 한국에 공급한 혐의를 받고 있다. 경찰은 북한 출신의 전문가들이 오토프로그램을 만드는 역할을 했으며 수익금도 분배하여 받은 것으로 확인하였다. 경찰은 이 수익금이 결국 북한 당국에도 흘러 들어간 것으로 추정하고 있다. 북한 전문가들에 의해 오토프로그램이 제작된 국내 온라인게임에는 '리니지', '던전앤파이터', '메이플' 등의 인기 게임이 포함된 것으로 전해졌다.[109] 이들 북한 프로그래머들은 이미 2008년경부터 국내 게임업체들과의 접촉을 시도하면서 게임프로그램 개발 및 해킹 등의 용역을 얻기 위해 노력하고 있었으며, 이러한 불법 게임프로그램 개발 및 유포의 목적은 금전적 이득을 취하고 외화를 북한으로 송금하기 위한 것이었다. 북한 프로그래머들은 북한 조선컴퓨터센터(KCC), 국가과학원 등 출신으로, 위 사건이 적발된 2011년도에는 이들 북한 전문가들이 10여 명 단위로 활동하며 베이징, 장춘, 대련, 심양 등에 40~50개 팀이 활동 중인 것으로 자신들을 홍보하곤 하였다. 이들의 목적은 외화벌이이며, 한국, 중국, 일본 기업 등에 소프트웨어 개발을 해주겠다며 접근하고 있으며, 이미 국내 게임업체 등에 연계하여 프로그램을 개발해 주고 있는 것으로 알려져 있다.[110]

2013년 6월 25일 청와대와 국무조정실 홈페이지가 북한으로 추정되는 외부 세력에 의해 해킹당하는 사건이 발생했다. 사이버 공격을 역추적한 결과 북한 내부 IP가 발견되었으며, 한국 정부와 국내 보안 전문가들은 해킹에 동원된 IP 주소가 북한 대역에 포함되어 있어 북한의 소행이라는 증거로 사용하고 있다. 지난 2009년 7월에도 청와대, 백악관 등 한미 35개 주요 사이트

---

109 아시아경제, 2011.8.4., "北해커와 함께 '오토프로그램' 유포 일당 검거" http://www.asiae.co.kr/news/view.htm?idxno=2011080414554516332 (검색일: 2016.8.10.)

110 강진규, 2011.8.5., "국정원, 북한 프로그래머 오토 프로그램 개발방치", 『디지털타임스』, http://www.dihur.co.kr/128 (검색일: 2016.8.10.)

의 접속 장애를 일으킨 사건이 발생했고, 2011년 3월에도 청와대, 국가정보원, 금융기관 등 40개 사이트가 마비됐던 사건이 발생하였는데, 한국의 당국자들은 이 모든 사이버 범죄가 북한에서 자행한 것으로 확인하고, 북한 정권이 분산서비스(디도스), 지능형 지속공격, 자료 절취, 악성코드 유포 등의 해커 그룹을 양성하고 있는 것으로 추정하였다.

2013년 3월에는 국내 주요 방송사와 금융회사 전산망이 악성코드에 감염되어 총 32,000여 대의 컴퓨터가 마비된 사례가 발생하였는데, 우리 당국의 조사결과 북한 해커의 악성코드가 발견되었다.[111] 또한 같은 해 10월, 인천지방검찰청은 북한 해커와 연계하여 불법 게임 개발을 의뢰하고 북한에 자금을 전달한 브로커를 구속 기소하였는데,[112] 이 사건은 금전적 획득을 목적으로 전개하는 북한 사이버 범죄의 전형적인 사례에 해당된다.

2014년 4월 캄보디아 현지 언론에 따르면, 캄보디아 경찰은 수도 프놈펜에 있는 북한인 거주 비밀장소(secret place)를 급습하여 도박사이트를 운영하는 불법 프로그램 제조 일당을 적발하였다고 보도하였다. 이들은 북한 정찰총국 121부대 소속 해커들로 중국과 동남아 등 해외 거점 지역에서 활동하면서 무역상이나 IT업체 직원으로 신분을 위장했다. 열악한 북한 IT 인프라 환경을 감안하여 제3국에 근거지를 두고 있으며, 사이버테러 및 불법 도박사이트 운영 등의 사건이 폭로되면 북한 해커의 정체를 숨기기에도 유리하기 때문이다.[113]

2017년 3월 미국의 NSA 레젯(Rick Ledgett) 부국장은 아스펜 연구소(As-

---

111 신충근, 이상진, 2013, "북한의 대남 사이버테러 전략 분석 및 대응방안에 관한 고찰", 『경찰학연구』제13권 제4호(통권 제36호)

112 인천지방검찰청 보도자료, 2013.10.22., "북한 해커와 연계된 게임 개발 브로커 구속 기소", (공안부 보도자료, 131022)

113 전경웅, 2014.7.3. "김정은, 캄보디아서 불법 토토사이트 운영하다 적발", New Daily

pen Institutue)가 주최하는 토론회에서 "북한이 최근 방글라데시 중앙은행 전산망에 침투해 9억 5천 1백만 달러를 절취 시도했고 이 금액 중 8천 1백만 달러를 빼냈으며, 이 중 일부 금액은 환수되었다"고 밝혔다. 2016년 2월에도 방글라데시 은행이 해커 공격을 받았는데 이때도 북한의 해킹 연루설이 제기된 바 있었다. 그러나 이번 레젯 부국장이 방글라데시 중앙은행의 사이버 은행털이 주범으로 북한을 지목하고 구체적인 액수를 공개한 것은 처음 있는 일이다. 레젯 부국장은 이번 은행털이에 사용된 악성코드가 2015년 12월 북한이 미국에 소재하는 소니 픽쳐스社 사이버 공격에 사용한 코드와 동일한 것이라고 밝혔다.[114] 이와 같은 북한의 사이버 범죄 사례는 그 대상이 적대 국가를 넘어서 방글라데시 등 저개발 국가에 대한 사이버 범죄를 자행하면서 은행털이 등의 방식으로 외화를 확보하기 위해 예상치 못하는 다양한 방식을 동원하고 있다는 것을 보여주고 있다. 이러한 사례는 전 세계를 대상으로 북한이 사이버 범죄를 전개하고 있는 현재의 실태를 보여주고 있는 것으로, 사이버 범죄와 함께 사이버 테러와 사이버 전쟁을 동시에 전개하고 있다는 경각심을 일깨워주고 있다.

해외에서 활동하는 북한 해커는 3만 명(지원인력 포함)에 이를 것으로 추정되며, 이들은 주로 중국 선양, 다롄, 칭다오, 광저우, 베이징을 거점으로 전 세계 100여 곳에서 활동하고 있다. 이들의 임무는 1차적으로는 외화벌이인데, 주로 중국 및 한국의 불법 도박사이트를 운영하는 범죄조직과 연계하여 이들 조직의 의뢰를 받아 불법 프로그램 제작 및 도박사이트 해킹 및 조작을 하며, 의뢰인들은 이에 대한 대가를 지불한다. 그러던 중 북한 본부의 지령이 하달되면 곧바로 사이버테러 해커로 임무를 전환하게 된다. 북한 121부대는 이러한 해커를 양성하는 기관으로, 1998년부터 개설되어 '기술정찰

---

114 Groll, Elias. 2017.3.21. "NSA official suggests North Korea was culprit in Bangladesh bank heist", FP(-Foreign Policy)

국'이라는 외부 공식명칭으로 운영되고 있다. 현재 활동인력만 5,900명에 달하며, 원자력발전소, 금융, 관제탑, 통신 등 국가 중요시설에 따라 특수 목적의 해킹 전문가를 양성하고 있고, 최근에는 '게임조작부'를 신설, 사이버게임과 쇼핑몰 등을 해킹하면서 연간 미화 10억 달러(1조 1천억 원) 수준의 외화를 벌어들이는 것으로 알려졌다.[115]

북한의 사이버 공격 실태를 요약하자면, 북한은 자국 내 기반으로 해커를 양성하여 주로 중국과 동남아 국가를 거점으로 배치하고, 북한 해커들은 평소 금전적 이득을 노리는 범죄형으로 활동하다가 북한 당국으로부터 지시를 받게 되면 테러형으로 전환하여 대상 국가 및 기관에 타격을 가하는 형태를 갖추고 있다. 북한의 해킹 실력에 대해서는 논란이 있는데, "우리나라 해커들은 모의 대회에서 실력을 쌓는 수준이라면, 북한 해커는 2000년대 초반부터 15년간 실제 공격을 통해 풍부한 실전 경험을 쌓은 것이 특징"이라고 평가되기도 하며, "북한 해커 부대의 규모나 실력이 세계 3위라는 평가도 있으나, 우리나라의 인터넷 망이 폭넓게 확산되어 해킹에 취약하고, 북한이 한국 시스템의 약점을 파악할 수 있는 정보수집 능력이 탁월해 북한의 실력이 좋게 보이는 것"이라는 해석도 있다.[116]

북한의 사이버 범죄는 우리나라 불법 게임업자들과 연계하여 불법 프로그램을 개발해주고 경쟁 업자들을 대상으로 해킹해주는 등 다양한 수법으로 발전하고 있다. 지난 2015년 4월 캄보디아에서 현지 경찰이 북한 해커들의 불법 프로그램 개발 현장을 급습하여 적발한 사례가 있으나, 이는 빙산의 일각으로, 북한에 우호적인 중국의 광활한 영토 어디에서든지 북한의 사이버범죄가 자리 잡을 수 있으며, 이러한 인프라를 바탕으로 더욱 교묘하게 발

---

115 조선DB, 2015.1.5.『北 해킹전력 심층 분석, ② 해외거점서 신분위장… 음지서 수사 교란』

116 Ibid., ③ 15년 실전 경력… 재래식 무기보다 큰 타격』

전하고 있는 추세다. 이에 더하여 최근 북한 지도층의 전폭적인 지원과 독려에 따라 북한의 사이버 범죄 수법은 지속적으로 첨단화, 다양화되고 있으며, 향후 여타 '불량 국가(Rogue Countries)' 뿐만 아니라 국제테러조직과도 연계되어 범죄가 확대될 수 있는 가능성도 우려되고 있다.

북한의 사이버 범죄는 〈표 3-7〉에서 보듯이 2009년 7월 한국과 미국의 중요기관 인터넷 사이트를 공격한 이래, 다양한 방식으로 전개되고 있으며 2005년 이후에 나타난 북한 정권 차원의 대표적 초국가적 조직범죄 차원의 불법 행위라고 할 수 있다. 북한의 사이버 범죄는 중국과 동남아를 거점으로 확대되고 있으며, 북한은 정찰국 예하 121국에 3천 명으로 구성된 사이버 부대를 운영하면서 인터넷 해킹과 사이버 공격을 하고 있는 것으로 국내 전문가들은 분석하고 있다. 북한은 국가적 차원에서 사이버 전문가를 양성하고 있으며, 이 중에서 해외에서 활동하고 있는 해커들은 생활에 필요한 지원인력의 도움을 받아 해외 안가에서 거주하면서 범죄적 활동으로 수익을 올리고 있으며, 필요에 따라 북한 정권의 지시를 받고 사이버 테러로 전환하여 사이버 공격을 자행하고 있다.

UNODC는 사이버 범죄에 대해, 최근 들어 기업적인 조직범죄집단에 의해 빠르게 확산되고 있으며, 사이버를 통한 마약거래 시장이 성행하고 있고, 아동포르노 및 저작권 위반뿐만 아니라 해킹, 컴퓨터 관련 위조, '피싱(Phishing)' 등 사이버상 다양한 범죄가 발생되고 있다고 우려하고 있다. 그러나 북한 등 특정 국가의 사이버범죄에 대한 유엔 등 국제체제 차원의 통제활동은 아직까지 구체적으로 실현하지 못하는 상태이며, 결국 사이버 범죄의 대응활동은 해당 국가 스스로의 역량에 의존하고 있는 실정이다.

〈표 3-7〉 북한의 사이버범죄 관련 사례

2009년	7월	청와대, 백악관 등 한미 35개 주요 사이트의 접속 장애를 일으킨 사건 발생. 2009.10.29. 국가정보원은 사이버공격의 진원지가 북한 IP라고 확인
2011년	3월	2011년 3월, 청와대, 국가정보원, 금융기관 등 40개 사이트가 마비. 북한의 사이버 공격으로 추정 (정민경, 2016)
	4월	한국 농협 금융기관 전산망에 대해 DDoS 공격 (정민경, 2016)
	8월	북한 해커 30여 명, 국내 불법 게임업자와 연계하여 리니지게임 불법 자동동작 프로그램, '오토 프로그램'을 개발, 국내 게임업자에게 제공하고 대가 수수 (아시아경제, 2011.8.4)
2012년	6월	북한 정찰총국에서 악성 코드를 한국 컴퓨터게임 사이트에 유포하고 외화벌이 추진 (국가정보원)
2013년	3월	국내 주요방송사(KBS, MBC, YTN) 및 금융회사 전산망이 악성코드에 감염되어 총 32,000대의 컴퓨터 마비, 조사결과 북한해커 악성코드 발견 (신충근, 2013)
	6월 25일	청와대와 국무조정실 홈페이지가 북한으로 추정되는 외부 세력에 의해 해킹당하는 사건이 발생하여 사이버 공격을 역추적한 결과 북한 내부 IP가 발견되었으며, 한국 정부와 국내 보안 전문가들은 해킹에 동원된 IP 주소가 북한 대역에 포함되어 있어 북한의 소행이라는 증거를 확보 (국가정보원)
	10월	인천지방검찰청, 북한 해커와 연계된 불법 게임 개발 내국인 브로커 구속 기소, 브로커는 북한 해커에게 미화 5,500달러 송금 (인천지방검찰청 보도자료, 2013.10.22)
2014년	4월	캄보디아 경찰은 수도 프놈펜에 있는 북한 안가를 급습하여 도박사이트를 운영하는 불법 프로그램 개발 조직을 적발, 북한인 15명 체포. 이들은 북한 정찰총국 121부대 소속 북한 해커들로, 중국과 동남아 등 해외 거점 지역에서 활동하면서 무역상이나 IT업체 직원으로 신분을 위장한 것으로 확인됨. (New Daily, 2014.7.3.), (The Cambodia Daily, 2014.4.7)
2015년	12월	북한은 2015년 12월 김정은 암살 소재 영화 '인터뷰'를 제작한 '소니픽처스'사를 타깃으로 해킹하였고 미국은 이에 대해 비례적(proportional) 대응공격을 실시
2017년	3월	방글라데시 중앙은행이 북한에 의해 사이버 해킹을 당해 8천 1백만 달러가 절취되었으며 그 중 일부는 환수된 것으로, 미 NSA 레젯 부국장이 언급(Foreign Policy, 2017.3.21.)

제2절

북한의 초국가적 조직범죄 변화 동향

북한의 대표적인 초국가적 조직범죄 활동은 마약, 위조지폐, 가짜담배 및 가짜의약품 생산 및 유통으로 꼽을 수 있는데, 이러한 범죄 유형들은 모두 북한에서 국가기관 시설을 이용하여 생산하고 해외로 밀매함으로써 그 생산품은 고품질이고 대규모라는 특징을 보이고 있다. 북한에서 생산되어 해외로 유통되는 이러한 범죄유형들은 1990년대부터 본격화되어 2000년대 초중반까지 해상거래 등 대규모 형태로 확장되었다. 그러던 중 2003년 호주 해역에서 북한 선박 '봉수호'의 마약운반 사건이 적발되었고, 이어 2004~2005년 미국 본토에서 'Royal Charm/Smoking Dragon' 공작을 통해 총 450만 달러의 위폐와 4천만 달러 상당의 가짜담배, 그리고 마약류를 적발하는 사건이 발생하였으며, 이로 인해 2005년 9월 마카오 소재 '방코델타아시아(BDA)'의 북한 자금 2천 5백만 달러가 북한으로 입금되지 못하고 동결 조치되는 상황에 처하게 된다. BDA를 통한 대북 제재조치는 당시 북한에게는 커다란 경제적 타격이었으며 이로 인해 2005년을 계기로 북한의 현격한 태도변화가 나타난다. 우선적으로 대표적인 외화벌이 역할을 담당했던 마약과 위폐의 두 가지 유형의 초국가적 조직범죄 활동이 크게 위축되었고 2005년 이후 마약 및 위폐와 관련된 국제적 적발 사례는 발견되지 않는다. 이 범죄 유형들을 대신하는 차원에서 가짜담배 등 가짜상품의 밀거래도 일시적으로 확장되었으나 2009년 이후 적발된 사례가 없다. 북한은 2005년부터 외화벌이 목적의 불법 활동을 외관상 탈피하려는 동향을 보이는데, 국제적으로 불법성을 논하기가 모호한 무기거래와 북한 노동자 해외송출, 구체적 증거 확보가 어려운 사이버범죄에 집중하게 된다.

제2절에서는 북한의 초국가적 조직범죄 활동이 2005년 9월 BDA를 통한 대북 제재조치를 변곡점으로 삼아 커다란 변화를 보이고있음을 착안하여, 환경적 요인으로서 북한의 정치적, 경제적 변화요인을 살펴보고, 이어 김정은 정권 이후 초국가적 조직범죄 유형별로 변화된 실태를 설명한다.

1. 정치적 변화

2005년부터 북한의 초국가적 조직범죄 활동이 현저하게 감소되기 시작하였는데, 이러한 변화 현상에 대해서 이 분야의 전문가 그룹인 그레이튼스(Sheena Chestnut Greitens), 란코프(Andrei Lankof), 해스팅스(Justin Hastings) 및 국내 북한 전문가들도 같은 의견을 피력한다. 그레이튼스는 2005년 이후 북한의 초국가적 조직범죄 개입 활동이 감소된 이유에 대해서, 북한이 약간의 경제성장을 달성했으며, 북한의 엘리트 중심의 개별적 범죄가 북한 내부 사회에서 증가함으로써 북한 정권이 사적 범죄 통제를 강화한데 기인한다고 분석하기도 하였다.[1]

그러나 이 시기의 북한의 변화 동기는 경제적, 사회적 이유보다 정치적 관점의 동기가 구체적으로 발견된다. 북한의 변화 원인은 앞서 상술한 미국 FBI가 6년 동안에 걸쳐 진행한 2건의 공작, 즉, 'Royal Charm/Smoking Dragon' 공작이 핵심적인 역할을 하였고, 이 사건으로 확보된 북한의 미화 위폐 생산 및 유통의 결정적인 증거를 활용하여 북한과 거래해 온 마카오 소

---

1 Greitens, Sheena Chestnut E., 2014, op. cit., p.45.

재 은행 '방코델타아시아(BDA)'에 대한 미국의 자금동결 조치를 2005년 9월에 전격 실시하게 된다. 또 하나의 중요한 사건은 2005년 10월, 미 검찰이 IRA 前 당수 '션 갈랜드(Sean Garland)'를 기소한 사건인데, 북한의 위폐 범죄가 단순히 미국과 북한간의 문제가 아니라 유럽 등 전 세계에 걸쳐 확산되고 있다는 사실이 폭로됨으로써 국제적인 우려와 공분이 확산되었고 이러한 분위기가 북한 정권에도 영향을 미치게 되었다.

2003년 시작된 북한 핵 문제 관련 6자회담은 2005년 제4차 회담에서 '9·19 공동성명'을 채택하기에 이른다. 이 성명에 따라 북한은 핵무기 개발을 중단하고 탈퇴했던 '핵 확산 방지조약(NPT, Non-Proliferation Treaty)'에 복귀하며 국제원자력기구(IAEA)의 사찰에 응하기로 하였다. 이에 상응하게 미국은 북한에 대해 적성국가 탈피 과정을 밟게 되었고 경수로 지원을 적절한 시기에 이행하겠다고 약속하였다. 한편, 미국은 2005년 '9·19 공동성명' 발표를 3일 앞두고 9월 16일, 미 재무부 명의로 방코델타아시아(BDA)가 북한의 위조달러 유통, 돈 세탁 등을 도와준 혐의가 있다고 발표하였고, 9·19 공동성명 발표 하루 뒤인 9월 20일 BDA를 "우선적 돈세탁 우려대상" 기관으로 공시하였으며 이에 따라 BDA는 미국의 압박에 굴복하고 북한과의 거래 중단을 발표하기에 이른다. 이로 인해 북한으로 입금될 김정일 위원장의 통치자금 2천 5백만 달러가 BDA에 동결되는 조치가 이루어진다.[2]

이러한 미국의 대북제재 조치는 6자회담과는 별개의 사안으로, 2004~2005년 두 건의 공작활동을 통해 적발한 북한 연계 초국가적 조직범죄 행위에 대해 후속적으로 취해야 했던 조치였다. 그러나 2005년 BDA 제재 조치는 북한 정권의 마약범죄와 위폐범죄를 뿌리 뽑겠다는 의도와 함께 6자 회담에서 북한이 핵무기의 협상 테이블에 나설 수 있도록 유도하려는

---

2 Federal Register, Vol.70 No. 181, September 20th 2005(Notices), p.55214.

목적도 있었으며, 미국이 향후 전개될 북한과의 6자회담에서 보다 유리한 입장에서 이끌어가겠다는 전략적 조치였던 것으로도 평가된다. 이 조치로 인해, 북한 정권도 마약 및 위폐 범죄 사례가 향후 적발될 경우, 북한으로 송금되어야 할 외화가 더욱 지연될 것이라는 우려에 따라 신중하게 대처하게 되었다. 미국으로서는 2004~2005년 적발된 두 건의 공작 사건을 6자회담의 테이블에서 북한과의 힘든 협상에 사용할 수 있는 유리한 카드로 간직한 것이다.[3]

당시 북한 외교관들의 공통적인 언급내용을 분석해 보면 2005년 BDA 은행에 있는 북한 자금의 동결로 인해 북한의 통치자금이 고갈되어 김정일 위원장에게 상당한 타격을 입힌 것으로 알려진다. 또한, 이 제재조치로 인해 세계 각국에서 북한의 마약과 위폐, 가짜담배, 밀수 등의 불법 외화벌이 사안을 잘 인지하게 되었고, 국가 간 협력을 통한 대응활동과 각국의 관련 당국에서 철저한 예방 및 차단활동을 수행함으로써 북한의 불법 활동이 위축되게 되었다.

2005년 제4차 6자회담에서 '9·19 공동성명'을 채택한 이후 미국과 북한은 2006년 11월과 2007년 1월 베이징과 베를린에서 회동하고 여기서 논의된 것을 토대로 2007년 2월 8일부터 13일까지 제5차 6자회담 3단계 회의가 개최되었다. 이 회의에서 참가국들은 '9·19 공동성명'의 이행을 위한 초기 조치를 명시한 '2·13 합의'를 채택했다. '2·13 합의'가 채택됨에 따라 '9·19 공동성명'은 말(word)의 단계에서 행동(action)의 단계로 접어들은 것으로 평가된다.

2007년 '2·13 합의'로 미국은 BDA를 통해 동결시킨 북한 자금을 2007년 6월 해제하였으며, 북한을 테러지원국으로 지정했던 규제도 해제하

---

3 Clayton, Matthew, 2013, op. cit., p.8.

는 등 북한에 대해 적성국 교역법 적용을 종료하는 절차를 밟기 시작했다.[4] 이러한 분위기로 인해 북한은 어느 정도 합의내용을 존중하는 모습을 보이기도 하였으며, 북한에서 생산되는 주요 불법적 외화벌이의 수단이었던 마약과 위폐를 잠정적이나마 중단시키고 그 유통을 대규모 축소시켰다. 2007년 2월의 회담 결과로 북한은 중유의 지원을 받는 등 경제적 상황이 개선되었고, 북한 내부의 사회문제를 개선하기 위해서도 국가기관 차원을 벗어난 개인적 불법 활동에 대해 철저하게 단속을 강화하였다.

2. 경제적 변화

미국에 의해 2005년 9월 취해진 방코델타아시아(BDA)의 북한 자금동결 조치 이후로 북한의 마약밀매 및 위폐 등의 불법행위가 현저히 감소된 현상의 배경에는 또 다른 외화벌이의 출처들이 생겨난 이유도 있다. 2005년경부터 북한 사회에 경제적으로 숨통을 트이게 하였던 6가지 대표적 요인이 있었다.

첫째, 무기 수출이다. 북한은 1980년대부터 이미 재래식 무기 및 탄도미사일을 여러 국가뿐만 아니라 심지어 국가가 아닌 분쟁지역의 조직에게도 판매한 것으로 알려져 있어 국제사회의 비난을 받아왔다.[5] 북한의 재래식 무기 수출 품목에는 소총 탄약 및 대포 탄약 뿐만 아니라, 탱크, 대공방어시스템, 방공포시스템, 로켓추진수류탄(RPG) 등이 포함된다. 1993년경부터 북한은 무기 수출 전략을 전환하여, 미사일 완성품을 수출하기보다는 부품을 수

---

4 통일부 북한정보포탈. '2·13 합의' : http://nkinfo.unikorea.go.kr/nkp/term/viewKnwldgDicary.do?pageIndex=15&dicaryId=50&searchCnd=0&searchWrd=

5 Joseph Bermudez, 2001, *The Armed Forces of North Korea*, London I.B. Tauris

출하기 시작하였으며, 거래 국가에 북한 기술자들을 파견하여 합작 개발하는 시스템을 갖추기 시작했다. 앞서 살펴본 바와 같이 북한의 최고인민회의 상임위원장인 김영남은 2003년 북한 대표단을 이끌고 시리아를 방문하여 군사협정을 체결한데 이어 레바논, 이란과의 협력체계를 구축하면서 미사일 및 대량살상무기(WMD)의 수출 루트를 확보해 왔다. 한편, 북한은 무기 수출 외에도 북한의 재래식 무기 및 舊소련제 재래식 무기의 보수, 수리, 개량 등의 서비스를 제공하고 외화를 획득하기도 하며, 북한 군사훈련단의 해외 파견 활동을 통한 외화 획득도 가능하였다.[6] 2001년 이후 북한이 시리아, 레바논, 이란 등과의 무기 거래 협력이 본격화되면서 북한의 외화벌이의 출처는 이제 마약 및 위폐 밀거래 등의 국제사회의 비난을 초래하는 품목보다는 보다 안정되고 국가 차원의 외화벌이 체계가 구축되기 시작한 것으로 볼 수 있다. '스톡홀름 국제평화연구소(SIPRI)'에 따르면, 북한은 2001년 시리아, 예멘을 대상으로 미사일을 판매하고 미화 7천 3백만 달러를 벌어들였으며, 2002년에는 이란을 포함하여 시리아, 예멘 대상으로 1억 6천 2백만 달러, 2003년에는 1억 3천 4백만 달러의 외화 수입을 확보하였고, 2004년부터 2010년까지는 시리아로부터 연간 2천만 달러씩을 받고 있었다.[7] 이 통계의 수치는 북한의 미사일 판매 종류와 금액이 국제적으로 등록된 내용에 한정되는 것이며, 실제 북한 군사전문가들이 시리아와 이란에 파견되어 지하벙커 건설기술 등 다양한 용역을 제공하면서 벌어들인 외화는 공개되지 않아 수익금은 더욱 클 것으로 추산된다. 우리나라 정보당국이 작성한 '2012년 북한 군사장비 수출 실태' 문건에 따르면 북한의 2012년 무기 수출액은 3억 달러가 넘은 것으로 알려져 있다. 김정일 정권 마지막 해인 2011년 수출액 2억 5천만 달러

---

6 유엔보고서, "*Report of the Panel of Experts Established Pursuant to Resolution 1874*" (United Nations, 6 March 2014)

7 Stockholm International Peace Research Institute: http://www.sipri.org/databases/armstransfers

보다 20% 넘게 늘어난 금액이다.[8] 유엔 안전보장이사회는 2006년 북한의 핵실험 실시로 인해 대량살상무기·미사일 관련 품목 수출 통제, 화물검색 조치를 담은 '결의안 1718'을 채택하였고 2009년 5월, 북한의 2차 핵실험에 대해서 '결의안 1874'를 채택해 압박 강도를 높였다. 그러나 이러한 국제제재에도 불구하고 북한은 시리아, 이란, 팔레스타인 등의 反서방 정서의 국가들을 상대로 무기거래 및 군사협력 활동을 비공개적으로 지속하면서 2005년 이후 외화벌이의 대체 루트를 확보해왔다.

둘째, 對중국 무역이 확대되었다. 북한의 對중국 무역은 합법 및 불법이 혼재된 상태에서 지속되어 왔다. 중국에서 수입한 물자들은 북한 정권에도 도움이 되었지만, 북한 개인의 자본주의적 삶에도 보탬이 되어왔다. 중국을 통한 생필품들이 북한의 암시장인 '장마당'에서 거래되었고, 이로 인해 북한의 자본주의적 시장이 존재하면서 재화와 용역의 거래가 유지되어 왔다. 2004년 북-중 무역 총액은 13억 8천만 달러에 머무르고 있었으며, 2005년부터 증가하기 시작하여 2005년 15억 8천만 달러, 2006년 17억 달러, 2007년 19억 7천만 달러에서 2008년에는 27억 달러에 달하며, 그 중 수입액만 20억 달러를 넘어선다. 2008년도 북-중 무역 총액은 전년도에 비해 무려 41.2%나 대폭 증가 하였으며, 수입액은 2008년 이전의 10년간 가장 높은 46.0%의 증가율을 보였다.

KOTRA 조사에 따르면, 북한의 對中 무역의존도는 2003년 42.8%에서 2004년 48.5%, 2005년 52.6%('05), 2006년 56.7%, 2007년 67.1%로 계속 상승한데 이어 2008년에 73.0%로 급격히 증가하면서 중국의 의존도가 높아진 것을 알 수 있다. 북한의 대중 무역 의존도가 높아진 원인은 첫째, 국제사회의 대북제재로 인해 대부분의 수입물품을 중국에서 조달하게 되었으며,

---

8 송홍근, 정현상, 2013, "김정은, 아버지보다 무기 더 팔았다", 『신동아』

둘째, 중국이 지리적으로 근접해 있고, 셋째, 중국제품의 가격이 상대적으로 저렴하기 때문인 것으로 분석된다.[9] 중국은 북한의 가장 큰 무역 파트너 국가로서, 2005년부터 교역량을 살펴보면, 2005년 9월 BDA 은행 자금동결에 따른 경제적 압박의 기간을 거쳐 2007년에는 2004년 무역규모의 두 배 가까이 증가하는 것을 볼 수 있다.

셋째, 북한의 관광산업이 활성화되었다. 북한의 관광정책은 기본적으로 외국인을 유치하기 위한 국제관광을 의미한다. 북한은 1960~1970년대까지는 사회주의국가들 간의 친선유지 차원에서 소규모 휴양 관광단을 유치하거나 해외교포를 대상으로 '조국방문단' 사업을 추진하면서 국제관광을 운영하는 정도에 머물렀다. 1990년대 들어서면서 나진-선봉지역의 관광자원 개발을 통한 외화획득에 주력하였으며, 이에 따라 1995년 아시아-태평양관광협회(PATA)에 가입하고 1996년에는 나진-선봉 경제무역지대에 관한 관광규정을 제정하였다. 2002년에는 '금강산관광지구법'을 채택하였으며, 2003년부터 금강산 육로관광이 시작되었고 2007년 11월에는 '백두산관광 합의서'를 체결하였으며 12월부터는 개성관광을 개시하였다.[10] 1998년부터 시작된 금강산 관광은 한국 기업인 '현대 아산'에서 추진하였던 사업으로, 당시 금강산 관광 대가로 매월 1,200만 달러를 북한에 지불하기로 하였는데, 현대그룹의 자금난과 관광객 감소로 인한 대북지불금 연체 등으로 2001년 들어 금강산 관광은 위기를 맞았고 2001년 6월 '한국관광공사'가 금강산 관광사업 참여를 발표하였다. 또 대북지불금도 월 600만 달러로 조정하였고, 한국 정부는 '남북협력기금법'에 규정된 「남북간 왕래경비 지원」에 따라 관광경비를 보조해주기로 결정하여, 2002년 4월부터 금강산관광 경비 보조가 시작되면

---

9 KOTRA 자료, 2009, 『2008 북한의 대외무역 동향』09-020, pp.24-25.

10 통일부 북한정보포털: http://nkinfo.unikorea.go.kr/nkp/overview/nkOverview.do?sumryMenuId=EC219

서 금강산 관광이 다시 활기를 띠게 되었다. 이후 북한 핵문제가 불거지면서 금강산관광 경비 보조가 2003년부터 중단되어 다시 금강산 관광객이 감소하였으나, 2003년 9월부터 육로를 통관 관광이 본격적으로 시작되면서 육로 관광이 늘어나게 되었다. 하지만 2008년 7월 남측 관광객이 북한군 초병이 쏜 총격으로 사망한 사건이 일어난 후 금강산 관광은 잠정 중단되었다. 한국인의 금강산 관광이 본격적으로 활성화된 2003년 가을부터 한국 기업에서 북한으로 입금하는 현금은 연간 7천2백만 달러 정도였으며, 2007년부터 개성관광도 본격화 되어 한국인 관광객이 추가되었고, 또한 한국 관광객이 현지에서 구입하는 기념품과 면세품들의 수익금을 합치면 2003~2008년 기간 동안의 한국인의 북한 방문을 통해 지출된 연평균 관광수익은 1억 달러를 넘는 것으로 집계된다. 또한, 중국인 북한 관광객도 2005년 이후 증가추세였는데, 2008-2009년 북-중 MOU를 체결한 이후 공식적으로 중국인 관광객이 집계되기 시작하였으며, 2010년 이후에는 급격한 증가세를 보였으며, 2012년 중국인의 북한 관광객 수는 237,400여 명으로, 전년도인 2011년보다 22.5% 증가치를 보였다.

넷째, 개성공단이 시작되었다. 2002년 11월 북한이 '개성공업지구법'을 제정하여 공표하였고, 한국 측은 한국토지공사, '현대아산'이 주축이 되어 2003년 6월 개성공단 착공식을 가졌으며, 2004년 6월 시범단지 2만 8천평 부지조성을 완료했다. 2004년 10월 '개성공업지구관리위원회사무소'를 개소한 이후 2005년 9월 본 단지 1차 24개 입주업체 선정 및 계약 후 2006년 9월에는 본 단지 1차 분양기업 첫 반출이 있었다. 2007년 6월에 2차 분양업체가 선정되어 규모가 확대되었고, 이후 생산액을 보면, 2008년 2억 5천만 달러, 2009년 2억 5천만 달러, 2010년 3억 2천만 달러, 2011년 4억 달러 등 누계생산액이 12억 6천만 달러를 돌파했다.

근로자현황을 보면 북측 근로자는 2005년 6천 명, 2006년 1만 1천 명, 2007년 2만 2천 명, 2008년 3만 8천 명, 2009년 4만 2천 명, 2010년 4만 6천 명, 2011년 4만 9천 명 등이었고, 2012년 1월에는 5만 명을 돌파하였다. 이들 북한 근로자의 급여는 월 60달러에서 135달러 정도인데, 2005년에는 720만 달러의 현금이 북한으로 입금되기 시작하였고, 2006년 1,320만 달러, 2007년 2,640만 달러, 2008년 4,560만 달러가 급여로 지급되었다. 2012년부터 북한의 근로자는 5만 명을 넘어섰는데, 이들에게 지급되는 급여는 연간 6천만 달러가 넘는 금액이었다.

〈표 3-8〉 북한의 개성공단 근로자 및 급여 수익

구분/연도	2005	2006	2007	2008	2009	2010	2011
북한근로자수 (명)	6,013	11,160	22,538	38,931	42,561	46,284	49,866
연간급여 (천 달러)	7,200	13,200	26,400	45,600	50,400	55,200	58,800

* 출처: 통일부 통계자료, 개성공단사업: https://www.unikorea.go.kr/content.do?cmsid=3099

한편, 한국토지공사는 2004년 3월에 북한 중앙특구개발지도총국과 개성공단 부지사용계약을 체결하면서 부지임대료 1,600만 달러를 지급하였고, 이외에도 공사비, 골재비, 통신비, 체류등록비, 세금, 보험료, 근로자 임금 등에서 북한 당국에 지급해야 할 금액은 매년 발생하였다. 또한 북한 근로자에게 지급하는 임금은 기본급과 사회보험료, 초과근로수당 등이 있는데, 사회보험료는 근로자와 입주 업체가 각각 기본급의 15%를 북한당국에 납부하게 되어 있어서 실제 북한 근로자 평균 월 급여 100달러를 감안하면 15달러씩 추가로 북한 당국에 전달되는 셈이다. 이외에도 시간외 수당, 근로자 알선 수수료 등의 비용이 있으며, 식대, 선물비 등의 명목으로 지급되는 외화가 추가로 북한으로 들어가고 있다. 2011년부터는 개성공단에 입주한 기업이 북한 당국에 기업소득세를 납부하기 시작했는데, 한국의 기업들은 2005년부

터 2009년까지 5년 동안 매년 이윤이 생긴데 대해 소득세를 북한 측에 전달해야 했다.[11]

다섯째, 인도적 지원이 제공되었다. 한국 정부의 대북지원은 주로 인도적 지원의 형태로, 비료와 식량 및 생필품을 지원하였는데, 정부 차원에서 유엔기구를 통한 지원과 민간분야에서 한국적십자사를 통해 직접 지원하는 두 가지 형식으로 북한으로 전달된다.

2004년 한국 정부에서 북한으로 지원한 물량의 총액은 4천 2백 30억 원 규모로 당시 미화 환율 1,024원으로 환산할 경우 4억 1천 3백만 달러에 해당된다. 2001년에 비해 2002년부터 대북지원 규모가 점차 증가하였는데, 2004~2005년간 한국정부에서 지원한 물량은 연간 4억 달러 정도에 이르기도 하였다.[12]

〈표 3-9〉 한국 정부의 대북지원 현황(2001~2008) (단위: 억 원)

구분/연도	2001	2002	2003	2004	2005	2006	2007	2008
정부차원 (식량차관)	975 (0)	1,140 (1,510)	1,097 (1,510)	1,313 (1,359)	1,360 (1,787)	2,273 (0)	1,983 (1,505)	438 (0)
민간차원	782	576	766	1,558	779	709	909	725
총액 (식량차관 포함)	1,757	3,226	3,373	4,230	3,926	2,982	4,397	1,163

* 출처: 통일부 국가지표체계, 대북지원현황: 각주 157) URL주소

또한, 2007년 2월 6자회담에서 합의한 '2·13 합의'에 따라, 북한이 핵시

11 장형수, 2013, "북한의 외화수급 추정과 분석: 1991~2012년" 『통일정책연구』 제22권 2호. p.179.

12 국가지표자료. 통일부자료: http://www.index.go.kr/potal/main/EachDtlPageDetail.do?idx_cd=2784 (검색일: 2016.3.15.)

설을 폐기하는 대가로 북한을 제외한 5개국에서 중유 100만 톤을 제공하기로 하였으며, 이에 따라 한국정부는 2007년 7월 및 9월에 각각 중유 5만 톤씩 총 10만 톤을 북한으로 전달하였다. 이어 미국과 러시아는 각각 20만 톤씩 중유를 지원하였고, 중국은 4만 5천 톤을 지원하였다. 따라서 북한은 2007년 7월부터 2009년 5월까지 총 34만 5천 톤의 중유 또는 중유금액에 해당되는 지원을 받았다. 그러나 이 지원은 2009년 5월 북한이 2차 핵실험을 감행하면서 나머지 지원될 물량은 중단되었다. 2009년까지 지원된 중유를 환산하면 1억 2천만 달러~3억 달러의 규모로 집계된다. 2004년부터 북한의 경제생활은 한국정부 및 미국 등 국제사회의 인도적 지원으로 상당한 도움을 받았으며, 인도적 지원 물품이 북한 주민에게만 배분된 것은 아니었으며, 북한의 군수산업 등 전체적인 분야에 제공되었을 것으로 충분히 짐작할 수 있다.

여섯째, 북한 노동자의 해외송출이 확대되었다. 2005년경 북한은 해외 노동자 파견을 증가시키기 시작했다. 북한의 노동자는 중국 및 동남아에서는 주로 음식점 등에 고용된 종업원으로 활동하며, 러시아 극동지역에서는 벌목공 및 건설공사 노무자로, 중동지역과 북아프리카에서는 의료 노동자로, 체코에서는 공장 노동자로, 그리고 아프리카 말리, 베닌, 보츠와나, 짐바브웨, 나미비아, 세네갈 등의 국가에서는 태권도 사범으로 파견되기도 하였다. 북아프리카 리비아에는 200여 명의 북한인들이 의사 및 간호사, 건설 노동자로 파견되기도 하였다. 2005년 기준으로 북한은 러시아와 중동지역 등 전 세계 45개국에 약 1만 5천 명~3만 명의 근로자를 파견하였으며, 대부분 건설, 벌목 등 단순노동에 집중되어 있는 근로자들은 월 200~1,100달러의 임금을 받는 것으로 알려져 있다. 2006년 북한의 1차 핵실험 이후 국제사회의 대북제재가 강화되자 북한은 외화벌이의 수단으로 근로자의 해외파견을 지속적으로 증가시켜 왔다. 해외 노동력 파견은 투자비용이나 사업기술이 크게 필요로 하지 않는 비교적 수월한 외화벌이 수단이며, 비록 임금이 착취

된다는 사실을 알면서도 많은 북한 근로자들에 의해 선호되는 사업이기도 하다. 2005년 당시 해외 노동력 파견을 통한 외화 수입은 소위 '국가계획분'이라는 북한 당국의 착취금 뿐만 아니라 북한 노동자의 본국 송금 금액까지 합칠 경우 2억 달러 정도로 추산된다.

북한의 해외파견 노동자 규모는 2005년 이후 지속적으로 확대되어 2014년 유엔 북한인권조사위원회 보고서에 따르면 16개국에 파견 나간 북한 노동자들은 8만 500명~8만 1천 300명의 규모로 집계되며, 이로 인한 외화 수입은 12억 달러에서 23억 달러에 이르는 것으로 추산된다.[13] 한편 2016년 9월 유럽안보협력기구(OSCE) 산하 '민주적 제도와 인권사무소(ODIHR)'가 개최한 회의에서, 국제적 인권단체인 "국경 없는 인권(Human Rights Without Frontiers)"의 포트레(Willy Fautré) 사무총장은 "북한 노동자 5만 명이 16개국에서 일하고 있으며, 이들이 연간 12억~23억 달러를 북한으로 송금한다."고 발표하기도 하였다.[14] 북한 노동자의 해외 파견 숫자는 공식집계와 달리 실제 파견된 숫자가 큰 차이를 보이는데, 한국의 언론매체에 따르면 중국에서 활동하는 북한 근로자가 현재 4만여 명으로 알려져 있으나 실제는 두 배 이상의 숫자라고 전한다. 이 매체에 따르면, 북한과 중국 지방정부와의 계약으로 중국의 동북 3성 주요 도시에 북한 노동자들의 투입이 지속적으로 증가되고 있고, 2013년에는 중국에만 12만 명의 노동자가 투입된 것으로 보도되었다. 이 곳에 배치되는 북한 노동자 대부분은 의류 임가공 공장의 숙련공이며, 컴퓨터와 IT(정보기술) 전문 인력도 1만~2만 명 포함되고, 이들은 업종에 따라 월 급여가 200~300달러로 책정된 것으로 알려졌다.[15]

---

13 이영종, 2015.11.10., op.cit.

14 이유종, 2016.9.24., "미, 북 체제 흔들기 대북심리전 본격 착수", 『동아일보』

15 이용수, 2012.6.23. "北, 외화벌이 노동자 12만 명 내년까지 중국에 보낸다" 『조선닷컴』 http://news.chosun.com/site/data/html_dir/2012/06/23/2012062300211.html?Dep0=twitter&d=2012062300211

3. 김정은 정권 이후 변화 동향

(1) 변화의 배경

북한의 초국가적 조직범죄 활동은 외화벌이를 목적으로 하는 만큼 김정은 정권의 경제적 변화 동향을 살펴보는 것이 필요하다. 탈북민 출신 경제학자 김광진(2008년)에 의하면, 김정일 정권 시절의 경제체제는 '궁정경제'와 '인민경제'로 구분되며 핵무기 개발 등 국방비용과 충성을 다하는 측근들에 대한 경제적 보상을 위해 지출되는 통치자금 등 궁정경제에서 지출되어야 하는 자금은 인민경제의 200배가 넘는 비용이라는 것이다.[16] 특히 궁정경제의 거의 대부분이 외화로 채워져야 하는 상황이며 이에 따라 외화 의존도는 절실한 수준이었다. 이러한 자금조달 구조로 볼 때, 2005년 9월 미국이 '방코델타아시아(BDA)'에 압박을 가하여 북한으로 송금될 2천 5백만 달러를 동결시킴으로써 북한 지도부가 심각한 타격을 받았던 충격을 쉽게 이해할 수 있다. 당시 북한은 2007년 6월 송금이 재개될 때까지 당시 김영남 최고인민회의 상임위원장과 김계관 외무성 부상 등을 동원하여 절박한 태도로 지속적인 해제 요구를 하였으며, 결국 2006년 10월 김정일 위원장은 중국 특사를 통해 "금융제재 해결을 보장하면 6자회담에 복귀하겠다"는 입장을 직접 전달하기에 이르렀다.[17]

김정일 정권의 궁정경제의 구조는 김정은 정권에 들어서면서 크게 변화하지는 않은 것으로 보인다. 다만, 김정은 정권은 2013년 3월 31일 당중앙전원회의를 통해 소개한 "경제·핵무력 병진노선"을 채택하면서 이전과는 다른

---

16 이연철, "북한 핵 위협 저지 위해 '궁정경제' 붕괴시켜야", VOA, 2017.2.22 http://www.voakorea.com/a/3733753.html (검색일: 2017.4.19.)

17 조민, 김진하, 『북핵일지 1995-2009』, 통일연구원. 2009.

논리를 보여준다. 핵 무력 증강을 통해 "국방비를 늘이지 않고도 적은 비용으로 나라의 방위력을 더욱 강화하면서 경제건설과 인민생활 향상에 큰 힘을 돌릴 수 있다"면서, "핵 강국이 되면 강력한 전쟁 억제력에 기초하여 경제건설에 자금과 노력을 총 집중함으로써 비약적인 경제적 발전을 이룩할 수 있다."는 논리를 주장하고 있다.[18] 즉, 핵무기 개발이 국방비를 줄여주는 효과를 가져 올 것이며, 이로써 북한 주민의 경제적 환경이 더 나아진다는 것이다. 실로 김정은 정권 들어서 3차례의 핵실험과 수십 발의 미사일 발사 실험이 실행되었고, 이와 병행하여 소위 "려명 거리"와 대규모 위락시설을 건설하는 등 경제적 지출이 상당하였음에도 불구하고 북한 주민들은 현 김정은 정권에서의 경제적 환경이 과거 김정일 정권 시절보다 활기를 띠고 있는 것으로 평가하고 있다.

이러한 변화의 배경으로 두 가지 경제적 요인을 추론할 수 있는데, 첫째는 소위 '인민경제'의 성장이다. 북한 소식통에 따르면 당시 김정은 국방위원장은 집권 이후 "개인이 가지고 있는 돈에 대한 출처를 따지지 말고, 투자하게 하되 이윤도 최대한 보장해주도록 하라"고 지시하였고, 이로 인해 북한의 자본가(돈주)들의 내수활동이 왕성해 지면서, 현재 북한의 시장경제에는 장마당의 확대성장, 외화사용의 자유화, 민간자본의 부동산 투자 확대 등의 긍정적 변화가 일어나고 있다는 것이다.[19] 두 번째의 요인은 궁정경제의 변화인데, 김정은 정권이 과거 일부 측근들에게 분산되었던 내부 자원을 회수하여 독점하고 과거의 주도 세력을 제거하면서 신진 엘리트들에게 경제권을 배분함으로써 경제 환경이 개선되었다는 추론이다. 장성택 처형 등 막강한 세력

---

18 김중호, "북한 김정은 정권의 경제개선 동향 – 평가와 전망", 『수은북한경제』, 2014년 가을호, p.8.; "김정은 당중앙위원회 2013년 3월 전원회의 보고 전문," 「조선중앙통신」, 2013.4.2.; "우리 당의 경제건설과 핵무력건설의 병진로선은 항구적인 로선이다." 「노동신문」, 2013.5.3.

19 정영, 조수민, "특집: 김정은 경제개혁 3년을 해부, (3) 활기 띠는 시장경제", 자유아시아방송, 2015.6.11. http://www.rfa.org/korean/special-programs/ecoreform-06112015101950.html (검색일: 2017.4.20.)

의 측근들을 잔혹하게 숙청하는 방식으로 김정은 정권은 공포정치를 전개하였으며 이로써 과거 김정일의 선물정치 형식은 덜 요구되었고 이에 따라 궁정경제의 규모를 축소시키는 것이 가능했을 것이라는 추론이다. 이와 같은 경제 환경의 변화에도 불구하고 점차 강도 높은 국제사회의 경제제재를 당하면서 외화의 부족에 직면하고 있는 김정은 정권은 핵무기 실험과 미사일 개발을 지속하는 한 궁정경제의 비용을 충당하기 위한 외화벌이가 더욱 절실하게 요구되는 상황임은 분명해 보인다.

(2) 유형별 변화 동향

앞서 열거한 북한의 초국가적 조직범죄 7가지 유형을 분석해 보면서, 김정은 정권 이후 위축된 유형과 지속되는 유형, 그리고 정권 차원에서 주력하면서 확대되는 유형 등 세 가지로 구분할 수 있다.

첫째, 위축된 유형으로 마약과 위폐 범죄를 들 수 있다. 북한의 마약밀매사업은 2000년대 들어서 왕성하게 전개되면서 해외에서 뿐만 아니라 내부적으로도 커다란 사회적 문제를 맞게 된다. 북한은 아편 및 헤로인의 생산과 더불어, 일본과 한국에서 선호되는 메스암페타민의 생산을 1996년부터 본격화하였는데, 2000년대 들어서 메스암페타민의 해외 밀매도 증가하였지만, 북한 주민들에 의한 남용도 확산되기 시작하였다. 메스암페타민은 북한에서는 주로 분말 형태로 제조되었지만 중국에서 유행하는 형식인 크리스탈(白礬 모양) 형태로도 제조되어 북한주민들 사이에서는 '얼음(ice)' 또는 중국명으로 '빙두(氷毒)'라는 이름으로 불린다. 2005년경부터 북한의 마약제조 기술자들이 개별적으로 생산하면서 북한 주민들에게 유통시키면서 그 이름이 널리 알려졌고 점차 그 중독성이 확산되기 시작하였다. 북한 군부에서도 피로회복을 위해 암암리에 마약이 유통되었고, 마약을 투약한 후 범죄를 자행하거나, 마약의 효능이 왜곡 과장되면서 심각한 사회문제로 확산되기에 이르렸다.

중국 당국은 2010년부터 북한에서 유입된 메스암페타민이 동북 3성(요녕성, 흑룡강성, 길림성)을 중심으로 급증하고 있는 상황을 심각하게 받아들이고 집중적인 단속을 실시해 왔으며, 2012년 김정은 정권에 들어서는 북한 내부에서 만연한 마약문제와 해외 판매루트의 위축으로 인해 마약유통을 통한 외화벌이의 의도는 저하된 것으로 관찰된다. 다만 최근에도 중국에서 북한인 마약 밀수꾼 검거 사례가 보도되고 있는 바, 개별 조직 차원의 밀거래는 소규모 나마 지속되고 있는 것으로 보인다.[20]

미화 위폐의 경우, 2004년 미국 본토에서 적발된 두 건의 공작(royal charm /smoking dragon) 사건 이후 국제적으로 북한과 관련된 적발 사례는 발견되지 않는다. 그러나 북한의 미화 위폐는 북한 공관원에 의한 유통 이외에도 중국 및 동남아 조직범죄 집단과 舊소련의 KGB 출신 조직들과의 연계를 통해 이미 동남아, 미국, 유럽 대륙으로 널리 유통되었음을 알 수 있다.

둘째, 지속되는 유형으로 가짜담배와 밀수 범죄이다. 북한에서 제조되어 대량 유통된 가짜담배는 2004년 이후 마약과 위폐의 역할을 대신하면서 외화벌이의 주역으로 왕성하게 이루어졌으나, 다국적 기업의 폭로와 국제적 제재로 인해 2009년 이후 키프로스에서 적발된 이래 해상을 통한 대규모 유통은 더 이상 발견되지 않는다.[21] 한편, 북한 소식통에 따르면, 2011년 이후 북한은 중국에서 담배원료를 수입하여 북한에서 담배를 제조한 후 다시 중국에 되파는 무역이 성행하기 시작했는데, 중국의 가짜담배 제조 유통 조직은 값이 싼 북한산 담배를 사들여 이를 다시 유명상표를 붙여 위조한 후 중

---

20 노정민, "북 마약 밀수꾼, 지난달에도 중국서 체포", 『자유아시아방송』2014.8.7. http://www.rfa.org/korean/weekly_program/radio-world/radioworld-08072014152730.html (2017.4.26.)

21 양성원, "키프로스, 담배 밀수 혐의 북한 선박 나포", 『자유아시아방송』2009.7.23., http://www.rfa.org/korean/in_focus/cyprus_tobaco-07232009183235.html (검색일: 2017.4.22.)

국 및 해외로 유통시키기도 한다는 것이다.[22] 북한의 가짜담배 생산 및 유통은 해상 운송의 제한과 국제사회의 통제로 인해 국가 차원의 대량 유통은 일시적으로나마 감소된 것으로 보이나, 중국의 초국가적 조직범죄 집단과 연계하면서 주로 중국 루트를 통한 국제적 유통은 지속되고 있다.

김정은 정권 이후 북한의 밀수 범죄는 2013년 3건, 2015년 3건 등 총 7건이 적발되어 언론에 보도되었다. 밀수 유형은 면세담배 밀수 2건, 의약품 밀수 2건, 면세주류 밀수 1건, 금괴 밀수 1건, 한약재 용도의 코뿔소 뿔 및 코끼리 상아 밀수 1건 등이다. 여기에 보도된 내용은 모두 북한 공관원이 외교관 신분을 이용한 면세특권과 검열회피 특권을 이용한 사안으로, 실제 중국과 북한의 국경에서 이루어지는 밀수와 북한과 협력적 관계에 있는 중동지역 국가 간의 밀수는 포함하지 않은 사례이다.[23] 면세담배와 주류의 밀수는 공관 차원에서 경비조달 및 본부송금 자금 마련을 위해 지속되어온 사례로 간주할 수 있으나, 최근 2015년 5월 아프리카 모잠비크에서 적발된 코뿔소 뿔 등의 밀수는 국제연합 차원에서 희귀 동식물의 밀수 예방 및 차단 노력에 정면 위배되는 비도덕적 불법 행위로서, 현재까지도 북한의 아프리카-중국 연계 한약재 밀수 조직은 운영되고 있음을 의미한다. 적발 사례를 보면, 대체적으로 소수의 개인들에 의해 이루어지고 있는데, 북한 외교관이 밀수를 하다 적발되어도 공관원 개인의 책임으로 전가될 수 있고, 해당 공관원의 추방으로 처벌이 마무리되면서 북한의 정권 차원의 개입여부는 회피할 수 있다는 측면을 고려한 것이다. 북한의 밀수 범죄는 김정은 정권 이후에도 국제사회에서 지속적으로 적발 사례가 발견되는데, 이는 해외 공관을 통한 외화

---

22 문성휘, "북한 담배, 중국에 대량 밀수출", 『자유아시아방송』2013.4.2. http://www.rfa.org/korean/in_focus/food_international_org/smuggle-04022013102332.html (검색일:2017.4.26.)

23 함중영, 2017, op. cit., pp.156-157.

벌이 획득과 충성자금의 마련에 대한 압박이 여전히 가중되고 있음을 짐작할 수 있다. 또한, 유엔 안보리 제재와 강대국의 개별적 제재를 받고 있는 북한으로서 북-중 국경을 통한 밀수는 유일한 북한 주민들의 생필품 교류의 루트인 바, 다양한 수법으로 지속되고 있는 현 실태가 다수의 탈북민에 의해 증언되고 있다.[24]

셋째, 김정은 정권에서 외화벌이의 주요 역할을 담당하며 최근 대두되는 유형은 무기거래·인신매매·사이버범죄라고 할 수 있다. 김영남 국가최고회의 상임위원장이 대표단을 이끌고 2003년 시리아를 방문하여 협정을 체결한 이래, 북한의 무기류 수출은 시리아, 레바논, 이란 등 중동의 주요 국가를 대상으로 대규모로 이루어져 왔다. 유엔협약에서 제한하는 소형화기 차원을 넘어 북한의 무기거래는 미사일 및 대량살상무기(WMD)로 확대되었고, 무기뿐만 아니라 전략무기를 보관하는 지하시설 및 기술이전 등의 관련 산업 수출로 외화벌이가 확대되면서 2005년 이후에는 외화벌이의 중추적 역할을 담당하는 비중 있는 요소로 자리 잡기에 이르렀다.

북한 여성의 중국 국경지역으로의 인신매매는 2005년 이후 더욱 가속화되고 있는 사안이며, 현재에도 지속되고 있는 것으로 알려져 있다. 북한을 탈출하여 중국에서 불법적으로 체류하고 있는 북한 주민들은 적게는 수 만 명에서 많게는 20만 명까지 추산되고 있다.[25]

또 다른 인신매매 형태인, 해외송출 북한 노동자에 대한 북한 정권 차원의 착취 관련, 러시아, 중국 등에 해외노동자로 송출된 북한 노동자는 현재 5만~10만 명 정도로 집계되며,[26] 중국에서 일하고 있는 무등록 노동자들을

---

24 박주희, "대북제재 이후 처음으로 북-중 국경 밀수 다시 재개", 『New Focus』 2016.7.25. http://newfocus.co.kr/client/news/viw.asp?cate=C01&mcate=M1003&nNewsNumb=20160718866

25 Lee Hyeonseo, "Life as a North Korean Refugee", *International New York Times*, 2016.5.13.

26 조상진, "북한 해외 노동자 송출 실태", VOA, 2016.4.4.,

포함하면 훨씬 더 많은 수의 북한 노동자들이 해외 강제노동 및 임금착취를 당하고 있는 셈이다. 최근 보도에 따르면, 북한 정권의 외화벌이에서 노동자 해외 송출은 중요한 한 축을 맡고 있으며, 북한 노동자들은 대부분 러시아와 중국 등 북한과 수교를 맺은 16개 나라에서 임업이나 건설현장, 공장, 식당 등에서 근무하고 있는데, 현재 전 세계 40여 개 나라에 10만 명에 가까운 노동자를 파견해 연간 2억 달러의 외화를 벌어들이고 있는 것으로 알려졌다. 김정일 집권 시절엔 1만여 명에 불과했던 송출 인력 규모를 최대 10배 이상 늘린 것이다.[27]

북한의 사이버 범죄는 중국과 동남아에 해커들을 파견하면서 거점이 확대되고 있으며, 북한 조선중앙통신의 보도에 따르면, 김정은 위원장은 2015년 6월 북한 국방위원회 산하 정찰총국 관계자 3천여 명을 불러 모아 '정찰 일군대회'를 열고 이들을 격려한 것으로 알려졌다.[28] 북한은 정찰국 예하 121국에 3천 명으로 구성된 사이버 부대를 운영하면서 인터넷 해킹과 사이버 공격을 하고 있는 것으로 국내 전문가들은 분석하고 있다. 북한은 국가적 차원에서 사이버 전문가를 양성하고 있으며, 이 중에서 해외에서 활동하고 있는 해커들은 생활에 필요한 지원인력의 도움을 받아 해외 안가에서 거주하면서 범죄적 활동으로 수익을 올리고 있으며, 북한 정권의 지시에 따라 필요시 사이버 테러로 전환하여 사이버 공격을 자행하고 있다. 또한, 사이버상에서 가상화폐로 운용되는 '비트코인'을 절취하는 의혹도 제기되고 있는데, 국내 보안업체에 따르면 북한은 2014년부터 매년 1억 원 상당의 비트코

http://www.voakorea.com/a/3268208.html (검색일: 2016.8.18.)

27 강훈, 앞의 기사(각주 67)

28 안윤석, "北 김정은, 제1차 정찰일꾼대회 참가자 격려", 『중앙일보』2015.6.18. http://news.joins.com/article/18050796 (검색일: 2016.8.18.)

인을 절취하고 있다는 것이다.[29] 최근 북한 지도층의 전폭적인 지원과 독려에 따라 북한의 사이버 범죄 수법은 지속적으로 첨단화, 다양화되고 있으며, 향후 여타 '불량 국가(rogue countries)' 뿐만 아니라 국제테러조직과도 연계되어 범죄가 확대될 가능성도 우려되고 있다.

(3) 루트와 유형의 다변화

북-중 관계는 2013년 2월 북한의 3차 핵실험과 같은 해 12월 친중파(親中派) 장성택의 처형으로 북-중 고위급 회담이 전면 중단된 이후 긴장 관계가 지속되어 왔다. 이어 2015년 12월 중국의 당정 지도부와 간부 등 2천여 명을 초청한 가운데 대규모 공연을 진행할 예정이었던 북한의 모란봉악단과 공훈국가합창단이 개인 우상화 내용에 이견을 보인 중국 당국과의 마찰로 공연 당일 돌연 취소하고 전격 귀환하기도 하였다.[30] 북한의 핵무기 실험 및 미사일 시험발사의 도발이 지속되자 미국으로부터 대북제재의 압력을 받고 있는 중국은 유엔 안보리의 제재에 부응하기 시작하면서 지난 2월 18일 북한으로부터의 석탄 수입을 일부 중지하는 것으로 발표하였으며 이에 대해 북한은 중국을 "줏대도 없이 미국의 장단에 춤을 추고 있다"며 공개적으로 비난하는 언론 보도를 발표하였다. 1949년 이후 북한이 중국에 대해 공개적으로 비난하기는 최초의 일이다.[31] 북-중 관계가 소원해지면서, 그동안 유지해 온

---

29 목용재, "북, 매달 1억 원 이상의 비트코인 확보했다", 『자유아시아방송』2017.4.12. http://www.rfa.org/korean/in_focus/food_international_org/bitcoin-04122017084958.html(2017.4.26.)

30 박성우, "모란봉악단, 중국 공연 돌연 취소", 『자유아시아방송』2015.12.18. http://www.rfa.org/korean/weekly_program/news_analysis/co-ps-12182015102420.html(2017.4.26.)

31 Perlez, Jane. "Cracks appear in China-North Korea bond", International New York Times, 27 February 2017. (2017.2.23字 북한 조선중앙통신의 사설 중 다음 내용을 인용하였다. "명색이 대국이라고 자처하는 나라가 줏대도 없이, 미국의 장단에 춤을 추면서도, 저들의 너절한 처사가 우리의 인민생활에 영향을 주려는 것은 아니며 핵 계획을 막기 위한 것이라고 변명하고 있다.")

북한의 초국가적 조직범죄의 "중국 루트"가 약화될 소지가 있으며 대안으로 모색될 수 있는 루트는 지정학적 측면에서 볼 때 "러시아 루트"라고 할 수 있다. 이미 북한은 미화 위조지폐를 前 KGB 요원들과 연계하여 유럽지역으로 유통시킨 사례가 있다.[32] 또한 러시아는 중동지역에서 시리아, 리비아, 이란 등 反미국 세력들과 동맹 관계를 구축하고 있어, 북한이 러시아를 통해 중동의 반군이나 테러집단과 연계할 수 있는 가능성은 충분하다. 이러한 상황은 북한이 벼랑 끝에 몰린 상황에서 생화학무기, 핵물질을 혼합한 '더티 밤(dirty bomb)', 대량살상무기(WMD) 등을 반군이나 테러집단과도 연계하여 거래할 수 있다는 가능성을 확대시킨다. 한편, "중국 루트" 및 "러시아 루트"에 이어 최근 북한의 범죄 개입이 다양하게 폭로되고 있는 북한의 "사이버 루트" 역시 주목해야 할 부분이다. 그동안 북한과 연계된 은행털이(bank heist) 해킹과 사이버 상에서 거래되는 가상화폐인 "비트코인" 절취 사건 등의 새로운 불법 활동이 드러나고 있으며, 세계화와 정보화 확대 시류에 편승하여 북한의 사이버 루트를 통한 불법 활동은 예상을 뛰어넘는 다변화된 방식으로 발전될 것이다.

김정일 정권에서는 대부분 전통적 의미의 초국가적 조직범죄 유형들을 적용시켜 불법 외화벌이에 동원한 것으로 볼 수 있다. 그러나 전통적 외화벌이 범죄 유형에 비해 일반적으로 잘 알려지지 않았던 북한의 불법 외화벌이로 다음과 같은 유형들이 있다. 첫째, '국제보험사기'이다. 2016년 7월 귀순한 태영호 前 주영국북한대사관 공사는 북한이 국영보험회사를 이용하여 국제적으로 보험사기를 자행하고 있다고 증언하였다. 태 前 공사는 북한에서는 이 같은 국제보험사기를 "보험시장에서 빨아들인다"고 표현한다며 "일단 다

32 Willy Kealy, "Workers' Party boss linked to counterfeit 'super dollars'", Independent, 2002.8.18. http://www.independent.ie/irish-news/workers-party-boss-linked-to-counterfeit-super-dollars-26243360.html (검색일: 2016.8.17.)

리나 공장 등 모든 하부구조를 국제보험·재보험에 가입시킨 뒤 사고 관련 문건을 조작하는 식으로 한 해 수천만 달러씩 벌어 왔다"고 설명했다.[33] 영국과 독일 함부르크에 소재하던 북한의 보험회사는 지난해 유럽의 대북제재로 잠정 운영 중단상태에 들어갔지만, 국제경제 환경 변화에 편승하여 특히 저개발국가들을 대상으로 얼마든지 다양한 형태로 변형시켜 적용시킬 수 있는 국제사기의 한 유형이다. 둘째, 해외 파견 근로자의 다양화 방식이다. 현재 러시아, 중국, 중동지역에 산재하여 외화벌이에 동원되고 있는 기존의 노동자 외에도, IT 산업과 관련된 컴퓨터 기술자, 만화영화 제작 종사자, 심지어 미인계를 내세우는 여성 공연자 및 식당 종업원의 해외 송출이 확대되고 있다. 이들의 해외파견은 외관상으로는 국가 간 계약체결에 따른 합법적 외화벌이로 보이나, 앞서 서술한 바와 같이 이들 노동자들은 국가라는 고용주에 의해 착취를 당하는 인신매매 피해자의 형태에 포함된다. 또한 이들 중 IT 관련 종사자들은 필요시 사이버 공격에 동원되는 불법 활동의 자산이 되기도 한다. 셋째, 북한의 해외 공관에서 확보하는 외화벌이 활동의 다변화 문제이다. 해외 공관에서는 특히 무역대표부 소속의 공관원을 중심으로 현지에서 확보할 수 있는 외화를 최대한 벌어들이기 위해 모든 수단을 동원하고 있다. 심지어 인도주의적 지원을 유도하면서 의료 및 생필품을 지원받고 이를 되파는 수단으로 외화를 확보하기까지 한다. 또한 독일과 폴란드에 소재하는 북한 공관은 해외공관의 일부 건물을 분리시켜 불법 임대사업을 전개하면서 외화를 벌어들이고 있다. 이러한 불법 활동들은 김정일 정권부터 김정은 정권에까지 지속 이어지면서 유지시켜 나가고 있는 초국가적 조직범죄 유형이다.

---

33 안상현, 태영호, "北 30년간 런던서 국제보험사기로 매년 수천만 달러 챙겨왔다" 폭로,『조선닷컴』 2017.1.13., http://news.chosun.com/site/data/html_dir/2017/01/13/2017011302604.html

제3절

국제사회의 對北 대응활동

1. 미국

미국의 대북제재는 대표적으로 5가지 이유에 기인한다. 첫째, 북한은 미국의 국가안보 위협으로 간주된다. 둘째, 북한은 마르크스-레닌 이념의 국가이다. 셋째, 북한은 대량살상무기(WMD) 확산에 연루되어 있다. 넷째, 북한은 비핵국가가 핵 개발을 추진하고 있다. 다섯째, 1988년 1월부터 2008년 10월까지 북한은 테러후원국가로 지정된 사실이 있다. 이러한 5가지 이유 중에서도 첫 번째 이유인, 미국의 안보에 위협이 된다는 사실이 대북제재의 가장 강력한 요인으로 적용되고 있다. 미국은 이러한 이유로 이미 1953년 한국전쟁이 종료된 이후부터 현재까지 대북제재를 다양한 방법과 형식으로 실행해 오고 있다.[1] 그러나 북한의 불법 활동 중 마약 및 위폐 등 초국가적 조직범죄와 연관된 행위를 이유로 전개한 대북제재는 2002년부터 본격적으로 실

---

1 Lee Karin, Choi Julia, 2009, "North Korea: Unilateral and Multilateral Economic Sanctions and U.S. Department of Treasury Actions". The National Committee on North Korea.

시한 것으로 볼 수 있다.

미국은 북한의 불법활동에 대해 미 국무부 동아태국 산하에 '북한실무그룹(North Korea Working Group)'을 구성하여 '불법활동 저지방안 팀(Illicit Activities Initiatives)'을 조직하고 2002년부터 북한의 위조지폐 및 가짜담배 생산, 밀수 등의 불법 활동 범죄증거를 확보하기 위해 추적해왔다. 이 실무팀에는 미 국무부뿐만 아니라 금융범죄를 담당하는 비밀수사국(SS, Secret Service), 중앙정보국(CIA), 국방부 등 14개 연방기구의 요원들이 공조하면서 활동하고 있었다. 2004년 12월 부산세관이 '말보로', '마일드 세븐', '스테이트 익스프레스 555' 등 미국, 일본, 영국의 유명 담배상표로 위장한 가짜담배 290만 갑이 은닉되어 있는 컨테이너 3개를 적발하였는데, 이것은 미국의 추적에 의해 파악된 정보가 우리나라에 제공되어 적발이 가능하게 된 것으로 알려졌다.[2]

초정밀 미화 위조지폐인 '슈퍼노트'의 발견은 1989년 12월 필리핀에서 100달러짜리 위조지폐를 찾아내면서 시작된다. 당시 필리핀 중앙은행의 한 직원이 위조지폐로 의심되는 100달러 권을 발견하고 위폐 감별기를 통해 검색하였으나 위폐 감별기마저도 통과되는 초정밀 위조지폐임을 관찰하고는 미국 비밀수사국(SS)으로 전달하여 정밀 감식을 의뢰하게 되었다. 이 위조지폐는 그동안 적발된 위폐와는 질적인 차이를 보였으며, 미국 당국은 위폐 샘플을 수집하면서 심층적인 조사를 시작하였다. 1998년부터 미국 본토에서 북한산 미화 위폐가 유통되고 있음을 감지한 미국 당국은 FBI를 중심으로 여러 기관들이 모여 합동공작을 전개하였다. 2004년 10월 2일 파나마 국적 선박, '에버 유니크(Ever Unique)'호는 중국 연태에서 출발하여 뉴저지州의 뉴왁(Newark) 항구로 입항하였다. 미 FBI 및 비밀수사국(SS) 등 관계기관의 수사관들은 이 선박에서 하역한 컨테이너를 개봉하고 그 안에 은닉된 미화

---

2 김필재, 2006, "미국은 북한범죄 좌시하지 않는다 - 미 작전계획 5030, 최종 목표는 김정일", 『한국논단』(2006.3)

100달러 위조지폐를 찾아내었으며, 이 금액은 총 30만 달러에 달했다. 이 적발 사건은 '로얄참 공작(Operation Royal Charm)'으로 알려진 6년 동안의 비밀공작의 노력으로 나타난 성과였다. 이 공작의 후속 조치로 2개월 후 뉴왁(Newark) 항구에 도착한 선박에서 총 3백만 달러의 미화 위조지폐를 추가로 적발하였다. 한편, '스모킹 드래곤(Smoking Dragons)'으로 명명된 또 하나의 공작을 통해, 2005년 5월에 캘리포니아주 롱비치(Long Beach) 항구로 들어오는 선박에 선적된 컨테이너에서 70만 달러의 미화 위조지폐와 4천만 달러 상당의 가짜담배를 적발하였다. 이 사건과 관련된 범죄자들을 조사한 결과, 미국 당국은 적발된 위조지폐가 단순한 범죄조직에 의해 제조된 것이 아니라 북한이라는 국가 차원에서 제조한 것임을 확인하게 되었다. 미국 당국은 이 공작으로 적발한 증거를 바탕으로, 관련된 다국적 초국가적 조직범죄 가담자 총 87명을 기소하고 추가로 59명을 체포하였으며, 적발된 슈퍼노트의 출처가 북한임을 밝혀냈다.[3] 이에 따라 마카오에 소재하는 '방코델타아시아(BDA)'라는 은행에 북한의 자금이 세탁되고 있음을 확인하고, 2005년 9월 20일 미국은 이 은행과의 모든 거래를 중단시키는 조치를 취하였으며, 미국의 압박에 따라 미국의 요구대로 BDA는 북한과의 거래를 중단한다고 선언하게 된다. 당시 BDA에 동결된 북한의 자금은 2천 5백만(또는 2천 6백만) 달러인 것으로 알려졌다.

2005년 당시 북한의 통치체제는 '궁정경제'의 바탕에서 김정일 국방위원장 개인의 비자금으로 당과 군부를 운영하는 형식으로, 달러로 벌어들이

---

3 FBI 요원 증언 등 다수의 출처에서 마카오 소재 중국국적인 'Jyimin Horng'이 북한 고위급과 연계하여 미화위폐 및 AK-47, 소음권총 등 무기류 등을 북한에서 미국으로 밀수하였음이 드러난다. ; "A tale of four FBI agents, 62 Chinese smugglers, and a billion bogus cigarettes", 2008.10.20 (Updated: 2014.5.19.), https://www.publicintegrity.org/2008/10/20/6358/smoking-dragon-royal-charm (검색일: 2016.7.29.); "Counterfeiting: Notes on a scandal", 2009.8.24., http://www.independent.co.uk/news/world/asia/counterfeiting-notes-on-a-scandal-1776329.html (검색일: 2016.7.29.)

는 모든 외화벌이 수입은 김정일 위원장의 정치적 통치 및 군부 통치, 핵 개발 비용에 지출되는 체제로 구성된다.[4] 2005년 9월 20일 미국이 BDA를 통해 북한으로 유입될 2천 5백만 달러를 동결시킨 조치는 북한 주민들에게 타격을 주었다기보다는 당과 군부를 운영해야 할 김정일 궁정경제의 통치자금을 차단한 것으로, 북한 지도부에 상당한 타격을 준 것으로 평가된다.

〈표 3-10〉 미국의 BDA 대북송금 동결조치에 따른 북한의 반응[5]

2005년	10월	북 외무성 대변인, "미국의 BDA금융제재는 우회적 압박 수단이며, 미국이 적대행위에 계속 매달린다면 자위적 조치를 취할 수밖에 없다"
	11월 10일	제5차 6자회담에서 북한측 대표는 미국의 마카오 은행에 대한 대북거래 금지 조치 반발. 미-북, '금융제재' 양자간 협의하기로 합의
	12월 20일	힐 美 국무부 차관보, "북한의 미화 달러 위조는 분명한 사실"이라고 공표
	12월 31일	북한 평양방송, "미국이야말로 세계 최대의 범죄국가"라고 언급
2006년	1월 9일	북 외무성 대변인, 금융제재 해제 재요구
	1월 18일	6자회담 북한측 수석대표, 북·미·중 6자회담 수석대표 베이징 회동에서 先 금융제재 해제 요구. 미국측, 기존 입장 고수
	3월 7일	미-북, 위폐 및 불법금융 거래 문제 논의를 위한 실무접촉(베이징)에서, 북한측, 위폐문제 해결을 위한 정보교류와 합동협의기구 설치제안. 이에 대해 미국은 "불법행위는 협상대상이 아니다"라며 거부
	6월 1일	북 외무성, "적대 정책 지속 시 초강경 대응 불가피"하다고 경고하는 한편, 미국 힐 차관보 초청. 미국은 북한의 초청을 거절(6.7)
	7월 7일	한성렬 주유엔 북한대표부 차석대사, "미국이 마카오 자금동결을 풀면 6자회담에 복귀할 것" 7월5일 - 북, 미사일 발사 실험 7월15일 - 유엔 안보리, 결의 제1695호 만장일치채택
	8월 26일	북 외무성 대변인, "부시 행정부가 금융제재 확대를 통한 압력도수를 더욱 높이고 있는 조건에서 우리는 자기의 사상과 제도, 자주권과 존엄을 지키기 위해 필요한 모든 대응조치들을 다 강구해 나갈 것"

4 김광진, 2008. op. cit., pp.25-26.

5 조민, 김진하. 2009, 『북핵일지 1955-2009』에서 발췌. 통일연구원(2009년 12월)

2006년	9월 17일	김영남 북한 최고인민회의 상임위원장, 비동맹운동(NAM: Non-Aligned Movement) 정상회의에서, "미국이 對北 제재를 계속하는 한 6자회담 복귀 없다"
	9월 26일	최수헌 북 외무성 부상, 유엔 총회 연설에서, "미국의 제재 해제 없이는 6자회담 복귀 불가" 언급
	10월 11일	북 외무성 대변인 담화, "미국이 우리(북)를 계속 못살게 굴면서 압력을 가중시킨다면 이를 선전포고로 간주하고 연이어 물리적인 대응조치들을 취해 나가게 될 것" * 10. 9. 1차 지하 핵실험 실시 (풍계리)
	10월 19일	김정일, 탕자쉬안(唐家璇) 중 외교부 외교 담당 국무위원이 후진타오 국가주석의 특사 자격으로 방북(18~19)시, "금융제재 해결 보장시 6자회담 복귀" 입장 언급. 방미(11~12)·방러(13~15)
	11월 1일	북 외무성 대변인, "6자회담 틀 안에서 조미(朝美) 사이에 금융제재 해제문제를 논의 해결할 것이라는 전제하에 회담에 나가기로 하였다"
	12월 18~22일	제5차 2단계 6자회담 개최(베이징), 북한측, "9·19 공동성명 이행을 위해서는 금융제재 해제가 선결" 주장 미국, "인내의 한계를 초과했다. 행동이 필요할 때"라고 언급
	12월 20일	미-북, BDA 실무회의 (베이징 주중 북한대사관) 개최
2007년	1월 16~18일	북한 김계관 외무성 부상, 베를린 회담에서 힐 차관보와 협의, BDA문제 합의
	1월 30~31일	북 오광철 조선무역은행 총재, 베이징에서 미 대니얼 글레이저(Daniel Glaser) 재무부 금융범죄 담당 부차관보와 BDA회담. 2월 8일 제5차 6자회담 3단계 회의 재개
	2월 12일	미국, 동결된 북한 계좌 1,100만 달러 해제 통보 동결된 금액은 2천 5백만 달러(2천 4백만 달러라는 보도도 있음)
	3월 22일	김계관 외무성 부상, BDA 동결된 나머지 자금 未입금으로 김계관 외무성 부상 귀국, 중국의 우다웨이 부부장 회담 휴회 선언
	3월 25~4월 6일	미 재무부 대표단, 북한 및 중국과 BDA 북 계좌 동결 해제 논의
	4월 10일	미 재무부, 마카오 당국의 BDA 동결자금 해제 지지 성명 발표
		마카오 당국, "북한 동결자금 해제조치가 즉각적인 효력을 발휘해 계좌 소유주들의 자유로운 입출금이 가능하다"고 발표
	4월 13일	북 외무성 대변인, BDA문제 관련 "현실로 증명되었을 때 행동할 것" 성명 발표
	5월 15일	북 외무성, "BDA 자금의 자유로운 송금이 실현될 때 2·13 합의 실현" 발표
	6월 25일	러 극동사업은행, BDA 자금(2,400만 달러) 북 대외무역은행 계좌로 입금 발표
		북 외무성, 북한 계좌로 BDA 동결자금 입금되었음을 확인. 조선중앙통신, 동결 자금 해제 과정이 진척되고 있으므로 IAEA 실무단 초청하겠다고 보도

〈표 3-10〉에서 보듯이 북한은 2007년 6월 동결조치가 실질적으로 해제될 때까지 절박한 태도로 지속적인 해제요구를 해왔으며, 당시 진행되고 있던 6자 회담에도 미국이 주도할 수 있는 주효한 요건으로 작용하였음을 알 수 있다.

미국이 2005년 9월 북한 자금의 동결조치를 실시하자, 북한은 2005년 10월부터 동결조치가 해제된 2007년 6월까지 북한 외무성 대변인과 방송매체, 유엔대사, 심지어 김영남 최고인민회의 상임위원장까지 나서서 미국에 대해 20여 차례 협박과 비난, 제안 등의 다양한 반응을 보였다. 2006년 3월 7일 미-북 위폐 및 불법금융 거래 문제 논의를 위한 실무접촉을 갖는 자리에서 북한은 위폐문제를 해결하기 위한 북-미 정보교류 및 합동협의기구를 설치하자고 제안하기까지 하였다. 북한의 이러한 공동협의기구 또는 공동조사위원회 등의 제안은 상당한 증거로 인해 북한의 행위가 드러났을 때 전형적으로 나타내는 반응이라고 할 수 있다. 미국은 이에 대해 "불법 행위는 협상 대상이 아니다"라는 단호한 입장을 보이면서 조치효과를 극대화 시킨다. 결국 중국 외교부 국무위원이 중재 역할을 담당하면서 2006년 10월 북한을 방문하였을 때, 김정일 위원장은 "금융제재 해결을 보장하면 6자회담에 복귀하겠다"는 입장을 전달하였고, 같은 해 12월 중국에서 미-북 실무회의와 2007년 1월 베를린 회담을 거쳐 2007년 2월 BDA에 동결된 북한의 자금을 일부 해제하고, 6월에 나머지 모든 자금의 북한 송금을 허용하게 된다.

〈표 3-10〉의 과정을 볼 때, 미국의 BDA 은행 제재를 통한 북한 자금의 동결조치는 북한에 대해 그동안 취해졌던 조치 중 가장 강력한 효과를 보이는 조치였음을 알 수 있다. 북한이 절박하게 금융제재 해제를 요구하였던 반응과 동결조치의 결과로 6자회담의 '2·13 합의'를 끌어내고 IAEA 방북조사를 실시하게 된 효과를 분석해 보면 다음과 같은 몇 가지 중요한 의미를 발견할 수 있다. 첫째, 김정일 '궁정경제'의 통치자금으로 입금되어야 할 외화가 동결됨에 따라 김정일 통치체제가 위기에 봉착하게 되었다. 둘째, 북한은 금

융제재에 따른 피해를 회복할 수 있는 대안이 없었다. 이에 따라 북한은 미국과 국제체제의 요구를 수용할 수밖에 없었으며 국제사회의 압박을 고려하여 마약·위폐 등 초국가적 조직범죄 활동을 일시적이나마 대폭 감소시켰다. 셋째, 미국은 방코델타아시아(BDA)에 예치된 북한 자금을 동결시키는 이유에 대해 2004년 미국 본토에서 적발한 두 건의 공작 사례를 공개함으로써 북한으로 하여금 변명의 여지가 없도록 하였다. 즉, 미국은 확실한 증거가 없는 한 북한의 자백을 받아내기는 불가능한 것으로 체득하였고, 이에 따라 장기간의 공작을 통하여 증거를 확보하였던 것이 성공적인 제재조치의 바탕이 되었다. 넷째, 미국은 BDA를 통한 대북 자금압박을 극대화하기 위해서 국가 간 협력을 통해 북한의 모든 자금루트를 차단하였고, 심지어 중국에서도 4개 북한은행을 일시적으로 업무중지 시키는 조치를 이끌어냈다.

미국은 북한의 초국가적 조직범죄 활동 중 미화 위조지폐에 대한 피해를 가장 크게 보는 당사국으로서, 유엔을 통한 대응활동뿐만 아니라 국가간 협력 및 미국 내 유관기관간의 합동 수사 등을 통해 가장 적극적이고 효과적으로 북한의 초국가적 조직범죄 활동에 대응하는 것으로 평가된다.

2. 호주

호주는 기본적으로, 미국과의 협력, 국제체제의 일원으로서 유엔 중심의 국제협력, 지역적 협력으로서 아시아 국가와의 협력 강화 등 3가지의 원칙을 대외정책으로 삼고 있다. 그러면서도 북한에 대해서는 인도주의적 차원에서 지원한다는 입장이다.[6] 1948년 호주는 한국과 북한을 동시에 수교

---

6 Petrov, Leonid A. 2008. "Australia and the DPRK: The Sixty Years of Relationship" Nautilus Institute, Policy Forum 08-069. pp.3-4

하였으며, 이후 북한과는 4회에 걸쳐 국교를 단절하였다가 2000년 5월 8일 다시 국교를 수립하게 되었다. 2001년 6월 대사급 외교관계를 재개하기로 합의하였고 2002년 5월 호주 캔버라에 북한대사관을 개설하였다. 북한이 대사관을 재개한 목적은 북한을 방문하려는 외국인들에게 비자를 발급하여 수수료 수익금을 챙기고 방북 관광객들을 통해 외화벌이를 하려는데 주 목적이 있는 것으로 알려졌다.

2003년 4월 중순, 호주 남쪽 해역에서 발생한 북한 선박 봉수호의 마약 운반사건은 외교관계가 재개된 지 얼마 되지 않은 양국 간의 관계를 위기 상황으로 몰아넣었다. 2003년 4월 16일 호주 경찰은 호주 보갈리 크릭(Boggaley Creek) 해안가에서 200여 미터 떨어진 해역에 머물고 있는 북한 선박 '봉수호(Pong Su)'를 주시하고 있었으며, 다음날 봉수호에서 전달받은 헤로인 50킬로그램을 소지한 동남아인 2명을 검거하였다. 이 마약은 붉은색 "쌍사지구표(雙獅地球標, Double Uoglobe Brand)" 상표가 찍힌 흰색 포장으로 싸여 있었는데, 호주 경찰은 후속 수사를 통해 5월중에 같은 포장지에 담긴 75킬로그램의 헤로인을 서쪽 빅토리아 지역 와이 강(Wye River) 인근에서 추가로 발견하였다. 2003년 4월에 적발된 헤로인은 당시 호주 달러로 1억 6천만 달러에 해당하는 대규모 물량의 마약이었다. 이 마약거래에 관련된 4명의 동남아인을 체포하고 마약의 전달루트가 봉수호임을 파악한 호주 당국은 봉수호를 나포하려 하였는데, 이를 간파한 봉수호는 공해상으로 탈출을 시도하였고, 결국 호주 해군과 공군이 동원되어 4일간의 합동공작(Operation Sorbet)을 전개하여 4월 20일 '봉수호'를 나포하고 시드니 항구로 호송하였다.

'봉수호'는 이미 미국이 등록해 놓은 북한의 30개 밀수 선박의 하나로 확인되었는데, 호주 당국의 수사결과 '봉수호'는 당시 호주 항구에 정박할 운항계획도 없었고 화물선 내 적재된 화물도 없었으며, 일반 화물선과 달리 장거리용 연료탱크와 특별 목적의 특수 안테나가 장착되어 있음을 확인하였다. 호주 경찰에 따르면 봉수호는 그야말로 밀수를 위해 특별히 제작된 선박이었다.[7] 호주 당국이 봉수호의 운항 기록을 추적한 결과, 2002년 한해 동안 아시아 국가의 20여 개 항구를 드나들던 매우 분주한 화물선임을 확인하였는데, 표면적으로는 미얀마산 헤로인을 호주 해역으로 운송하여 고무보트를 이용해 호주 해안가로 운반한 것으로 보인다.[8] 그러나 봉수호가 호주로 이동하기 직전에는 북한 남포항에서 출항한 것으로 확인되었던 점과 당시 북한이 고순도의 헤로인을 대량 생산하고 있다는 점을 감안할 때, 미얀마産 헤로인 포장으로 위장하여 호주의 마약조직에게 전달하였다는 분석이 지배적이었다.

당시 3,500톤급 북한 화물선 '봉수호'에 탑승했던 31명의 선원은 모두 체포되었다. 호주연방경찰(AFP)에 의해 모든 증거자료가 수집되었고, 재판이 진행되었다. 봉수호 선원들에 대한 재판은 119일간 지속되었고 100명 이상의 증인이 출석하여 증언하였다. 호주연방경찰의 구체적 증언과 자료들의 제시에도 불구하고, 북한 선원들과 호주에서 적발된 동남아 마약조직과는 연관이 없는 것으로 판결이 났다. 말레이시아 마약 조직 소속인 4명의 조직원은 북한 상선과 선원을 고용하였고 호주 멜버른에서 BMW 차량을 이용하여 마약구매자금 1백만 호주 달러를 가져온 것에 대해 자백을 하고 유죄감면요청을 하였으나, 북한 선원들은 일관되게 연계 혐의를 부인하였다. 사건발생 1년 후 1차 위원회 청문회 개최 결과로 북한 선원 중 27명을 석방하여 추방시켰고 선장과 3명의 북한 정치지도원 등은 멜버른 교도소에 계속 감금시켰다. 사건발생 3년이 지난 2006년 3월 6일, 빅토리아 대법원은 북한 선장과 3명의 북한인에 대해서도 증거불충분의 이유로 무죄를 선고하였고 이들을

---

7 Carbonell, Rachel 2003.5.27. "Pong Su heroin haul: finger-pointing postponed", *PM ABC*; 호주 언론 매체인 PM은 호주경찰 Graham Ashton과 인터뷰를 실시하였다.

8 North Korean Economy Watch, 2003.5.12. "Heroin trail leads to North Korea", http://www.nkeconwatch.com/2003/05/12/heroin-trail-leads-to-north-korea/ (검색일: 2016.8.24.)

석방시켰다. 7명의 여성과 6명의 남성으로 구성된 배심원단은 북한 선장 '송만선', 정치지도원 '최동성', 1등 항해사 '리만진', 1등 기관사 '리주천' 등 네 명의 진술을 신뢰하기로 결정하였다.

호주 법정의 이러한 관대한 결정에 대해서는 호주 정부뿐만 아니라 해외에서도 논란이 일었다. 실제 호주 외교통상부(DFAT)는 공식적인 보도자료도 작성하거나 공표하지 않았다. 2004년 7월, 호주의 1차 청문회 이후로 북한 선원 27명을 석방하였을 때, 미국 의회 자문위원인 '라파엘 펄(Raphael Perl)'은 ABC 프로그램에 출연하여 "북한 국적의 선박을 적발하고, 그 선박에 정치담당 비서가 탑승하였고, 과거 북한의 관리들이 해상 마약 거래 등의 불법활동과 깊숙이 관련되어 활동하였던 사례가 있다는 사실을 알고 있는 이성적인 사람이라면 이러한 결론을 내리지는 않았을 것"이라면서 호주 법정의 판결을 비판하기도 하였다.[9] 봉수호 관련 비교적 관대한 법정의 결과와는 대조적으로, 호주 정부는 2006년 3월 봉수호 사건의 마지막 조치로 공군을 동원하여 봉수호 선박을 해상에서 폭격하여 침몰시키고 이 장면을 공개함으로써, 마약범죄 척결에 대한 단호한 의지를 보였다.

한편, 호주 정부는 북한이 2003년 봉수호 사건에 이어 2006년 7월 미사일 발사 및 10월 1차 핵실험을 감행하자, 국제제재에 적극 동참하는 입장에서 북한에 대한 엄격한 대응조치를 취하기 시작했다. 2006년 9월부터는 북한 대사관의 외교관들에 대해 수도 캔버라에서 100킬로미터 이상의 거리로 여행하지 못하도록 제재조치를 취하기도 하였고, 호주로 입국하는 북한인의 입국 비자발급을 중지하였다. 봉수호 사건 이후로 실제 북한 외교관들은 공

---

9 Leonid A. Petrov, 2008, "Australia and the DPRK: The Sixty Years of Relationship", NAPS Net Policy Forum, September 09, 2008, p.13 (http://nautilus.org/napsnet/napsnet-policy-forum/australia-and-the-dprk-the-sixty-years-of-relationship/) ; Mary Ann Jolley, North Korea -Pong Su, ABC Foreign Correspondent, Broadcast (27 July 2004). http://www.abc.net.au/foreign/content/2004/s1162110.htm

관내에서만 거주하는 감금조치가 된 셈이고, 북한 정무담당 공사만이 사업적 용무로 시드니를 방문하는 게 전부였다.

북한의 대사관 개설의 주요 목적은 북한으로 여행하는 여행객을 대상으로 비자 수수료 수익을 챙기려는 것이었는데 북한을 방문하는 여행객은 미미하였고 그 목적은 실현되기 어려웠다. 또한 북한 대사관 소속의 모든 공관원들이 호주 기업을 대상으로 무역을 추진하였으나 그 또한 성공적이지 못하였다. 결국 북한대사관은 2008년 1월 공관 폐쇄조치를 내렸고 그 이유를 재정난으로 돌렸으나, 북한의 봉수호를 통한 마약범죄 사건과, 2006년 북한 핵실험에 따른 호주의 국제제재 조치 동참으로 인해 주재국의 통제와 압박이 강화된 것이 큰 이유였다.[10] 북한은 2013년 1월 호주와의 관계를 개선하고 5년 만에 호주에 북한대사관을 재설치하도록 추진하였으나, 당초 허용할 의향이었던 호주 당국은 2013년 2월 북한의 3차 핵실험에 항의하여 같은 해 3월 북한대사관 재개설 허용 입장을 철회한다고 밝혔다.[11]

호주 정부는 미국과의 긴밀한 정보교류를 포함하여 국제체제에 대한 적극적 협력활동을 통해 북한의 불법 활동을 엄격하게 견제하고 대응한다는 입장을 보이고 있다. 2003년 4월 호주 해역에서 발생한 북한의 해상 마약밀수 사건은 호주 정부에게는 커다란 경각심을 주는 계기가 되었으며, 이후 미국 등 국가 간 협력을 강화하면서 북한의 초국가적 조직범죄 활동 예방과 차단에 만전을 기하고 있다.

---

10 DailyNK. 2008.1.22.『운영비 감당 못해 호주 북한대사관 폐쇄』: 북한 박공사는 하워드 정부의 외교활동 제약으로 인해 공관폐쇄 조치를 하게 된 것으로 언급했다.
http://www.dailynk.com/korean/m/read.php?cataId=nk00100&num=52294 (검색일: 2016.8.24.)

11 연합뉴스, 2013.3.7. "호주, 북한대사관 재개설 허용 입장 철회"
http://m.yna.co.kr/kr/contents/?cid=AKR20130307082300009&site=0100000000 (검색일: 2016.8.24.)

3. 일본

일본 사회의 마약 남용 문제는 세계 제2차 대전 이전부터 시작된다. 일본의 제약회사에서 'Philopon'(필로폰, 속칭 '히로뽕')이라는 향정신성 정제를 생산하였는데, "노동을 사랑하다"라는 의미의 이름으로 작명된 것처럼 지치지 않고 일할 수 있는 의약품을 개발하려는 시도에서 비롯되었다. 이 마약은 '메스암페타민(Methamphetamine)'으로 알려진 향정신성물질로, 현재 일본에서는 '각성제'로 호칭되며 일본을 비롯하여 동아시아와 동남아시아에서 주로 남용된다. 일본의 야쿠자 조직들은 전통적으로 메스암페타민의 밀매로 이익을 획득하고 있으며, 이 마약범죄는 현재에도 지속되고 있다. 이에 따라 1990년대 북한에서 생산된 고순도의 메스암페타민이 일본 야쿠자에 의해 선호되었고 2002년까지 일본내 북한산 메스암페타민의 유통은 심각한 수준이었다. 북한과 일본 야쿠자간의 거래는 90년대부터 2003년까지 가장 대규모 형태로 거래되었고 현재에도 소량의 거래는 지속되고 있는 것으로 알려져 있다. 과거 북한과 일본의 거래는 최근에 진행된 일본의 재판과 최근 검거되거나 석방된 범죄자들의 증언에 의해 그 실상이 드러나고 있다.

2008년 10월 25일 아사히(朝日) 신문 보도에 따르면 폭력조직원 스미요시회係의 간부 '아오야마 유키오(青島幸男)'는 일본 경시청 조사에서 "북한에서 마약을 운반하기 시작했다."고 밝혔다. 유키오는 지난 98년 일본으로 밀반입하려던 1,800억 원 상당의 각성제 300킬로그램을 코치현(高知) 앞바다에 투기한 혐의로 공소시효 만료 3일을 앞두고 체포되었던 일본 폭력조직의 간부인데, 2008년 10월 검거될 당시 경찰 조사에서 "98년도에 운반하였던 마약은 북한산"이라고 진술하였다. 도쿄지검은 앞서 2008년 5월 24일 그를 각성제 단속법 위반(영리목적 밀수 미수)죄로 기소했다. 경시청 조직범죄 대책 5과에 따르면 용의자들은 지난 98년 8월 12일 동중국해 인근 공해 상으로 어선을 몰고 나가 북한 선적으로부터 각성제를 옮겨 실었으며, 본래 이틀 후에 코치현의 토사시미즈(土佐清水) 항을 통해 밀반입할 계획이었지만 해상보안청 등의 경계가 심해지자 해상 투기한 것으로 전해졌다.[12]

일본 폭력조직과 북한 정권의 연계 의혹은 이미 한두 번이 아니었다. 지난 2001년 조직원 8천 명을 거느린 일본 3대 폭력조직 중 하나인 스미요시카이(住吉會)의 하부조직 다치가와구미(立川組)는 중국 국적의 잡화선인 '임양냉 3호'를 통해 5천억 원 상당의 히로뽕 100킬로그램을 돗토리(鳥取)현 사카이(境)항을 통해 밀반입하다 일본 경찰청 수사대에 의해 검거되었다.[13]

2001년 12월 북한 공작선은 메스암페타민을 일본으로 운반하던 중 동중국해에서 일본 해상 보안청 순시선과 교전하였고, 증거인멸을 위해 북한 공작선을 현장에서 자폭시킨 사건이 발생하였다. 이 사건은 2006년 10월 27일 일본 검찰에 의해 공개되었는데, 피의자인 일본 폭력단 조장 '미야타 가쓰히코' 등 3명은 2002년 6월에서 10월 사이에 북한 공작선과 접선하여 메스암페타민을 전달받고 일본으로 이동시키는 방식으로, 총 230킬로그램의 메스암페타민을 밀수한 혐의로 기소되었다.[14]

2002년 1월 초 일본 해상보안청과 경찰은 중국공안당국으로부터 정보를 받아 북한이 개입된 것으로 추정되는 마약밀매 사건을 적발하였다. 일본 언론에 따르면, 해상보안청과 후쿠오카 경찰은 중국의 공안경찰로부터 북한을 출항한 선박이 중국선박에 메스암페타민을 옮겨 실은 후 현해탄에 나타날 가능성이 있다는 제보를 받고 7일 국적불명의 괴선박을 후쿠오카 앞바다에서 검문한 결과, 이 배에 메스암페타민 150킬로그램이 숨겨져 있는 것을

---

12 리버티헤럴드, (2008.10.28.), 『日야쿠자 간부, "北에서 마약밀수" - "그 마약은 북한산이었다" 10년 만에 입 열어』, http://libertyherald.co.kr/article/view.php?&ss%5Bfc%5D=4&bbs_id=libertyherald_news&doc_num=202

13 Ibid., 리버티헤럴드

14 자유아시아방송(RFA), 2006, http://www.rfa.org/korean/news/self_destroyed_nk_vessel-20061027.html (검색일: 2016.9.24.)

발견하고 마약단속법 위반혐의로 이 괴선박의 중국계 선원 7명을 체포하였다. 일본경찰은 압수한 메스암페타민의 성분 등을 분석하고 과거에 압수한 마약류와 대조하여 메스암페타민의 생산지와 거래 조직을 분석하였는데, 거래 가격 90억 엔에 이르는 대량의 메스암페타민이 유통되었다는 점과 중국 경찰이 제보한 점 등을 미루어 볼 때 북한에서 생산된 마약이 일본으로 운반되었을 가능성이 큰 것으로 보고 있다.[15]

2006년 7월 22일 일본 〈요미우리(讀賣)신문〉에 따르면, 일본 경찰은 1997년부터 2006년 5월까지 적발됐던 총 7건의 북한산 메스암페타민의 일본 밀수 사건 수사결과 "밀수에는 북한 정부가 조직적으로 관여하고 있었다고 단정 지을 수 있다"라는 견해를 밝혔다. 일본의 '우루마 이와오(漆間嚴)' 경찰청 장관은 이날 기자회견에서 "이것은 북한이 국가로서 개입된 사건"이라고 단정하였고, 일본 경찰은 대량 밀반입에 북한 정부가 연루됐음을 확인했다고 밝혔다. 일본 경찰총수가 북한 정부의 마약 밀매 연루 혐의에 대해 구체적으로 기자회견을 통해 확인한 것은 2006년 7월 언론보도에서 처음 있는 일이었다. 일본 경찰은 이 같은 결론을 내린 근거로 첫째, 운반수단으로 북한 정부 기관의 공작선이 사용되고 있었던 점, 둘째, 체포된 현행범들이 북한 정부의 지시가 있었음을 시사하는 진술을 하였던 점 등을 들고, 밀수됐던 각성제에 대해 북한 내 네 곳의 공장에서 밀조되었을 가능성이 극히 높은 것으로 결론을 내렸다.[16]

2002년 일본 해역에서 대량의 메스암페타민 운송 선박이 적발되고 2003년 호주에서 봉수호가 적발되는 등 북한의 마약밀매가 국제사회의 주

---

15 자유아시아방송(RFA), 2002.1.7., "일본 경찰, 북한 연관 마약밀매 사건 적발", http://www.rfa.org/korean/news/73782-20020107.html (검색일: 2016.9.24.)

16 View & News, (2006), 『일본 이번에는 북 마약밀매 의혹 제기 - 일 경찰장관 "북 97년 이후 7차례 각성제 암페타민 밀수』, (2006.7.22.) http://www.viewsnnews.com/article?q=4592

목을 끌게 되자, 북한은 중앙통신을 이용하여 2003년 10월 일본 야쿠자 조직원인 '사와다 요시아키'를 검거하였다고, 해외 언론에 공표하였다. 이 통신에 따르면, "일본의 모략단체가 만경봉호를 마약 밀수선으로 매도하고 우리 공화국과 총련이 마약 밀매에 연루돼 있는 것처럼 음해하기 위해 북한 사람을 매수, 제3국에서 마약을 입수케 한 뒤 사와다로 하여금 만경봉호를 타게 한 것"이라고 주장했다. 그러나 북한의 이러한 조치는 북한의 마약생산과 야쿠자와의 거래를 은폐하기 위한 시도였던 것으로 밝혀졌다. 2009년 1월 14일 석방된 '사와다 요시아키'는 일본에서 가진 인터뷰에서 "북한은 일본의 지하범죄 조직인 야쿠자와 연계하여 마약을 거래해왔다."고 언급했다. 도쿄 공항에서 가진 인터뷰에서 그는 자신이 야쿠자 조직원이었음을 인정하면서, 2003년 북한을 방문한 목적은 북한에서 생산한 메스암페타민의 품질을 검사하기 위한 것이었으며, 북한 당국에 의해 갑자기 검거되어 5년간 억류된 것으로 설명하였다.[17]

한편, 2007년 1월 일본 경찰청이 발표한 마약범죄 연례보고서에 따르면, 2006년도 1년 동안 적발된 메스암페타민은 모두 135킬로그램인데, 이는 전년도에 비해 9% 가량 증가한 것이라고 밝혔다. 또한 이 마약은 주로 북한과 중국에서 해상으로 유입되었는데, 2002년 일본 경찰의 보고서에 따르면 일본에서 적발된 메스암페타민의 3분의 1이 북한산이라고 밝혔다. 그러나 2007년 2월 25일 미 의회조사국에서 분석한 보고서에 따르면, 북한산 마약이 중국산으로 위장되어 일본으로 유입되고 있는 것으로 기록하고 있어, 일본으로 유입되고 있는 메스암페타민은 여전히 북한에서 생산된 것이 지배적인 상황임을 짐작할 수 있다.[18]

---

17 연합뉴스 2009.1.16. "북 억류 일본인 야쿠자와 연계해 마약 밀수", Daily NK, http://dailynk.com/korean/read.php?cataId=nk09000&num=66484

18 자유아시아방송(RFA), 2007, "북한 관련 마약밀매조직 단속에 큰 성과" (2007.2.1.)

위 사례에서 보듯이 일본은 북한산 메스암페타민의 주요 시장이며, 90년대 후반부터 2000년 초반까지 일본 야쿠자와 결탁하여 대규모의 메스암페타민이 일본으로 유입된 것을 알 수 있다. 그러나 2005년 이후 북한은 마약생산을 급감시켰고 국제적으로도 적발된 사례는 발견되지 않지만, 2006년에도 지속적으로 일본은 메스암페타민의 유입이 증가되고 있다. 이러한 현상은 북한이 마약생산을 중단하지 않았으며 규모는 축소하면서 밀매루트를 달리하고 있다고 설명될 수 있다. 2013년 11월 홍콩에 기반을 둔 마약조직이 북한산 메스암페타민을 넘겨받아 필리핀으로 운반하였고, 이 조직이 필리핀에 메스암페타민 1톤을 보관해 두고 미국으로 판매를 추진하던 중 적발된 사례가 발견된다.[19] 또한, 북한에서 생산된 고순도의 메스암페타민이 중국 루트를 통해 지속적으로 일본으로 공급되고 있다. 2005년 이후 북한의 마약은 앞서 설명한대로 중국 루트를 통해 중국 마약조직과 결탁하여 일본 등 전 세계 국가로 유통되고 있다. 이러한 정황을 볼 때, 북한에서 생산되는 마약이 개인적 제조 기술자에 의한 것이기도 하겠으나 북한의 여러 기관에 의해서 국가적 시설을 이용하여 생산되고 있음을 부인하기 어렵다.

현재 일본정부는 북한의 불법 활동에 대해 핵·미사일 개발 문제, 일본인 납치, 마약범죄 등 크게 3가지 사안을 우선적 관심 사항으로 선정하고 대응하고 있다. 첫째, 북한의 핵개발 및 미사일 발사에 대한 문제는 국제체제의 제재활동에 공조하면서 동참하고 있으며, 특히 일본 영해로 떨어지는 북한의 미사일 실험 발사에 대해서 가장 긴장이 고조된 상황이다. 둘째, 일본인 납치 문제는 일본이 북한과의 대화를 하기 위해 선결조건으로 내세우고 있는 사안이다. 북한은 필요에 따라 다양한 방법으로 이 문제에 대해 일본에게

---

http://www.rfa.org/korean/news/jp_police_crack_down_nk_drug-20070201.html

19 Horwitz, Sari, 2013, op. cit.

우호적으로 접근하여 왔으나, 지난 2004년 제3차 북-일 회담에서 북한이 제시한 일본인의 유골이 허위의 인물인 점이 드러나면서 그 기만적인 행태로 북-일 관계가 더욱 악화된 바 있다. 셋째 마약범죄와 관련하여 일본 정부는 북한과 일본을 왕래하는 북한 화물여객선 만경봉호에 대해 마약밀매 의혹을 제기하여 운항을 통제하는 등 일본 정부의 북한 옥죄기가 강도 높게 진행되고 있다.

4. 중국

중국은 전통적으로 북한에 대해 우호적인 입장을 취해온 만큼 북한에서 생산되는 마약 및 가짜 상품 등 초국가적 조직범죄 개입 활동에 대해 광대한 중국영토 내 한 지역에서 발생하는 수준의 범죄로 간주하여 대응하고 있다. 그러나 2003년 이후 북한에서 중국으로 유통되는 마약류, 특히 "아이스(Ice)", "얼음", 또는 중국어로 "빙두(氷毒)"라고 칭하는 크리스탈 형태의 메스암페타민이 심각하게 증가하면서, 중국 당국은 강력한 대응조치를 실시하기 시작했다. 실제, '빙두'는 중국에서 최초 제조되어 남용된 메스암페타민의 한 형태인데, 북한의 장마당으로 유입되어 피곤에 지친 북한인들의 진통제 역할을 하면서 널리 알려지게 되었다. 북한의 마약 기술자들은 이러한 추세에 편승하여 북한의 메스암페타민을 크리스탈 형태로 만들어 중국과 북한 내부로 유통시키기 시작하였으며, 개별 조직범죄 차원의 중국 유통은 점차 확대되었다.

2003년 봉수호 마약운반 적발 사건과 2004년 미국에서 적발된 마약 및 위폐, 가짜담배 밀수 사건, 그리고 이어서 2005년 9월 취해진 마카오 소재 BDA 은행의 북한자금 동결 사건이 이어짐에 따라 북한의 국제적 불법 활동에 대한 비난이 국제사회에서 제고되고 있었다. 이어 북한이 2006년 7월 미사일 발사와 10월 1차 핵실험을 감행하자 유엔은 결의안 1695호 및 1718호를 채택하였고 중국 역시 일시적이나마 강경한 대북제재 조치에 동참하는 태도를 보이기도 하였다. 특히 2005년 9월 미국이 북한의 BDA 은행에 예치된 자금을 동결시키고 여타 북한 자금의 유통 기관을 단속하는 과정에서, 중국은 미국의 협조 요청에 부응하여 자국에서 운영되는 4개의 북한 은행의 자금을 일시적으로 동결하는 강도 높은 조치를 취하기도 하였다. 2007년 2월 북한이 6자회담 복귀를 선언하면서 중국이 곧 이 조치를 해제하였지만 당시에는 북한에게는 "갑작스럽고 충격적인 효과"였다. 2005년 미국의 BDA 북한 자금 동결조치는 중국의 측면 지원이 있었기에 더욱 강력한 효과를 거둔 것으로 볼 수 있다.

2005년 이후 북한의 대규모 국제마약 밀매 활동은 감소되었으나 북-중 간의 국경을 통한 중국루트의 마약 및 가짜상품, 밀수 등의 범죄는 지속되었다. 중국 당국의 공식 통계에 따르면, 2012년 마약남용 등록자의 경우 전체의 72.6%가 메스암페타민 등 합성마약의 중독자이며, 2010년 합성마약 중독자가 전체의 55.6%인데 비해 급격히 증가하고 있다고 밝혔다. 한편, 중국 국영 언론매체 보도에 따르면, 아편계 마약 중독자 비율이 2010년 70.5%인데 비해 2012년에는 60.6%로 감소되었다고 밝혔다. 즉, 중국은 전체적으로 동북지역에서 유입되는 합성마약인 메스암페타민(빙두)이 확산되고 있다는 분석이다. 이에 따라 최근 중국 당국은 메스암페타민 등 향정마약이 마약과의 전쟁의 주요 타깃이라고 수차 강조하면서 지목하였다. 사실상 중국에 메스암페타민을 유입시키는 원천은 북한인 것으로 알려져 있다. 2010년 '브루킹스 연구소(Brookings Institution)' 보고서에 따르면 "중국 전역에서 70% 이상의 마약 중독자는 헤로인 중독자인데, 북한과 접경하고 있는 길림성 지역에는 90% 이상의 마약 중독자가 모두 메스암페타민에 중독되어 있다"고 발표하였다. 본래 중국의 마약유통은 서쪽 연안지방과 접경지역인 골든트라이앵글(Golden Triangle) 지역에서 유입되는 아편과 헤로인이 주류를 이루면서 중국 전역으로 전파되어 남용되고 있었다. 그러나 이제 중국 동북쪽에서 향정 마약인 메스암페타민이 대량으로 유입되고 있으며 그 진원지는 북한인 것으로 확인되고 있어 중국 당국은 이제 북한을 타깃으로 마약범죄와의 전쟁을 벌이고 있다고 볼 수 있다.[20]

중국공안 당국은 한국의 정보기관과 협력하면서 북한 마약을 적발하기 시작하였다. 2010년 중국은 북한산 마약이 중국에서 적발된 물량만 6천만 달러 상당인 것으로 발표했다. 그러나 한국의 발표에 따르면 이 규모는 빙산의 일각에 불과하고 이보다 더 큰 규모인 것으로 공공연히 알려져 있다. 중국 당국은 그동안의 관용적 정책이 무의미하다고 판단하고 북한과 연관된 중국의 동북 3성에 대한 마약단속을 집중적으로 실시하고 있다.[21]

영국의 싱크탱크 '왕립합동군사연구소(RUSI, Royal United Service Institute)'는 2014년 11월 10일 '마피아 정권'이라는 제목의 보고서를 통해 북한이 외화벌이를 위해 중국을 통한 마약 사업을 지속하고 있다고 발표하였다. 보고서는 북한이 국제사회의 지탄을 피해 판매처를 중국으로 돌리면서 중국은 북한산 마약의 최대 유통지이면서 경유지가 되고 있으며 일본, 미국, 유럽으로의 공급하는 역할을 하고 있다고 밝혔다. 이 보고서에 따르면, 중국 길림성에서는 2009년 상반기에만 북한 마약 관련 운반책 367명이 검거되었고, 마약 6,139킬로그램을 압수하였다고 밝혔다.[22]

한편, 중국의 초국가적 조직범죄 문제는 광활한 영토만큼이나 다양한

---

20 Zachary Keck (2014). "North Korea: China's Largest Drug Dealer? - North Korea is likely to be a major target in China's new war on drugs". The Diplomat. (2014.8.21.)
http://thediplomat.com/2014/08/north-korea-chinas-largest-drug-dealer/ (검색일: 2016.8.20.)

21 동아일보 (2011). 'NK's massive drug trafficking angers China' (2011.5.11.)
http://english.donga.com/List/3/all/26/401645/1 (검색일: 2016.8.20.)

22 연합뉴스. 2014.11.10. "북한 마약유통 통제력 잃어 중독자 급증 몸살",
http://www.yonhapnews.co.kr/international/2014/11/10/0606000000AKR20141110181800085.HTML
(검색일:2016.8.24.)

범죄 유형과 조직이 산재한다. 마약범죄의 경우 서남쪽으로는 태국·라오스·미얀마 국경이 접하고 있는 '골든트라이앵글' 지역으로부터 중국 연안지방으로 유입되는 마약조직의 활동이 전통적으로 심각한 문제가 되고 있으며, 또한 서북쪽으로는 아프가니스탄을 포함한 중앙아시아 국가들에서 생산되는 마약류의 유입 또한 대처해야 할 심각한 루트이다. 또한 방대한 영토 안에서 발생하는 자생적 범죄조직의 마약, 위폐, 가짜상품, 인신매매 등의 초국가적 조직범죄 문제 역시 중국 당국으로서 철저한 통제가 불가능한 실정이다. 이렇게 볼 때, 중국으로서는 북한의 마약 및 위폐, 가짜담배 등의 초국가적 조직범죄 문제는 북한이 중국의 우방이라는 상황과 무관하게 실로 동북지역의 한 지방의 문제로 다루어질 사안이기도 하다. 즉, 중국은 북한의 외화벌이 목적의 초국가적 조직범죄 개입활동에 대해 국가적 차원의 중대한 범죄행위라고 간주하여 대처하기보다는 동북지역의 북-중 국경 간 발생하는 국지적 범죄행태 수준으로 간주하는 경향도 엿보인다.

중국은 유엔 안보리 상임이사국으로서 국제연합의 규범을 존중하며 국제협력을 통한 초국가적 조직범죄 예방과 단속에 동참하고 있는 모습이 보인다. 초국가적 조직범죄의 대표적 범죄유형인 마약범죄와 관련하여, 중국은 마약에 관한 국제협약에 기초하여 미국, 러시아, 태국, 미얀마, 라오스, 베트남 등의 국가들과 양자 간 금독합작협약 의정서 또는 양해각서(MOU)를 체결하였고, 이를 기초로 주변국들과 함께 적극적으로 교류합작을 추진하고 있다.[23] 2000년 10월 12일 태국 방콕에서 "마약 없는 아세안 건설"이라는 기치로 개최된 제1회 마약퇴치국제협력회의에서 중국은 아세안과 합작으로 "중국-아세안 금독합작체제(ACCORD)"를 설립하였고 당시 아세안을 포함한 36개국 및 16개 국제기구 참가자들에 의해 ACCORD 행동계획이 채택되기

23 이금규, 2012. "중국의 마약퇴치를 위한 국제공조체제 연구", 『국외훈련검사 연구논문집 제27집』, p.486

도 하였다.[24]

이와 같이 중국은 국제연합의 거버넌스 역할의 주축국으로서 양자 및 다자간 국제협력을 통해 초국가적 조직범죄 퇴치활동에 참여하려는 노력을 표면적으로나마 보이고 있다. 그러나 중국은 북-중 국경을 넘어 중국으로 탈북하고 있는 북한 주민들에 대해 국제체제적 수준의 대응조치를 취하고 있지 않다. 북한을 탈출하여 중국 국경을 넘어 들어오는 북한주민은 대부분 북한의 공포정치를 회피하거나 굶주림을 해결하고자 피신하는 난민 수준의 인권을 갖고 있는 개인이다. 또한 북한주민 중 여성들은 대부분 북한과 중국의 인신매매 조직에 의해 팔려오는 인신매매의 피해자이기도 하다. 중국은 "1951년 난민에 관한 협약"에 가입(1982년)한 국가이며 유엔안보리의 상임이사국의 위치로서, 국제규범에 따라 북한을 탈출하여 중국으로 피신하고 있는 북한 주민에 대한 보다 신중한 대응과 난민 수준의 인권에 맞는 처우를 제공해야 할 것이다. 이러한 현실에 대해 중국 북경에 사무소를 두고 있는 유엔의 인권관련 기구인 UNHCR(유엔난민고등판무관사무소)은 2015년 연례보고서에서 "중국은 1951년 난민협약의 서명 국가이나, 중국으로 망명하는 절차가 부재한 상황이므로, UNHCR은 단순히 난민문제를 해결하기 위한 지원과 보호, 방안 모색 임무를 수행하고 있다"고 언급하였다.[25] 이에 따르면, UNHCR은 북한을 탈출하여 중국에 체류하고 있는 북한 주민들이 난민의 지위를 갖지 못하고 적법한 절차 없이 중국 당국에 의해 체포되어 강제 북송되고 있으며, 중국이 난민협약을 위반하고 있는 이러한 상황에 대해서 실질

---

24 Ibid. p.509; http://www.accordplan.net/.; ACCORD란 아세안과 중국의 마약퇴치 협력체제(ASEAN and China Cooperative Operations in Dangerous Drugs)를 의미하는 영문의 머리글자를 따서 조합한 합성어이다.

25 UNHCR 2015 Annual Report, http://reporting.unhcr.org/node/3411 : "Mainland China is a signatory to the 1951 Refugee Convention; however there is no national asylum procedure in place. UNHCR was therefore solely responsible for providing assistance and protection, and searching for durable solutions for refugees."

적인 어떠한 조치도 취하지 못하고 있다는 것이다. 다만, 2016년 연례보고서에 따르면 UNHCR은 지속적으로 중국 당국이 난민에 관한 국내법을 입법화 하도록 지원하고, 곤경에 처한 모든 사람들을 보호하는 장치를 확대하도록 지원할 것이라고 명시하는데 그치고 있다.[26]

북한의 초국가적 조직범죄 활동은 2005년 이후 중국 국경을 통한 중국루트가 유일한 상황임을 감안하여 중국의 적극적이고 효율적인 예방과 차단 조치가 필요하다. 그러나 중국은 국제적으로 고립된 북한을 통제하고 다룰 수 있는 유일한 국가라는 독점적 위치를 유리하게 활용하고자 북한과의 불편한 관계를 유발하려는 의도는 없어 보이며 때로는 오히려 북한의 불법활동을 지원하는 조치도 취하고 있는 것으로 관찰된다.[27]

5. 국제연합

(1) 북한의 국제체제 동참 유도

국제체제(International Regime)로서 국제연합은 마약과 관련된 3개 국제협약인 1961년, 1971년, 1988년 협약과 초국가적 조직범죄 방지협약인 UN-TOC (2000년)에 가능한 모든 국가가 참여하도록 노력해왔다. 북한은 1991년 9월 국제연합의 회원국으로 가입한 이래 위 협약들에 동참하도록 권고되고 촉구되어왔으며 2007년 3월 19일 위 3개 마약 협약에 참여하는 모습으로

26 UNHCR 2016 Annual Report, http://reporting.unhcr.org/node/3411?y=2016 (검색일: 2016.8.29.)

27 정영, 2016.10.4. "중, 탈북자 신고에 포상금 지급", 자유아시아방송(RFA); 이봉석, 2016.8.9. "中, 탈북자 신고에 포상금 지급... 탈북시도 30대 여성 2명 북송", 연합뉴스: 중국 당국은 불법 도강한 북한군인을 제보할 경우 인민폐 2천 위안($300), 일반 탈북자를 신고했을 경우에는 500위안($75)을 포상금으로 지급하고 있다.

"가입(Accession)"[28] 형태의 절차를 선택하였다. 이어 북한은 '유엔 초국가적 조직범죄 방지협약(UNTOC)'에도 2016년 6월 17일 "가입(Accession)"의 형태로 동참하였다. 그러나 이 협약을 보충하는 3개 의정서(인신매매, 불법이주, 총기밀매)에는 가입하지 않은 상태이다. 북한이 선택한 "가입(Accession)"의 형태는, 국제협약을 승인하는 서명(Signature)을 하고 자국내 의회에서 동의를 얻어 비준(Ratification)한 후 이 동의서를 국제연합에 제출하는 원칙적인 절차에 비해 단순하고 소극적인 형태이나 최소한 북한이 유엔 회원국으로서 마약 및 초국가적 조직범죄 협약에 동참하였다는 의지를 보인 것이다. 특히, 마약 관련 국제협약의 경우 가입한 당사국만이 INCB의 감독·관리하에 의료 및 과학적 용도의 합법적 마약 생산과 무역이 가능하기 때문에 북한으로서는 형식적으로나마 협약 가입 당사국이 되어야 할 충분한 이유가 있었다. 한편, 인신매매와 관련이 있는 국제협약으로서, 1951년 유엔에서 채택한 '난민에 관한 국제협약'은 우리나라를 포함하여 2015년 4월 현재 146개 국가가 가입하였으며, 북한과 국경을 맞대고 있는 중국은 1982년 9월 24일 이 협약에 가입(Accession)하였고, 북한은 가입하지 않은 상태이다.[29]

북한은 1950년대부터 각종 정부 간 국제기구에 가입해왔지만, 국제기구가 독립적 권력을 가진 강압적 기구가 될 수 없으며, 북한의 자주성을 옹호하고 자주적 발전을 돕는다면 지지할 것이라는 기본적 원칙에 따라 선별적으로 국제사회에 접근하고 있어 현재 다른 국가들에 비해 상대적으로 참여하고 있는 국제기구의 수가 많지 않다. 그러나 유네스코(UNESCO)와 비동맹운동(NAM)을 포함한 몇 개의 국제기구에는 40년 이상 회원국을 유지해 왔으

---

28 이 협약은 서명(Signature)과 비준(Ratification)의 절차로 참여토록 되어 있으나, Accession(가입), Acceptance(동의), Approval(승인), Formal Confirmation(공식 인정), Succession(승계) 의 형태로 가능한 많은 국가의 참여를 유도하였다.

29 UNHCR, 2015. "States Parties to the 1951 Convention relating to the Status of Refugees and the 1967 Protocol", http://www.unhcr.org/protect/PROTECTION/3b73b0d63.pdf

며, 냉전 이후 북한은 유엔산업개발기구(UNIDO)와 세계보건기구(WHO)를 비롯한 여러 국제기구에 새롭게 가입하였다. 이러한 사실은 북한이 유엔을 중심으로 하는 국제체제가 강대국의 이익 추구 수단 또는 강압적 권력기관이 될 수 있다는 것을 경계하면서도, 대외관계 및 경제적 측면에 있어서 국제체제에 포함되는 것이 효율적인 것으로 인정하고 있음을 보여준다.[30]

지난 50여 년 동안 북한의 국제체제 동참 활동의 역사는 북한으로 하여금 국제사회의 기본적인 규범과 질서를 인식하게 되는 충분한 기간이 되었을 것이며, 몇몇 국제기구의 가입활동과 일부 국제협약의 수용을 통해 북한은 국제사회의 일원으로 활동하는 학습 효과를 일시적이나마 체득한 것으로 평가할 수 있다. 이러한 평가는 북한이 2005년을 변곡점으로 하여 초국가적 조직범죄 활동의 커다란 변화를 보였다는 점에서 입증된다. 다만, 북한은 국제체제에 대해서 북한에게 피해를 주는 상황은 "침략적 약탈"로 보고 북한의 체제적 특성을 존중하면서 관계를 가질 경우에는 "지지하고 협조한다"는 입장을 지속적으로 유지하고 있다. 따라서 최근 북한의 핵실험과 미사일 발사로 인해 유엔안보리와 미국 등의 개별적 국가로부터 무역제재를 받고 있는 북한의 상황을 감안할 때, 국제연합 등 국제체제의 거버넌스 측면에 거부감을 표출하고 있는 북한에 대해 국제적 규범준수를 촉구하는 국제체제로의 동참활동 유도는 최소한 현 시점에서는 의미가 적어 보인다.

(2) 국제연합의 대북제재

국제연합은 북한의 불법행위 중 가장 커다란 관심사인 북한의 핵 무기 개발 시도를 저지하기 위해 노력해 왔으며, 북한의 핵 실험 및 장거리 미사

---

30 김상기, 김근식, 2015, "북한의 국제적 사회화 전망 - 국제기구 참여와 외교정책 선호의 변화, 1991-2005", 『국제정치논총』55(2), 한국국제정치학회, pp.201-204

일 발사에 대해 제재 조치를 취해왔다. 국제연합은 북한의 핵확산금지조약(NPT) 탈퇴로 초래된 제1차 북핵 위기 시점인 1993년 5월 11일 북한의 탈퇴 선언 재고를 촉구하는 결의안 825호를 채택했다. 유엔 결의안 825호는 북핵과 관련된 첫 번째 결의이다. 북한이 2006년 7월 15일 장거리 미사일인 대포동 2호를 발사하자 유엔은 이에 대해 결의안 1695호를 채택했다. 이를 통해 유엔은 북한의 장거리 미사일 발사를 규탄했으며, 미사일 관련 물자, 상품, 기술, 재원의 북한 이전 금지를 유엔 회원국에 요구했다. 이후 유엔은 북한이 실시한 3차례의 핵 실험에 대해 유엔 결의 1718호, 1874호, 그리고 2094호를 각각 채택했다.[31] 지난 2016년 1월 북한이 4차 핵실험을 실시함에 따라 유엔 안보리는 중국이 동참하는 강력한 제재안을 마련하여 같은 해 3월 2일 유엔 결의 2270호 결의안을 통과시켰다. 이러한 제재조치는 북한의 핵 개발 시도라는 불법적 활동에 대해 취한 것이지만, 유엔 안보리는 무기류의 크기와 종류에 관계없이 북한의 소형무기와 재래식 무기, 대량살상무기와 관련된 모든 품목에 대해 전면차단(Catch-all) 조치를 포함하는 결의안을 통과시켰고 회원국은 이를 이행해야 할 의무가 부과되었다.[32] 결국 경제적 제재조치 및 총체적 무역과 해외 유통의 통제를 통해 북한의 초국가적 조직범죄 활동을 차단하는 효과도 기대되는 조치라고 볼 수 있다. 그러나 대북제재로 인한 북한의 불법적 외화벌이의 필요성은 더욱 증대된 만큼 회원국의 적극적인 안보리 결의안 이행과 긴밀한 국가 간 협력만이 효율적인 차단이 가능해질 것이다.

한편, 지난 10년 동안 취해 온 유엔의 대북제재가 북한의 핵실험과 미사일 발사를 막는 데 효과적이지 못했다는 진단이 유엔 내부에서 회자되기 시

---

31 "유엔 대북제재", 통일부 북한정보포털, http://nkinfo.unikorea.go.kr/nkp/term/viewKnwldgDicary.do?pageIndex=14&dicaryId=60&searchCnd=0&searchWrd=

32 권혜정, 2016.3.3. "안보리 결의, 북 무기거래 전면 차단, WMD, 소형무기 금지", 『다음뉴스』, http://media.daum.net/m/channel/view/media/20160303002454232

작했다. AFP 통신이 입수한 유엔 기밀 보고서를 보면 유엔 전문가들은 현재 유엔 대북제재의 효용성에 심각한 의문을 제기하며 "대북제재 조치들이 북한의 핵·미사일 능력 확대를 막지 못했다"고 지적했다. 전문가들은 보고서에서 "몇몇 유엔 회원국들, 특히 아프리카 회원국들이 제재를 완전히 이행하지 않았고 북한이 제재에 불복하는 데 성공했다"고 분석했다. 이 보고서는 제재 리스트에 오른 북한 기업들이 외국 기업에 대리인을 파견해 금지된 활동을 했고 외교관들이 중개인 역할을 하며 소수 국가와 거래를 했다고 설명하기도 했다.[33]

최근 북한은 잠수함에서 발사하는 미사일(SLBM)을 성공적으로 개발한 것으로 언론에 보도되고 있다. 결국, 유엔의 대북제재 조치는 북한의 핵 개발을 효과적으로 저지시키지 못했으며, 북한의 핵과 미사일 개발 기술은 점점 발전하면서 국제사회를 점차 위협하고 있는 현실을 볼 수 있다. 국제체제의 대북제재는 오히려 북한으로 하여금 불법적인 외화벌이를 통해 생존할 수밖에 없다는 역설적인 정당성을 주장하면서 초국가적 조직범죄 개입활동의 동기로 작용하고 있으며, 북한 정권과 주민들에 대해 이들의 불법 활동을 오히려 정당화 시키는 북한의 선전선동으로 이용될 가능성 또한 높아졌다.

(3) 대응활동 평가 및 한계

국제체제로서 전 세계의 초국가적 조직범죄 활동에 대한 거버넌스 역할은 오스트리아 비엔나에 본부를 두고 있는 '유엔 마약 및 범죄사무소(UNODC)'를 꼽을 수 있다. 이 기구는 마약범죄에 대한 국제적 예방 및 차단활동을 목적으로 시작하였으나 점차 그 역할이 확대되어 90년대부터 무기밀매,

33 KBS News 2016.2.9., http://news.kbs.co.kr/news/view.do?ncd=3229653 (검색일: 2016.9.24.)

가짜상품, 밀수, 인신매매, 사이버범죄 등 초국가적 조직범죄 집단에 의해 자행되는 모든 범죄활동을 관할하고 있다. 지역별로 20여 개의 지부 사무소를 두고 지역적 사안에 대해서도 심층적으로 접근하고 있는데, 북한과 관련된 사안은 태국 방콕에 소재하는 아시아-태평양 지역 사무소에서 담당한다. UNODC는 아-태 지역에 대해 각국의 법집행관과 정책담당자 등을 대상으로 국제협약에 따른 국제적 수준의 초국가적 조직범죄 예방 및 차단을 위한 인프라를 구축하도록 지원하고 있다. 다양한 프로젝트도 개발하여 국가들을 참여시키는데, 그동안 동아시아의 저개발 국가들을 대상으로 마약범죄를 비롯하여 부정부패(Corruption) 방지활동에 대한 의식을 제고시킨데 기여한 것으로 평가된다.

유엔 차원의 초국가적 조직범죄와 관련한 규범인 국제협약을 이행하는 실천기관으로서 UNODC가 활동하고 있는 한편, 이러한 규범을 감독하고 통제하는 기관으로 INCB(국제마약통제위원회)가 UNODC 사무소에 소재하며 활동하고 있다. INCB는 유엔에서 마련한 마약관련 국제협약을 회원국들이 제대로 이행하고 있는지 감시하기 위해 설립된 준(準)사법 독립기관이다.[34] INCB는 2000년 연례보고서를 통해, 북한 수역을 통해 일본으로 각성제 마약류가 전달되고 있다면서, 당시 국제마약협약에 가입하지 않은 동아시아 국가는 캄보디아와 북한 2개 국가뿐이라면서 북한의 국제마약협약 가입을 촉구하기도 하였다.[35] 이어 2001년 2월 서울에서 개최된 INCB 연례총회에서는 북한을 중국, 필리핀, 미국 등과 함께 메스암페타민의 주요 생산지로 지목하였고, 야쿠자 조직 등을 통해 일본으로 유입되는 메스암페타민 일

---

34 INCB는 '1961년 단일마약협약'을 근거로 당사국들의 마약통제활동을 감독·관리하는 "독립적이고 準사법적인 감독 기구(independent and quasi-judicial monitoring body)"로 활동한다.(각주 47 참조): http://www.incb.org/incb/en/about/mandate-functions.html

35 INCB Annual Report, 2000. p.47

부가 북한에서 생산된 것으로 보인다고 발표하기도 하였다. 북한은 그동안 이러한 국제기구의 압력에 대해 매우 곤혹스러워한 것으로 전해졌다.[36] 또한, 북한으로서는 향정신성의약품을 국제적으로 수입하기 위해서는 이와 관련된 마약에 관한 국제협약에 가입해야할 필요성도 있었다. 이에 따라 북한은 INCB의 자국 내 실사방문을 요청하였고, INCB 실사단은 2002년 6월과 2006년 6월에 방북하여 북한 당국이 안내하는 마약관련 시설을 시찰하고 자료를 검토하였다. INCB는 2006년 3월 방콕에서 열린 연간보고회에서 "북한은 2005년 2월 마약 관리를 위한 법률을 제정하고 관계부처 협의회를 만들었다"면서 "이에 INCB는 북한당국이 국제협약을 준수할 것으로 기대하고 있다"고 북한의 마약통제 노력을 긍정적으로 평가하기도 하였다.[37] 이러한 국제체제의 노력으로 인해 북한은 2007년 3월에 3개 마약관련 국제협약에 모두 가입하였는데, 북한이 국제체제에 부응하는 태도를 보인 배경에는 국제연합의 노력 외에도 2007년 2월에 성사된 북-미 회담 합의가 있었으며, 그 이전의 사건으로 2005년 8월 미국 당국의 북한 마약, 가짜담배, 위폐 밀수 적발사건 발표가 영향을 미쳤음은 부인할 수 없다.

한편, UNODC는 연례보고서를 통해 최근에 부각되고 있는 대표적 초국가적 조직범죄 유형 7가지로 마약·무기밀매·위폐 및 자금세탁·가짜상품·밀수·인신매매·사이버범죄 등의 실상을 중심으로 발표하고 있다. 지역단위로는 태국 방콕에 소재하는 UNODC 지부를 중심으로 아시아-태평양 지역 '마약법집행기관장 회의(HONLEA)'가 매년 개최되면서 북한을 포함한 동아시아 지역의 마약범죄 및 여타 초국가적 조직범죄 문제를 논의하고 있으며, 각국의 발표를 통해 아-태 지역의 초국가적 조직범죄 현안에 대해서도

---

36 신동아, 2006.3.3. "美 대북 압박, 이번엔 마약이다!" 『신동아』 558호. pp.109-113.

37 식품의약품안전처, 2006.7.4. "유엔 국제마약통제위원회 대표단 訪北"; 평양 조선중앙통신=연합뉴스; 중앙일보 인터넷 뉴스.

구체적으로 협의하고 각국 당국자들 간 정보교류의 시간으로도 활용하고 있다.

인신매매와 불법 이주자 문제에 관련하여 유엔 차원의 거버넌스는 UNODC와 함께 국제 난민기구인 UNHCR 사무소가 관할한다고 할 수 있다. UNODC는 최근 내전에 휩싸인 중동과 유럽의 현안에 관심을 집중하고 있으며, 중국 북경에 소재하는 UNHCR 사무소는 중국 국경을 넘어 유입되고 있는 북한여성과 북한 주민들의 인신매매 범죄에 대해 직접적으로 언급한 사실이 없다. 또한 북한 노동자의 해외송출과 그들의 비인권적 근로환경에 대해서는 유엔 차원에서 ILO(국제노동기구)의 관할로 볼 수 있는데, 국제적 규범과 수준에 맞는 처우를 하도록 각국에 원론적인 권고를 하는 외에 북한 당국에 대한 직접적인 해결 촉구를 요구한 사실도 없다. 국제체제적 차원에서 북한의 초국가적 조직범죄 활동을 저지시키는 노력은 중국, 러시아 등 북한 우방국가들과의 체감 정도의 차이가 상존하여 대응활동의 한계가 있음을 보여준다. 그러나 국제연합은 북한에 대해 지속적으로 회원국의 일원으로서 국제규범을 준수하고 동참하도록 촉구하고 있으며, 심지어 反인권 문제에 대해서는 ICC(국제형사재판소)의 제소까지 거론하면서 북한의 지도층 개인에 대한 구체적인 처벌 의지를 표명하고 있어, 이러한 원론적인 노력을 통해 최소한 북한의 인지능력(Awareness) 제고의 기회는 충분히 부여한 것으로 평가되는 만큼, 국제체제적 차원의 대북 활동은 유의미하다 하겠다.

제4장

안보와 글로벌 범죄

제1절

안보 환경의 변화

1. 안보의 개념

'안보(security)'의 의미는 그 어원에서 보듯이 "분리하다('se')"라는 의미와 "위험, 위협('curitas')"이라는 의미가 합성된 단어로, "위험이나 위협에서 자유로운 상태"로 해석될 수 있으며, 일반적으로 안보의 의미는 "위협이나 위험으로부터의 자기의 안전을 지키고, 공포나 불안 등의 근심과 걱정이 없도록 하는 것"(한동만, 2002)으로 정의된다. 즉, 안보란 모든 사람들에게 궁극적인 가치이며, 위해(harm)로부터 안전한 상태가 되고 안전함을 느끼는 속성(Quality)을 말한다.

'Security'는 보안(保安)으로도 번역될 수 있는데, 여기서의 '보안'이란 "국가 안전보장 수단 및 국가안전을 보호하기 위하여 취해지는 일체의 수단과 방법으로서의 총체적 방어수단"을 의미한다.(행정안전부, 2007)

'UN Security Council'의 국문 번역이 "국제연합 안전보장 이사회"로 표현되는 점을 고려할 때, 안보는 "안전보장"의 의미를 갖는다. 또한 국가안보의 수행을 목적으로 설립된 국가정보원의 업무를 규정하는 국가정보원법 제1조(목적)에서, "이 법은 국가정보원의 조직 및 직무범위와 국가안전보장 업무의 효율적인 수행을 위하여 필요한 사항을 규정함을 목적으로 한다."고 명시함으로써 국가안보는 곧 국가 안전보장을 의미한다고 볼 수 있다. 안보의 주체(행위자)는 현실주의(realism)의 국제관계 개념에 바탕을 두고 볼 때, 주권국가로 보는 것이 타당하다. 안보의 대상은 일반적으로 국가가 행위자인 점을 감안할 때, 국가안보가 주로 인식되어 있으나, 개인과 단체, 사회를 포함하는 '인간안보', 국가 간의 연합체인 '지역안보', 그리고 전 세계를 아우르는 '국제안보' 또는 '세계안보'로 구분할 수 있다. 안보를 성취하는 수단은 군사적, 정치적, 외교적, 경제적, 사회적 방법이 있으며 현상과 상황에 따라 효율적 선택을 통해 안보를 달성하도록 노력한다.

과거 냉전시대의 안보 개념에서는 주로 국가적 안보개념에 치중되어 군사적 무력사용(전쟁)이나 무력사용의 위협에 대한 대응이 강조되었다. 탈냉전기로 접어들면서, 국제사회는 세계화, 정보화, 기술의 급속한 발전 등의 환경 변화가 나타났으며, 이로써 안보의 개념과 범위가 확대되면서 글로벌 안보 패러다임이 근본적으로 변화하기 시작하였다. 또한 2001년 9월 11일 미국 뉴욕에서 발생한 대규모 테러사건 이후 국가 간의 군사적 위협뿐만 아니라 무고한 민간인에게까지 그 위협이 확대되면서, 인간을 보호해야 하는 인간안보의 개념을 포함한 '포괄적 안보(CS, comprehensive security)'의 개념이 대두되었다. 이에 따라 군사적 조치를 통한 무력사용의 위협뿐만 아니라 정치적 민주주의, 경제적 시장경제체제, 사회적 공동체 유지, 안전한 생존환경 유지, 사이버테러 등 비군사적 위협에 대응해야 하는 광범위한 안보개념이 등장하였는데, 이러한 새로운 안보개념을 일각에서는 '신 안보'라고 언급하기도

한다.[1]

한편, 국제관계학(IR, International Relations)에서 한 국가의 존립과 직결된 중대한 요인으로서 국가안보 차원에서 군사적, 정치적 문제를 다루는 정치 활동을 '상위 정치(high politics)'로 명명하고 한 국가 내부에서 발생하는 경제, 사회, 환경, 질병 등의 문제를 다루는 정치를 '하위 정치(low politics)'로 구분한 개념은 발견된다. 전통적 안보가 국가 간 무력사용의 위협을 이슈로 다룬다는 면에서 '상위 정치'의 개념과 일맥상통한다고 볼 수도 있겠으나 그 상대적 개념인 '하위 정치'가 비전통적 안보와 유사해 보이기는 하나 동일한 개념으로 단언하기에는 무리가 있다. 왜냐하면, 비전통적 안보 개념에서 나타나는 위협이 군사적, 무력적 위협의 유형이 아니지만 양자 또는 다자간의 국가에 적용되면서 한 국가의 존립에 위협을 가하는 직접적인 이슈로 발전할 수 있기 때문이다.[2]

본 장에서는 안보와 관련된 새로운 용어로서 등장하고 있는 '인간안보', '신(新) 안보', '포괄적 안보'의 개념을 고찰하여 보편타당한 의미로 정립하고자 하며, 이를 통해 새로운 초국가적 안보 위협으로 대두되는 '초국가적 조직범죄'와 '테러리즘'의 개념과 현상을 설명한다. 새로운 안보환경에서 인간안보의 주요 위협으로 등장한 초국가적 조직범죄와 국제 테러리즘은 비군사적 조치를 동반하는 비전통적 안보 영역으로 분류할 수 있으나, 국경을 초월하여 대규모의 네트워크를 형성하면서 점차 확대되는 최근의 현상을 고려한다면 전통적인 군사적 조치 역시 요구되는 초국가적 안보 위협으로 볼 수 있다.

---

1 윤해성. 2015, "신안보 상황에서의 대한민국 안보 형사사법시스템에 대한 재조명", 『한국경찰연구』 제14권 제2호, pp. 339~372, p.342.

2 Jackson, Robert H. and Georg Sørensen. 2007. Introduction to International Relations: Theories and approaches. 3rd ed. Oxford ; New York: Oxford University Press, p. 106; Low politics is a concept that covers all matters that are not absolutely vital to the survival of the state as the economics and the social affairs. The low politics are the domain of the state's welfare. It concerns all things about social or human security.

따라서 위 두 가지 글로벌 범죄가 안보 위협에서 어떠한 위치를 차지하고 있는지를 검토하고 각각의 개념과 실태를 고찰한다.

2. 포괄적 안보(comprehensive security)와 '신안보'

전통적 안보 개념과 비전통적인 새로운 안보 위협에 대응하는 안보 개념을 포함하여 '포괄적 안보(CS)'로 정의한다. 전통적 안보의 개념에는 국가 간 무력의 대치와 전쟁이 전제되며 이에 따라 군사적 조치가 수반된다. 이에 반해 탈냉전 이후 새로운 안보 위협이 대두되는데, 지구 온난화로 인한 기후 변화, 초국가적 조직범죄, 국제테러, 기근, 재난, 전염병 확산, 인종적 분쟁 등 비군사적 차원에서 나타나는 사례들이다. 일각에서는 군사적 안보가 아닌 이러한 비군사적 안보를 '신 안보'라고 설명하기도 하나, 이것은 편의에 따라 명명된 것일 뿐 개념적으로 정립된 용어라고 보기 어렵다. 다만, 군사적, 비군사적 조치를 모두 포함하는 안보적 개념을 '포괄적 안보'라고 지칭하며, 이러한 개념은 이미 국제사회에서 통용되며 개념적으로도 정착되어 있다.

최근 국내 언론과 문헌에서 신조어로 등장한 '신(新) 안보'라는 용어가 '포괄적 안보' 개념과 혼용되어 사용되면서 그 의미의 이해를 모호하게 하는 측면도 있다. 일반적으로 언급되는 '신 안보'의 의미는 두 가지로 이해되는데, 첫째는, 냉전 시대에 주류를 이룬 군사적 위협과 군사적 대응 조치가 '전통적 안보'인데 비해, 탈냉전 및 9.11 테러 이후 인간안보(HS, human security) 등을 위협하는 새로운 안보 위협이 등장함에 따라 비군사적 조치의 안보 개념이 등장하였고, 이를 일컬어 '신 안보'라고 명명한다. 즉, 그동안 전통적으로 대응해 온 군사적 조치의 안보 개념을 제외하고, 탈냉전 이후 나타난 다양한 안보 위협에 대응하는 비군사적 조치의 안보 개념을 설명한다는 의미에서 '신 안보'라는 영역을 언급한다는 것이다. 또 다른 설명은, 전통적 안보 개념에 더하여 새로운 안보 환경에서 조성된 안보의 개념까지 모두 포함하고, 이러한 '포괄적 안보(CS)' 개념을 '신 안보'라고 설명하는 사례이다.[3]

일반적으로, 국내 언론과 문헌에서는 전통적 안보에 대조적으로 비전통적 안보를 '신 안보'로 언급하고 있어 위 주장에서 첫 번째 설명을 바탕으로 주로 언급하고 있으나, '신 안보'를 "새로운 안보"라는 개념으로 해석하면 '포괄적 안보'와 동일한 개념으로 이해되기도 하여 실제, 위 두 가지의 의미가 혼용되어 사용되기도 한다. 본 연구에서는 첫 번째 의미를 인용하여, 전통적 안보에 대조되는 비전통적 안보 영역만을 '신 안보' 영역으로 구분한다는 주장을 수용한다.

한편, '신 안보'의 일반적인 의미가 전통적 안보와의 구분을 위해 이해되는 측면도 있으나 '신(新) 안보'라는 용어는 특정 개념이나 사조 또는 주의(-ism)로서 정의할 수 없는 모호성이 있으며 국내외 문헌에서 학술적으로나 개념적으로도 정확한 의미와 정의가 묘사되어 있는 내용을 찾아보기 어렵다. 우선 용어 측면에서 볼 때, 새로운 시점(新안보)과 과거의 시점(舊안보)을 구분하기에 무리가 있다. 일반적으로 안보환경의 변화를 설명하기 위해 냉전시대의 종식을 분기점으로 구분할 경우, "탈냉전 이후의 안보", 또는 국가 및 정권(regime)이 아닌 민간인을 대상으로 자행된 9.11 대규모 테러 사건을 계기로 구분하여 "9.11 테러 이후 안보" 등으로 구분하면서, 구체적 시점을 언급하는 것이 타당하다. 일각에서 1980년대 말 탈냉전 시대와 2001년 발생한 9.11 테러를 한데 묶어 이 시기 이후를 '신 안보'의 개념이 시작된 시기로 언급하는 사례가 있으나, 100년 후 미래인 2117년의 어느 시점에서 언급할 때 2001년 이후를 '신 안보'라고 명명한다는 정의를 내릴 수가 없기 때문이다. 또한, 국

---

3 한종기, 김학성. 1996, 『탈냉전, 민주화 시대의 신안보론』, 공보처, p.17.: 탈냉전 이후 "포괄적 국가위기관리 형태의 실용안보 개념이 '신안보'의 핵심을 이루어야 한다."면서 군사안보를 강조하던 전통적 안보에서 벗어나 평시대비적 성격을 포함하는 포괄적 개념의 "신안보"를 강조하였다.

제정치 이론으로 알려진 현실주의(realism)나 자유주의(liberalism) 등의 사조나 이론과도 차이가 있다. 하나의 주장이 이론으로 정착되고 그 이론에 대한 새로운 연구와 추가적인 발견을 통해 그 연관성을 바탕으로 명명할 때, "신(新) 자유주의(neo-liberalism)" 등의 개념이 용납될 수 있다. 그러나 '신(新) 안보'의 의미는 특정한 개념을 지칭하는 고유한 의미보다는 "새로운 안보"라는 일반적인 의미로써 다양하게 적용될 수 있는 여지가 많다.[4]

'신 안보'의 개념적 확립의 모호성에도 불구하고, '전통적 안보'를 배제한 '비전통적 안보' 영역을 '신 안보'의 영역으로 수용한다면, 이 두 가지 영역을 모두 포함한 개념을 '포괄적 안보'라고 정의할 수 있다.

전통적 안보 + 비전통적 안보 (신 안보) = 포괄적 안보(CS)

1980년대 말 탈냉전 시대 이후 안보환경의 변화를 수용하여 새로운 안보 위협에서 벗어나고자 노력하는 활동은 과거의 군사적 조치와 탈냉전 이후의 비군사적 조치를 모두 포함한다는 의미에서 '포괄적 안보(CS)'라는 개념으로 학계에서 국제적으로 인용되고 있다. 포괄적 안보라는 개념이 적용될 수 있는 시기를 특정하고자 할 때, 냉전이 종식되는 역사적 사건으로 독일의 베를린 장벽이 1980년대 말 무너진 시점부터 1991년 12월 8일 소비에트 연방이 해체되면서 소련의 위성국가들이 독립을 선언하게 되는 시기를 거쳐 2001년 9월 11일 뉴욕에서 발생한 가공할만한 테러가 발생한 시점까지

---

4 '포괄적 안보(comprehensive security)' 역시 용어적 의미에서 볼 때, 특정 개념만을 지칭할 수 없는 일반 명사의 수준이나, "탈냉전 이후의 포괄적 안보" 등의 제목으로 학계에서 통용되고 있으며, '포괄적 안보'라는 개념이 고유한 개념으로 설명되고 있다.

하나의 계기로 묶어서 볼 수 있다.

1990년대 초 소련의 해체와 동구권 공산주의 체계 몰락 이후 10여 년간은 공산권의 약소국가들이 주권국가로서 독립의 흥분을 맞이하고, 미-러 양대 강국의 무기감축 협상이 진전을 보이며 국제화와 신자유주의의 분위기가 확대되면서 현실주의의 긴장감은 사라지고 자유주의 이념이 지배하는 정치적 화해의 분위기가 조성된 듯 보였다. 그러나 2001년 9월 11일 미국 뉴욕에서 발생한 대규모 민간인 대상 테러 사건은 21세기 국제질서와 안보환경에 격변을 몰고 온 결정적 계기가 되었으며, 이 사건 이후 국제테러리즘, 대량살상무기 확산문제, 미사일 위협, 인종분쟁과 인권탄압, 내전으로 인한 강제이주, 초국가적 조직범죄 등이 국가안보의 핵심적 위협요소로 대두되기 시작하였다. 또한 전통적 안보의 관점에서 고려되어 오던 공격의 주체와 대상이 국가(state) 또는 정권(regime)이라는 타깃에서 탈피하여 9/11 테러에서 보듯이 무고한 민간인의 대량살상을 목적으로 하는 소위 소프트 타깃(soft target)으로 전환되었고, 국가 간의 분쟁이 아닌 국내 내전과 소요에서 무고한 국민들이 희생자로 전락하는 사례가 점차 빈번해짐에 따라, 이제 안보의 위협은 더 이상 국가안보 차원만이 아니라 인간안보(HS)의 문제로 대두되었다.

탈냉전과 9.11 테러의 시기인 1990~2001년 이후부터 '비전통적 안보'의 개념이 시작되는 것으로 볼 때, 국가뿐만 아니라 국민과 사회의 위협이 증가되는 시기이며, 이것은 곧 인간안보의 위협이 확대되고 있는 환경임을 감안하여, 인간안보를 포함하여 안보의 위협을 고려하려는 모습이 나타나기 시작했다. 인간안보에 위협을 미치는 영역은 정치, 경제, 사회, 보건, 환경 등 다양한 분야로 구성되어 있으며, 인간안보의 위협에 대처하는 것이 곧 국가안보 활동으로 간주되면서, 이를 '포괄적 안보' 영역으로 정의하게 된다. 포괄적 안보(CS)의 영역은 전통적 안보의 개념에서 다루는 군사적 문제, 동맹, 집단안전보장, 세력균형 등의 개념에 더하여 국가안보 및 인간안보에서 위협으로 나타나는 현상에 모두 대응해야 하는데, 그 영역은 정치적 민주주의, 경제적 시장경제체제, 사회적 공동체 유지, 안전한 생존환경 유지, 사이버범죄 및 테러 등이다. 한편, 전통적 안보 관념의 군사적 위협에서 벗어난 새로운 비군사적 안보 위협으로, 소위 '신 안보'의 위협을 열거하자면, 지구 온난화, 에너지 경쟁, 초국가적 조직범죄, 테러리즘, 사이버 공격, 전염병 확산, 기근, 식량부족, 국가 내 인종 분쟁, 정권의 무능과 반인권적 조치에 따른 인도적 위기 상황, 이주 문제 등을 꼽을 수 있다.[5]

3. 인간안보(Human Security)

'인간안보(HS)'라는 개념은 "안보의 궁극적인 대상을 인간으로 보는 개념"이라고 간단하게 설명할 수 있다. 1994년 국제연합개발계획(UNDP)의 '인간개발 보고서(Human Development Report, 1994)'에서 새로운 안보개념으로 '인간안보'를 제시하였는데, 군사감축이나 군비축소 외에도 인권, 환경보호, 사회안정, 민주주의 등이 기본적으로 보장되어야만 진정한 세계평화가 가능하다는 주장이다. 국가안보에 앞서 개인의 안보가 우선되어야 하며, 따라서 군사적 위협뿐만 아니라 인간이 겪는 경제적 고통으로부터의 자유, 삶의 질의 향상, 자유와 인권보장 등이 인간안보의 목표로 포함된다. 냉전 종식 이후 분쟁의 대부분은 내전, 테러, 범죄 형태로 발생하며 그 최대 피해자는 군인보다 민간인이라는 점이 부각되면서 인간안보의 중요성이 확대되었다. 이 보고서에서는 안보의 개념이 그동안 너무 협의의 의미로만 이해되었다고 지적한다. 자국 영토에 대한 외부의 침입, 또는 외부의 정책으로부터 자국의 이익의 보호, 또는 핵 공격의 위협으로부터 세계의 안보를 지켜야 하는 것에 치중

---

5 김성한, 2015, 『한국의 안보 도전과 대응 방향』, 고려대학교 – 일민국제관계연구원, pp. 196-197.

해왔는데, 이러한 정책은 모두 사람이 아닌 국가와 관련된 것이었다. 냉전의 시기에 강대국들은 이러한 이념을 바탕으로 하는 분쟁에 갇혀 있었다는 것이다.

'인간안보'라는 개념은 비록 단순한 의미이지만, 21세기의 사회를 혁명적으로 바꾸는 개념이기도 하다. 인간안보의 기본적 개념으로 고려되어져야 하는 4가지는 다음과 같다. 첫째, 인간안보는 보편적 개념이다. 부국이나 빈국에 관계없이 인간안보의 위협은 정도의 차이는 있겠으나 전 세계의 모든 인간에게 적용되는 것으로, 실업, 마약, 범죄, 공해, 인권침해 등이 그 사례이다. 둘째, 인간안보의 구성요인은 상호 의존적이다. 인간의 안보가 위협 받을 때, 모든 국가가 개입되어 있다. 기근, 질병, 공해, 마약, 테러리즘, 인종분쟁, 사회분리 등의 사안은 더 이상 개별적인 사안이 아니며 한 국가에 국한된 사안이 아니라 국경을 넘나드는 사안이다. 셋째, 인간안보는 사안 발생 이후 개입보다는 사전 예방하는 것이 비용적 측면이나 방법적 측면에서 더욱 용이하다. 그 사례로는 HIV/AIDS (human immunodeficiency virus/acquired immune deficiency syndrome)를 들 수 있다. 넷째, 인간안보는 인간의 문제에 중점을 둔다. 인간이 사회에서 어떻게 살고 있으며, 얼마나 자유롭게 선택을 하며, 시장과 사회적 기회에 어떻게 접근하는지, 그리고 분쟁 또는 평화의 환경에 살고 있는지에 관심을 둔다.[6]

포괄적 안보 개념이 확산되는 21세기 들어서, 유엔은 2000년 밀레니엄 총회에서 인간안보의 중요성을 강조하고 2001년 '인간안보 위원회(CHS, Commission on Human Security)'[7]를 구성하여 활동을 시작하였고 2003년 4월 최

---

6 "Human Development Report 1994", United Nations Development Programme (UNDP), New York, Oxford University Press, pp.22-23.

7 '인간안보 위원회(CHS)'는 2000년 유엔 밀레니엄 총회에서 "결핍(want)과 공포(fear)로부터의 인간의 자유"를 추구하기 위해 위원회 발족의 필요성이 제기되었고, "인간안보의 중요성을 공공에게 전파하고, 인간안보의 개념을 발전시키며, 인간안보의 위협에 대응하는 방법을 제시한다"는 3가지 목적을 실현하기 위해

종 보고서를 발표하였으며, 여기에서 소개한 '인간안보'의 정의는 다음과 같다. "인간의 자유와 자아실현을 증진시키는 모든 방법들에 있어서 모든 인간의 삶의 중요한 핵심을 보호하는 것으로, 인간안보는 근본적으로 인간의 삶의 필수적 핵심인 자유를 보호하는 것을 의미한다."[8]

이 보고서는 인간안보에 대해 다음과 같이 설명한다. "국가안보는 17세기에 대두된 이슈였는데, 당시의 이론에 따르면 국민을 보호하기 위해 국가가 권력과 수단을 독점해야했는데, 21세기에 접어들어 안보의 위협과 안보를 지켜야 하는 주체가 보다 복잡해졌다. 국가는 근본적으로 안보를 지키는 역할을 담당하고 있으나, 국민을 당연히 보호해야 하는 안보마저도 실패하는 사례가 종종 발생하고 있으며, 심지어 자국 국민의 인간안보를 위협하는 존재가 되기도 한다. 이에 따라, 국제사회는 인간안보를 확립해야 할 상황이 절실해졌으며, 21세기의 안보는 국가가 우선이 아니라 인간안보에 중점을 두어야 한다. 인간안보는 국가안보를 보완하는 기능을 가지며, 다음 4가지 차이점이 있다. 첫째, 인간안보는 국가보다는 개인과 인간 공동체를 대상으로 고려한다. 둘째, 인간의 안보에 위협으로 나타나는 것이 반드시 국가 안보의 위협과 동일한 것은 아니다. 셋째, 행위자가 국가만으로 한정되지 않고 그 범위가 확대된다. 넷째, 인간안보를 실현하는 것이 인간을 보호하는 수준에 그치는 것이 아니라 인간에게 스스로를 방어할 수 있도록 권한과 역량을 확대

2001-2003년간 노력하여 2003년 'Human Security Now' 보고서가 최종 제출되었다. 이후 UNHCR 산하 '인권이사회(human right council)' 업무로 다루어진다.

8 The Commission on Human Security's definition of human security: to protect the vital core of all human lives in ways that enhance human freedoms and human fulfilment. Human security means protecting fundamental freedoms-freedoms that are the essence of life. It means protecting people from critical (severe) and pervasive (widespread) threats and situations. It means using processes that build on people's strengths and aspirations. It means creating political, social, environmental, economic, military and cultural systems that together give people the building blocks of survival, livelihood and dignity.

시키는 것이다."[9] 이어, 인간안보의 위협 요소로 다음 사항을 열거한다. 영속적 빈곤과 실업(경제적 안보), 기근과 굶주림(식량안보), 전염병과 영양실조, 비위생, 기본적 의료지원 부재(보건안보), 환경의 저하, 자원부족, 자연재해, 공해(환경안보), 물리적 폭력, 범죄, 테러리즘, 가정폭력, 아동노역(개인안보), 인종 및 종교간 분쟁(공동체안보), 정치적 박해, 인권유린(정치적 안보) 등이다. '2003년 인간안보 보고서(Human Security Now)'의 기본적 정책 제언은 다음과 같다.

- 폭력 분쟁으로부터 인간을 보호해야 한다.
- 핵 무기를 포함한 무기 확산의 환경에서 인간을 보호해야 한다.
- 이주민에 대한 인간안보 정책을 지원해야 한다.
- 분쟁이 종료된 상황을 대비하여 인간안보를 위한 자금을 비축해야 한다.
- 극심한 빈곤자 지원을 위해 공정 거래와 공정 시장 구축을 독려해야 한다.
- 전 세계의 모든 곳에서 최저 생활수준을 유지토록 지원해야 한다.
- 기본적 의료혜택을 받는 것을 최우선으로 설정한다.
- 저작권에 대해 효율적이고 평등한 개념을 도입하여 발전시켜야 한다.
- 국제사회 및 국가의 노력을 통해 전 세계 모든 사람들에게 기본적인 교육을 제공하고 이를 통해 개인의 역량이 발전토록 도모해야 한다.
- 인간 개인의 다양성을 존중하면서도 국제사회에 공통으로 적용되는 인간의 정체성을 확립해야 한다.[10]

---

9 UN Commission on Human Security, 2003, "Human Security Now", p.3.

10 UN CHS Report 2003, ibid. p. 133.

'인간안보'의 개념과 이를 다룬 보고서 "Human Security Now"는 유엔 고등판무관(난민 담당) 출신인 일본 학자 오가타(Sadako Ogata) 주도로 일본 정부의 지원에 의해 마련된 것으로, 실제 유엔 차원에서 인간의 권리를 존중하려는 노력은 1946년 '유엔 인권위원회'를 구성하면서부터 시작되었다. 이어 UNHCR의 구성으로 이 기관에서 업무를 이관하여 2006년 '유엔 인권이사회'가 구성되었으며, 현재 스위스 제네바에 본부를 두고 전 세계의 인권문제를 관장하고 있다.[11]

인간안보의 궁극적 목적은 한 국가의 정권이 부패, 무능, 욕심 등의 동기로 자국 국민의 피해와 공멸의 위협을 초래하는 것을 방지하고, 국가는 자국의 국민에 대해 안전한 삶을 유지하도록 최선을 다해야 한다는 명제를 촉구하려는데 있다. 실제 '국가안보'의 활동에는 그 나라 국민의 안보를 우선한다는 기본적 의미가 내포된 것이므로, 국가의 안보가 달성되지 않으면 인간의 안보도 담보될 수 없다는 상호 보완적인 관계에 있으므로, 인간안보를 국가안보 수준으로 개념을 확대시키는 것은 오히려 안보 개념의 모호성을 증폭시킨다는 지적도 있다. 다만, 안보의 대상으로서 국가에 대조되는 인간 중심의 안보 개념을 이해하고, 초국가적 위협 요소로 확대되고 있는 인간안보의 영역을 해당 국가 및 연계 국가 간의 협력적 안보활동 수행으로 대응하는 노력이 현실적인 방안으로 보인다.

냉전 이후 1989~2014년 기간 중 총 99건의 '주요 무력분쟁'[12]이 발생하였는데, 이 중 6건이 국가 간 분쟁으로 주로 인도-파키스탄 사이의 분쟁이었으며, 나머지 93건은 모두 국가 내부에서 발생한 사안이었다. 중요 원인은 아

---

11 유엔 인권위원회(The United Nations Commission on Human Rights)는 53개 국가의 참여로 1946년 설립되어 운영되다가 2006년 3월 15일 유엔 총회의 결의로 '유엔 인권이사회(human rights council)'이 창설되었고 47개 국가의 참여로 인권 업무가 다루어지고 있다.

12 스톡홀름 국제평화연구소(SIPRI)는 1년내 25명 이상의 전투관련 사망자가 발생하거나 또는 분쟁기간 동안 1천 명 이상의 사망자 축적 숫자가 집계될 경우 '주요 무력분쟁'으로 구분한다.

프리카, 아시아 다민족 국가 내에서 벌어지는 '인종정치 분쟁(ethnopolitical conflict)'으로 밝혀졌는데, 해당 국가뿐만 아니라 인접하거나 관련이 있는 국가가 개입함으로써 국제적으로 발전한 내전의 경우였다. 또한 금융, 환경, 질병의 확산, 여성과 아동의 학대, 난민, 국내 실향민 발생 등의 인도적 위기상황이 발생하는 경우, '인간안보'의 측면에서 국제사회는 "인도적 개입(humanitarian intervention)"의 방법으로 위협상황을 해결하였던 사례도 발견된다. 결국, 인간안보를 달성하기 위해서는 첫째, 국가안보를 통해 국민의 안보를 확보하는 방법, 둘째, 국가 정권의 무능, 부패, 욕심에 의해 인간안보가 위협을 받는 경우 인도적 개입이 필요하며, 셋째, 국제레짐(international regime)을 중심으로 국제협력을 통한 글로벌 거버넌스 방식으로 전 세계의 인간안보를 수호하는 방법이 있다.

제2절

국제안보와 국가안보

1. 국제안보

국제안보에 대한 연구는 국제관계학(IR)에서 주로 다루어지며, 국제관계학은 국제정치학의 연구대상과 다를 바 없다. 근본적으로 국제안보를 연구하는 이유는 전쟁과 위협을 다스리기 위한 것이다. 국가 간 발생하는 전쟁을 다루기 위해 여러 전략이 이론적으로 대두되는데, 세력분산, 억지, 집단안보, 다자적 접근방법 등이 대표적이다. 국제안보 연구의 상위 학제라고 볼 수 있는 국제관계학에서 제시되는 기본적 이론을 먼저 고찰하고, 국제안보와 관련된 이론을 살펴본다. 이어 국제안보와 비교하여 국가안보의 개념과 전략은 무엇인지를 개괄적으로 소개한다.

(1) 국제관계 이론

국제관계 또는 국제정치에 대한 이론은 전통적 관점과 이에 대해 비판적인 입장으로 구분된다. 전통적 관점의 대표적인 두 가지 이론은 정치적 현실주의(Realism)와 이에 반하는 개념인 자유주의(Liberalism)를 칭한다. 국가 간 전쟁의 위협을 우려하면서 과거로부터 오랫동안 논의되었던 전통주의자들에 반하여, 탈냉전(Post Cold War) 시기에 접어들면서 국제안보의 문제가 전쟁에 대한 대비만이 아니라 개인에 대한 보호와 발전을 추구하여야 한다는 입장에서 전통적 입장에 대한 비판주의자들의 주장이 나타나기 시작하였다.

현실주의 (Realism)

현실주의는 BC 5세기, 지금으로부터 2,500년 전 등장한 아테네의 장군 투키디데스를 필두로, 이후, 마키아벨리, 토마스 홉스, 클라우제비츠 등이 맥을 이으며, 20세기의 한스 모르겐서(Hans J. Morgenthau)에 이르면서 근본적인 공통성을 유지했다. 이들 고전적 현실주의자들의 관심사는 질서, 정의, 변화의 문제였으며, 이 개념을 국내적, 지역적, 국제적 수준에서 연구하였다. 고전적 현실주의자 입장에서는 모든 정치란 인간의 활동에서 표현되는 것이고 국제관계도 인간과 같은 병리학적 상태로 귀결된다고 보았다. 투키디데스가 저술한 펠로폰네소스 전쟁(BC 431~404)은 비극의 형식과 스타일로 구성되었다. 모르겐서는 비극은 쓰지 않았지만 그의 사고방식은 19~20세기의 다른 많은 독일 지성인과 마찬가지로 인생과 정치를 이해하는데 있어서 비극적인 경향으로 기울어 있었다. 현실주의의 입장은 다분히 비관적 분위기가 주류를 이룬다. 한 국가가 성공을 이루며 강대국으로 성장하고, 자만심에 빠지면서 다른 나라를 넘볼 때 결국 자기 스스로가 타국의 최악의 적이되며, 이기적 이득 추구로 인해 눈이 멀어 스스로를 통제하지 못하고 공격적인 방향으로 확대되어 결국 국제사회가 자멸하는 대외정책으로 귀결된다는 주장이다.

현실주의는 국가 간의 관계를 다음과 같이 가정한다. 첫째, 국제사회는 무정부적 구조이다. 국제체제는 '정글의 법칙'이 작동되는 무정부적 구조로서 갈등을 해소하고 개별 국가의 행위를 통제하거나, 국가 간 협력을 추진

할 국가의 행위를 통제할 수 있는 통치기구가 따로 없는 무정부 상태이다. 둘째, 이러한 무정부 상태에서 주요 가치는 생존, 이익, 자조(自助)[1]이다. 즉, 무정부상태에서 국가 간 군사력 차이에서 두려움을 극복하기 위해 국가에게 중요한 것은 국가의 생존과 안보이며, 각 국가는 스스로 생존하고 이익을 지키기 위해 자조의 노력을 할 수밖에 없다. 셋째, 국가가 국제관계에서 가장 중요한 행위자로서 주요정치의 목적은 국방과 안보, 즉 상위정치(high politics)에 있다. 넷째, 평화를 유지할 수 있는 방법은 동맹의 형성과 해체를 통한 다른 국가와의 세력균형이다. 다섯째, 세력균형과 분쟁해결을 위해서는 힘의 행사가 분쟁해결의 정치적 수단이 된다.

고전적 현실주의자들은 이익을 권력이라는 개념으로 정의한다. 권력은 물질적 역량이라고 볼 수 있다. 케네스 월츠(Kenneth Waltz)에 따르면, 국가의 정치적 영향력은 자국의 경제력 및 군사력과 매우 밀접하게 연관되어 있다. 현실주의자들은 도덕적 원칙보다 자국의 이득이 우선이라고 믿었다. 그리고 정의를 고려하는 것은 부적절하고 심지어 대외정책에 그것을 기반으로 하는 것은 위험한 발상이라고 하였다. 정의를 호소하는 것은, 보다 구체적인 물질적 이득을 취하려고 만들어낸 정책을 정당화 하거나 가면을 씌우려는 것으로 간주하였다.

新현실주의 (Neo-Realsim)

왜 국가는 권력을 얻으려 하는가? 고전적 현실주의자 관점에서는 그 답은 인간의 본질이라고 한다. 모든 사람이 실제 권력이라는 것에 얽혀서 태어났으며, 강대국들은 경쟁국가보다 우세한 권력을 가지려는 그러한 속성을 가

---

1 1. 자기의 발전을 위하여 스스로 애씀. 2. 국가가 자력으로 국제법에서의 권리를 확보하는 일. (네이버 국어사전)

진 인간들에 의해 이끌어져 가고 있다는 것이다. 그렇기 때문에 가장 강력한 국가가 되려는 노력 외에는 없다. 그러나 신현실주의자(구조적 현실주의)들의 입장에서는, 인간의 본질은 국가가 권력을 가지려는 것과 관계가 없다고 본다. 그 대신에, 각 국가들에게 권력을 가지도록 추구하게 하는 국제적 체제의 구조가 그 이유라고 본다. 강대국보다 더 높은 권위를 가지는 것이 없고, 한 국가가 다른 국가를 공격하지 않는다는 보장이 없는 이러한 국제체제에서, 각 나라는 공격을 당할 것을 대비해서 자국을 보호하기 충분하게 강력해지려 하는 것이다. 즉, 강대국들은 자국의 생존을 위해 다른 강대국과 경쟁하는 것 외에는 다른 선택이 없다는 철창속에 갇혀 있는 것이다.

얼마나 많은 정도의 권력을 확보해야 충분한가? 라는 질문에 대해서는 두 가지 관점으로 나뉜다. 하나는 방어적 현실주의자(Defensive realists)이고, 또 다른 하나는 공격적 현실주의자(Offensive realists) 이다. 케네스 월츠는 방어적 현실주의자인데, 자국의 권력을 극대화하려 한다면 국제체제 안에서 응징을 당하게 되므로 위험하다는 입장으로, 패권을 장악하기를 추구한다면 무모한 짓이라는 주장이다. 한편, 존 메어샤이머(John Joseph Mearsheimer) 같은 학자들은 반대 입장이다. 국가가 가능하다면 최대의 권력을 확보하는 것이 좋으며, 여건이 된다면 패권을 장악하는 것이 좋다는 입장이다. 정복이나 지배의 개념이 아니라 타국에 비해 압도적인 권력을 갖는 것이 국가생존의 최상의 방법이라는 것이다. 고전적 현실주의자에게는 권력이란 그 자체가 목적이었지만, 구조적 현실주의자들에게는 권력은 목적을 달성하기 위한 수단이고 궁극적 목적은 생존이라는 것이다.

자유주의 (Liberalism)

자유주의는 르네상스 시대를 주도한 자유주의 학파인 이상주의에서 시작되었다고 할 수 있는데, 기본적으로 인간의 이성과 합리성에 대해 신뢰를 부여함을 기본으로 한다. 자유주의는 이상주의적 접근에서 연계되어 발전해오면서 그로티우스, 로크, 칸트, 윌슨 등으로 이어지는 계보를 가지고 있다.

2,500년간 지속되어 온 현실주의 이론에 대해 도전하려는 자유주의적 이론들이 다수 제시되어 왔다. 첫째, 국가 간 경제적 상호 의존성이 무력을 사용하는 것을 자제시킬 수 있다는 것이다. 양 국가 간 무역 등을 통한 상호 경제적 이익을 공유하게 되면 전쟁을 벌이면서 상대방 국가의 재산을 위협하려하지 않기 때문이다. 즉, 국가 간 관계는 상호이득 관계로 협력을 통해 행위자들은 공동의 이익을 창출할 수 있다는 주장이다. 두 번째 생각은 우드로우 윌슨(Woodrow Wilson) 대통령이 전개한 자유주의 정책이다. 민주주의 국가는 독재국가보다 평화로우며, 민주주의를 세계에 확산시킴으로써 전쟁을 막을 수 있다는 주장이다. 칸트(Immanuel Kant)의 저서 '영원한 평화를 위하여, 철학적 초고(Zum ewigen Frieden, Ein philosophischer Entwurf, 1795)'에서 제시한 영구평화론이 사상적 기원으로 볼 수 있다. 세 번째 주장은 비교적 최근의 이론인데, 국제적 제도와 기구가 이기적 국가의 행태를 저지할 수 있다는 것이다. 국제원자력기구(IAEA) 또는 국제통화기금(IMF) 등의 국제적 조직이 대표적 사례인데, 이러한 국제적 제도가 국가들로 하여금 눈 앞의 당장의 이득보다 국가 간 협력을 통한 더 큰 이익을 얻을 수 있다는 사실을 각성시킬 수 있다는 주장이다. 공동이 지킬 수 있는 국제규범, 국제법, 국제윤리를 통해 국가들의 위협적 행동은 제약될 수 있으며 국제평화건설이 가능하다는 것이다. 넷째, 국제체제에서 국가만이 유일한 행위자가 아니며 비국가행위자도 중요하게 간주한다. 국제기구, 국제적 비정부기구, 다국적기업 등 비국가 행위자도 국제사회에서 중요한 행위자의 역할을 담당한다. 다섯째, 국가 안보 뿐만 아니라 하위정치(low politics)인 경제, 환경, 인권, 자원 등 다른 이슈들도 중요하게 여긴다.

자유주의는 체제이론(Regime theory)을 제시하는데, 국제적 제도와 규범이 국가 간 또는 비국가 행위자 간 갈등과 긴장을 종식시킬 수 있다고 믿는다. 체제이론은 무정부상태인 국제사회에서도 국제적 체제(regime)를 구축하고 이를 통해 협력이 가능하다는 주장이다. 여러 가지 이슈 중에서도 특히, 국가 간 협력이 가능한 분야는 무역, 인권, 집합적 안보 등이다. 체제(regime)란 유형, 무형의 상태로, 국제적 기구의 모습으로 존재하기도 하고, 또한 제도나 관습, 규범, 의사결정의 과정 등으로 존재하면서 국제적 행위자들을 통제할 수 있다.

신자유주의(Neo-Liberalism)

1980년대 세계화를 가져온 신자유주의자들은 무정부 상태에서도 국제협력이 가능하다고 본다. 이들은 국제레짐을 통해 상호 신뢰와 투명성이 확보되면 안보딜레마가 극복될 수 있다고 주장한다. 또한 레짐이 협력창출과정에 있어 상대방의 이득에 대한 중요한 정보와 이득의 전반적 분배에 관한 정보를 제공함으로써 이득의 불평등한 배분과 관련된 문제를 해결하도록 도와줄 수 있다고 본다. 즉, 신자유주의 이론은 국가 간 상호의존이 높을 수 록 협력이 중요할 수밖에 없는 현실을 설명하는 상호의존론, 국가의 정치·사회·문화적 분야별 협력과 역할의 중요성을 설명하는 기능주의, 국제규범과 레짐을 통한 공동현안을 해결하고 국제평화를 기하는 제도주의적 자유주의 등으로 확산되었다.

신자유주의자들이 주장하는 바는, 국가들이 모여 있는 사회에서 다양한 집단행동의 방해물을 극복하게 해주는 것이 국제기구 또는 제도(Institutions)라는 것이다. 이러한 기구들이 어떻게 운영되어야 효용성이 높은 협조적 결과물을 얻을 수 있는가가 신자유주의자들의 주요 관심사이다. 이들의 중심적 관심사는 국제체제에서 각 행위자(국가)와 국가들 사이에서 어떻게 협력을 성취할 수 있는가이다. 실제, 신자유주의자들은 신현실주의자들의 주장, 즉, 국제협력은 공포와 불안감을 키우는 무정부적인 국제환경에서 얻어지기 어려울 수 있다는 주장에 동의한다. 그럼에도 불구하고, 신자유주의자들은, 20세기에 들어서 이루어진 역사적인 발전들이 과거 역사보다 훨씬 국제협력을 쉽게 만들었다고 주장한다. 이 발전이란, 공식적 그리고 비공식적으로 발전한 국제기구와 제도(International Institutions)이며, 이 기구와 제도들이 동시대에 날마다 발생하는 국제정치 문제에서 근본적인 역할을 수행했다는 것이다. 공식적인 기구란, 실제 기구의 건물과 장소, 근무자, 예산, 기타 자원들이 투입된 다자간 국제기구(Multilateral Organization)를 의미한다. 즉, 자발적으로 설립된 정부간 기구인 유엔 또는 IMF 등이 그 기구들이다. 또한, 국가들은 비공식적 기구 성격의 컨트롤 타워를 구축하였는데, 이를 국제체제(International Regimes)라고 한다. 이 국제체제는 내외적 원칙과, 규범, 규정, 의사결정 절차 등을 포함하여 구성된 것이다. 이 국제체제의 개념은 어떤 특정한 국제적 문제가 발생한 지역에서 행위자간의 협력적인 노력과, 가설, 행위 등을 포착하고, 묘사하고 분석하기 위하여 발전되어왔다.

신자유주의는 현실주의와는 달리, 국제관계학의 자유주의에서 파생된 것으로, 인간의 문제로부터 축적되어가면서 발전한다는 가능성에 관해 자유주의적 가설을 기반으로 하고 있다. 즉, 비극적으로 보는 현실주의와는 달리, 신자유주의는 인간의 능력에 있어서 점차 상호간 교류하면서 자유, 평화, 번영, 정의 등을 발전시키는 집합적인 결과물을 얻는다는 신념이 있다.

구성주의 (Constructivism)

구성주의는 1980년대 시작된 실증적 접근으로서 개체론과 유물론적 접근인 신현실주의와 신자유주의 지배적 패러다임 속에서 이를 비판하는 이론으로서 국가행위와 행동의 대상이 아닌 행위가 만들어지는 구조 및 그 구조 속 조직의 원칙, 행위자와 그들의 관계를 규제하는 규칙, 구조와 행위자

사이의 관계와 그 관계를 인식하는 개념의 차이에 집중한 사회학 이론으로 시작된다. 즉, 구성주의는 제도, 구조와 같은 사회현실이 행위자 간 상호작용에 의해 구성되는 가변성을 인정하면서 자유주의와 현실주의의 중간에서 그로티우스적 사고[2]에서 출발했다.

대표적 학자인 로버트 코헤인은 1989년, 베를린 장벽 붕괴를 계기로 인간이 사회적 세계를 재구성할 수 있다고 접근하면서, 국제정치 분석의 틀을 합리주의와 구성주의로 적용하였다. 구성주의는 방법론적으로 현실주의나 자유주의에 내포된 것과 같은 어떠한 특정한 세계관을 표방하지 않으며, 분석적 중립성을 지킨다. 구성주의의 규범적 측면을 굳이 따진다면, 사회변화에 대한 관심이다. 즉, "모든 종류의 사회는 변한다"는 믿음이 구성주의 특유의 규범적 가치이다. 구성주의의 대표 학자인 웬트(A. Wendt)는 현실주의적 지적 전통에 기울어 있으며, 그 외 대다수의 구성주의자들은 자유주의적 전통에 접맥되어 있다.

구성주의의 출현은, 냉전의 종식과 세계화 진전이라는 새로운 국제정세 흐름 속에 냉전기의 주요 패러다임인 현실주의의 전제와 이론적 목표가 혼잡스럽게 되어 새로운 접근이 필요했기 때문에 관심을 얻게된다. 새롭게 변화된 국제정치의 행위 주체(agent), 국제정치 구조(structure), 과정(process)에 대한 새로운 이론적 틀이 요구되었고 기존 이론의 경직성을 타파하고 주체 간, 주체와 객체 간, 국가들 상호 간, 국가와 국제사회 간 상호작용이 국가속성과 국제체제에 대한 인식을 변화시킨다는 주장이 대두되게 되었다.

구성주의는 사회적, 문화적인 관점에서 국가 행동의 패턴이 이익, 규범, 정체성의 상호작용을 통해 사회적인 구조 내에서 형성된다고 본다. 웬트는

---

2 그로티우스적 사고, 또는 합리주의라고도 한다. 그로티우스(Hugo Grotius)는 네덜란드의 법학자이자 정치가이다. 합리주의는 홉스적 전통과 칸트적 자유주의의 중간쯤에 위치한다. 홉스적 전통처럼 국가들이 항상 서로 제로섬의 갈등상태에 있다고 믿지 않고 이상주의처럼 협력을 도모한다고 생각한다.

국제체제의 구조를 사회적 구조로 보고, 구성요소인 물질적 요소, 관례화된 행위, 공유된 지식 중에서 공유된 지식이라는 관념에 따라 이익, 규범, 정체성을 형성해 나간다고 보았다. 구성주의는 규범이나 국제제도가 합리적으로 주어진 것이 아닌(신자유주의) 국가들 간의 교류와 대화, 사회화의 학습을 통해 정체성과 이익을 반영한 것으로 본다. 또한, 국가 간 공유하는 문화, 역사와 같은 공동기반을 토대로 조화로운 정체성을 형성해가면 갈등과 무력사용을 줄일 수 있다고 주장한다. 즉, 구성주의는 사회학적 관점에서 '관념'의 인식방법에 대한 국제관계의 유동성을 해석하는데 집중한다. 국제사회를 무정부 상태로 보는 것은 현실주의와 유사하나 제도와 규범을 통해 평화, 협력이 가능하다고 보는 입장에서 '신자유주의적 제도주의'로 편입될 수 있다.

비판주의자의 주장

비판주의자는 국제 안보 환경에 대해 더욱 역동적인 관점으로 접근하며, 전통적인 안보 접근론에 대해 특히, 현실주의와 신현실주의에 대해 근본적인 도전의 입장을 취한다.

전통주의가 바깥에 있는 세상을 묘사하는 좋은 이론이라는 입장과는 달리, 세상에 대한 우리의 경험을 잠재적으로 구성하는 것으로 이론을 본다. 전통주의가 사회적 삶과 다양한 인간관계의 본질을 전체적으로 포함하지 못하고 있다는 점을 비판한다. 국제적 무정부 상태의 영향이 국가의 행위에 미치는 것에 대해 불가피한 것은 없다는 입장이다. 예를 들면, 우방 국가로 구성된 무정부상태는 적으로 구성된 무정부 상태와는 상당히 다를 수 있다는 것이다. 비판주의자들의 시각은 다양하였는데 그 중 2가지는 의미가 있다.

첫째, 어떻게 안보가 다른 문맥으로 이해되어야 하는가? 이러한 연구에 대해 언어의 힘과 정치를 함께 고려해왔다는 점이다. 안보가 실제로 무엇인가? 라는 것을 규명하기보다는 우리가 분석하는데 중점을 두어야 한다는 것이다. 안보가 얼마나 다양하게 나타나졌는가? 또한 얼마나 다양하게 언급되었는가? 무슨 의미로 언급되었는가? 라는 주제에 중점을 두어야 한다는 것이다. 전통주의자는 '위협의 본질'을 대상으로 강조한다. 안보의 언어는 정치적 우선권에 대한 언어이다. 다시 말해서, 어느 정도까지, 안보의 언어가 다른 문제들과 연계되어 있는 정치적 우선권을 확립했는가? 어느 정도까지 예외적인 조치들을 채택하는 것을 정당화하였는가? 여기서 예외적 조치란, 군사력의 사용, 인신보호법의 정지, 핵심자원의 다양화 사용(변환 전용) 등이다. 안보를 다르게 표현함으로써 누구에게 이득을 주었는가? 누가 거기에서 피해를 보았는가? 우리가 생각하는 안보의 구성요소가 어느 정도까지인가? 우리의 적을 규명하는 것이 우리 스스로의 정체성의 감각을 명확하게 하는데 도움을 준다면, 어느 정도까지인가? 이러한 문제들을 따져봐야 한다는 입장이다.

둘째, 비판주의자는 객관적인 사실보다는 정치적 논의의 문제로서 안보의 구성을 조망하였으며, 이 결과로 대안적인 안보 아젠다를 찾는데 중점을 둔다. 국가로부터 다른 우선이 되어야 하는 것을 강조해야 한다는 것이다. 국가가 중심이 아니라 다른 것이 중심이 되어야 한다는 의미다. 특히, 인간에 대한 안보, 인본주의 등이다. 이러한 관점에서 볼 때 국제적 안보는 보다 정교하게 분배의 문제와 정의에 대해 초점을 맞춰야 하고, 모두에게 혜택이 돌아가는 일을 해결책으로 찾는 데 초점을 맞추어야 한다는 주장이다. 안보를 제로 섬 게임으로 보는 것에 반대한다. 주변에 있는 것들, 전통적 안보의 담론에서 배제된 것들을 위한 공간을 만들어야 한다. 예를 들면, 페미니스트 학자들은 대부분의 사회에서 남자와 비교하여 여자에 의해 여자들이 당한 불평등, 폭력, 종속 등이 왜 언급되지 않고 있는가 라는 주장이다. 요약하자면, 비판주의자는 비판을 통해 다소 긍정적 관점을 가진다. 미래의 잠재성에 대해 진보적인 변화가 현실주의자들이 묘사하는 무정부의 구조에서 벗어날 수 있을 것이라는 생각이다. 그러나 필요한 것이 이루어져야 한다는데 많은 사람들이 동의하긴 하지만 이러한 변화를 촉진하는 것은 어렵다.

(2) 국제안보 이론

세력분산 (Distribution of Power)

전쟁의 문제에 대해 고려할 때, 국가와 정치인 그리고 옵저버들은 국제체제에서의 세력 분산을 크게 강조한다. 균형을 얘기할 때, 이것은 대략 국가간의 균등한 세력분산을 의미하는 것은 아니고, 국가간의 균등한 세력에 관계없이, 국가들의 한 그룹 사이에서의 세력 분산을 의미한다. '세력의 균형(balance of power)'이라는 말 글자 그대로 이해되어서는 안된다. (균등하게 분산한다는 뜻이 아니라 세력을 적절하게 분산하여 균형을 유지한다는 의미). 평화를 유지하는 것은 적절한 세력의 분산을 통해서 가능하다.

세력(Power)이라는 말 또한 문제가 많은 용어이다. 다양한 종류의 세력이 있다 경제력, 정치력, 문화적, 이념적 등 연성파워(soft power)로 구분되는 세력이 있다. 그러나 여기서는 군사적 세력(경성파워, hard power)을 다룬다. 전쟁의 문제를 다루는 전략은 적절한 군사력의 분산을 달성하는 것이다. 국제정치에서의 중심은 파워이며 평화와 안보를 이루는데 있어서 가장 중요한 요인은 이를 해칠 수 있는 군사력이라는 것이다. 전쟁은 바로 군사력의 의도적인 사용이다. 평화를 달성하는 방법은 군사력이 평화를 해치지 못하도록 막는 것이다.

국제정치에 있어서 국가들은 힘을 갖고 있으며 서로 상대의 힘이 어떻게 사용될지 또는 남용될지에 대해서 우려하고 있다. 어느 나라든 군사력으로 우위에 있지 않다면 전쟁을 벌이지 않을 것이다. 따라서 전쟁을 막기 위해서는 세력의 분산이 마련되어야만 하는데, 세력분산이 없었다면 전쟁을 선택하려는 나라가 있기 때문이며, 세력분산으로 인해 그런 생각을 갖지 못하게 해야 하기 때문이다. 각 국가들은 여러가지 방법으로 국제정치에서 세력의 분산을 유지하거나 조정하려 한다. 공동의 두려움의 대상에 대해 여러 나라가 힘을 합쳐 동맹을 맺을 수도 있고, 전쟁을 피하거나 전쟁을 이길 수 있는 막강한 세력을 확보하기 위해 동맹을 맺기도 한다. 동맹 결성에 더하여, 동시에 자국의 군사력을 강화시킬 수도 있다. 위협이 되는 존재에 대해 이를 공감하는 다른 제 3국에 힘을 강화시켜 위협을 주는 상대국에게 압박을 가한다. 세력분산의 일반적인 방법은 단순하다. 위협의 힘으로 여겨지는 국가의 힘을 상쇄하기 위해, 또는 미래의 예상되는 위협으로부터 방어하기 위해 적절한 지역과 적절한 나라에 힘을 실어주는 것이다.

패권 안정론 (Theory of hegemonic stability)

우세에 의한 평화(Peace by Preponderance)라고 표현할 수 있다. 전쟁도발을 억제하기 위한 가장 적절한 세력분산, 즉 가장 바람직한 국제체제의 구조는 무엇인가? 이에 대해서 의견의 불일치가 많다. 우선, 어느 나라가 위험한 정부인지, 어떤 정부가 전쟁의 도발을 위협하는 존재인지에 대해 의견이 엇갈린다. 어느 나라도 자기 자신이 문제의 나라라고 생각지 않는다. 따라서 정부들은 서로간에 어떤 세력분산이 가장 적절한 세력분산인지에 대해 의견을 달리한다. 다수 국가간 또는 양국간 최선의 국제체제가 무엇인가에 대해 의견이 갈리는 것은 일상적인 일이다. 현재 뿐만 아니라 미래의 세력분산에 대해서도 의견의 차이는 있다.

국제정치학자들은 세력분산이 전쟁을 예방하기에 가장 적절한 방법이라는데 동의하지 않는다. 이로 인해 다른 전략이 나오는데, 전쟁을 일으키려는 잠재성이 큰 나라에 대항하여 맞서는 것이다. 주변 국가의 연합으로 전쟁을 일으키려는 국가를 군사적 열세에 몰아넣는 것이다. 이런 국가의 연합 또는 강력한 국가를 패권국가(hegemon)라고 한다. 즉, 평화는 확실한 세력 불균형(a clear imbalance of power)에 의해 유지되며, 이것은 우세에 의한 평화라고 불린다. 오늘날 미국이 패권국가로 불린다.

과거의 경우를 보면, 강대국간의 큰 전쟁으로부터 그러한 불균형이 자동적으로 생겨나고 패권국가의 유지로 인해 평화가 유지된 사례를 발견할 수 있다. 1860년대 프로이센은 여러 전쟁을 일으키면서 유럽대륙에 가장 강력한 나라가 되었다. 비스마르크의 프로이센은 패권적 세력분산의 유지를 통해 20년 이상 동안 유럽의 평화를 유지했다. 전쟁에서 승리한 국가나 연합국가들이 사실상 패권국가가 되며, 이를 통해 가능한 오랫동안 불균형, 즉, 패권국가의 지위를 지속 유지하려 한다.

오늘날 미-중 관계의 경우, 미국은 현재의 중국보다 군사적으로는 분명히 더욱 막강한 강대국이며, 이에 대해 중국은 만족할 수 없는 상황이다. 미래 발생가능한 중국과의 분쟁시 미국이 압력을 가하거나 심지어 군사적 공격을 감행할 수 있기 때문이다. 한편, 미국은 현재 중국과의 관계가 안전하다고 느낄 수 있지만, 중국이 군사적으로 미국을 조금 더 따라잡는다면 대만의 위협이 되고 전쟁도발도 가능하다고 생각한다. 지금 미-중 관계는 우호관계를 유지하고 무역이 활발하나 상호간 두려워하면서, 양국간의 가장 적절한 세력분산이 무엇인지에 대해 심각한 의견대립이 존재한다.

패권 안정론(Theory of hegemonic stability) 자들은 자국 정부의 정책이 올바른지를 날카롭게 비판하지도 않은 채, 일방적인 세력분산의 뚜렷한 편중을 가장 좋은 것으로 보며 오늘날 미국에서 많이 지지되고 있다. 이들은 다극체제(Mulipolar system)에서는 더욱 복잡하고 어려운 상황이 발생할 수 있다고 보며 패권국가가 존재하는 것이 안전을 지켜준다고 판단한다. 패권국가 중심의 협력을 증대시키는 것이 분쟁을 줄일 수 있으며, 이러한 국제체제에서는 거의 전쟁이 발생할 가능성이 없다고 본다. 세력 우세에 대한 확신은 미국인들의 핵확산 반대 주장의 이면에 깔려 있다. 작은 나라라 할지라도 핵을 보유하게 되면 패권국가를 위협하기 때문이다.

균형을 통한 평화(Peace by Balance)를 추구하는 방식이다. 불균형을 통한 평화유지와 달리 이 유형의 세력분산 전략은 분쟁국가 또는 경쟁국가들 사이에 엇비슷한 힘의 분산을 추구하는 것이다. 냉전시대에는 양극적 세력분산(bipolar power distribution)이 출현했다. 두 개의 초강대국(Superpower)은 각각 지지국가들을 거느리는 세력축(pole of power)을 형성한다. 세 개 이상의 축이 존재하는 경우에는 다극적 세력분산(multiple power distribution)이 출현할 수 있으며, 패권국가 또는 패권연합은 존재하지 않는다. 세력균형을 달성하는데 적용되는 원칙은 "적국의 적국은 나의 우방(the enemy of my enemy is my friend)"이다.

다극체제에서 균등한 세력분산 유지의 가능성은 균형자(balancer)가 존재하는 경우다. 두 개의 축이 불균형을 초래할 때 열세의 편을 들어 균형을 유지하는 것이다. 1890년 비스마르크가 물러나고, 독일 정부는 독일의 힘과 영토를 확장하는 방향으로 전환하였고 이것은 독일의 힘을 두려워하는 국가들 사이에 세력분산을 조정하려는 움직임을 초래했다. 독일-오항제국-터키 동맹과 영국-프랑스-러시아 동맹의 대립으로 20여 년간 양축은 군비경쟁을 벌이면서 대략적인 균형이 성립되었다.

또 다른 사례로, 1938~1939년의 정세와 관련, 독일은 1차대전의 패전으로부터 완전히 회복되었으며, 독일-이탈리아 동맹을 맺고 있었는데, 영국-프랑스 동맹은 소련을 끌어들이려 하였다. 그러나 소련은 양축이 균형을 이룬다고 오판하였고, 독일의 제안(폴란드, 발틱3국 관련)을 받아들여 독일이 2차대전을 일으키는 결과가 초래되었다. 제2차 세계대전 이후 양극적 세력분산으로 바뀌었다. 미-소 양진영 모두 양극체제(bipolarity)하에서 자신들이 충분히 안전하다고 느꼈기 때문에 패권을 장악하는 것이 중요하지 않았다.

세력전이 (Power Transition Theory)

냉전 종식 이후 국제정치학의 장에서는 기존의 미국과 소련 중심의 양극적 균형구조의 패러다임을 극복할만한 국제정치학적 패러다임의 전환이 필요했다. 또한 중국의 부상과 함께 세력전이이론(Power Transition Theory)은 주목을 받게 되었다. 이는 세력전이이론이 중국의 영향력 증대와 미국·중국의 관계변화의 움직임을 설명하는데 적합하기 때문이다.

세력전이이론은 1958년 오르갠스키(A.F.K. Organski)에 의해 주창되었고 한스 모겐소(Hans J. Morgenthau), 로버트 길핀(Robert Gilpin) 등의 연구를 통해 국가 사이의 패권의 변화로 국제관계가 변화할 수 있다고 파악했다. 특별히 세력전이이론의 선구자인 오르갠스키의 경우, 이 이론은 기존의 국제질서에 불만을 품은 제2인자인 도전국가의 발전속도가 패권국가보다 빠를 때, 세력전이가 일어나며 이것이 패권전쟁을 유발한다고 보았다.

특별히 오르갠스키는 국가발전의 격차가 쉽게 좁혀지지 않았던 농경시대와는 달리 산업화 이후의 역동적인 국력변화 덕분에 세력전이가 가능하다고 평가했다. 이후에 이 이론은 계속 발전을 거듭했다. 세력전이이론은 동태적(dynamic) 성격의 이론이다. 따라서 변수들 간의 인과관계를 포함한 상호작용과 그에 의한 상황의 변화양상까지 다룬다. 이 이론은 국제관계는 개별 행위자인 국가들 간의 국력 성장의 차이와 국제질서의 위상 차이 때문에 국제관계는 끊임없는 변화를 발생시킨다고 주장한다.

세력전이이론은 결정론적(deterministic) 시각이 아닌 확률론적(probabilistic) 시각에서 전개된다. 따라서 독립변수의 변화로 인해 종속변수의 변화가 일어날 확률을 높이는 것이라고 판단한다. 예를 들어 이 이론은 패권을 가지고 있는 지배국가와 도전국가 사이에서 세력의 전이가 발생하고, 이 과정 속에서 헤게모니를 쥐고 있던 지배국가에 대해 도전국가가 반발이 강할 경우 세력전이가 전쟁으로 발발할 확률이 높아진다고 예측한다.

세력전이이론은 합리적인 이론임을 가정한다. 이 이론은 현실주의 이론과는 다른 다음과 같은 3가지 가정들이 존재한다. 먼저 이 이론에서 국제체제는 위계적 질서로 구성되어 있다. 모든 국가는 위계질서(hierarchical oder) 안에서 존재하며, 그 안에서 국가의 자신의 위치를 자각한다. 위계질서 안에서 권력은 소수가 독점하며 가장 큰 세력을 가진 단일국가를 지배국가(dominant power)라고 일컫는다. 그리고 지배국가는 가장 큰 영향력, 즉 권력을 행사한다. 다음으로 세력전이이론은 국제질서 속에서 행위자인 국가들이 자신들의 절대적 만족도가 아닌 상대적 만족도를 높이는데 목표를 두고 있음을 가정한다. 이에 따라 국제질서 속에서 가장 세력이 큰 행위자가 가장 큰 만족도를 느끼고 나머지 국가들도 세력의 차이에 따라 상대적인 만족도를 얻는다. 또 약소국은 변화에 영향력을 미칠 확률이 적기 때문에 국제질서에 중립적인 태도를 갖는 것이 일반적이다. 마지막으로 세력전이이론은 국가의 경쟁력, 즉 발전정도나 군사력 등의 지표 변화가 국제질서를 변화시키는 가장 큰 변수라고 가정한다. 세력전이이론가들이 말하는 세력은 막스 베버가 제시한 권력의 개념과 거의 동일하다. 이 이론가들은 세력을 "상대국가가 자신의 요구를 따르도록 강제하거나 설득할 수 있는 능력"이라고 정의한다. 또한 국가의 세력은 국내정치요인에 의해 결정된다. 오르갠스키에 의하면 국가의 세력을 정하는 3대 요소로는 경제적 생산성, 인구, 정치 체제의 효율성이 있다.

안보의 딜레마

딜레마란 대안 중에서 어떤 것을 선택해도 바람직하지 못한 결과가 나오게 되는 곤란한 상황을 말한다. 즉, 어떤 것을 선택하더라도 만족스럽지 못하다는 뜻이다. A라는 국가가 타국의 위협에 대응하기 위해 군사력 건설 등을 통해 그 능력을 증강시키면 이것이 B국가에게 위협으로 작동하게 되어 B국가도 군사력을 추가적으로 건설하게 된다. A국가는 자신의 안보 불안을 감소시키기 위해 군사력을 증강시켰지만 B국가도 군사력을 증강시킴으로써 이것이 오히려 더 큰 안보 불안으로 되돌아오게 된다. 군비 증강을 안 해도 안보 불안이 생기고, 군비 증강을 해도 안보불안이 생기는, 즉 이러지도 저러지도 못하는 상황이 바로 안보의 딜레마이다.

한편, 국가 간 안보 차원이 아닌 자국 내에서 또는 국제체제 차원에서의 또 다른 딜레마가 존재한다. 예를 들면 국제체제에서 지구온난화 문제가 심각해질 경우 이를 막기 위해 경제정책 결정에 있어서 국가와 기업 등에 대해 막대한 제약을 가할 필요가 있을 수도 있다. 이로써 군사력을 강화해야 하는 안보를 증강시킬 수 없는 상황이 발생한다. 한 국가 차원에서, 국민, 관료, 정부 등은 종종 다른 것을 위해, 혹은 다른 것을 가질 수 있는 기회를 갖기 위해 어느 정도 안보를 포기한다. 때로는 안보부재상태가 더 낫다고 느끼기도 한다. 실패와 실업의 위험은 회사, 기업, 노동자로 하여금 보다 기민하게 움직이게 만들어 높은 작업능률을 올린다. 경쟁을 통해 기회를 잡을 수 있기 때문에 학교, 회사, 정당은 계속해서 활발하게 움직이고 효율적으로 움직인다. 즉, 안보를 소홀히하고 다른 분야에 집중할 때 비록 안보의 불안이 발생하지만, 안보를 제외한 다른 경제적, 사회적, 정치적 요인들이 발전할 수 있다는 딜레마가 형성된다.

2. 국가안보

(1) 국가안보의 의미

국제체제의 평화를 유지하기 위한 국제안보의 개념에 비해, 국가안보는 한 국가의 생존과 보호, 번영을 추구한다. 즉, 외부의 위협뿐만 아니라 국가 내부에서 발생하는 위협으로부터도 국가를 보존해야 하는 것이다. 즉, 국가

안보는 국내외 위협으로부터 국민의 생명과 재산을 보호하고, 국토와 민주주의 같은 가치나 제도를 보존하는 것을 의미한다. 국가안보의 출발점은 그 국가의 생존이다. 대부분 국가의 몰락은 국가 간의 전쟁 등 외부의 위협보다는 내부적 문제로 야기되었는데, 쿠데타, 게릴라전쟁, 혁명, 법질서파괴, 분리운동, 자국내 테러 등이 주요 원인이었다. 한편, 최악의 경우는 대외적 문제와 국내적 문제가 동시 발생하는 경우다.

국가안보에 대한 명확한 정의는 지역과 시기에 따라 변화되고 있는데, 과거 국가 간 전쟁의 위협이 중점적이었으나 점차 비군사적 사안도 포함되는 추세이며, 국내의 문제가 더욱 위협적으로 대두되는 추세임을 파악할 수 있다. 이에 따라, 다양한 정의를 일반적으로 정의해 보면, 한 국가의 안보와 방어를 의미하는데, 보호해야 하는 대상은 그 나라의 국민, 경제, 제도 등 국가의 책무로서 간주되는 사안들이다. 이제 국가안보는 국가의 생존뿐만 아니라 국가이익을 국내외에서 발생하는 모든 위협으로부터 여러가지 수단을 동원하여 보호하고 증진시키는 것이라고 할 수 있다.

국가가 추구하는 중요한 가치는 다음과 같다. 첫째, 국가의 생존이다. 국가는 국제전쟁 또는 국내전쟁으로 인해 지구상에서 사라지는 것을 원치 않으며, 경제파탄 등으로 인한 멸망을 피하고자 한다. 둘째, 자주성이다. 국제정치에서 국가는 다른 국가나 상위의 어떤 다른 것에 의해 명령 받거나 종속되는 것을 원치 않는다. 국가의 생존과 별개로, 다음으로 중요한 가치는 자치권(Autonomy)이다. 자치권(자주성)은 권력이라는 궁극적인 매력을 제공한다. 누구나 남의 지시를 따르는 것을 싫어한다. 정치적 체제에서도 독립적으로 살고 싶어하는 속성이 배어 있다. 셋째, 다른 나라의 침략으로부터 물리적 안전, 국가 발전 등과 같은 국가의 국력 및 위상 강화를 추구한다. 자국이 비록 생존의 위험에 처해 있지 않고, 국가의 힘을 증진시킬 수 있으며, 국력을 발전시킬 수 있는 상황임에도 물리적(Physically)으로 안전을 유지하는 것을 추구한다.

과거 국가안보의 주된 업무는 외부의 군사적 공격으로부터 자국을 보호하는 것이었다. 그러나 이제 국가안보는 점차 비군사적 차원의 위협에 중점을 두게 되었는데, 테러와 초국가적 조직범죄, 경제안보, 에너지 안보, 전염병과 재난, 기근 등을 포함한 환경안보, 식량안보, 사이버안보 등이다. 이러한 위협 요인은 자국내에서도 발생할 수 있고, 초국가적으로 외부에서 발생하여 유입될 수도 있다. 각 국의 정부는 외교적 노력뿐만 아니라 정치적, 경제적, 군사적 역량 등 모든 조치를 동원하여 국가의 안보를 지키기 위해 노력하고 있다. 동시에, 국내외 안보 차원의 협력을 통해 기후변화, 경제의 불균형, 정치적 배제, 핵 확산 등 초국가적 위협의 원인을 줄이기 위해 노력한다. 이를 위해 정보력을 증진시켜야 하는데, 정보기관을 활용해 위협을 감지하고 차단하며 방첩과 보안활동을 통해 자국의 기밀과 핵심기술이 유출되지 않도록 보호해야 한다.

(2) 국제안보 對 국가안보

국제사회를 유지하기 위한 체제 안보는 종종 국가안보와 상충될 수 있다. 국제적 체제안보를 위해 각 국가들의 자주성을 심각하게 양보할 것이 요구되는데, 예를 들면 점점 더 많은 국가들이 핵무장을 하게되면 국제적인 체제 안보는 더욱 불안하게 될 것이다. 따라서 국제 체제는 각 국가에게 핵 확산을 억제하도록 추진하게 될 것이다.

또 하나의 예는, 자국의 자주성에 합법적인 명분이 있을 경우 타국을 공격할 수 있다는 내용을 포함할 수 있다고 종종 주장한다. 예를 들면, 1991년 이라크는 쿠웨이트를 공격할 때, 쿠웨이트가 이라크의 원유를 훔쳤으며, 가격을 낮추어 자국의 판매를 국제적으로 방해했다고 판단하였다. 그러나 국제사회는 이를 정당화하지 않았다. 그로부터 12년 후 2003년, 조지 부시 행정부는 국제사회의 여론과 무관하게, 이라크의 대량살상무기(WMD)의 위협으로 인해 이라크를 공격해야 한다고 주장했다.

결국, 국가안보는 국제적 안보보다는 자국의 안보에 가치를 더 두게 된다. 국제 체제안보를 중시하는 입장에서는 "국가의 안전보다는 국가의 국민들이 자유로워야 한다"고 주장하면서 해당 국가에 이러한 수준을 요구한다. 그러나 국가적 차원에서는 이러한 국제 체제의 요구를 쉽게 수용할 수는 없다. 왜냐하면 자주성을 잃는 것은 곧 안보의 핵심을 희생하는 것이기 때문이다. 국가안보는 자주성을 갖는데서 시작된다. 각국 입장에서는 자주성을 갖는 것이 안보를 위한 필수적인 것이라고 주장한다. 이라크의 경우 미국의 침공으로 사담 후세인이 제거되어 사회적으로는 더욱 안전해졌으나 외부인들이 자국민을 통치하고 있다는 상황에 대해 이라크 국민들은 안보불안을 느껴왔다.

국제정치의 역사를 볼 때, 국가안보를 이유로 국수주의와 민족주의적 태도가 만연하고 국민이 곧 국가라는 주장으로 공고화하면서 국력을 증강시켰던 면을 보여주었다. 그러나 국가의 이러한 모습은 국제적 체제 입장에서 볼 때 폭력적이고 국민을 억압하는 비민주주의적 현상으로 평가될 수 있다. 이에 따라 국제체제 안보와 국가안보는 동일시 되기보다는 상충되는 사례가 지속 발견된다.

국가 안보는 종종 지도자들에 의해 사회적 안보, 인간안보에 비해 독립적이거나 보다 중요한 개념으로 인식되어 왔다. 정권의 생존이 개인의 생존보다 중요하다고 주장한다. 국가의 사회에 대한 강요와 속박은 국가안보라는 이름으로 인종적, 종교적, 정치적 관점이 다른 자국민을 살해하고 고통을 주었으며, 결국 국가안보에 위협을 주는 것이었다.

제3절

글로벌 범죄

1. 글로벌 범죄의 개념

위에서 살펴보듯이 안보의 위협은 그 대상이 누구이며, 안보의 근본적 중점을 어디에 두고 있는가에 따라 국가안보와 인간안보의 차원으로 구분하여 고려될 수 있다. 국가안보의 위협이 증가되어 국가안보가 불안하게 되거나 국가의 정권이 붕괴될 때, 국민, 즉 인간안보가 직접적으로 피해를 받을 수 있겠으나, 국가의 정권만이 교체되거나 붕괴되는 사례도 발생한다. 따라서 국가안보의 위협이 곧 인간안보의 위협과 직결된다고 단언할 수는 없다. 오히려 그 반대의 경우도 발생할 수 있다. 즉, 무능하고 부패한 정권에 의해 국민이 인간안보 차원에서 위협에 처했을 때, 그 정권의 붕괴로 인해 인간안보의 위협에서 벗어날 수 있는 기회가 제공되기 때문이다. 한편, 인간안보는 국가안보와 직결되는 상호보완 또는 상호의존 관계에 있는데, 인간안보 위협의 사안에 따라 그 정도가 다르며, 일부 유형의 위협은 곧바로 국가안보의 위협으로 발전한다. 이러한 위협의 유형 중 하나가 초국가적 안보 위협으로 나타나는 '글로벌 범죄(global crime)'[1]라고 할 수 있으며, 대표적으로 '초국가적 조직범죄(TOC)'와 테러리즘을 꼽을 수 있다. 이 두 가지 유형은 위에서 설명한 개념에 비추어 볼 때 '인간안보'의 영역에 포함되며, 동시에 국가 간의 군사적 조치도 요구되는 사안인데, 한편으로는 국내 문제이기도 하여, 이를 전통적 및 비전통적 안보 위협에 모두 해당되는 것으로 볼 수 있다. 또한, 전통적 안보의 시기를 지나 비전통적 안보의 시기에 대두된 사안을 고려할 때 소위 '신 안보'의 영역에 포함된다고 할 수 있겠다.

'글로벌 범죄(global crime)'라는 용어의 사용은 탈냉전 이후 21세기에 들어서면서 국제사회의 변화 특징의 하나로 '국제화'의 의미가 확대되면서 '범죄의 국제화(globalization of crime)'라는 개념이 등장함에 따라 널리 사용되기 시작하였다. 2001년 유엔 '범죄예방위원회(CCPCJ)' 제 10차 총회에서 인신매매 등 이미 알려진 초국가적 조직범죄에 더하여 새롭게 등장하는 '글로벌 범죄(global crime)'로서 '사이버 범죄'의 출현을 소개한 사례가 있으며, 이어 2002년 같은 회의 제 11차 총회에서는 '범죄예방센터(CICP)'가 '글로벌 범죄'인 초국가적 조직범죄와 테러리즘에 대한 자료를 수집하고 분석하는 업무를 수행한다고 소개하고 있다.[2] 前 UNODC 집행위원장인 '안토니오 마리아 코스타'는 "초국가적 범죄가 심각한 안보위협으로 나타나고 있음에도 불구하고, 우리는 아직도 '글로벌 범죄의 추세(global crime trends)'를 가늠하지 못하

---

1 '글로벌 범죄(global crime)'는 국내에서 발생하는 범죄와 비교하여 국경을 초월하여 국제적으로 전개되는 범죄를 일반적으로 지칭한다. 이러한 개념에서 '초국가적 조직범죄(TOC)'와도 일맥상통하며, 또한 국제 테러리즘 역시 국제적 범죄의 영역에 포함되므로 이 범주에 포함시킬 수 있다.

2 유엔 경제사회이사회 산하 범죄예방 및 형사사법위원회(Commission on Crime Prevention and Criminal Justice) 제 11차 총회, Vienna, 16-25 April 2002, "Work of the Centre for International Crime Prevention"(E/CN.15/2002/2) ; B. Global crime trends, 45. Research in this area focuses on aspects of public sector corruption and its links with organized crime in its different forms. The Centre collects and analyses data and continually monitors the status of trends in crime, terrorism and corruption worldwide and collaborates with research and scientific bodies in that regard. It conducts a global crime and corruption trend analyses study for which a report with preliminary results is envisaged in 2002.

는 실정"(2007년)이라고 우려한 바 있으며, "유엔 범죄예방위원회가 '글로벌 범죄의 물결(global crime wave)'에 대응하고 있다"(2009.4)고 언급하기도 하였다. 한편, 2019년 12월까지 UNODC 집행위원장을 역임했던 '유리 페도도프'는 2012년 연설에서, "글로벌 범죄의 비용이 8천 7백억 달러(한화 983조 원)에 달하는 것으로 집계할 수 있으나, 이 범죄에 의해 고통을 겪고 있는 수백만 사람들의 고통과 참상은 산술적으로 집계할 수 없다"고 언급하면서 국경을 넘어 자행되는 모든 초국가적 조직범죄를 '글로벌 범죄'로 언급하였다.[3]

한편, 글로벌 범죄 중 초국가적 안보 위협의 대표적 유형으로 국제 테러리즘과 마약 조직 등 초국가적 조직범죄를 사례로 꼽을 수 있다. 테러리즘의 경우 국가와 국가 간의 분쟁과 국가와 종교적 집단 간의 분쟁 등 다양한 대치상황이 발생하는데 최근 초국가적으로 활동하는 ISIS(이라크 시리아 이슬람 국가)나 '알 카에다' 등의 단체를 예를 들 수 있다. ISIS는 이미 이슬람 국가를 자처하는 하나의 국가적 수준으로서 주변 국가와의 군사적 분쟁에 휘말려 있으며, 이 분쟁에 연계된 국가들은 국가안보 수준의 대응조치가 요구된다. 또한 소말리아 해적은 거의 국가적 차원의 초국가적 조직범죄(TOC) 집단으로 활동하고 있으며 이에 대응하는 여타 국가들의 대응활동은 국가 차원의 군사적 조치를 포함하는 전통적인 국가안보의 수준으로 볼 수 있다. 콜롬비아에서 활동하는 FARC(콜롬비아 무장혁명군)는 좌파 이념으로 무장된 반정부군으로서, 정치적 측면에서는 테러단체로 구분될 수 있으나, 이들은 실제 콜롬비아의 어느 한 지역을 장악한 채 자치적으로 살아가면서 수입의 원천을 마약재배와 유통으로 충족하고 있어 초국가적 조직범죄의 활동도 전개하는 현상을 보인다. 이 조직이 유통하는 마약은 인근 남미 국가뿐만 아니라 미국 등 북미지역으로 유통되며, 결국 인간안보의 위협인 동시에 국가안보의 위

---

3 Yury Fedotov, Director-General/Executive Director, "Opening Statement at the Conference of the Parties to the UN Convention against Transnational Organized Crime", 15 October 2012

협으로도 간주될 수 있다. 즉, 국제 테러리즘과 초국가적 조직범죄는 전통적 안보 관념인 군사적 조치를 포함하기도 하며, 동시에 국내에서 발생하기도 하여 비전통적 안보 관념의 비군사적 조치이며 인간안보의 영역에도 해당된다고 볼 수 있다. 시기적으로 볼 때 이러한 안보 위협은 21세기 이후 더욱 확대되고 있어, 탈냉전 시기 이후로 구분되는 '포괄적 안보' 활동에 가장 커다란 위협 요소라고 할 수 있겠다.

2. 테러리즘과 테러조직

(1) 테러리즘의 개념

테러 수준의 사건은 성경(Bible) 속의 일화나 로마 황제 줄리어스 시저의 정치적 암살 등에서도 발견되나, 일반적인 테러리즘의 기원은 프랑스혁명 기간 중 1793년 9월부터 1794년 7월에 걸쳐 실시된 공포의 통치기간(reign of terror)에서 찾을 수 있다. 1793년 9월 당시 공화파 혁명정부가 '혁명재판소(Revolutionary Tribunal)를 설립하고 루이 16세와 왕비 마리 앙뜨와네트를 처형하였으며, 왕권복귀를 꿈꾸던 왕당파를 반혁명분자로 처형한 시기부터 공포의 시기는 시작되었다. 이어 반혁명파의 보복이 일어나면서 혁명파의 주도자인 로베스피에르(쟈코뱅파)를 1794년 7월에 처형하면서 공포의 기간은 끝이 난다. 이 기간 중 파리에서만 1,400여 명이 처형되었다.[4]

---

4 프랑스혁명(1789.5.5.-1799.11.9.) - 앙시앵레짐(Ancien Regime)하에서 혁명이 발생하였다. 1792.9.21. 국민공회는 공화정을 선포하였고, 브루조아 온건파인 지롱드파는 혁명 초기 급진파인 자콩뱅당에 동조하였다가 이견으로 분할된다. 당시 국왕인 루이 16세를 재판에 회부하여 380대 310으로 사형 의결하여 1793년 1월 21일 현 콩코드 광장에서 단두대로 처형하였고, 이어 10월 16일 왕비인 마리 앙투아네트도 단두대에서 처형하였다. 이후 왕정복고를 통해 권좌에 복귀한 왕당파와 자코뱅당의 온건파가 급진파 주도세력인 로베스피에

테러는 타인에게 자신의 의사를 받아들이게 하려는 의도로, 그 방법은 폭력적 수단을 동원하는 것이다. 폭력의 종류는 합법적 폭력과 비합법적 폭력으로 구분된다. 합법적 폭력은 경찰, 군사력 등인데 각각 근거가 있는 법규범에 의한다. 이러한 행사를 폭력이라고 보거나 또는 "강압적 조치", "법 집행(law enforcement)"으로 볼 수 있다. 비합법적 폭력은 범죄자, 게릴라, 반국가단체 등에 의해 행해지며, 법에 근거하지 않는 이유로 불법행위로 구분된다. 합법적 행위라 할지라도 법 집행 주체가 인도주의에 반하여 무고한 시민을 살상하고 협박하거나, 이들의 권익을 심대하게 위해할 경우도 역시 테러로 간주하며 이는 국가 테러리즘(state terrorism)[5]에 해당된다.

테러리즘과 일반 범죄를 구별하는 기준은 테러리즘은 궁극적으로 정치적, 종교적, 이념적 동기와 목적을 가진 범죄 행위라는 점이다. 이에 비해 다른 범죄의 원인과 목적은 다르다. 증오범죄(hate crime)의 경우 목적보다는 원인에 비중을 둔다. 우발적 범죄는 목적 없이 행해진 범죄를 말한다. 조직범죄는 금전적 이익과 경제적 목적이 주요 원인이다.

테러의 본질은 "공포(fear)"라고 할 수 있다. 테러는 폭력을 사용하여 공포 분위기를 조성함으로써 목적을 달성하려는 행위이다. 특히, 테러조직은 "공포"의 수단을 활용하여 조직의 세력과시, 확대, 목적달성의 순으로 발전하고자 하는데, 이는 'Politics among Nations(1973)'의 저자 모르겐소(Hans Morgenthau)가 주장한, "일반적으로 모든 정치의 현상은 유지, 확장, 과시의 모습을 보인다."는 의미와 유사하다. 따라서 테러는 정치적 의도를 가진 행위에 가깝다고 볼 수 있다.

테러의 목적은 주로 정치적, 종교적, 이념적 동기에 의해 자기들의 의견

르를 반혁명 혐의로 고발하여 국민공회 의장직을 박탈하고 콩코르드 광장에서 단두대로 처형하였다.

5 '국가 테러리즘(State terrorism)'은 국가 주도로 다른 나라에 대해 테러를 자행하거나 자국민을 대상으로 테러를 자행하는 행위를 모두 포함한다.

을 주장하고, 영향을 미치고, 궁극적으로 그 주장이 수용되도록 하는데 있다. 테러의 주체는, 개인, 조직, 국가 등이며, 복수의 개인이 체계적으로 구성되어 조직한 단체가 테러조직이다. 테러의 수단, 즉, 테러조직이 주장하는 바를 관철시키기 위한 수단은 매우 다양하다. 개인에 대한 살인, 상해를 비롯하여 하이재킹, 폭파, 가스 살포 등 물리적 테러와 사이버 테러를 포함한 모든 폭력적 수단이 동원된다. 테러의 대상은 과거 국가기관, 공공기관, 군대 등 국가 행위자(hard target)에 대한 공격에서 최근에는 민간인까지 대상으로 하며 소프트 타겟(soft target)을 확대하는 추세를 보인다.

테러리즘의 정의는 아직도 국제협약상 채택된 바 없다. 1937년 11월 16일 국제연맹(League of Nations) 이사회에서 '테러의 방지 및 처벌을 위한 협약(Convention for the Prevention and Punishment of Terrorism)'을 채택하였으나 발효되지 못하였다. 이후 100여 개 이상의 개념 정의가 시도되었지만 아직도 국제연합 전체 회원국의 동의를 얻지 못하고 국제협약으로 채택된 국제적 규범이 없다. 테러리즘의 정의를 확정하지 못하는 이유는 테러 주체에 대한 해석이 서방의 주장과 중동 및 제3국의 입장이 다르기 때문이다. 즉, 서방에서 주장하는 테러조직이 이슬람권 국가들에게는 자유의 투사(Freedom Fighters)로 인정되고, 정식 군대로 간주될 수 있기 때문에 테러리즘을 정의하는 근본적 배경이 상충되기 때문이다.

이에 따라 국가별로 자국에 맞는 테러의 정의를 채택하고 있다. 미국의 경우, 자국의 정부기관 마다 서로 다른 정의를 채택하고 있는데, 이는 각 기관에 따라 독자적인 우선사항이나 관심사항이 반영된 데 기인한다. 美 국무부는 "국가가 아닌 단체, 혹은 지하드 조직원에 의한, 계획적이고 정치적인 동기를 갖고 비전투원을 목표로 하는 폭력이며, 통상 사건을 지켜보는 일반인들에게 영향을 파급시키려는 목적을 가지고 있다"라고 정의하였다. 美 국방부는 테러리즘의 주관적 목적을 추가하여 "정치적, 종교적, 또는 이념적인 목적을 달성시키기 위해, 정부 또는 사회를 강요하고 굴복시킬 목적으로, 사람이나 재산에 대해 불법적으로 사용되는 폭력 또는 위협"이라고 정의하였다. 美 연방수사국(FBI, 법무부 산하)은 "정치적 또는 사회적인 목적을 추진하기 위하여 정부나 시민, 특정집단 등을 위협하고 강압하기 위하여 사람이나 재산에 대해 불법적으로 가해지는 부당한 영향력 또는 폭력"이라고 정의하였다.

우리나라의 경우 사전적 의미로서, '정치대사전(1983)'의 정의를 보면, "테러란 단순한 폭력이나 강제와는 달리 개인, 단체 또는 정부에 의하여 조직적, 집단적으로 행해지는 공포수단"이라고 명시하였다. 국가정보원(NIS)은 테러의 공통요소로서 다음 세 가지 사항을 적시하였다. 첫째, 정치적 목적이나 동기를 가지고 있다.(조직범죄와의 구별) 둘째, 미리 계획되고 지속성을 가진 사건이다.(시위, 우발적 폭력과 구별) 셋째, 공포심을 수반한 폭력의 사용이나 위협이 따른다.(총격, 폭파, 납치 등의 수법)

또한 우리나라 테러방지법(국민보호와 공공안전을 위한 테러방지법)에서 명시된 정의는 다음과 같다.

"'테러'란 국가·지방자치단체 또는 외국 정부(외국 지방자치단체와 조약 또는 그 밖의 국제적인 협약에 따라 설립된 국제기구를 포함한다)의 권한행사를 방해하거나 의무 없는 일을 하게 할 목적 또는 공중을 협박할 목적으로 하는 다음 각 목의 행위를 말한다." 이에 대한 대상으로 사람, 항공기, 선박을 지정하였으며, 폭발 무기나 장치, 핵물질을 사용한 공격에 대해 테러리즘의 활동으로 연관시켰다.

결론적으로, 테러리즘은 "개인, 단체, 국가라는 주체가 정치적, 종교적, 이념적, 또는 사회적 동기와 목적으로 개인, 단체, 국가인 대상에게 살상, 납치, 폭파, 파괴 등 공포의 수단을 활용하여 강제로 주체의 목적을 달성하려는 주의나 행위"라고 정의할 수 있다.

(2) 테러조직

우리나라 테러방지법 제2조(정의) 2항에서 테러조직에 대해 "'테러단체'란 국제연합(UN)이 지정한 테러단체를 말한다."고 명시하였다. 즉, 우리나라에서 지정하는 국제테러조직은 유엔에서 지정하는 조직과 동일하다는 입장이다. 그러나 유엔에서는 테러조직을 지정(designate)한 사실이 없다.[6] 다만, 유엔안전보장이사회(UNSC)에서 유엔헌장에 위배되는 활동을 하는 개인과 단체, 국가에 대해 제재(sanctions) 조치를 취하기로 결의한 사실은 있으며, 제재 대상으로 지정된 테러조직은 존재한다. 유엔안보리는 2020년 7월 현재, 북한을 포함한 특정 국가 및 조직에 대해 15개의 제재위원회를 운영 중이다.

유엔안보리(UNSC)는 국제평화와 안보를 유지하고 재건한다는 유엔헌장 제7장의 목적을 수행하기 위하여 제재조치를 부과하고 있다. 이 제재조치는 광범위한 종류의 수단과 방법이 동원되는데, 군사력의 행사는 배제된다. 1966년 이후로 개인과 단체에 대해 200여 건의 제재가 이행되어 왔으며, 안보리 자체 심의위원회(Focal Point for De-listing)가 제재조치의 지속 및 중지를 심의하고 결정한다. 동 위원회는 심의의 기준을 유엔헌장에 따른 평화와 안보의 위해를 기준으로 평가하며, 테러리즘에 대한 위협만을 평가하는 것은 아니다. 현재 대표적인 테러조직으로서 알카이다와 그 부속조직, IS 등에 대해 부과되어 있으며, 미국 및 유럽 국가에서 지정하는 테러조직의 대부분이 포함되어 있으나, 일부 단체는 이슬람권 국가에서 운용되는 자선단체 및 비정부기구, 기업 등도 포함되어 있어, 유엔안보리의 제재 대상 단체가 모두 유

---

6 EDUCATION FOR JUSTICE UNIVERSITY MODULE SERIES Counter -Terrorism, Module 1: INTRODUCTION TO INTERNATIONAL TERRORISM, UNITED NATIONS (UNODC) Vienna, 2018, p.10

엔이 지정한 테러조직이라고 단정할 수는 없다.[7]

유엔안보리 결의안 1267호(1999년) 및 1989호(2011년), 2253호(2015년)에 의거하여 ISIL(또는 IS, Da'esh) 및 알카이다(Al-Qaida) 조직과 이에 연루된 개인 및 단체, 모든 형태의 실체(국가 포함) 등에 대해 제재조치가 부과된다. 2011년 유엔안보리결의안 1989호(2011)에서는 탈리반 및 알카이다와 연계된 조직 및 개인의 고정적인 명단을 채택하고, 이를 둘로 나누었는데, 그 하나는 '알카이다, 또는 1988 명단'이고 다른 하나는 현재까지 활동 중인 탈리반 명단이다. 2015년 유엔안보리 결의안 2253호(2016)는 알카이다 명단에 더하여 ISIL과 ANF(Al Nusrah Front)를 포함시켰다. 유엔안보리는 알카이다 및 IS에 대한 퇴치를 노력하기 위해 안보리 차원의 'IS 및 알카이다 제재위원회'를 설립하고, 동 조직들의 상황 보고서를 매년 작성하여 보고하고 있다.

유엔안보리가 제재조치를 부과하는 대상 중 주요 테러조직은 다음과 같다.

알-카이다 (Al-Qaida)

영어 표기는 알-카에다(Al-Qaeda)이다. 유엔안보리 결의안 1267호(1999년) 및 1333호(2000년)에 의거하여 2001.10..6. 제재대상 명단에 포함되었다. 1970년대 소련의 아프간 공격과 점령에 반대하여 투쟁한 무자히딘(jihadists) 조직으로 '우사마 빈 라덴'을 중심으로 1988년 결성되었다. 이후 이슬람 극단주의 테러조직으로 발전하였고, 연계 조직과 유대하면서 대규모의

---

7 유엔에서 지정한 테러조직이 불분명한 상태이므로, 현행 우리나라 테러방지법에 의거하여 우리 정부 차원에서 지정된 테러조직의 존재 역시 불분명하다. 이러한 문제점을 해결하기 위해, 테러방지법을 개정하여 우리나라 차원의 테러조직의 조건과 명시적 조항을 충분히 보완하고, 이를 바탕으로 테러조직을 지정하고 평가하며 지정명단을 조정하는 기능을 갖춰야 하는 과제가 남아 있다.

테러공격을 자행하였다. 1998년 나이로비와 탄자니아에 소재한 미 대사관 폭파공격, 2000년 아덴항, 사우디아라비아, 예멘에 있던 미 군함에 대한 공격, 2001년 9월 11일 미국 뉴욕 공격 등이 대표적이다.

ISIL (이라크와 레반트 지역의 이슬람 국가)

ISIL의 뿌리는 1999년 요르단 자르카 출생의 살라피 지하디스트 (Saalafi Jihadist)인 아부 무사브 알 자르카위가 조직하였던 무장단체인 '자마아트 알 타위드 왈지하드(JTJ)'이다. '유일신과 성전'으로 번역되는 JTJ는 초기에는 이라크에서 주로 전후 이라크 재건을 돕는 외국기업이나 구호단체를 약탈하던 행태를 보였으며, 2004년 한국인을 참수하여 우리나라에도 알려진 테러단체이다. 알 자르카위는 2004년 우사마 빈 라덴을 만나 충성을 맹세하고 그의 지원을 받으면서 조직을 확대하고 이름도 '알카에다 이라크 지부(AQI)로 변경한다.[8] 이후 2006년 11월 AQI 지도부는 '이라크 이슬람국가 (Islamic State in Iraq, ISI)'를 선포하였다. 시리아로 세력을 넓힌 뒤 ISI는 2013년 4월에 '이라크 샴(시리아) 이슬람국가(Islamic State of Iraq and al-sham, ISIS)' 혹은 ISIL(Islamic State of Iraq and the Levant)로 이름을 바꾸었다. 2014년 6월에 ISIL은 아부 바크르 알-바그다디(Abu Bakr al-Baghdadi)를 칼리프 (caliph)로 추대하여 '이슬람국가(Islamic State, IS)'를 선포하기에 이르렀다.[9]

유엔안보리 결의안 1267호(1999년) 및 1333호(2000년)에 의거하여 알-카이다와 함께 2001.10..6. 제재대상 명단에 포함되었다. ISIL의 분파조직인 ISIL Khorasan (ISIL-K, IS-호라산)도 유엔안보리 결의안 2368호(2017년)에 의

8 「CNNa」, 2014, "ISIS can 'muster' between 20,000 and 31,500 fighters, CIA says".

9 김정필, 2016, "이슬람국가의 형성과 변형 역사", pp.85.

거하여 2019.5.14. 제재대상에 포함되었다. ISIL-K는 2015년 1월에 비디오 온라인 매체를 통해 조직의 결성을 선포하였는데, 호라산 지역은 이란 동북부와 중앙아시아, 아프가니스탄, 파키스탄의 지역을 일컫는다.

탈리반 (Taliban)

유엔안보리 결의안 1267호(1999년)에 의해 제재대상으로 포함되었다가 1988호(2011년)에 의거하여 수정되어 포함되어 있다. 아프가니스탄 남부를 중심으로 살아 온 파슈툰족에 기원을 둔 부족단체에서 시작된 반군테러조직이다. 탈리반(Taliban)은 '학생조직'이라는 뜻이다. 1990년대 중반부터 지도자 무함마드 우마르를 중심으로 결속하여 활동을 시작하였고 1997년 아프간 정권을 장악하였으며, 이후 2001년 미국의 공격으로 축출되기까지 아프가니스탄을 통치했다. 1997년 정권을 장악한 뒤 탈레반은 이슬람 근본주의 정책을 극단적으로 사용하기 시작하였고, 엄격한 샤리아 법을 적용하였다. 언론을 탄압하는 것은 물론 종교의 자유를 억압하고 여성의 교육을 중지시켰다.

탈리반은 이슬람 국가를 포함한 국제사회의 반대에도 불구하고 2001.3.8과 3.9에 걸쳐 다이너마이트로 바미안 마애석불을 파괴하였다. 당시 탈리반 최고 지도자 마흐메드 오마르는 2주전 우상숭배를 금지한 이슬람 율법에 어긋난다면서 모든 불상을 파괴하도록 명령했고 이러한 명령에 의해 바미안 석불 이외에 로켓포 탱크 등을 동원한 불상 파괴 작업이 아프가니스탄 곳곳에서 벌어졌다. 탈리반은 주로 아프가니스탄 내부에서 테러공격을 자행한다. 대부분의 테러 대상은 아프간 경찰과 군인, 해외파병군이며 아프간 민간인도 대상이다. 또한 타국의 외교관이나 비정부기구(NGO) 직원들도 타깃이 된다. 탈리반이 미국과 서구 유럽 국가에 대해 적개심을 표출하고 있으나, 해외에서 테러를 자행하기에는 추종세력 네트워크의 부재로 역량이 부족하다는 평가가 있다. 이에 따라 전 세계에 네트워크를 확보하고 있는 알카이다와 연계하여 활동한다. 2021년 아프가니스탄 정부를 지원하던 미국이 철수하면서, 곧바로 탈리반 세력이 수도 카불을 점령하면서 다시 아프가니스탄의 정권을 장악한 상태이다.

알-누스라 프론트 (ANF)

정식명칭은 '레반트 국민을 위한 알-누스라 전선(Al-Nusrah Front for the People of the Levant)'이다. 유엔안보리 결의안 2083호(2012년)에 의거하여 2014.5.14. 제재대상 명단에 포함되었다. 알-카이다 및 알-카이다 이라크 지부(AQI)와 협력하는 테러조직이다.

ANF는 시리아 지역의 알-카이다 추종세력과 아프가니스탄 및 이라크에서 활동하던 외국인테러전투원(FTF) 등의 조직원으로 구성되었다. ANF는 시리아 지역을 중심으로 살해, 파괴, 차량폭탄 테러, 자살폭탄 등 극심한 테러공격을 자행하여 시리아 지역내 가장 큰 인명살상을 가져왔다.

2017년 1월에 ANF는 HTS(Hay'at Tahrir al-Sham)라는 조직을 창설하고 시리아 분쟁지역에서 전진부대로 활동하도록 하였는데, HTS 역시 ANF의 동일 조직으로 간주된다.

알-샤바브 (Al-Shabaab)

알-샤바브는 결의안 1844호(2008년)에 의거하여 2010.4.12 제재대상으로 포함되었다. 이 조직은 소말리아에 파병된 아프리카동맹군(African Union Mission in Somalia, AMISOM)과 초국가적 연방정부(Transitional Federal Government, TFG) 등 외국 주둔군 및 정부군은 물론 원조를 위해 파견된 유엔기구와 민간인, 해외 구호단체를 대상으로 테러공격을 자행한다.

자국내 기업체를 대상으로 협박하여 자금을 확보하며, 주로 파키스탄과 아프가니스탄 출신 외국인테러전투원(FTF)를 모집하고, 심지어 소년병(child soldiers)을 활용한다. 소말리아 정권을 전복시키는 것이 목적이며, 이를 위해 모가디슈의 알-카이다 조직과도 연계하여 테러를 자행하고 있다. 테러조직의 자금조달을 위해 아덴만을 중심으로 해적행위를 일삼고 있으며, 선박을 납치하고 선원의 몸값을 요구하는 수법을 사용한다.

보코하람 (Boko Haram)

보코하람은 유엔안보리 결의안 2083호(2012년)에 의거하여 2014.5.22. 제재 대상에 포함되었다. 이 조직의 정식명칭은 'Jama'atu Ahlis-Sunna Lidda'Awati Wal-Jihad (Boko Haram)'이며 번역하면 '전도와 성전을 위해 선지자의 가르침을 수행하는 사람들'이라는 의미이다. 2002년 나이지리아 마이두구리 도시에서 창설되었으며 초대 지도자 유서프는 이슬람 교육을 지원하고 나이지리아에 이슬람 국가를 건설하는 목적으로 조직을 이끌었다.

나이지리아 북부지역을 중심으로 활동하며, 인근 국가인 카메룬 북부, 챠드, 니제르에서도 테러공격을 자행한다. 보코하람은 2011년 8월 26일 나이지리아의 아부지아에 위치한 유엔의 시설물에 대한 공격을 계기로 국제적 지하디즘을 기치로 내걸고 있는 테러조직으로 간주된다. 2014.4.14. 나이지리아 동북부 도시인 치복(Chibok)에 소재하는 기독교 여자고등학교를 급습하여 276명의 여학생을 납치한 사례도 있다.

우즈베키스탄 이슬람 운동 (IMU, The Islam Movement of Uzbekistan)

IMU는 유엔안보리 결의안 1333호(2000년)에 의거하여 2001.10.6. 제재 대상으로 포함되었다. 이 조직은 알-카이다와 탈리반을 추종하고 협력한다.

우즈벡 국적인과 다른 중앙아시아인, 유럽 출신의 외국인테러전투원 등으로 구성되며 조직원은 현재 500여 명인 것으로 알려졌다. 우사마 빈 라덴이 IMU 조직을 적극 후원하였으며, 창설을 위한 자금 지원도 하였다.

제23차 유엔안보리 알-카이다 및 IS 위원회 보고서에 따르면, 터키에 머물고 있는 우즈벡 출신의 외국인테러전투원이 한국으로 추방되기를 희망하고 있으며, 한국에는 2만~3만 명의 우즈벡 노동자들이 거주하고 있고, 이들 중 일부는 해외 테러조직에 자금을 지원하고 있다고 서술하였다.

신의 저항군 (LRA, The Lord's Resistance Army)

LRA는 유엔안보리 결의안 2262호(2016년)에 의거하여 2016.3.7. 제재대상에 포함되었다. LRA는 1980년대 우간다 북부에서 발족한 조직으로, 현재는 중앙아프리카공화국(CAR)을 중심으로 우간다 북부, 수단 남부, 민주콩고 등지에서 활동하는 기독교 기반의 테러조직이다. 이 조직은 다당제의 민주주의를 우간다에 구축하고 십계명과 우간다 민족주의에 따라 국가를 운영한다는 목적을 표방하고 있다. 그러나, 조직의 수뇌, 개인을 선지자로 내세우며 조직을 이끌어가는 일종의 사이비 종교집단으로 서방에서는 간주하고 있다.

LRA는 무장단체로서 반인권범죄 등 국제형사법에 저촉되는 범죄를 자행하고 있는데, 여성에 대한 성적폭력과 인종적, 종교적 이유로 학교와 병원 등 무차별 공격을 저지르고 있다. 조직의 자금조달을 위해 다른 조직범죄 집단과 연계하여 불법착취, 다이아몬드 및 금광 등 천연자원의 불법 채굴, 멸종위기 동식물의 밀렵 및 밀수 등의 범죄를 자행한다. 2013년 이후로 중앙아프리카공화국에서 납치, 살해, 강간, 재산강탈 등을 자행하고 있다.

아부사야프 그룹 (Abu Sayyaf Group, ASG)

ASG는 알-카이다와 연계된 이슬람 극단주의 테러조직으로, 유엔안보리 결의안 1333호(2000년)에 의거하여 2001.10.6. 제재대상에 포함되었다. ASG는 1990년대 초에 창설되었으며 필리핀 남부 술루(Sulu) 군도를 거점으로 활동하는데, 필리핀 남부의 반정부 분파조직인 '모로 민족해방전선(Moro National Liberation Front)'보다 더 많은 수의 무장군을 보유하고 있다.

ASG는 알-카이다 및 '제마 이슬라미야(Jemaah Islamiyah, JI)'와 연계되어 있으며, 알-카이다의 자금 지원을 받으면서 ASG 조직원들이 이 두 테러조직의 훈련캠프에서 게릴라전투, 군사작전, 폭발물 제조 등의 훈련을 받기도 한다. ASG는 필리핀 국내에서 공항, 항만 등 기반시설과 군사시설을 파괴하고 공격하는 한편 민간인 살상, 폭파, 강탈, 납치후 몸값 요구 등을 자행하고 있다.

동투르키스탄 이슬람운동 (The Eastern Turkistan Islamic Movement, ETIM)

ETIM은 알-카이다, 우사마 빈 라덴, 탈리반 등과 협력하고 연계하고 있다는 이유로 유엔안보리 1390호(2002년)에 의거하여 2002.9.11. 안보리 제재대상에 포함되었다. ETIM은 중국 신장 지역에서 소위 "동 투르키스탄"이라는 독립국가를 확보하기 위해 중국 정부를 대상으로 무력과 폭력적 저항을 지속해왔다. ETIM은 이슬람 조직으로, 독립을 위해 알-카이다 및 탈리반과 밀접한 관계를 유지해 왔다.

2007년 1월 이후로 ETIM은 탈리반과 알-카이다의 지원하에 세력이 증대되었고 중국 신장 위구르 자치구 외에도 중앙아시아, 서남아시아에서 활동하고 있다. 최근 ETIM은 중국 영토 바깥에 거점을 마련하고 테러조직원들을 훈련시키고 있으며, 중국에서 테러를 저지른 테러범과 범죄자들을 조직원으로 모집하여 훈련시키고, 다시 조직원을 중국으로 침투시켜 버스, 극장, 백화점, 시장, 호텔 등지에 폭탄테러를 자행하고 있다. 또한 해외에 있는 중국인을 대상으로 암살, 살상, 방화 범죄를 저지르고 있다.

한편, ETIM은 중국만을 대상으로 테러공격을 전개하는 것이 아니며, 알-카이다와 협력하면서 미국을 대상으로 테러공격을 모의하는 것으로 밝혀졌다. ETIM 조직은 알-카이다로부터 자금 지원을 받고 있으며, 자체적 자금조달을 위해 지역의 조직범죄 집단과 연계하여 마약범죄, 무기밀매, 납치, 강탈 및 약탈을 자행한다.

제마 이슬라미야 (Jemaah Islamiyah, JI)

제마 이슬라미야(JI)는 알-카이다 및 탈리반과 협력하는 이슬람 극단주의 테러조직으로, 유엔안보리 1390호(2002년)에 의거하여 2002.10.25. 제재대상에 포함되었다. JI는 1993.1.1. 말레이시아에서 창설되었으며, 1965년 인니 정부에 의해 해체된 인도네시아 무장운동단체 '다룰 이슬람(Darul Islam)'의 잔여 조직원 의해 지원을 받으면서 발전되었다. JI의 궁극적 목적은 극단주의 이념을 가진 이슬람국가를 건설하는데 있으며, 이러한 이념을 동남아시아 모든 국가에 확장시키고자 한다.

JI는 2002년 10월 인도네시아 발리 섬에서 발생한 폭탄테러의 주범인데, 당시 외국 관광객들이 자주 찾는 카페에서 폭탄테러를 자행하여 202명의 사망자와 209명의 부상자를 기록하였다. 최근에도 인도네시아를 중심으로 인터넷상에서 활발하게 활동중인 상황이 포착되고 있다.

하카니 네트워크 (The Haqqani Network)

하카니 네트워크(HN)는 탈리반과 밀접한 협력관계를 갖고 있는 이슬람 극단주의 테러조직으로, 유엔안보리 결의안 1988호(2011년)에 의거하여 2012.11.5. 제재대상에 포함되었다. HN은 1970년대말 아프간 분쟁시절부터 그 기원을 둔다. 1980년대 중반 잘라루딘 하카니(Jalaluddin Haqqani)가 조직을 창설하였고, 알-카이다 수뇌 우사마 빈 라덴과 함께 1995년 탈리반 활동에 동참하였다.

HN은 아프가니스탄 내에서 활동하며, 수많은 고위급 인물에 대한 암살과 테러를 자행해 왔다. 카불에 소재한 주요 호텔과 관공서를 대상으로 공격하였으며, 미국대사관과 국제안보지원군(ISAF) 본부를 공격하기도 하였다. 또한 HN은 많은 사람들을 납치하였고, 탈리반 및 여타 아프가니스탄에 존재하는 무장단체와도 공조하고 있다.

3. 초국가적 조직범죄와 테러리즘의 연계 활동

테러조직과 초국가적 조직범죄 집단과의 연계 추세는 세계화, 기술의 첨단화, 다양화의 환경에 편승하여 점차 확대되고 있다. 정치적 목적을 달성하려는 테러조직은 그 목적을 위한 공격적인 성향은 높지만, 지역과 세계적인 네트워크를 구성하고 전문성을 갖고 있는 조직범죄 집단의 역할을 대체할 수는 없다. 이에 따라 테러조직과 조직범죄 집단은 연계를 통해 상호 필요한 정치적, 금전적 목적을 달성하는 것이다. 테러조직과 마약범죄 조직이 연계하여 활동하는 사례는 수시 발견되고 있다. 아프가니스탄의 일부를 장악하고 있는 탈레반(또는 탈리반) 조직이나 콜롬비아의 반군 FARC 등이 대표적인 나코-테러리즘 사례라고 할 수 있다. 21세기에 들어서면서 세계화와 정보화, 기술의 발전 등이 더욱 다양한 연계 영역을 만들어내고 있다. 나코-테러리즘을 비롯하여, 밀수, 납치, 인신매매, 밀입국, 문화재 밀거래, 금융범죄, 사이버범죄, 가짜담배, 위조지폐 유통 등 초국가적 조직범죄의 모든 영역에서 연계하여 활동하고 있는 사례가 발견된다.

2012년 1월 미국의 국가정보장(DNI, the Director of National Intelligence)은

초국가적으로 조직된 범죄집단이 국제테러와 연계되어 활동하고 있는 현상을 미 의회의 청문회에서 밝힌 바 있다. 대표적인 테러조직의 사례로, 마약거래의 수익금을 챙기는 탈레반 조직, 납치 후 몸값을 요구하는 알 샤바브(al-Shabaab)와 멕시코 마약 카르텔, 대량살상무기(WMD)를 거래하는 헤즈볼라와 알카에다 등이 존재하며, 이렇게 벌어들인 수익금을 테러자금으로 조달하기 위해 불법 금융망을 활용한다고 적시하였다.[10] 이 내용은 미 의회 연구소인 CRS(Congress Research Service)에서 2013년 발표된 보고서에서 언급된 것으로, 국제테러 조직이 초국가적 조직범죄와 연계하여 활동하는 사안 중 가장 위협이 되고 있는 네 가지 분야는, 첫째, 핵무기 또는 핵물질의 거래, 둘째, 몸값을 노리는 납치, 셋째, 인신매매, 넷째, 불법 자금 유통을 지적한 바 있다.

대표적인 테러조직과 초국가적 조직범죄의 연계 활동은 나코-테러리즘이다. 나코-테러리즘은 테러조직이 마약재배, 생산, 운송, 판매활동에 직간접적으로 참여하여 테러활동을 후원하고 테러자금을 마련하는 행위를 말하는데, 아프가니스탄에서 활동하는 테러조직 탈레반이 대표적인 사례다. UNODC 통계에 따르면, 아프가니스탄에서 생산되는 아편의 가격은 2009년 한 해에 680억 미화달러에 달하며, 이 중 1억 4천만~1억 7천만 미화달러가 탈레반의 수익금으로 들어오는 것으로 알려졌다.[11] 이 보고서에 따르면, 탈레반의 마약거래는 아프가니스탄 국내에 국한되는 것이 아니라 해외에서도 이루어지며 주로 페르시아 만(Persian Gulf) 인접 국가들을 통해서 유통된다. 이렇게 벌어들인 수익금은 불법적 송금 방법의 하나인 '하왈라(hawala)' 수법을 통해 탈레반 조직으로 송금된다. 탈레반의 경우, 마약을 통한 테러조직 자금 확보의 방법은 다양한데, 아편재배 농가로부터 지역에 비례하

---

10 John Rollins, Liana Sun Wyler, 2013, *Terrorism and Transnational Crime*: Foreign Policy Issues for Congress, CRS, p.2.: 제임스 클래퍼 미국 국가정보장의 2012년 1월 미 의회 증언 내용

11 UNODC *The Global Afghan Opium Trade*: *A Threat Assessment*, 2011.7월

여 세금을 거둬들이며, 마약을 유통시키는 운반책들로부터 통행세의 명목으로 세금을 징수하고, 심지어 정부군의 불법 마약 박멸활동을 막아주면서 그 대가로 돈이나 장비 또는 무기류를 받기도 하며, 아편재배 종사자들의 활동을 보호하고 운반책을 보호해주면서 수시로 금전적 이득을 획득하고 있다. 또한, 남미 안데스 산맥의 코카인 산지인 콜롬비아, 페루, 볼리비아 등 3개 국가에서도 군소 테러조직의 나코-테러리즘이 나타난다. 이곳에서 대표적인 테러조직은 콜롬비아의 FARC (Revolutionary Armed Forces of Colombia) 조직이며, FARC는 코카인 거래와 관련된 마약 조직원들을 보호해주면서 세금을 징수하여 조직의 자금을 조달해왔다.

몸값을 노리는 납치 사례는 세계 전역에서 일어나는 범죄로 지속적인 증가 추세를 보인다. 금전적 이득을 목적으로 행해지는 납치는 조직범죄의 한 유형으로 구분될 수 있다. 불특정 다수를 대상으로 납치하여 대상자의 가족이나 직장, 국가를 상대로 몸값 협상을 벌여 수익을 꾀한 사례는 주로 해상납치와 필리핀 남부 등의 오지에서 발견된다. 테러조직이 조직범죄 집단과 연계하여 납치하는 경우도 있지만, 테러조직이 자금조달을 목적으로 스스로 자행하는 경우도 발견된다. 각국 정부는 "테러조직과의 협상은 없다"는 원칙을 유지하면서도 실제는 인질의 안전한 귀환을 위해 물밑 접촉을 시도하며, 이로 인해 테러조직이나 조직범죄 집단이 납치한 인질 석방을 협상하면서 몸값을 밝히지 않는 거래가 발생한다. 소말리아에 본거지를 둔 알샤바브(al-Shabaab) 테러조직은 아덴 만(Gulf of Aden)과 아라비아 해를 지나는 선박을 대상으로 해적 범죄를 자행하면서 인질을 납치하여 몸값을 받아내는 대표적인 집단이다. 또한 필리핀 남부 민다나오 섬과 바실리안 섬을 본거지로 활동하는 아부사야프(ASG, Abu Sayyaf Group) 테러 조직 역시 납치 후 몸값을 받아 테러조직의 자금을 조달하고 있다. 이 조직은 2000년에는 1천만~2천5백만 미화 달러를 벌어들였고, 이후에도 여행자 및 선원 등을 납치하였던 사례는 2017년 현재까지 지속 발견되고 있다.

인신매매와 밀입국 범죄의 경우, 주로 가짜 여권과 신분증 등 위변조문서를 제공하거나 불법적으로 국경을 넘어 제3국으로 이동시켜주는 밀입국 알선조직이 테러조직과 연계하여 활동하고 있다. 테러조직이 인신매매 희생자를 조직범죄 집단에게 공급함으로써 수익금을 벌어들여 테러조직의 자금으로 활용하는 경우도 있으며, 테러전투원이 필요한 곳으로 이동할 수 있도록 밀입국 알선조직이 위변조 문서를 제공하거나 밀입국 루트와 방법을 알선해 주는 사례가 발견된다. 또한, 테러조직이 점령한 지역에서 인신매매를 자행하는 사례도 국제적인 우려를 자아내고 있다. 시리아와 이라크를 근거지로 활동하였던 ISIS(이슬람국가) 테러조직은 점령지역의 비무슬림 여성 3천여 명을 대상으로 노예제도를 적용시켜 인신매매한 사실이 보도된 바 있다.[12] ISIS는 2016년 이후로 세력이 위축되면서 여러 지역으로 분산되었고, 서아프리카로 이동하였던 조직은 나이지리아 테러조직인 보코하람(Boko Haram)과 연합전선을 이루면서 인신매매를 자행하고 있다. 나이지리아 북부지역에서 활동 중인 보코하람과 서아프리카의 ISIS 테러조직은 점령지역에 잔존한 여성들과 타 지역에서 납치한 여성들을 성적 착취의 대상으로 인신매매하고 있으며, 어린 남아들을 소년병으로 훈련시켜 테러조직의 일원으로 싸우도록 강요한 사례도 밝혀지고 있다.[13]

테러조직은 자금조달을 위해 외부의 금전적 지원을 받게 되는데, 이러한 자금은 국제적 감시를 피해 불법적 방법으로 송금되고 전달된다. 돈 세탁 등의 방법으로 불법자금을 이동시키는 전문적인 초국가적 범죄조직이 테러조직과 연계하여 테러자금을 전달한다. 초국가적 금융범죄 조직은 금융권 종사자를 매수, 협박 등의 방법으로 포섭하여 소위 "문지기(gatekeeprs)"로 구

---

12 New York Post, 2016.7.5., This is the face of the ISIS sex slave market: https://nypost.com/2016/07/05/this-is-the-face-of-the-isis-sex-slave-market/

13 TRAFFICKING IN PERSONS REPORT 2018, US Department of State

축한 뒤, 지역별로 "해결사(fixers)"를 동원하거나 "음지의 조력자(shadow facilitators)"를 고용하여 체계적으로 불법 자금 송금활동을 전개한다.[14] 불법 송금의 방법은 다양하며, 테러조직과 범죄조직 간의 역할은 상호 보완적이면서도 각자의 역할이 분명하게 구분된다. 테러조직과 불법송금 조직 간의 연계활동은 상황에 따라 방법을 달리하며 비교적 단건 위주로 수행된다. 돈 세탁의 경우 자금의 출처와 자금의 수령자를 감추는 것이 핵심이며, 이를 위해 유령회사나, 자선단체, 제3자 사업체 등을 내세운다. 또한, 막대한 현금을 직접 운반하는 운송조직을 이용하거나, 비공식 송금체계를 활용하기도 하고, 미신고된 다이아몬드, 금괴, 예술품 등 여러 가지 높은 가치의 재화나 물품을 유통시키는 방법 등이 활용된다. 한편, 이슬람권 국가에서 주로 사용되는 전통적인 송금 방법으로, '하왈라'로 불리는 환치기 금융범죄도 여전히 활용되고 있다. 주로 북아프리카에서 활동 중인 알카에다(AQIM) 조직과 레바논 지역에서 활동하는 헤즈볼라 테러 조직들이 돈 세탁과 하왈라 방식으로 해외의 조력자들로부터 자금을 조달받고 있다. 헤즈볼라는 시아파 무슬림 무장정파이며 미국 등 다수 국가로부터 테러조직으로 간주된다. 헤즈볼라 조직은 레바논을 기반으로 자체적으로 자금지원을 받기도 하지만 주로 이란과 시리아로부터 자금조달을 받고 있으며 세계 각지에 거주하는 시아파 무슬림으로부터 자금 지원을 받고 있다. 2011년 미국 재무부는 캐나다를 거쳐 돈 세탁하여 송금되는 자금을 차단한 바 있고, 2012년에는 콜롬비아 및 멕시코 마약조직과 연계하여 마약밀매로 벌어들인 거액의 현금을 개인이 은닉하여 헤즈볼라에게 전달하던 중 베이루트 공항에서 적발된 사례도 발견된다.

가짜담배를 생산하고 유통시키는 국제범죄 조직과 테러조직이 연계하여 테러조직의 자금을 조달하는 사례도 발견된다. 가짜담배 제조는 담배의

14 Douglas Farah, 2012, *Fixers, Super Fixers and Shadow Facilitators: How Networks Connect*, International Assessment and Strategy Center

원료인 연초를 불법으로 재배 또는 수입한 후 세계적으로 유명한 담배 상표의 포장을 위조하여 완제품을 만드는 것으로, 유명상표 담배 가격의 차액이 큰 점을 노려 막대한 금전적 수익을 얻고 있다. 가짜담배 제조의 전문성을 갖고 있는 범죄조직이 공급시장을 확대하고 유통을 전담할 수 있는 테러조직과 연계하는 사례가 주류를 이룬다. 미국 의회보고서는 불법 담배유통을 자행하는 테러조직으로 헤즈볼라, 하마스, PKK(쿠르디스탄 노동자당), RIRA(Real Irish Republican Army) 등을 지목하였다. 쿠르디스탄 노동자당(PKK)으로 알려진 PKK 테러조직은 쿠르드 민족 국가의 재건을 위해 1970년대 발족된 무장단체로, 쿠르드 민족의 독립국가 건설을 목표로 투쟁하고 있어 일면 "자유를 위한 투사(Freedom Fighter)"의 모습도 있으나, 투쟁 방식이 폭력과 불법 활동을 주로 사용하고 있어 미국 등 다수 국가로부터 테러조직으로 간주된다. 헤즈볼라, 하마스, IRA 등 조직은 북한과도 연계하여 가짜담배와 위조지폐를 거래한 사례가 보도된 바 있어, 중국산 연초를 원료로 하여 북한에서 완성품으로 제조한 가짜 담배가 중동과 북아프리카 및 유럽에 유통되었을 가능성도 큰 것으로 유추된다. 이슬람권 국가에서는 전통적으로 음주를 금지하는 반면 담배 흡연은 관대하며 많은 무슬림에게 흡연은 만연되어 있는 환경임을 고려할 때, 가짜담배 생산 및 유통 또는 정품 담배의 밀수 사업은 장기적이고 안정적으로 수익을 확보할 수 있는 중요한 돈벌이가 되는 셈이다.

최근 나타나는 테러 행위 중 국가 차원의 테러리즘(state terrorism)이 폭력조직과 연계하여 "청부살인(murder by contract)"을 자행하는 사례도 발견된다. 청부살인의 경우 살인의 행위자는 금전적 목적으로 범죄를 자행하는 한편 이 범죄를 주문한 교사자는 정치적 목적을 위해 실행할 수 있다. 언론에 보도되는 사례 중 러시아와 관련되어 발생하는 암살 사건의 배경에는 국가 주도의 반체제 인사 제거라는 정치적 목적이 선명하게 눈에 띈다. 청부살인을 실행에 옮기는 범죄자는 국가 또는 정부기관으로 부터 의뢰를 받은 전문 킬러(killer) 집단으로, 폭력조직범죄 집단이 부패한 공권력과 결탁한 사례가 주류를 이룬다. 이들 범죄조직은 정치적 목적에 동조하는 경우도 있겠으나 다분히 직접적 또는 간접적인 물질적 이득 획득을 목적으로 범죄를 저지른다. 러시아 정부는 "국가에 위해가 되는 테러범에 대해 해외에서도 제거할 수 있다"는 내용의 법안을 2006년에 합법화하였는데, 이 법안은 소비에트 연방 시절에 제정된 것으로 푸틴 정권의 독재적 통치를 더욱 강화시키기 위해 부활시킨 것이다. 이 법안에 의거하여 러시아 당국은 현 정권에 위협이 된다고 보이는 반체제 인사들을 포함하여 테러 우범자들을 사전에 제거하기 위해 해외에서 다양한 방법을 동원하고 있다. 2017년 6월 보도된 뉴욕타임즈(International New York Times) 기사에 따르면, 러시아 당국에 의해 고용된 암살 테러범이 프랑스 유명 일간지 기자로 위장하여 우크라이나에 거주하는 푸틴 정권의 반체제 세력 지도부 인사를 권총으로 살해 시도한 사건이 드러난다.[15] 또한 2018년 3월에는 영국에 거주하는 러시아계 이중간첩 출신 망명자를 독살하려다 미수로 그친 사건이 발생하였다. 이러한 행위는 국가 차원에서 주도하는 테러행위로 볼 수 있는데, 러시아 당국은 테러 대상자와 같은 고향 출신의 암살범을 고용하여 테러범이 체포되어도 배후 주동자가 드러나지 않도록 가장구실을 마련함으로써, 범죄의 주모자로 여겨지는 러시아 정부에 대해서는 국제적 비난만 야기될 뿐 국제규범에 의거하여 제소할 수 있는 충분한 증거가 확보되지 못한다는 점을 적절히 이용하고 있다.

핵무기 또는 핵물질의 거래에 대해서는 테러조직과 조직범죄 집단이 연계하여 만들어 낼 수 있는 가장 위험한 시나리오라고 볼 수 있다. 핵무기 생산은 개인이나 조직 차원이 아닌 국가 차원에서 가능한 상황이며, 이를 불법적으로 유통시키는 것이 조직범죄 집단의 역할이다. 금전적 이득을 목적으로 하는 조직범죄 집단은 구매자의 성향과 무관하게 핵무기를 밀반입하여

---

15 Andrew E. Kramer, "He hunted Putin's foes, posing as a reporter", *International New York Times*, 2017.6.12

거래할 수 있으며, 따라서 테러 조직에게도 거래가 될 수 있는 실정이다. 핵무기를 생산할 수 있는 국가 역시 한정되어 있으며, 이미 국제적으로도 알려져 있다. 이러한 국가들 중 테러조직과 연계가 가능할 수 있는 국가는 러시아, 파키스탄, 인도, 북한 등으로 그 대상을 좁혀갈 수 있다. 이러한 핵무기 보유 또는 핵무기 개발 능력 보유 국가들과 연합전선을 구성하고 있는 무장단체에게 핵무기가 전달될 수 있는 가능성은 항시 존재한다. 실제, 토마스 파고(Thomas Fargo) 미국 태평양사령관은 2004년 3월 31일 "북한의 고농축 우라늄 프로그램은 플루토늄 재처리 프로그램과 더불어 군사적으로 충돌할 위험뿐 아니라 핵무기가 테러리스트 조직의 수중에 들어갈 위험을 제기하고 있으며, 이것이 우리로선 가장 큰 우려사항"이라고 말했다. 파고 사령관은 리언 라포트 주한미군 사령관과 함께 하원 군사위의 국방예산안심의 회의에 출석해 "우리의 최대 우려는 핵물질이 알 카에다에 팔려 테러에 사용되는 악몽과 같은 시나리오"라며 "우리가 한반도 비핵화에 지대한 관심을 갖는 이유도 바로 이 때문"이라고 말했다.[16] 북한이 테러조직과 연계하여 핵무기 또는 핵물질을 유통할 수 있는 우려는 빈번하게 대두되고 있다. 미국 국방정보국에서 선임 정보분석가로 활동했던 브루스 벡톨(Bruce Bechtol) 미국 안젤로 주립대학 교수는 2013년 4월 29일 워싱턴 DC 헤리티지재단에서 북한은 김정은 체제가 들어선 이후에도 세계 곳곳에서 테러를 지원하고 있다고 주장한 바 있다. 벡톨 교수는 북한이 냉전시대에 구축한 판매망을 이용해 스리랑카의 타밀 타이거스(LTTE), 레바논의 헤즈볼라, 이란 혁명수비대, 알카에다 등 다양한 테러단체들을 상대로 무기를 공급하고 있다고 지적하였다.[17]

한편, '유엔 마약 및 범죄사무소(UNODC)' 집행위원장 유리 페도도프

---

16 미국 "북한 핵물질 테러조직 판매 우려"-미국 태평양사령관-주한 미군사령관 의회 증언, 연합뉴스 (2004.04.01.)

17 북, 테러조직에 군사적 지원", 자유아시아방송(VOA), 2013.5.31

(Yuri Fedotov)는 2017년 9월 UNODC 창설 20주년을 맞는 기념사에서, 최근 나타나는 테러조직의 초국가적 범죄 연계 활동의 현상을 다음과 같이 설명하였다. 첫째, 세계화로 인한 국제사회의 발전적인 혜택도 있으나 불균형적인 세계화로 인해 신뢰가 추락되고 불안 발생이 지속된다. 둘째, 초국가적 조직범죄와 테러리즘의 연계활동이 다양하게 증가하고 있으며, IS 조직의 경우 중동 지역의 문화재를 밀매하면서 테러자금을 조달하고 있다. 셋째, 사이버 범죄는 국경을 초월하는 특성상 초국가적 위협이 큰 편이며, 또한 가상화폐는 돈 세탁의 새로운 방법으로 대두되고 있다. 결론적으로, 페도도프 위원장은 테러조직의 초국가적 조직범죄 연계 활동을 예방하기 위해 우선적으로 마약범죄 예방에 각 국가가 주력할 것을 주문하였고, 범죄의 온상이 되고 있는 부정부패(corruption)를 저지하기 위한 반부패(anti-corruption) 캠페인을 적극 전개할 것을 강조하였으며, 이에 더하여 유엔 기구와 민간분야, 시민단체, 그리고 회원국 정부들의 적극적 공조를 촉구하였다.[18]

---

18 Remarks of UNODC Executive Director Yury Fedotov, on special event to celebrate the 20th anniversary of UNODC, 14 September 2017

제5장

외국인범죄와 초국가적 조직범죄

제1절

우리나라의 외국인범죄

1. 국내체류 외국인범죄 실태

(1) 외국인범죄 발생 동향

국내 체류 외국인 수가 2022년 말 기준 2백 24만 명(2,245,912명)으로, 우리나라 전체인구 5천 1백만 명(51,439,038명)의 4.3%를 차지하고 있다. 지난 5년간 평균 외국인은 225만여 명을 유지하고 있으며, 코로나바이러스 감염증인 '코로나19(COVID-19)' 발생으로 인해 2021년 195만여 명(1,956,781명)으로 감소하였다가 2022년부터 다시 증가하고 있는 추세다.

외국인 범죄란 국적이 대한민국이 아닌 자(외국인)가 대한민국의 형법 등을 위반한 범죄행위를 말한다. 지난 5년간(2018~2022년) 연도별 외국인범죄 발생 건수를 분석해 보면, 2018년 43,923건, 2019년 49,381건, 2020년 47,719건, 2021년 33,794건, 2022년 37,465건으로 나타난다.[1] 2021년부터

1 대검찰청(검찰통계시스템)

코로나19 발생으로 인해 외국인 체류가 줄어들었고 이에 따라 외국인범죄 건수도 일시적으로 감소한 것으로 보인다.

경찰의 외사안전구역 확대 등 노력으로 인해 전체적인 외국인 범죄는 줄어드는 추세지만 강도 및 폭력 등 강력범죄로 대표되던 외국인 범죄는 이제 지능범죄 등 고차원적인 범죄로 진화하고 있다. 또 여전히 전체 외국인 범죄 가운데 강간, 강제추행, 살인 등 강력범죄 비중은 내국인 범죄보다 높은 실정이다.[2] 세계화, 정보화 물결의 초국가적 확산에 편승하여 외국인의 국내 유입인구가 증가하고 이에 따라 외국인의 범죄사례도 증가하고 있다. 외국인 범죄에 효율적으로 대처하기 위해 먼저 국내에서 발생하는 외국인 범죄에 대한 실태 및 동향을 코로나19 발생 이전 기간을 중심으로 전반적으로 살펴보고, 그중 국제범죄 영역에서 활동하는 외국인 범죄를 구분하여 고찰한다.

외국인 범죄의 범죄유형별 발생비율을 살펴보면, 지난 5년(2014~2018년) 동안 폭력범죄가 차지하는 비율은 24~33% 정도로 매해 가장 높은 비율을 차지하고 있으며, 그 다음으로는 교통범죄가 23~28% 정도를 나타낸다. 이어서 지능범죄가 9~11%, 절도가 6~9%, 강간, 강제추행이 2% 내외를 차지하고, 나머지 기타범죄가 24~31% 정도를 차지한다. 5년 동안 외국인의 범죄유형별 발생분포에서 특징적인 점은 강도의 발생비율이 감소하는 경향을 보이고, 상대적으로 교통범죄와 기타범죄는 증가하는 추세를 보인다는 점이다.[3] 죄종별 외국인 범죄 현황에 따르면 음주·무면허 운전 등 교통범죄(7,123명)와 단순폭행·주취폭력 등 폭력범죄(8,549명)가 전체 외국인 범죄의 절반 정도를 차지하는 것을 알 수 있다. 기타범죄의 경우에도 2017년을 제외하면 그 발생 비율이 증가하고 있는데, 이는 외국인의 범죄유형이 다양화되고 있다는

---

2 세계일보, "국제범죄조직과 은밀한 연계… 불법 입국·필로폰 반입 급증", 2019.11.16.

3 박형민 외, 「한국의 범죄현상과 형사정책(2018)」, 『한국형사정책연구원』, 2019.

것을 말해준다. 한편, 외국인 마약사범은 2014년 312명에서 2018년 549명으로 76.0% 늘었고, 지능범은 2014년 2,888명에서 2018년 3,846명으로 33.2% 증가했다. 최근 5년간 검거된 외국인 범죄자의 국적을 보면, 2014년에 비해 2018년에는 러시아와 태국 국적의 범죄자 수가 대폭 증가한 사실을 알 수 있다. 러시아 국적 범죄자는 2014년 374명에 불과했지만 2018년 1,061명으로 약 3배 증가했고, 태국 국적의 범죄자도 2014년 1,249명에서 2018년 2,463명으로 약 2배 늘었다. 한편, 중국이나 몽골, 베트남 국적 범죄자는 2016년을 기점으로 점차 감소하는 추세이다.

(2) 외국인범죄의 발생 유형

외국인이 국내에서 저지르는 범죄는 크게 3가지 유형으로 구별할 수 있다. 첫째, 출입국관련 범죄로, 국내 입국·체류·취업과 관련된 범죄이다. 이 유형에는 정식절차를 밟지 아니하고 밀입국을 시도하거나 여권 및 사증 위변조 등의 입국관련 범죄, 외국인등록증이나 주민등록증을 위조하여 국내에 불법적으로 체류하기 위한 체류연장 목적 범죄, 불법적으로 대한민국 국적을 취득하기 위해 위장결혼이나 국적취득 서류신청서 등을 위조하는 국적취득목적 범죄, 형식상 관광 등을 목적으로 입국한 자가 불법적으로 취업을 시도한 불법취업 관련 범죄 등이 포함된다. 둘째, 일상생활형 범죄로서 합법·불법을 막론하고 한국에서 체류하는 외국인이 일상생활 중에 범하는 범죄를 말한다. 이 유형에는 살인, 강도·절도, 강간 등 외국인이라는 신분에 관계없이 내국인과 마찬가지로 저지르는 범죄로서 가장 범위가 넓고 종류가 다양한 유형이라고 할 수 있다. 또한 이 유형에는 불법체류 외국인들이 불법체류라는 불안정한 지위로 말미암아 저지르는 불법체류 관련 범죄도 포함될 수 있으며, 임금체불 등에 따른 보복범죄, 생계형 재산범죄, 무면허 의료행위 등을 예로 들 수 있다. 셋째, 범죄목적 입국형 범죄로서, 입국 당시부터 한국에서 특정 범죄를 행할 목적으로 입국하는 경우이다. 최근에는 외국의 범죄조직의 일원으로서 한국에 입국하기 전부터 범행수법이나 범죄 후 도피 방법 등에 대하여 면밀한 검토와 예행연습을 거쳐 단기간에 연속범행을 한 후 국외로 도주하는 '치고 빠지기(hit and run)' 방식으로 범행을 하는 경우가 많다. 이러한 범죄 유형은 국내외 범죄조직과 연계될 개연성이 가장 높으며, 마약 유통·위폐·불법 자금세탁·청부폭력 및 살인 등 지능적인 분야와 테러범죄에까지 그 영역이 확장될 수 있고, 국가의 개방 폭이 확대될수록 유사한 범죄가 증가할 가능성이 매우 높은 유형이다.[4]

범죄를 목적으로 입국한 외국인 범죄혐의자 중 조직범죄, 산업보안기술의 절취, 금융사기 범죄를 기도한 경우 이들은 근본적으로 금전적 이득을 목적으로 삼고 있다. 이러한 목적을 갖고 입국을 시도하는 범죄자들은 국내 입국 전부터 우리나라에서 범행할 계획을 수립한 후 구체적인 범죄를 통한 수익을 예상하고 있다. 또한, 국내에서 수사기관에 의해 검거되었을 경우 예상되는 처벌과 형량, 그리고 국제범죄를 대처하고 있는 우리나라 관련기관의 활동 등을 모두 고려한 후 범행을 결심하는 모의과정을 거쳤다고 볼 수 있다. 한편, 국제범죄조직의 일원으로 활동하는 자가 국내 장기체류하면서 범죄 목적으로 입국하는 외국인을 활용하여 각종 범죄를 자행하고 해당 외국인만 출국시키면서 국내 정보·수사기관의 추적을 회피하려는 수법이 상존한다는 점도 간과해서는 안될 사안이다.

---

4 조병인 외, 「국내거주 외국인의 조직범죄 실태와 대책 연구」, 『한국형사정책연구원 연구총서』, 2010.

2. 국제범죄 연계 외국인범죄

(1) 적발 실태

경찰청은 지난 2019년 3월 4일부터 7월 12일까지 4개월 동안 국제범죄 집중단속을 벌여 557건을 단속하고 1,089명을 검거하였고, 이 가운데 237명은 구속됐다. 검거자 유형별로는 불법취업·허위비자발급 등 불법 출입국이 699명(구속 54명), 마약제조·밀반입 등 국제마약사범이 330명(구속 140명), 국제범죄조직에 의한 전화금융사기 및 납치·강도 등 57명(43명 구속), 클럽 등 성범죄 3명 등으로 집계됐다. 단속된 외국인들의 국적은 총 17개로, 태국·파키스탄·중국 등 아시아 국가가 91.4%로 대부분을 차지했다.[5] 이 단속 기간 중 마약범죄 연계자는 총 330명이 검거되었고 이들 중 72.4%가 마약을 유통하는 밀거래자 역할을 담당하였다. 과거에는 마약을 구매자에게 직접 전달했던 것과 달리 최근에는 '무인 배송' 수법으로 국내에 밀반입하고, 해외총책-국내총책-유통책 등 단계적인 유통망을 구축한 것으로 나타났다. 특히 지하철 사물함 등 특정 장소에 마약을 은닉한 뒤 구매자에게 알려 무인포스트를 직접 찾아가도록 하는 첩보활동의 수법도 동원되었다.

인천지방경찰청은 2019년 5월 서울의 외국인 밀집지역에서 구매대금을 계좌로 송금 받은 뒤 특정장소에 필로폰·스파이스 등 마약류를 은닉하는 수법으로 불법 유통한 중국·카자흐스탄 국적의 피의자 41명을 검거했다. 마약 투약은 주로 숙박업소나 주거지 등 보안유지가 용이한 곳에서 이뤄졌다. 최근에는 전자담배 용액에 마약을 첨가해 흡입하는 신종 수법이 등장했다. 경찰은 "이는 장소 제한이나 신체의 흉터 없이 투약이 가능하고 가격도 낮아

---

5 아시아경제, "불법 입국에 마약 유통·조직폭력까지…진화하는 '외국인 범죄'", 2019.07.17.

확산하는 추세"라고 설명했다. 마약류 유형별로는 야바, 메스암페타민 등 향정신성의약품이 대부분(76.7%)으로, 이는 코카인, 헤로인 등 마약에 비해 저렴하고 라오스 등 동남아에서 안정적인 제조·밀수가 가능하기 때문인 것으로 경찰은 분석했다.

또한, 서울지방경찰청 국제범죄수사대는 2019년 4월 서울 종로구의 한 호텔에 제조시설을 차려 12만 명에게 투약 가능한 필로폰 3.6킬로그램을 생산한 중국 및 대만 출신 마약 제조기술자 등 3명을 붙잡아 2명을 구속했다. 경기 평택경찰서는 지난 3월 충남 공주시에서 '뱀 양식장'으로 위장해 사람들의 접근을 막은 뒤 대마를 키워온 한국인 운영자와 이를 유통한 우즈베키스탄인 등 5명을 붙잡아 전원 구속하기도 했다.

허위 초청이나 비자 위조 등으로 국내에 불법 입·출국한 피의자 699명도 경찰에 붙잡혔다. 불법취업은 주로 해외 모집책과 연계하여 SNS 등을 통해 구직 외국인을 모집하고, 입국 후 직접 근무지로 이동시켜 취업을 알선하는 방식으로 이뤄졌다. 주로 고용주가 체류자격을 꼼꼼하게 확인하지 않은 건설 현장이나 식당 등에서 하루 일당을 받는 일용직 일자리였다. 서울지방경찰청은 지난달 관광비자로 입국한 태국 여성들을 경기 구리시의 태국마사지업소에 불법 취업시킨 알선책과 고용주 등 111명을 검거했다. 이 밖에 국내기업에게 '초청장을 보내주면 제품을 구매하겠다'고 속여 초청비자로 입국 후 도주하거나, 초청장을 위조해 제출한 파키스탄 국적의 피의자 13명도 경찰에 검거돼 전원 구속됐다.

이번 집중단속 기간에 적발된 국제범죄조직 사건은 총 17건으로 모두 57명이 검거됐다. 주로 보이스피싱 등 국제금융사기가 대부분인 것으로 집계되었다. 중국 등 해외에 콜센터를 만들고 총책·관리자·상담원 등 역할분담을 통해 국내에서 대포통장이나 대포폰을 공급받아 범죄에 활용하는 수법으로, 국내외 조직원이 연계된 형태의 국제사기 방식이었다.

범죄조직 간 이권 다툼을 이유로 국내에서 납치와 협박을 일삼은 러시아 범죄조직도 경찰에 의해 검거되었다. 2019년 5월 울산지방경찰청은 렌트카에 흉기를 싣고 울산, 광주 일대를 돌아다니며 러시아인이 피해자를 납치한 뒤 감금하고 돈을 뜯어낸 러시아인 조직원 9명을 검거했다.[6]

법무부 서울출입국·외국인청 이민특수조사대는 외국 국적의 여성들을 유흥접대부로 불법 고용해 유흥업소 10곳을 운영해온 업주를 출입국관리법 위반 등 혐의로 서울중앙지검에 송치했다. 조사대는 유흥업소 4곳을 압수수색해 외국인 여성 7명을 적발하여 이 중 6명을 강제퇴거 조치했다. 외국인 여성을 국내로 입국시켜 유흥업소에 고용하는 방법은 다양하다. 이러한 범죄는 '목적 외 활동'으로 입국하여 행한 것이므로 불법체류에 해당된다. 범죄 형식은 다음과 같다. 국내 업주는 인터넷 외국인 구직사이트를 통해 외국 여성들을 모집하는데, 시간당 3만 5,000원을 지급하는 조건을 제시한다. 외국인 여성들은 무사증 입국이 가능한 국가 출신으로, 프랑스, 독일, 헝가리, 오스트리아 등 여러 국적으로 나타났다. 내국인 운영자는 단속을 피하고 수익을 높이기 위해 업소 인근에 전용숙소를 마련해 이들을 단체합숙 시키고, 방문하는 손님 수에 맞춰 업소에 분산 투입한다. 업주는 이들 외국인 여성들에게 손님과의 성매매를 알선하고 수수료 명목으로 일부 금액을 착취한다. 주로 성매매알선죄 등 관련 범죄경력이 있는 내국인들이 유흥업소를 운영하면서 현대판 인신매매를 자행하고 있다.[7]

---

6 경향신문, "마약 유통 등 국제범죄사범 1000여 명 검거…전자담배에 마약 첨가 신종 수법도", 2019.07.17.

7 뉴스터치, "외국인 여성 불법 고용 유흥업소 운영한 업주 적발", 2020.04.21.

(2) 마약 범죄

국내 전체 마약류사범의 증가와 함께 외국인 마약류사범도 증가하고 있는 추세를 보이고 있다. 대검 마약류범죄백서에 따르면 2018년 외국인 마약류사범은 948명이었으나 2019년 1,529명, 2020년 1,958명, 2021년 2,369명, 2022년에는 2,573명으로 대폭 증가되었다.

외국인 마약사범이 적발된 현황을 보면, 2021년에 러시아·우즈베키스탄 출신 외국인들이 조직을 결성하여 신종 마약 JWH-018(일명 '스파이스')를 제조하고 판매한 사례가 적발되었다. 2022년에는 54개국 2,573명이 적발되었는데, 전년 대비 8.5% 증가하여 역대 최다치를 기록하였으며, 국가별 외국인 마약류 숫자는 태국 991명, 중국 649명, 베트남 471명, 미국 138명 등이다. 2022년도에는 향정사범이 85.0%, 대마사범이 12.5%, 마약사범이 2.5%를 차지하였는데, 향정사범의 점유율이 높은 이유는 태국인과 베트남인의 야바(YABA), 엑스터시(MDMA) 밀반입 및 투약 사례가 꾸준히 증가하고 있기 때문이다. 태국 등 동남아시아 출신 외국인 노동자들이 본국에서 신종 마약류인 야바를 대량으로 밀반입하여 외국인 근로자 등에게 판매하거나 함께 투약한 사례가 빈번하게 적발되었다.[8]

정부의 단속과 감시를 비교적 쉽게 회피할 수 있는 온라인 채널이 주요 마약 유통로로 부상하면서 누구나 손쉽게 마약에 접근할 수 있는 상황이 되었다. 마약 압수량이 급격하게 늘고, 마약 사범의 수도 역대 최고 수준을 유지하는 배경엔 인터넷이라는 단속의 사각지대가 있다. 온라인을 통한 불법 마약 시장 팽창과 더불어 의료용 마약 오남용도 갈수록 심각해지고 있다. 공급량이 현격히 증가한 것도 마약 시장의 최근 변화 중 눈에 띄는 대목이다.[9]

---

8 2022년 마약류범죄백서(대검찰청)

9 연합뉴스, "[2019 마약 보고서]① 랜선 타고 창궐하는 마약", 2019.11.27.

특히 신종마약류는 비교적 낮은 가격에 비해 환각 효과가 강한데다가 SNS나 인터넷으로 손쉽게 구매할 수 있어 젊은 층과 외국인 사이에서 빠르게 확산 중인 것으로 파악됐다.[10] 마약류 사범의 증가 원인으로는 인터넷, 다크웹(Darkweb), 텔레그램(Telegram)과 같은 SNS 등을 이용한 마약류 유통이 주요한 증가 원인이고, 인터넷의 가상공간과 연계된 국내·외 유통구조로 인하여 일반인들의 접근이 용이해짐에 따라 해외에서 마약류를 직접 구입하는 사례도 증가하고 있다. 또한, 외국과의 교류 증가로 외국인 근로자, 관광객, 취업자 등으로 위장하여 입국한 불법체류자를 통하여 마약류 국내 유입이 증가한 것도 원인으로 판단된다.

2021년 코로나19 발생으로 인해 중국에서 유입되는 마약루트가 대폭 감소되었고 이에 따라 태국 등 동남아의 마약유입량이 비교적 증가된 것처럼 보인다. 그러나 우리나라에서 가장 선호되는 마약이 메스암페타민이라는 점을 감안하면, 중국 및 북한산 마약의 유입상황을 눈여겨 봐야 한다. 코로나19 발생 이전인 2019년 국가별 체류외국인 마약류사범은 태국 및 중국 국적의 피의자가 가장 많은 것으로 나타나고 있다. 전체 체류외국인 마약류사범 1,529명 중 태국 국적의 마약류사범은 551명(36%), 중국 국적의 마약류사범은 431명(28.2%)를 차지하여 두 국가가 전체의 64.2%를 차지하고 있다. 태국 국적 마약류사범의 지속적인 증가의 원인은 태국 국적의 체류외국인이 증가함에 따라 태국인 근로자들이 향정류 마약인 '야바(Yaba)'를 투약하여 국내 수요를 증가시키기 때문이다. 국내 체류 중인 태국인 마약공급책이 태국 현지 마약조직과 연계하여 야바를 다양한 방법으로 밀수한 후, 중간 판매상에게 공급하고 그들이 태국인 근로자들에게 유통하는 방식이다. 태국·필리핀 등 동남아에서 야바 등 향정신성의약품을 쉽게 확보하고 유통할 수 있

---

10 MBN, "지난해 마약사범 1만 6천여 명 사상 최대 기록…청소년·외국인 비율 급증", 2020.05.31.

으며, 마약에 대한 불법의식 교육이 비교적 부족하고, 또한 국내의 처벌이 상대적으로 약한 것도 증가의 원인으로 분석된다. 또한, 중국 국적의 마약류사범이 많은 원인은 지리적으로 가까운 장점, 마약류 밀매로 큰 수익이 보장되는 등의 이유로 중국동포(조선족)들이 많이 개입하는 것으로 추정된다. 국내에서 메스암페타민의 수요가 많은 것도 중국의 마약류 밀수 사범이 근절되지 않는 데 기인한다고 볼 수 있다.

국내에서 발생한 외국인 관련 마약사건 가운데 10건 중 4건은 향정신성의약품 야바와 관련된 것으로 나타났다. 경찰청은 2019년 4개월간 국제마약범죄에 대한 집중단속을 벌여 330명을 검거하고 이 가운데 140명을 구속했다. 이번에 검거한 국내 체류 외국인들은 관광비자 등으로 입국한 뒤 마약류 유통(72.4%)부터 투약(25.5%), 제조(1.2%), 밀반입(0.9%)까지 다양한 범행을 저지른 것으로 나타났다. 이들은 주로 국제우편을 통해 국내로 밀반입된 마약류를 판매했다. 이들이 다룬 마약류는 야바(41.2%)가 가장 많았고 메스암페타민(35.5%), 대마(13.0%)등이 뒤를 이었다. 야바 한 정의 가격은 3천 원~5천 원에 거래된다. 1회 투입량(0.03그램)이 10만~20만 원에 거래되는 메스암페타민이나 한 정당 5~8만 원대인 엑스터시의 10분의 1수준이다. 경찰 관계자는 "미얀마, 태국 등 동남아에서 생산되고 유통되는 야바는 코카인·헤로인에 비해 저렴하고, 안정적으로 제조와 밀수가 가능해 범죄에 활용되고 있다"며 "먹는 약 형태로 제조되기 때문에 투약자들이 거부감이 덜한 것도 야바가 유행하는 이유"라고 설명했다.[11]

관세청이 발표한 2019년 메스암페타민 밀수단속 동향에 따르면, 지난해 적발된 메스암페타민은 116.7킬로그램으로 역대 최대치를 기록한 2018년 222.9킬로그램에 이어 2년 연속 100킬로그램을 넘어섰다. 2018년 이후부터

---

11 한국경제, "4개월간 단속한 외국인 마약범죄 10건 중 4건은 야바 투약 유통", 2019.07.17.

메스암페타민 대량 밀수가 이어지고 있는데, 이처럼 크게 늘어난 데는 국제마약범죄조직의 메스암페타민 공급 확대가 주요 요인인 것으로 분석됐다. 대표적인 국제마약범죄조직인 중국계 조직과 중남미 카르텔이 전 세계 메스암페타민 시장을 독과점 하기 위해, 골든 트라이앵글과 멕시코에서 대량 생산한 메스암페타민을 아태지역과 북미, 유럽까지 초저가로 대량 공급하고 있다. 주요 밀수수법은 항공여행자 또는 기타화물에 은닉해 밀수하는 경우가 많았고, 국제우편과 특송화물 은닉 방법이 다음 순이었다. 실제로 2019년에는 한국으로 메스암페타민 7.5킬로그램을 밀수입을 시도한 말레이시아 범죄조직원이 세관에 적발되어 징역 8년이 선고된 사례도 있다. 과거에는 우리나라가 다른 나라로 마약을 유통하기 위한 경유국가로 이용된 것으로 알려졌으나, 이제는 내부적으로도 수요가 크게 증가하였고, 인터넷·SNS 등을 이용해 해외 마약류 공급자와 접촉이 용이해짐에 따라, 국제마약범죄조직이 우리나라를 마약밀수의 목적지로 노리고 있는 실정이다.[12]

경남 창원해양경찰서는 2019년 국가정보원과 공조해 외국인을 대상으로 마약류(향정신성 의약품)와 전문 의약품을 판매한 외국인 등 11명과 2개 법인을 마약류 관리법 위반 및 약사법 위반으로 검거했다. 검거된 외국인 등 11명은 페노바르비탈 성분이 함유된 향정신성 의약품과 전문의약품을 러시아계 선원들, 유학생, 한국-러시아 여객선을 통해 입국하는 보따리상에게 구입하거나 국제 택배를 이용해 반입하고 2배 이상의 부당이득을 챙긴 혐의이다. 해경에 압수된 총 전문의약품 등은 약 500종, 10만 정에 달한다. 그 중 페노바르비탈 성분이 함유된 향정신성 의약품은 7종 1,311정에 이른다.[13]

서울 시내 중심가의 호텔에 투숙하면서 12만 명분 상당의 필로폰을 제

---

12 일요서울, "마약범죄조직, 한국 새로운 시장으로 삼아 대량 거래 이뤄져", 2020.04.07.

13 세계일보, 전게서, 2019.11.16.

조한 중국인 마약제조 기술자가 경찰에 붙잡혔다. 서울지방경찰청 외사과 국제범죄수사대는 20대 중국인과 40대 대만인 화교 등 3명을 기소의견으로 검찰에 송치했다. 이 중국인은 관광비자로 입국해 서울 종로의 한 호텔 방 안에서 총 3.6킬로그램의 메스암페타민을 제조했다. 이는 12만 명이 동시투약 가능하고, 유통될 경우 120억 원 상당에 달하는 양이다. 통상 메스암페타민은 제조 과정에서 인체에 유해한 유독 가스가 배출되고 특유의 악취까지 있어 거주지에서 멀리 떨어진 변두리에서 제조되는 경우가 많다. 시간도 한 번 제조에 3~4일이 소요되는 것이 보통이다. 그러나 이 중국인은 독특한 제조기술을 활용해 환기시설 없이 외부에 발각되지 않은 채 30시간 만에 메스암페타민을 제조했으며, 방 안의 제조 도구가 발각되지 않도록 한 달 가까이 호텔 직원의 청소를 거부한 것으로 전해졌다. 같은 호텔에 머무는 손님들도 마약 제조 사실을 전혀 눈치 채지 못한 것으로 전해졌다. 이어 하루 뒤, 자금 · 원료 · 도구 공급책인 대만인 화교도 서울 은평구에서 검거했다. 경찰 조사결과 이들은 국내 입국 전 제조장소인 호텔을 미리 예약하고 역할을 분담했으며, 서로 상대방의 인적사항을 모르게 하는 점조직 형태로 범행을 한 것으로 확인됐다.[14]

(3) 위조 범죄

국내에서 적발되는 위조 범죄는 유엔협약(UNTOC)에서 말하는 가짜상품(Counterfeits)과는 다소 유형이 다르다. 유엔협약에서는 주로 위조지폐, 가짜상품, 가짜담배, 가짜의약품 등을 위조범죄의 대상으로 다루지만 국내 적발되는 위조범죄는 주로 외국인 범죄조직에 의한 서류와 증명서의 위 · 변조

---

14 중앙일보, "서울 호텔서 12만 명분 필로폰 '뚝딱'…외국인 일당 검거", 2019.05.28.

범죄를 의미한다. 국내에서 적발되는 외국인 범죄 유형 중 위조 범죄는 주로 출입국에 필요한 서류의 위조와 심지어 국내에서 사용되는 외국인등록증 위조 등의 사례가 발견된다.

2019년 3월 국내에서 불법 체류중인 베트남인들이 단속을 피하기 위하여 자국의 위조조직을 통해 우리나라 외국인등록증 위조·제작을 의뢰하고 수령하려다 적발된 사건이다. 검거된 베트남인은 모두 불법체류자로, 국내 취업 시 합법체류자로 가장해 제출하거나 단속 등 불심검문에 사용하기 위해 위조 외국인등록증을 구입하려고 한 것으로 확인되었다. 이들은 베트남에서 많이 사용되는 모바일 메신저 '잘로(Zalo)'와 페이스북 메신저를 통해 알게 된 위조·제작 브로커와 실시간으로 대화하며 제작을 의뢰했고, 베트남에 있는 지인과 가족 등을 통해 1매당 제작료 50~60만 원을 브로커의 베트남 은행계좌로 송금한 것으로 드러났다.[15]

지난 1월에는 난민신청에 필요한 서류를 허위로 작성하고 자국민에게 팔아 돈을 받은 카자흐스탄 국적 조직 일당이 경찰에 검거된 사례도 있다. 이들에게 난민신청을 한 현지인들과 허위 서류 작성에 개입한 한국인들도 불구속 입건됐다. 경기남부지방경찰청 국제범죄수사대는 난민신청자를 모집해 돈을 받고 서류를 거짓으로 꾸며준 브로커 일당과 허위 난민신청자 등 25명을 적발했다고 밝혔다. 범행을 주도한 카자흐스탄인 브로커는 출입국관리법 위반 등 혐의로 구속했다. 경찰에 따르면 브로커는 카자흐스탄인 동업자와 공모해 한국 입국 예정자 또는 체류 기간 만료가 다가온 외국인을 대상으로, 모바일메신저를 통해 "난민신청을 하면 한국에 머물면서 일할 수 있다"면서 대상자를 모집하였다. 허위 난민신청 사유를 만들어 난민신청서를 만들어주는 대가로 1인당 수수료 100만~150만 원을 받은 것으로 밝혀졌

---

15 아시아경제, "외국인등록증 위조·제작 의뢰 베트남인 10명 적발", 2019.03.12.

다. 브로커 일당은 인터넷 명함도 만들었는데, '난민신청을 도와준다'는 메모와 연락처가 적힌 명함을 온라인에 띄우고 홍보했다. 경찰은 최근 허위 난민신청자가 한국과 사증면제 협정을 맺은 국가를 중심으로 증가하고 있는 점에 주목했다. 러시아와 카자흐스탄은 2014년 협정을 체결한 뒤 난민신청이 급증하는 추세였다. 이 두 나라는 2015년만 해도 신청자가 수십 명이었으나, 2019년은 1위(2,829명)와 2위(2,236명)에 올랐을 정도이다. 하지만 두 국가에서 난민으로 인정받는 경우는 1년에 단지 몇 명뿐이다.[16] 이러한 시도는 2018년 5~6월 예멘인 560여 명이 난민신청 목적으로 제주도 입국이 허용된 전례가 있어, 우리나라 정권변화의 시기를 이용한 국제사기 범죄로 분석된다.

2019년 8월에는 허위 초청장을 만들어 외국인을 국내 입국시키던 국제범죄조직이 적발되기도 하였다. 내국인으로 구성된 이 조직은 두바이에 본부를 두고 파키스탄인들을 국내로 초청하는 방식을 사용하였다. 국내에 50여 개의 유령회사를 설립하고 우리나라 취업을 원하는 파키스탄, 네팔인 등 외국인들을 유령회사 바이어로 둔갑시켜 허위 초청하는 수법이었다. 이들은 상용 목적으로 외국인들을 초청하면 비교적 쉽게 대한민국 입국비자를 발급받을 수 있다는 점을 악용해 사업과 관계없는 가족, 친구, 친지 등의 명의로 실체 없는 무역회사를 설립하고 외국인들이 마치 이 회사와 무역거래를 위해 우리나라에 입국하는 것처럼 허위 초청장을 만들어 바이어로 위장 입국시켰다. 이 수법으로 지난 4년간 외국인 460여 명을 허위 초청했으며 이 중 270명이 국내에 입국했다. 허위 초청 대가로 입국에 성공한 외국인들로부터 1인당 약 1,200만 원씩 받았으며, 총 32억 원을 수취한 것으로 드러났다.[17]

---

16 동아일보, "[단독]"한국서 난민신청뒤 돈벌이" 허위서류 꾸며준 일당 검거", 2020.01.23.

17 동아일보, "허위초청 수법으로 32억 원 수익 올린 국제범죄 조직 일당 적발", 2019.08.27.

(4) 출입국 범죄

출입국관리법 위반자(출입국사범)란, 출입국관리법에서도 출입국관리행정의 공정한 집행이나 질서유지를 위해 특정한 행위를 금지하거나 명령하는 벌칙조항 제93조의2 내지 법 제100조의 규정에 의한 죄를 범하였다고 인정되는 자를 말한다. 일례로 외국인은 그 체류자격과 체류기간의 범위 내에서 대한민국에 체류할 수 있는데, 체류기간을 도과하여 체류하는 경우에는 불법체류자가 되는 것이고 출입국관리법을 위반한 출입국사범에 해당하는 것이며, 또한 누구든지 취업할 수 있는 체류자격을 가지지 아니한 외국인을 고용하여서는 아니 됨에도 불구하고 고용하였을 경우에도 불법고용으로 처벌을 받을 수 있다. 2018년 출입국사범 처리 건수는 176,837건으로 2014년 113,351건 대비 56%(63,486건) 증가하였다. 이는 관광, 방문 등 단기체류 목적으로 입국한 외국인들이 체류기간 내에 출국하지 않고 불법체류하는 사례가 증가하고 있음을 의미한다.

밀입국(密入國)이란 내·외국인이 출입국관리사무소의 입국심사를 받지 않고 몰래 국경을 넘어 입국하는 것이고, 밀출국(密出國)이란 내·외국인이 출입국관리사무소의 출국심사를 받지 않고 출국하는 것을 의미한다. 출입국을 위한 적법한 절차를 거치지 아니하고 어선, 화물선, 기타 고속보트 등을 이용하여 은밀히 해상을 통해 밀입국 또는 밀출국하는 경우가 주류를 이룬다. 밀입·출국자 단속 추이를 살펴보면, 밀입국은 제주무사증제도 및 화물선 무단이탈 등으로 2015년부터 30~50명 선으로 유지되었다가 2019년 20명으로 소폭 감소했으며, 밀출국은 경제사범 등의 내국인이 중국 등지로 밀항하는 등 2015년 10명에서 2019년 5명으로 나타났다. 과거에는 주로 대규모 밀입국자가 공해상에서 어선으로 환승하여 해안가로 밀입국을 시도하였으나 최근 5년 동안에는 주로 우리나라에 입항하는 화물선(어획물 운반선)에 몰래 숨어들어오거나 소형어선을 이용하여 도서지역 등으로 직접 상륙

하는 밀입국과 제주도 무사증 입국 후 육지로 밀입국하는 사례가 발생하고 있다.[18]

중국인들이 국내 밀입국하는 방법으로 무사증 입국 지역인 제주도를 이용하는 사례가 빈번하게 발생한다. 이들은 일단 제주도로 입국한 후 내국인 밀입국 알선조직과 연계하여 육지로 밀항하는 방법을 택한다. 무사증으로 제주에 입국한 외국인들이 선박을 이용해 타 지역으로 빠져나가는 사례가 늘어나면서 제주지역 항·포구가 외국인 불법 이동의 사각지대로 이용되고 있다. 제주지방해양경찰청은 2020년 4월 무사증 제도로 제주도에 온 중국인 3명을 다른 지역으로 불법 이동시키려고 한 내국인 알선조직 4명을 붙잡았다. 이들은 2018년 5월 돈을 받고 무사증 중국인 3명을 차량 내부에 숨긴 뒤 제주시 애월항에서 화물선을 이용해 전라남도 목포항으로 불법 이동시키려다 해경에 적발됐다. 앞서 2018년 5월 무사증으로 제주에 입도한 불법체류 중국인이 내륙지방으로 불법 이동을 시도하다 해경에 적발된 사건도 있었다.[19]

2020년 4월 18일 중국인들이 고무보트를 타고 중국에서 국내로 밀입국하는, 소위, '중국 산둥(山東)성 웨이하이(威海)-충남 태안' 밀입국 루트도 발견되었다. 불과 한 달 사이에 중국인 13명이 이 통로를 이용해 밀입국한 것이다. 이 과정에는 전문적인 중국 밀입국 조직이 개입하였다. 두 건 모두 중국에서 중국인 모집책이 채팅앱인 '위챗'을 통해 밀입국 희망자를 모집했으며, 5월 밀입국의 경우 개인당 1만 위안(한화 172만 원), 4월 밀입국은 1만 5천 위안(한화 260만 원)을 모집책에게 송금했고, 모집책이 그 자금으로 보트와 유류 등을 구매한 뒤 밀항 시기에 맞춰 집결해 한국으로 밀입국했다. 해수욕장

---

18 e-나라지표, 「밀입국자, 밀출국자 단속 현황」, 2020.02.25.

19 제주신보, "외국인 불법 이동 통로된 제주 항·포구", 2019.05.22.

주변에는 레저용 선박이 많아 밀입국 선박 식별이 어렵고, 또 해수욕장은 군의 해안 감시 장비에 의한 수색과 정찰이 상대적으로 취약한 점을 노린 것이다.[20]

(5) 금융사기 범죄

국제적으로 메일을 보내 금융사기를 자행하는 조직은 주로 나이지리아 국제사기 조직에 의해 지배되었다. 그러나 우리나라의 경우 중국에 본부를 둔 보이스피싱(전화금융사기) 수법이 갈수록 지능화하고 만연되어 그 피해자가 지속 증가하고 있는 실정이다.

보이스피싱은 전화 등을 이용해 상대방을 속이거나, 금융회사 등을 사칭해 돈을 빼내는 금융사기 수법이다. 피싱(phishing)은 '개인정보(private data)'와 '낚시(fishing)'를 뜻하는 영어를 합성한 조어다. 보이스피싱 조직은 전화를 거는 콜조, 인출팀, 대포통장 모집팀, 개인정보 수집팀, 연구팀 등 5개 조직으로 운용된다. 무료 한국 여행과 돈벌이를 내세운 범죄 조직의 꾐에 빠진 중국 동포(조선족)나 대만인들이 보이스피싱 조직에 이용당해 범죄 자금 인출책으로 이용되는 사례가 늘어나고 있다. 범죄에 대한 정보가 부족하고 돈이 궁하며 중국어가 가능한 동남아인들이 범죄 조직의 하수인 역할을 맡기도 한다. 이들은 구직활동 중에 도박자금 수령 업무, 회사 채무 전달 업무 등을 맡는데 합법적인 일이라고 오판해 결과적으로 범죄 조직에 가담하는 경우가 있다. 그리고 전화번호 변작(變作·조작) 중계기가 설치된 방에서 정해진 시각에 전원을 껐다 켜기를 반복하는 일을 맡는 경우도 있다. 하지만 대부분 위챗 등의 SNS를 통해 범죄 조직과 연락했기 때문에 윗선에 대해서는 전혀 모

---

20 뉴시스, "코로나19로 제주도 통한 입국 막히자 밀입국 양상 바뀌었다", 2020.06.15.

르는 경우가 허다하다. 이들은 부지불식간에 범죄에 연루돼 체포된 뒤 한국에서 수감됐다가 강제 추방되고 있다. 현재 중국인 400여 명, 말레이시아인 200여 명이 보이스피싱 범죄와 연계되어 수감 중이다.

전화를 통한 금융사기로 벌어들인 돈을 가상화폐인 비트코인으로 자금세탁하여 수사망을 피해온 보이스피싱 조직 일당이 붙잡힌 사례도 있다. 부산 기장경찰서는 사기 및 공갈 혐의로 총책 등 5명을 구속하고 나머지 일당 3명을 불구속 입건했다. 이들은 지난 2017년 2월부터 5월까지 불법 취득한 개인정보를 이용해 검·경찰, 금융기관 등으로 사칭하는 전화금융사기 등을 벌여 총 520명으로부터 10억 3,793만 원 상당을 가로챈 혐의를 받고 있다. 조사 결과 이들은 중국 칭다오, 다롄 등지에서 사무실을 두고 단순 전화사기 외에 인터넷 중고거래 물품사기, 몸캠피싱 등으로 범행을 벌여왔다. 특히 이들은 계좌를 제공하고 자금세탁을 담당하는 '장집', 국내 및 중국에서 상담원을 모집한 후 각종 범행을 실행하는 '오더집' 조를 구성하여 점조직 형태로 운영해온 것으로 드러났다. 이들은 대포통장을 이용하다가 최종적으로 비트코인을 사용하여 자금세탁을 하는 등 치밀한 방법으로 수사기관의 단속을 피해왔던 것으로 확인됐다. 피해자들은 제1금융권에서 대출이 힘든 영세자영업자 혹은 학생, 주부 등이었다. 이번 사건의 경우 보이스피싱 조직이 중고물품 거래까지 범행수법으로 활용했다는 점에서 범행 영역을 서민 전반으로 다양하게 넓힌 것으로 보인다.[21]

해외에 근거지를 두고 13년 넘게 내국인에게 불법도박과 주식·선물투자 사기를 일삼은 국제금융사기 조직원 31명 전원이 경찰에 검거된 사례도 있다. 2020년 4월, 경기북부지방경찰청 사이버수사대는 가짜 주식·선물투자 사이트에서 매도·매수 주문을 허위로 체결하는 수법으로 손실액을 빼

---

21 수사연구, 「비트코인으로 보이스피싱 자금 세탁한 조직 검거」, 2018.05.

돌린 혐의(국민체육진흥법 위반, 특정경제범죄가중처벌법상 사기 등)로 국제 사이버 범죄조직 총책 등 31명을 입건하고 이 중 9명을 구속했다. 이들은 2005년부터 포커와 맞고 등 웹보드 게임과 불법 스포츠토토 사이트를 운영해 왔다. 이를 통해 150억 원 상당의 범죄 수익으로 2012년 10월 주식 및 선물투자 사기 사이트 4개를 만들어 투자 고객들의 거래 주문을 허위로 체결된 것처럼 속이는 수법으로 원금에서 손실액과 수수료를 챙겨 빼돌린 혐의를 받고 있다. 이들은 광고를 통해 고객을 모집하고, 보유자산이 많지 않은 고객에게는 소액만 입금하면 모자란 증거금을 대출해주겠다고 유혹해 투자를 유도했다. 그러나 고객들이 예치한 돈으로 주문한 주식과 선물거래 상품은 프로그램에서만 가상으로 거래가 체결됐을 뿐 실제 거래는 이뤄지지 않았고 손실이 발생할 때마다 차액은 조직 일당의 수입이 됐다. 초기에는 피해자들이 사기임을 인지하지 못하도록 오른 주가대로 주식이나 선물을 매도해도 전액 지급이 이뤄졌다. 하지만 수익이 너무 크면 임의로 사이트에서 탈퇴시키고 차단해버렸다. 확인된 피해자만 312명, 피해액은 431억 원에 달한다.[22]

3. 외국인의 불법 차명물건(대포물건) 범죄

대포폰·대포통장·대포차량의 불법매매가 인터넷을 통해 손쉽게 이루어지면서 보이스피싱을 비롯한 각종 범죄를 양산하고 있다. 외국인 범죄 중 범죄목적으로 국내 체류하는 조직의 경우 조직범죄나 마약범죄 등을 확세하면서 기본적인 수단으로 대포폰·대포통장·대포차 등 외국인 명의의 대포물건을 사용한다는 점이다. 이러한 문제는 외국인 범죄 중 국내에서 가장 많

---

22 뉴스터치, "가짜 주식사이트로 고객 돈 100억대 챙긴 국제범죄조직 전원 검거", 2020.04.21.

이 발생하는 단순 폭력 범죄가 아닌 고도의 지능범죄가 우리 사회를 무대로 확장되어 가는 양상을 보인다는 점에서 우려해야 할 사항이다. 2018년 9월에는 화재 문제로 논란이 된 BMW 520d 차량 가운데 이미 불에 타 전소된 차량을 50만 원에 저가로 매입한 후 차대번호를 다른 차량에 불법으로 이식, 대포차를 생산하고 해외로 밀반출한 러시아 국적 알선책 등 15명이 검거된 사례가 있다. 국내 이슈를 노려 범행에 활용한 것으로, 외국인 범죄가 집단화·조직화되고 있는 현상을 보여준다.[23]

(1) 대포폰(불법 차명 휴대전화)

대포폰은 등록자 명의와 실제 사용자가 다르게 만든 휴대전화를 말한다. 우리나라에서 휴대전화를 개설하기 위해서는 가입자의 신분증을 제시하여 실명으로 개설해야 한다. 즉, 휴대전화 실명제를 실시하고 있다. 타인 명의의 휴대전화를 만드는 경우는 크게 두 가지인데, 명의를 도용하거나 또는 자발적으로 명의를 양도하는 경우다. 첫째, 타인의 명의를 도용할 목적으로 타인의 신분증과 개인정보를 확보하여 가입하는 경우는 신분증을 훔치거나 타인 명의 위임장을 위조하는 방법도 동원된다. 이러한 경우는 통상 선불폰으로 가입하여 타인의 명의로 청구서가 발송되지 않도록 한다. 둘째, 명의를 양도하는 경우인데, 외국인이 선불폰 또는 후불폰을 만들어 타인에게 제공하는 경우다. 선불폰은 간단하게 만들어 제공할 수 있으며, 부족액을 충전만하면 계속 사용이 가능하다. 후불폰의 경우 출국한 외국인이 휴대전화를 해지하지 않는 한 타인이 사용료를 계속 지불하면 대포폰이 지속 운용될 수 있다.

---

23 아시아경제, "집단 린치에 대포차 밀반출, 마약 유통까지…조직·지능화되는 '외국인 범죄'", 2018.11.04.

갈수록 늘어나는 대포폰 수요는 선불폰으로 충당되고 있다. 선불폰은 일반 후불 휴대폰과 달리 통신비를 미리 지급하고 사용하는 것으로 알뜰폰 사업자가 주로 개통한다. 상당수는 한국을 찾은 외국인 관광객 명의가 도용돼 대포폰으로 둔갑하고 있는 것으로 파악된다. 또한, 대포폰 불법 유통업자들은 여행 가이드를 통해 외국인 관광객 여권 사본을 빼내 명의를 도용하기도 한다. 경찰 관계자는 "가이드는 호텔 숙박 신청 시 필요하다고 여권을 회수한 뒤 사진을 찍어 돈을 받고 명의를 확보한 후 이를 불법 유통업자들에게 판매한다"며 "알뜰폰 사업자 대리점이 다단계 형태로 운영되거나 잠깐 개통만 하고 폐업하는 식으로 불투명하게 운영된다는 점도 대포폰 시장을 키우는 요인"이라고 지적했다.[24]

2018년 4월 대포폰과 대포통장을 대량으로 유통한 조직폭력배가 경찰에 무더기로 검거되었다. 부산경찰청 광역수사대는 전기통신사업법 위반 등의 혐의로 조직폭력배 3명을 구속하고 나머지 일당 23명을 불구속 입건했다. 경찰에 따르면 이들은 2017년 4월부터 10월까지 외국인 명의로 개통한 휴대전화용 선불유심 1만 5천여 개를 팔아 1억 원을 챙기고, 타인 명의의 법인 대포통장 22개를 개설해 1개당 150만 원을 받고 팔아 총 2억 2,000만 원을 챙긴 혐의를 받고 있다. 조사결과 서울과 경기, 부산, 대구, 목포 등에서 활동하는 조직폭력배인 이들은 외국인 명의 선불유심이 일반 휴대전화에 사용할 수 있다는 점을 악용했다. 이들은 SNS 등에서 '선불유심 공짜 개통'이라는 광고를 내걸고 이를 보고 연락한 외국인들에게 여권사본 등 개인정보를 요구했다. 이후 2개 이상의 유심을 개통한 뒤 1개만 배송하거나 브로커에게 외국인 여권사본을 1장당 2만~3만 원에 구입하여 선불유심 개통 후 범

---

24 한국경제, "[커지는 대포폰 시장] "쉿!" 은밀한 통화의 유혹…선거관계자·기업 임원도 찾는다" 2016.07.29.

죄자 등 제3자에게 판매했다.[25]

이러한 범죄에 대한 처벌은 '전기통신사업법'에 명시되어 있다. 제30조(타인 사용의 제한) 누구든지 전기통신사업자가 제공하는 전기통신역무를 이용하여 타인의 통신을 매개하거나 이를 타인의 통신용으로 제공하여서는 아니 된다. 이 조항을 위반한 자는 제97조(벌칙)에 의거하여 1년 이하의 징역 또는 5천만 원 이하의 벌금에 처한다. 그러나 최근 범죄의 확산과 처벌형량이 미약하다는 상황을 반영하여 2014.10.15. 새로운 조항을 신설하여 처벌을 다음과 같이 강화하였다. 제32조 4항(이동통신 단말장치 부정이용 방지 등)에 '자금을 제공 또는 융통하여 주는 조건으로 다른 사람 명의로 휴대전화를 개통해 이용하는 행위나 이를 알선·중개·광고하는 행위'를 금지 규정으로 추가해 이 같은 행위가 적발될 경우 제95조의2(벌칙)에 의거하여 3년 이하의 징역 또는 1억 원 이하의 벌금에 처하도록 하였다.

강화된 법 조항에 따르면 대포폰을 만들어주는 자에 대한 처벌은 2014년 10월부로 징역 1년 이하에서 징역 3년 이하로 처벌이 강화된 셈이다. 그러나 위 문제점에서 살펴본 것처럼 완전출국하는 외국인이 대포폰을 만들어주고 출국하는 경우, 외국인의 명의를 이용하여 선불유심 알뜰폰을 여러 대 만들어 사용하는 경우 등은 범죄자가 실질적으로 해외에 거주하는 외국인일 경우 처벌이 불가하여 법령의 효력이 무의미한 상황이다. 또한, 대포폰을 사용하는 사람에 대해서는 그동안 처벌이 일관되게 적용되지 않았다. 즉, 범죄혐의가 높을수록 처벌이 가능하고 미미할 경우 처벌하지 못하는 사례가 발생하였다. 따라서, 외국인에게 자신의 명의로 휴대전화가 개설된 후 대포폰으로 사용되면 차후 국내입국시 처벌을 받을 수 있다는 교육을 강화할 필요가 있다. 이와 동시에, 여권으로만 선불폰 개설이 가능한 점을 보완하기 위해 모

---

25 포커스데일리, "대포폰·대포통장 대량 유통한 '조폭' 무더기 입건", 2018.04.10.

든 외국인에 대해 여권번호와 휴대전화를 연동시켜 실시간으로 조회가 가능하도록 시스템을 구축하는 방안도 고려해 보아야 할 것이다.

(2) 대포통장(불법 차명 통장)

대포통장이란 자의든 타의든 타인명의의 통장과 이에 연결되어 있는 현금인출 카드 등을 통장명의자가 아닌 타인이 사용하는 것을 의미한다. 통상 대포통장은 범죄의 용도로 사용되는데, 불법적으로 획득한 수익금을 일시적으로 입금시킨 후 그 통장과 연결된 현금카드를 통해 인출하는 수단으로 이용된다. 가장 많이 이용되는 사례는 보이스피싱이다.

보이스피싱은 다양한 방식으로 진화되고 있는데, 전화를 걸어 어떠한 방법으로 사기를 벌이더라도 최종적으로는 대포통장으로 돈을 입금시키도록 하여 인출팀을 이용해 현금카드로 돈을 빼내게 된다. 결국, 대포통장이 없이는 보이스피싱이 성공할 수가 없는 셈이다. 따라서 새로운 대포통장은 지속적으로 확보되어야 하는데, 범죄조직은 이를 위해 대포통장을 매입하는 대포통장 모집팀을 운영한다. 대부분 통장을 만들어 판매한 사람들은 자기가 만들어준 통장이 범죄에 사용될 수 있다는 미래의 상황을 예측하지 못하는 경우가 많다. 당장 금전적 고통에서 벗어날 생각만을 하는 사람들은 10만~30만 원에 통장을 판매하기도 한다.[26]

외국인 완전출국자의 경우 자신이 개설한 은행을 해지하지 않고 통장과 카드를 판매하거나 다른 외국인에게 양도하고 출국하는 경우도 있다. 이렇게 만들어진 대포통장은 인출팀에 의해 은행 현금지급기(ATM)에서 카드를 통해 현금으로 인출되어 조직에게 전달된다. 이 과정에서 현금 인출을 담당하

---

26 이기동, 2014, 『보이스피싱과 대포통장의 정체』, ㈜북랩

는 사람은 주로 외국인들이 일당을 받고 고용되며, 범죄조직의 인출총책은 은행의 CCTV 밖에 머무르고 있다.

외국인들이 구인모집 광고를 보고 보이스피싱에 가담되어 처벌을 받는 경우가 종종 발생하고 있다. 중국 국적인이 지역 생활정보지를 통해 알게 된 보이스피싱 조직 중간책의 지시에 따라 택배·무인보관함 등을 통해 전달받은 다량의 현금카드로 ATM기에서 피해금을 인출해 전달했다. 필리핀 국적인은 해외에 있는 보이스피싱 조직으로부터 SNS를 통해 전달받은 이름, 주민등록번호, 계좌번호로 ATM기에서 피해금을 타인에게 무통장 입금했다. 이렇듯 최근 국내에 체류 중인 외국인들이 보이스피싱 범죄조직에 이용되어 피해금을 인출·전달하려다 검거된 사례가 발생하고 있다. 검거된 외국인은 인터넷 사이트, SNS 등을 통해 ATM에서 인출·송금을 해주면 일정금액을 준다는 광고를 보고 가담했고 사법당국의 처벌을 받은 후 강제출국 되었다.[27]

금융감독원에 따르면, 2019년 1~10월 중 발생한 외국인 명의의 사기 이용 계좌는 2,234개로 전체 사기 이용 계좌(5만 4,364개)의 4.1% 수준이다. 계좌가 개설된 지 1년이 초과된 사기 이용 계좌 비중은 내국인 명의 계좌는 79.7%인 반면 외국인 명의 계좌는 84.1% 수준에 달했다. 이 가운데 20~30대 외국인 노동자나 유학생 등의 계좌가 대부분을 차지했는데, 이는 1년 정도 국내에 머물다가 자국으로 돌아가면서 통장을 팔거나 타인에게 양도하여 사기에 이용된 것으로 추정된다.

대포통장으로 처벌받는 유형은 크게 두 가지로, 사기(방조) 및 전자금융거래법위반 혐의다. 첫째, 사기죄는 대한민국 형법상 범죄로, 형법 제347조에 의거하여, 타인을 기망하여 재산상 이익을 취하는 행위를 10년 이하의 징

---

27 시사매거진, "보이스피싱 무죄 입증, 범죄 성립요건 분석부터 시작해야", 2019.12.19.

역 또는 2천만 원 이하의 벌금에 처한다고 규정하고 있다. 대포통장을 이용하여 보이스피싱 등 사기 범죄를 저지르는 경우 이에 해당된다. 둘째, 전자금융거래법 위반이다. 국회 금융위원회는 날로 기승을 부리는 보이스피싱 범죄에 대한 처벌을 강화하기 위해 전자금융거래법 개정안을 2020.5.19. 신설하였다. 신설된 조항, 제49조(벌칙) ④항에 따르면, 보이스피싱 등 범죄에 이용되는 접근매체(대포통장)[28]를 팔거나 빌려주면 처벌이 과거 '징역 3년이하, 벌금 2000만 원 이하'에서 '징역 5년 이하, 벌금 3000만 원 이하'로 강화되었다. 또한, 과거 처벌대상이었던 알선·광고 외에도 대포통장을 중개하거나 대가를 전제로 권유해도 같은 처벌을 받게 되며 대포통장 조직에도 범죄단체조직죄를 적용해 범죄수익도 환수할 수 있도록 하였다.

금융회사는 외국인이 통장을 신규 개설하는 경우 여권 및 외국인등록증으로 신분 확인을 하고, 금융거래목적 및 국내 주소·거소 확인서류를 제출받는 등 통장 개설절차를 엄격히 이행하고 있다. 그러나 완전출국하는 외국인이 자신의 통장과 카드를 타인에게 양도하고 계속 사용할 수 있도록 한다면, 동 외국인이 완전출국했다는 사실을 인지하기 전까지는 통장이 해지되지 않은 채 지속 사용이 가능하다는 허점이 발견된다. 보이스피싱 등 범죄에 사용되어 적발될 경우 완전출국자의 통장임을 알게 될 것이나, 이미 범죄를 통해 누군가가 사기를 당하여 현금이 입금되고 인출되는데 사용된 후에 적발되는 것이다. 최근 기승을 부리는 보이스피싱 범죄에 대응하기 위해 2020년 5월 1일부로 법령이 추가되어 대포통장을 양도, 양수하는 자에 대해 5년 이하의 징역 또는 3천만 원 이하의 벌금으로 그 처벌을 강화하였다.

---

28 "접근매체"라 함은 전자금융거래에 있어서 거래지시를 하거나 이용자 및 거래내용의 진실성과 정확성을 확보하기 위하여 사용되는 수단 또는 정보를 말한다. 즉, 통장, 현금카드, 보안카드, 공인인증서, 신용카드 등을 의미한다. (전자금융거래법, 제2조(정의) 10항)

(3) 대포차(불법 차명 자동차)

자동차관리법 제2조(정의) 제3호에 따르면, '자동차사용자'란 자동차 소유자 또는 자동차 소유자로부터 자동차의 운행 등에 관한 사항을 위탁받은 자를 말한다." 같은 법 제24조의2(자동차의 운행정지 등) ①항에서, "자동차는 제2조 제3호에 따른 자동차사용자가 운행하여야 한다."라고 명시하고 있다. 즉, 대포차는 제2조 제3호에 언급된 "자동차사용자"가 아닌 사람이 운행하는 자동차를 지칭한다.

대포차는 강력범죄 등 불법행위의 도구로 사용되어 국민의 생명과 안전을 위협하고 법령에서 정하는 의무를 고의적으로 이행하지 않는 등 사회적 문제를 야기한다. 자동차는 등록 시 번호판이 부여되고 이를 통해 소유자를 추적하는 것이 용이하다. 경찰과 지자체는 자동차세를 세 번 이상 체납한 자동차는 대포차량으로 이용될 가능성이 큰 것으로 보고 있다.[29]

자동차관리법 제81조(벌칙)에 따르면, "제24조의2(자동차의 운행정지 등) ①항에 위반되는 사람은 1년 이하의 징역 또는 1천만 원 이하의 벌금에 처한다."고 명시되었다. 한편, 제80조(벌칙)에 따르면, "제5조(등록)를 위반하여 등록하지 아니하고 자동차를 운행한 자는 2년 이하의 징역 또는 2천만 원 이하의 벌금에 처한다."고 명시되었다. 즉, 무등록 차량을 운행한 경우는 2년 이하의 징역 또는 2천만 원 이하의 벌금이고, '자동차사용자'로 등록된 자가 아닌 경우 1년 이하의 징역, 또는 1천만 원 이하의 벌금형을 처벌받을 수 있다. 결국 대포차를 사용한 자는 1년 이하의 징역, 또는 1천만 원 이하의 벌금형을 처벌받는다.

대포차량 중에서도 명확한 사실관계 확인을 통한 정리가 이루어져야 할

---

29 이정덕, 「불법명의 자동차(일명: 대포차)의 실태와 지속적 단속의 필요성」, 『수사연구』, 2017.01.

부분이 바로 영구출국한 외국인 명의의 대포 의심차량이다. 천안경찰서의 '외국인 명의 대포차 실태 분석 및 개선방안 검토' 보고서에 따르면 2013년 12월 현재 천안 시내 외국인 명의 자동차 1,202대 중 322대(26.8%)가 대포차량인 것으로 나타났다. 4대 중 1대가 대포차량인 셈이다.[30] 2015년까지 영구출국한 외국인 명의차량이 14,274대인데 이중 1,496대에 대하여도 대포차로 유통되는 단서를 잡고 경찰이 추적하고 있다.[31] 영구 출국한 외국인 명의의 차량이 대포차량으로 양산·유통되어 각종 범죄에 이용되거나 세금·과태료 체납 등의 불법행위가 많았는데 기관 간 정보공유 부족으로 인해 이에 대한 실효적 대책이 미흡하였던 것이 사실이다. 이에 경찰은 법무부 출입국·외국인정책본부와 협업을 추진하여 영구 출국한 외국인 명의의 차량 14,274대의 정보를 제공받았고, 이 중 경찰 과태료 30만 원[32] 이상의 강제조치(번호판영치·인도명령)대상 차량 1,496대를 선별, 차적지 관할 경찰서에 하달하여 기초조사 후 차량에 대해 수배하도록 조치한 사례가 있다.[33]

경찰청이 2020년 3~6월, 100일간 진행한 외국인 범죄 집중 단속에서 검거된 868명의 범죄 유형 중 단순 불법 출입국(49%)을 제외하면 '대포물건'(18.8%)이 가장 높은 비중을 차지했다. 특히 명의 이전이 되지 않거나 말소된 차량을 외국인이 무면허·무보험 상태로 운행하는 대포차 사례가 가장 많았다. 국토교통부와 경찰은 신고 및 검거 건수를 통해 약 100만 대의 대포차량이 시중에 유통 중인 것으로 추정했다.

2020.3.16. 제주경찰청에서 작성한 "외국인 완전 출국자 소유 차량 대포

---

30 동아일보, 2014.1.6. "외국인 명의 차량 4대 중 1대는 대포차"

31 국정감사 보도자료, 「대포차, 올해 검거건수 전년대비 9배 증가」, 2016.10.06.

32 질서위반행위규제법 제55조 제1항 및 동법 시행령 제14조 제2항에 따라 번호판 영치는 과태료 합계액이 30만 원 이상이어야 한다.

33 경찰대학 산학협력단, 「대포차 근절을 위한 경찰대응 역량강화 및 제도개선방안 연구」, 『경찰청 최종보고서』, 2016.11.

차로 유통 동향" 제하 보고서에 따르면, 외국인 범죄 중 단순 불법 출입국 범죄를 제외하면 '대포물건'(18.8%) 범죄가 가장 높은 비중 차지하고 있으며, 그 중 '대포차 범죄'가 사실상 1위라고 발표하였다. 현재 완전출국자 명의를 도용한 대포차는 전국에서 약 25,000대가 유통되고 있으며, 그중 제주도에서는 약 500대의 대포차가 유통되는 것으로 추정하였다.

특히, 외국인 불법체류자가 운전하는 대포차는 더욱 심각한 위험을 초래한다. 이러한 차량의 운전자는 사고 발생시 뺑소니 위험도 크다. 사고가 나면 경찰은 이들을 출입국관리사무소로 인계하고 출입국관리사무소를 통해 90% 이상이 본국으로 강제 출국되기 때문에, 이를 피하기 위해 불체자 운전자는 범죄의 경중과 상관없이 필사적으로 도주한다. 이러한 심각한 위험이 상존함에도 불구하고 일부 오프라인 중고차 업체는 거주 사실 확인서와 외국인등록증만으로 현금을 받고 차를 판매한다. 심지어 온라인에서 대포차를 거래하는 외국인들끼리는 차량 실물과 현금 외에 아무것도 확인하지 않는다.

제2절

외국인 난민과 국가안보

1. 우리나라의 난민 수용제도

우리나라는 2012년 2월 난민법을 제정하였고 2016년 6월 개정하여 현재까지 시행하고 있는데, 1951년 제네바 협약 채택과 1967년 뉴욕 의정서 발효의 시점을 고려하면 난민법 제정이 늦은 감은 있으나 아시아에서 최초로 채택하여 시행한 국가인 점을 고려하면 유엔의 활동과 국제협약에 비교적 적극적으로 참여하는 국가로 평가된다. 국제연합에 가입한 주권국가로서 우리나라는 난민을 신청하는 외국인에 대해서 인도주의적 입장에서 고려하여야 한다는 원칙을 유지하는 것은 당연한 일이다. 다만, 난민을 가장하여 국내에 침투하는 범죄조직원, 테러조직원 등에 대해서는 국가안보 차원에서 예방하고 차단하여야 하는 당사국의 사안이다. 여기서는 우리나라의 난민 수용제도를 살펴보고 외국인테러전투원(FTF) 등 국가안보에 위협이 되는 세력이 난민을 가장하여 침투할 수 있는 상황을 점검하며 그 대응방향을 설정해보고자 한다.

우리나라의 난민법 제2조(정의) 1항에 따르면, "난민"이란 인종, 종교, 국적, 특정 사회집단의 구성원인 신분 또는 정치적 견해를 이유로 박해를 받을 수 있다고 인정할 충분한 근거가 있는 공포로 인하여 국적국의 보호를 받을 수 없거나 보호받기를 원하지 아니하는 외국인 또는 그러한 공포로 인하여 대한민국에 입국하기 전에 거주한 국가(이하 "상주국"이라 한다)로 돌아갈 수 없거나 돌아가기를 원하지 아니하는 무국적자인 외국인을 말한다.[1] 즉, 우리나라의 난민에 대한 정의는 난민에 관한 제네바 국제협약(1951) 제1장 제1조에 나타난 정의를 준용하여 적용하고 있음을 알 수 있다. 이어 우리나라 난민법 제2조(정의) 2항과 3항은 "난민 인정자"와 "인도적 체류자"에 대해 명시하고 있다. 다만, 여기서 언급된 "인도적 체류자"는 난민의 지위를 획득하지 못한 자에 대해 부수적으로 체류 허가를 제공하는 조치를 의미한다.[2]

난민법 제5조(난민인정 신청)에 따르면, 국내 체류하는 외국인이 난민 인정 신청을 하려면 법무부장관에게 신청해야 한다. 우리나라의 난민 관련 업무는 법무부 및 산하 조직인 출입국·외국인관서에서 담당하며, 출입국 공항과 항만을 관할하는 출입국·외국인관서장은 동 사무실 소속의 난민전담공무원 또는 난민심사관을 통하여 조사한 후 결정내용을 법무부 장관에게 보고하고 최종 결정은 법무부 장관이 하게 되어 있다. 우리나라는 최근 5년간 입국하는 외국인의 난민신청자 수가 급증하고 있으며, 이러한 추세로 볼 때 향후 3년 내에 전체 난민 신청자는 12만 명을 넘어설 것으로 전망된다.[3] 따라서, 효율적인 난민 심사를 위해 단일 부서에 의존하는 현재의 제도를 개선하여 관련 분야의 시민단체 전문가와 난민신청자 출신국가의 지역전문가 등이

---

1 난민법 제1장 총칙, 제2조(정의), 국가법령정보센터

2 2017년 국내 난민 신청자는 9,942건이며 같은 해 난민인정자는 121명, 인도적 체류자 1,474명으로 집계된다.(난민인권센터, 통계자료, 2017.12.31. 기준) 한편, 독일의 경우 2017년 난민 신청자는 222,683명이고 난민인정자는 123,909명, 부수적 보호 지위 획득자는 98,074명, 인도적 보호 지위 획득자는 39,659명이다.(Asylum Information Database)

3 법무부 난민과 보도자료, 2018.6.18., "난민심사관 전문성과 인프라 강화의 길을 찾다"

포함되는 다양한 구성원의 난민심사관 활용이 요구된다.

우리나라 난민법 제17조(인적사항 등의 공개 금지)에 따르면 난민신청자의 인적사항과 사진 등의 자료를 본인의 동의 없이 공개하거나 타인에게 누설할 수 없다고 규정하고 있다. 이러한 조항은 인권보호 차원에서 타당한 조치이나, 최근 국제적으로 발생하고 있는 테러 사건과 가담자들의 활동을 감안할 때, 외국에서 입국하는 난민 신청자가 자발적으로 제출한 문서로만 조사하고 인정하는 것은 충분한 심사라고 보기에 부족해 보인다. 유엔은 안보리 결의안 2178호(2014)을 채택하고 난민의 지위가 테러조직에 의해 악용되지 않도록 회원국을 대상으로 주의를 환기시킨 바 있다. 이어 유엔 안보리 결의안 2359호(2017년)에서는 위 2178호에 더하여 모든 여행자에 대한 생체 정보자료 및 탑승객 인적자료의 수집과 교류를 실시할 것을 결의하였다. EU 국가 역시 쉥겐조약의 특수성을 감안하여, 27개 가입국가 간 테러 우범자 및 연계 혐의자들에 대한 개인정보를 수집하고 상호 교류하는 형식을 활성화하고 있는 추세다. 독일의 경우 난민 관련 업무 기관은 자국의 공공기관은 물론, 외국인 관련 단체, 민간 분야에서까지 정보를 수집하고, 공공기관은 관계당국에 정보제공의 의무를 명시하고 있다.

난민법 제22조(난민인정결정의 취소 등)에 따르면 법무부장관이 난민인정을 취소할 수 있는 경우로, 신청자가 허위서류 제출 및 허위로 진술한 경우, 국적을 회복하거나 국적국의 보호를 받는 경우, 새로운 국적을 취득한 경우 등임을 명시하였다. 그러나 난민인정자가 우리나라의 안보와 사회의 공공질서를 위해할 경우 난민인정을 철회하고 추방하는 조치는 발견되지 않는다. EU 주요 국가들은 난민인정자라 할지라도 자국의 실정법상 중대한 범죄행위에 연루된 경우, 또는 국가안보에 위해가 된다고 판단할 경우 난민 지위를 제한하고 취소하는 규정이 발견된다. 독일은 3년 이상의 범죄에 연루되거나 살인, 상해, 성범죄 등에 해당되는 경우 난민의 지위를 제한한다. 프랑스의 경우, 난민인정자가 합법적으로 여행할 수 있는 권한을 부여받으나 국가안보의 이

유로 거주이동을 제한할 수 있다. 스웨덴도 국가안보와 관련된 문제가 발생할 경우 난민인정자의 체류 기간을 축소할 수 있는 예외규정을 둔다. 스페인은 난민 인정 거부 조건으로 범죄의 교사범까지 포함시켰으며, 이태리는 마약조직 등 조직범죄에 속한 자도 난민 인정을 거부할 수 있는 조항이 포함되어 있다. 유럽 국가의 사례를 볼 때, 난민신청자에 대한 충분한 조사와 심사를 통해 부적격자를 거부시키는 것이 1차적으로 중요한 사안이나, 난민지위를 획득한 자에 대해서도 국가안보와 사회질서에 위해가 될 경우 난민의 권한을 제한하고 취소할 수 있는 추가적인 법률적 내용의 명문화 필요성이 제기된다.

2. 난민과 범죄위협

지난 5년간 테러단체 가입자 50여 명이 우리나라에 입국했다가 강제 출국조치 당했으며, 자발적으로 테러조직 IS(이슬람국가)에 대해 공개지지를 표명한 내국인도 10여 명이나 되는 사례를 볼 때, 우리나라 역시 IS 및 국제테러조직의 공격대상이 되고 있다는 사실을 알 수 있다. 그동안 IS는 한국이 미국 주도하의 연합군에 참여했다는 이유로 끊임없이 한국을 위협해왔으며, 2015년 8월 온라인 선전지 '다비크'에 이슬람국가 건설 대항세력인 국제동맹군 합류 국가를 '십자군 동맹국'으로 지칭하면서 'IS에 대항하는 세계 동맹국 60개국'에 한국을 포함시킨 사실도 있다.

2015년에는 인도네시아 국적의 불법체류자 무슬림 남성이 북한산에서 국제테러단체 깃발을 든 사진을 SNS에 올려 검거되기도 하였으며, 2015년 4월에는 리비아 IS 대원이 리비아 트리폴리 소재 한국 대사관 건물과 경비초소에 기관총으로 40여 발을 난사하고 도주한 적도 있다. 2016년 1월에는 국내에서 일하는 외국인 근로자 7명이 급진 무장단체인 IS에 가담한 사례가 있었고, 사제폭탄을 만들 수 있는 원료를 국내로 밀수하려던 외국인 IS 동조자 5명이 적발되기도 했다. 내국인의 경우에도 테러단체에 가입하거나 테러조직을 지지하는 움직임이 포착되었다. 2016년 2월 IS는 우리나라 공무원과 민간인 20명을 적시하고 "어디서든 발견되면 살해하라"며 테러 발생을 부추기는 내용을 인터넷 동영상 매체인 '유튜브(youtube)'를 통해 공개하기도 하였다. 2016년 6월에는 IS의 해커조직인 '유나이티드 사이버 칼리파(United Cyber Caliphate)'란 단체가 한국에 대해 오산과 군산의 주한 미 공군기지 상세 좌표를 공개하고, 우리나라 국민에 대한 개인정보를 공개하면서 테러를 가하라고 선동하기도 하였다.

우리나라의 과거 테러 위협을 분석해 보면, 북한에 의해 자행된 사례가 주류를 이루며, 이슬람 극단주의 등 종교적 동기에 의한 심각한 테러 사례는 발견되지 않는다. 이러한 이유는 아직까지 국내 체류 무슬림 인구가 비교적 적은 수준이고, 우리나라의 대외적 활동 역시 이슬람권 국가에 대한 적대적 입장을 적극적으로 취하지 않는데 기인한다고 볼 수 있다. 그러나 국내 체류 무슬림 인구의 증가현상과 미국의 우방으로서 대외적 태도를 견지하는 우리나라의 대외정책으로 인해 이슬람 극단주의 테러조직의 타깃으로 진화될 수 있는 가능성은 여전히 존재한다.

2017년말 통계에 의거 지난 20년간 우리나라에 입국하여 난민지위를 신청한 외국인의 국적을 살펴보면, 파키스탄(18.3%), 이집트(9.8%), 시리아(7.1%), 중국(7%) 순서로, 전체 1만여 명의 신청자 중 이슬람권의 신청자는 35% 이상을 차지하여 3,500여 명 이상의 무슬림이 난민인정을 받기 위해 합법적으로 국내 체류 중인 것으로 집계된다.[4] 2018년 6월 예멘 출신의 외국인 560여 명이 무사증지역인 제주도로 대거 입국하여 현재 549명이 난민

---

4 출입국·외국인정책본부 이민정보과

지위를 신청한 상황인 점을 감안하면, 4천~5여 명의 무슬림이 국내에 체류하면서 국제적 보호를 획득하기 위해 노력중인 것으로 파악된다. 국내 체류 무슬림 인구는 2015년 통계에 의거하여 20만 명 정도로 집계되었다. 그러나 2018년 현재 일부 인터넷 매체에서는 국내 체류 무슬림 인구는 35만~40만 명 정도로 집계하기도 한다. 독일 언론 'Die Zeit'는 워싱턴의 통계 조사기관 PEW의 최근 조사 결과를 인용하여, 이슬람교는 세계의 그 어떤 종교보다도 빠르게 늘어나고 있으며, 그 가장 큰 원인이 '높은 출생률'에 있다고 보도했다.[5] 국내 체류하는 무슬림도 산아제한과 개종이 거의 없는 무슬림 문화의 특징을 유지하고 있어 머지않아 이슬람 종교가 국내 주류 종교의 하나로 자리 잡는 현상이 예측되기도 한다. 이슬람을 믿는 무슬림의 인구 증가의 흐름은 이미 유럽 국가에서 나타난 현상이다. 2010년 유럽 국가에서 차지하는 무슬림의 인구는 3.8%이며 2016년에는 4.9%를 차지한다. 이러한 증가 추세를 감안하면 2050년 유럽 인구의 14%가 무슬림이 된다는 계산이다. 독일의 경우 2016년 총 인구의 6.1%인 495만 명의 무슬림이 체류하고 있다. 2050년에는 독일 총 인구의 19.7%를 차지하며 1천 7백 49만 명의 무슬림이 독일에 거주할 것으로 추정된다.[6] 독일은 1961년부터 터키인을 외국인근로자(Gastarbeiter)로 받아들였으며, 1973년 당시 75만 명의 터키인 중 절반은 터키로 귀환하였고 나머지 절반은 독일에 합법적으로 체류하게 되었는 바, 당시 독일 체류 터키인은 37만여 명이었다. 40년이 지난 지금 독일의 터키계 무슬림은 4백만 명을 넘는다. 무려 10배 이상의 인구 증가를 보인 것이다.[7]

---

5 유로저널, 2017.4.11., "무슬림 인구, 전 세계에서 가장 빨리 증가": http://eknews.net/xe/496963

6 "Europe's Growing Muslim Population", Pew Research Center, 2017.11.29. http://www.pewforum.org/2017/11/29/europes-growing-muslim-population/

7 "Turkish guest workers transformed German society", DW.com (2011.10.30.) https://www.dw.com/en/turkish-guest-workers-transformed-german-society/a-15489210

우리나라에서도 우리 국적자가 FTF와 연계되거나 FTF로 활동하기 위해 중동 분쟁지역으로 여행한 사례가 발견된다. 2015년초 IS에 가담하기 위해 시리아로 출국한 당시 18세의 청년을 비롯하여, 2015년 11월 국회정보위원회에서 밝힌 내용에 따르면, 국내에 IS를 공개적으로 지지하는 10여 명이 있으며, 2010~2015년간 테러조직 가입자 50여 명이 출국조치된 것으로 알려졌다.[8] 지난 7월 16일 인천지검 공안부는 국내 외국인 노동자를 대상으로 테러조직인 IS에 가입할 것을 권유하고 홍보한 혐의로 국내체류 시리아인을 테러방지법을 적용하여 구속시킨 사건이 발생하였다. 조사결과 피의자는 이미 수차례 시리아 등 중동지역을 왕래하면서 실제로 IS에 가입하여 활동한 인물로, 외국인테러전투원(FTF)을 국내에서 적발한 사례가 되는 셈이다.

3. 유엔 안보리 보고서에서 나타난 한국 관련 내용

유엔 안전보장이사회는 유엔헌장에 위배되는 행위를 저지르는 국가, 단체, 개인에 대해서 유엔 차원에서 제재대상으로 지정하고 회원국에게 제재에 동참할 것을 촉구한다. 이에 해당되는 테러조직은 20여 개 단체가 포함되는데, 그중에서 알카에다와 IS 조직에 대해서는 별도의 위원회를 구성하고 이들 조직에 대한 구체적인 제재조치 내용과 근황 등을 보고한다 이 위원회의 이름은 'IS와 알카에다 및 관련 개인, 단체, 사업체 관련 결의안 1267호(1999년), 1989호(2011년) 및 2253호(2015년)에 따른 안보리 위원회'로 번역된다.[9] 이 위원회가 작성한 보고서에는 우리나라와 관련된 내용도 포함되었는

8 KBS News, 2015.11.18., "국내 IS 공개 지지자 10여 명…테러단체 가입자 50여 명 출국조치"

9 Security Council Committee pursuant to resolutions 1267 (1999), 1989 (2011) and 2253 (2015) concerning Islamic State in Iraq and the Levant (Da'esh), Al-Qaida and associated individuals, groups, undertakings

데, IS 등 테러조직이 국내체류 외국인과도 연계되어 있으며, 테러조직원으로 활동하다가 귀국하는 외국인테러전투원(FTF)이 국내에 침투되어 있을 가능성이 있음을 시사하고 있다.

2019년 1월 발표된 23차 보고서 내용 중 우리나라와 관련된 내용을 보면 다음과 같다. "우즈베키스탄, 키르기즈스탄, 타지기스탄 출신 중에서 IS 테러조직원으로 활동하였던 외국인테러전투원(FTF)들은 카자흐스탄을 통로로 활용하면서 본국 및 타국으로 이동하고 있다. 터키 당국에 의해 터키에 수감되어 있는 다수의 우즈베키스탄 출신 테러전투원들은 자국이 아닌 대한민국으로 추방시켜줄 것을 요청하였다. 한국에는 이미 2만~3만 명의 우즈베키스탄 국적인이 체류하고 있으며, 이들 중 일부는 이슬람 극단주의 테러리즘에 동화되어 있고, 시리아로 가는 테러조직원들을 위해 자금을 지원하고 있다."[10]

2019년 9월 발표된 24차 보고서에서 한국과 관련된 내용은 다음과 같다. "외국인테러전투원(FTF)으로 활동하려는 사람들은 이전에 비해 줄어들었지만 여전히 존재하고 있다. 대한민국, 러시아, 터키에 체류 중인 우즈베키스탄 공동체의 구성원들은 IS 테러조직의 온라인 선전선동과 테러조직원 모집의 주요 타깃이 되고 있다.[11]

위 보고서에 따르면, 국내 체류중인 우즈베키스탄인 3만여 명 가운데 우즈베키스탄 이슬람 테러조직인 IMU(우즈베키스탄 이슬람 운동) 및 IJU(이슬람

---

and entities (https://www.un.org/securitycouncil/sanctions/1267)

10 Twenty-third report of the Analytical Support and Sanctions Monitoring Team submitted pursuant to resolution 2368 (2017) concerning ISIL (Da'esh), Al-Qaida and associated individuals and entities, 2019.1.15. p.15.

11 Twenty-fourth report of the Analytical Support and Sanctions Monitoring Team submitted pursuant to resolution 2368 (2017) concerning ISIL (Da'esh), Al-Qaida and associated individuals and entities, 2019.7.15. p.14,

지하드 연합) 등의 조직원이거나 조직을 후원하는 동조자가 다수 존재한다는 의미로 분석된다. IMU는 1998년 아프가니스탄에서 결성되었으며, 우즈베키스탄을 급진 이슬람국가로 만들기를 원했지만 반대로 우즈베키스탄 정부는 이들을 탄압하자, 1999년 2월 16일 우즈베키스탄의 수도에서 대통령을 목표로 폭탄테러를 자행하기도 하였다. 이 조직의 지도자인 율다세프는 탈레반의 보호를 받기도 하였고, 알카에다의 수뇌인 빈 라덴으로부터 상당한 재정지원을 받은 것으로 알려져 있다.[12] IJU(이슬람 지하드 연합)는 2002년 설립된 이슬람주의 무장단체 조직으로, 우즈베키스탄 이슬람 운동의 분파로 창립되었다. 이 조직은 탈레반과 알카에다 두 조직을 따르는 부속단체로 알려져 있다. IJU는 2004년 3월 28일부터 4월 1일까지 우즈베키스탄에서 일련의 폭탄테러를 자행하여 47명이 사망하기도 하였다. 이후, 2004년 7월 30일 우즈베키스탄 타슈켄트에 있는 미국 대사관과 우즈베키스탄의 검찰총장실을 대상으로 폭탄테러를 자행하기도 하였다. 최근 이 조직은 알카에다의 지시에 따라 파키스탄과 서유럽, 특히 독일을 테러공격의 대상으로 초점을 맞추고 있는 것으로 알려져 있다.

4. 난민 위장 외국인 대응방안

우리나라에 입국하여 난민지위를 신청한 자는 2018년 5월까지 총 40,470명이며, 파키스탄(4,740), 중국(4,253), 이집트(3,874), 카자흐스탄(3,069), 나이지리아(2,031), 인도(1,935), 방글라데시(1,745), 기타(18,823) 順이다. 2018년 1월부터 5월말까지 난민신청자는 총 7,737명이고, 국적별 현황을 보면, 카자

---

12 김태연. 2016. 우즈베키스탄이슬람운동(IMU)과 타지키스탄 이슬람부흥당(IRPT)의 발생 조건과 요인 비교연구., 26(2), p88

흐스탄(1,259), 인도(656), 러시아(654), 이집트(630), 중국(609), 예멘(552), 파키스탄(472) 順이다.[13] 난민 신청자 총 4만여 명 중 파키스탄, 이집트, 카자흐스탄 등이 주류를 이루며, 테러조직이나 무장단체가 활동하는 분쟁지역으로 분류되는 파키스탄, 나이지리아, 예멘 등이 주류를 이루고 있음을 알 수 있다. 2018년 1월부터 8월까지 난민신청자는 총 11,738명이며 그 중 1,727건이 심사결정 종료되어 난민인정 지위를 획득한 자는 149명(인도적 보호 포함), 불인정자는 1,578명으로. 신청자의 10% 가량이 난민의 지위를 부여받고 있다. 1994년부터 2018년 8월 말까지 심사종료 건은 21,064명이며 그 중 난민지위를 인정받은 자는 총 2,415명으로, 전체적으로 난민신청자의 10%를 상회한다고 볼 수 있다. 또한 난민 신청의 사유로 분류해 보면, 종교적, 정치적 박해를 피하여 신청한 자가 40% 이상을 차지하고 있다.[14]

위의 자료를 분석해 보면, 국내 난민신청자의 40% 이상이 이슬람권 국가 출신이며, 종교적, 정치적 이유로 신청하였고, 신청자의 10% 이상이 난민지위를 획득하였으며, 현재 난민인정자는 2,415명으로, 신청자와 인정자의 숫자는 지속 증가 추세라는 사실을 도출할 수 있다. 우리나라에 합법적으로 체류하고자 하는 외국인 중 난민으로 위장하여 체류허가를 획득하려는 대부분의 외국인은 보다 나은 삶을 살기 위한 이주를 목적으로 삼고 있다. 그러나 외국인테러전투원(FTF)의 경우 난민으로 위장하는 이유는 국제적 추적의 회피, 은신의 목적, 또는 아국 대상 테러의 목적으로 잠입한다.

유엔안보리 결의안 2396호(2017)의 권고내용과 EU 주요 국가들의 대응활동에서 나타난 교훈을 바탕으로, FTF 및 연계자가 위장난민으로 가장하여 국내로 침투한다는 가정 하에, 이를 예방하고 색출·차단하는 대응방안

13 법무부 자료

14 "출입국, 외국인정책 통계월보 2018년 8월호", 법무부

을 다음과 같이 도출해 본다.

첫째, 법 규범의 보완이 필요하다. 난민법과 테러방지법에 나타난 조항은 최소한의 개념적 의미에 불과하다. 외국인테러전투원(FTF)으로서 국내에서 활동할 수 있는 모든 구체적 상황을 포함하여, FTF의 적용 범위, 가담활동의 구체적 예시 등 상세한 불법사항을 명시함으로서 실질적으로 적용 가능하도록 법률적 기반을 마련하는 것이 필요하다. 또한 안전한 제3국을 경유하여 국내로 입국한 후 난민을 신청하는 자에 대해서는, EU의 더블린 조약을 참고하여, 최초로 입국한 안전한 제3국이 곧 난민신청지가 되어야 한다. 즉, "난민 쇼핑(Asylum-Shopping)" 국가 중 하나로 우리나라가 이용되지 않도록 조치가 필요하다는 의미다. 최근 대표적 사례로 2018년 5월 500여 명의 예멘 난민이 말레이시아에 체류하다가 무사증입국이 가능한 제주도로 몰려와 단체로 입국한 상황은 여러 가지 문제점을 내포하고 있다. 예멘에서 분쟁을 피하여 말레이시아로 이주한 이들은 모두 이슬람권 국가 출신으로, 최초 이주했던 말레이시아가 같은 이슬람권 국가로서 안전한 제3국임에 틀림이 없다. 그럼에도 불구하고 예멘과는 종교적, 정치적, 지리적으로도 거리가 먼 제주도로 입국하여 난민을 신청한 것은 전문적인 알선책(브로커)을 통해 국내의 법 규범적 허점을 이용한 사례라고 볼 수밖에 없다.

둘째, 난민심사의 효율화가 필요하다. 현재 우리나라의 난민인정 절차는 전적으로 법무부라는 단일부서의 담당 업무로 한정되어 있다. 난민위원회와 난민심사관의 활용을 확대하려는 움직임도 있으나, EU 국가에서 보듯이 이 업무를 국내 유관기관으로 확대시키고, 시민단체 등 민간 전문가를 포함하여 사회 각계각층의 의견과 여론을 수렴하면서 의사결정이 이루어져야 할 것이다. 난민으로 인정된 외국인은 결국 우리 사회가 포용하고 통합하여 함께 살아가야 하는 우리 사회 공동체의 일원이 되는 만큼, 그 결정에 대한 책임도 사회에 상당부분 할애되어야하기 때문이다. 이를 위해 심사에 참여하는 전문가들이 다양하게 구성되어야 하며, 유관기관 및 민간분야 등을 폭넓게 포함시켜 대폭 확대시키고 체계적이며 조직화된 심사를 진행한다면 심사에 소요되는 시간은 오히려 단축시킬 수 있다.

셋째, 실질적인 정보수집과 공유가 필요하다. 유엔안보리 결의안 2396호(2017)에서 제시한 바와 같이, 테러 우범자 및 혐의자에 대한 생체정보의 수집과 항공기에 탑승하는 모든 탑승객의 명단 사전 입수 및 배포 등의 조치가 필요하다. 또한 EU 국가에서 활용하듯이, 국내 및 국제적으로 활용할 수 있는 테러 우범자 블랙리스트 데이터베이스를 활성화시켜 다른 기관과의 정보공유 및 비교·확인 등의 조치가 가능하도록 준비해야 할 것이다. 이를 위해, 국내 난민신청자의 출신국 정보, 제3국 여행 및 체류 정보 등을 수집하기 위해 현지 지역전문가 활용을 확대하고 우리 정보당국과 해당 국가의 유관기관 간 정보협력을 원활하게 하는 체계를 갖추어야 한다.

넷째, 난민인정 후 관찰과 교육이 필요하다. 우리나라에서 난민의 지위를 획득한 자가 이후 사회적응과 통합에 필요한 교육 및 프로그램은 부재하다고 볼 수 있다. 인권위와 난민위원회는 현행 난민법의 관련 법령이 추상적이고, 법령의 범위나 주무부처의 책임이 구체적이지 않다고 지적한 바 있다.[15] 난민인정자는 사회보장제도에 접근하기 위해 시민단체나 복지단체를 스스로 찾아다녀야 하는 실정이다. 이와 마찬가지로, 난민인정 이후 이들의 국내 활동은 정부당국의 관심에서 멀어지는 상황이다. EU 국가들의 "탈극단화" 프로그램 등을 준용하여, 사회정착과정의 일환으로 체계적인 교육과 통합을 위한 프로그램이 필요하며, 이 과정에서 우리 정보당국은 자연스럽게 테러 연계 징후 등을 포착하고 관리할 수 있을 것이다.

마지막으로, 난민불인정 결정자에 대한 적극적인 송환 조치가 필요하다. 제네바 난민 협약에 가입한 당사국들은 한번 입국한 난민신청자에 대해 난

---

15 "난민인정자 자녀는 한국에서 태어나도 '무국적'", 한겨레, 2018.9.19.: http://www.hani.co.kr/arti/society/society_general/862804.html#csidx66ba9b5e58b23c2832c210f4f7a0297

민불인정 결정이 내려졌다 하여도 범죄사실과 사회질서를 위해 하는 행위가 없는 외국인에 대해 강제추방하는 것은 인도주의에 반한 조치로서 실제 집행하기는 어려운 실정이다. 독일의 경우 "둘둥(Duldung)"이라는 관용적 조치를 취하여 합법적으로는 체류하되 복지 및 취업활동이 제한되는 체류조건을 부여한다. 우리나라의 경우 10%의 난민인정 비율을 고려하면, 나머지 90%의 불인정 외국인도 국내에 체류 중인 셈이다. 이들 중 대부분은 이의신청을 통해 체류기간을 가능한 길게 확보하고 이 기간 중 취업하여 국내에서 돈을 번 후 체류기간이 종료되면 귀국하는 동향을 보인다. 이의신청 종료 이후 출국 유예기간이 지나면 불법체류자의 신분으로 바뀌고, 이들이 관계 당국에 의해 적발되면 곧바로 강제 추방되는 시스템이다. 또한 유예기간 종료시점 즈음에 법무부 관리 제도에서 이탈하여 불법체류자로서 국내에 장기간 체류하는 경우도 있다. 2018년 8월 현재 국내 불법체류자는 33만여 명으로 집계되며,[16] 이들을 적발하여 강제 추방할 수 있는 적극적인 조치는 사실상 불가능하다. 따라서 FTF 연계 혐의가 있는 난민신청자를 구분하여 별도 관리하면서, 난민불인정 결정 이후 신속히 자진출국토록 유도하는 한편, 이들 중 불법체류 기도자를 사전 파악하고 난민심사 종결 및 유예기간 초과 이후 불법체류자로 구분하고 적발하여 강제 추방시키는 체계를 철저히 이행할 필요가 있다.

---

16 출입국·외국인정책 통계월보 2018년 8월호, 법무부: 2018년 8월 불법체류외국인은 총 335,455명이며 전년대비 42.3%가 증가하였다.

에필로그

국경은 더 이상 막힌 담벼락이 아니며, 이제 여행객들은 비행기를 타고 어디든지 방문할 수 있는 세상이 되었다. 비록, 전염병 확산, 재난, 기근, 테러, 범죄 등의 방해요인은 늘 존재하지만 미약한 개인이 모여 국가라는 강대한 조직을 만든 인간 사회는 문제에 직면할 때마다 이를 해결하기 위한 노력을 끊임없이 전개하면서 극복해 나가고 있다. 1994년 UNDP에서 발표한 '인간개발보고서'는 이제 안보의 중심을 국가에서 인간으로 맞추어야 한다고 주장한다. 인간이 겪는 가장 근본적인 고통을 하나씩 해소해 나갈 때, 사회안보와 국가안보가 실현된다는 설명이다. 인간안보 차원에서 인간에게 위협으로 대두되는 문제들은 질병, 재난, 기근, 분쟁, 범죄, 테러 등이다. 그동안 대응활동을 통해 얻은 교훈으로 볼 때, 비교적 인간의 노력으로 피해를 예방하고 최소화할 수 있는 사안이 범죄와 테러다. 이 두 가지 요인은 분명히 인간이 만들어내는 문제이기 때문이다.

이 책자에서는 금전적 이득을 취하려는 목적으로 조직된 범죄집단의 본질과 활동에 대해 상세히 묘사하였다. 테러조직의 활동이 다양화됨에 따라 범죄집단과 연계하면서 소위 글로벌범죄의 행태로 변이되고 있으며, 초국가적 조직범죄는 이제 테러조직의 범죄활동과도 혼합되어 있는 모습을 보인다. 국가마다 다른 환경과 조건이 존재하므로 각기 다른 조직범죄의 형태가 구성되어 있다. 그러나 세계화와 정보화가 이미 휩쓸고 간 지금의 상황에서는 지구촌 내부의 활동이 그리 무한하기만 한 것은 아니다. 국제사회의 한 체제(Regime)로서 유엔의 거버넌스가 일관적으로 작동하고, 200여 개의 국가가 양자 및 다자 간 정보협력을 통해 공공의 적인 범죄와 테러에 맞서 싸워나갈 때, 인간안보의 위협으로 작동하는 문제들을 조금씩 제거해 나갈 수 있을 것이다.

모든 국가는 자국의 생존과 번영을 목표로 한다. 곧 자국민의 안보와 보다 나은 삶을 위해 국가가 존재한다. 어떤 지도자도 국가를 범죄집단으로 만들겠다는 생각은 애초에 갖지 않았을 것이다. 토마스 홉스(Thomas Hobbes)가 말하는 하나님 다음으로 강력하고 완벽한 존재가 국가(Leviathan)이기도 하다. 그러나 국가를 이끌어가는 정권(government)의 문제는 인간의 문제이다. 인간인 우리가 어떻게 제도와 법을 만들고 어떻게 잘 운영해 나가며 사회를 유지하는가에 달린 문제일 뿐이다. 아리스토텔레스를 비롯하여 홉스, 로크, 칸트는 사회와 국가를 논하기에 앞서 우선 인간을 연구하였다. 왜 복수의 인간은 싸워야 하는가를 연구하였고, 인간이 만든 사회가 분쟁없이 살아갈 수 있는 방법을 고민해왔다.

지구촌 모든 나라의 지도자는 개인의 욕구 충족만을 위해 존재하지는 아닐 것이며, 국가의 구성원인 국민의 안전과 행복을 위해 노력할 것이다. 강대국이든 약소국가이든 모든 국가의 지도자와 관료들은 기본적으로 국민의 안녕을 위해 고민하고 노력한다. 목적과 목표는 같은데, 그럼에도 불구하고 국가 간 분쟁이 생기고, 심지어 국가 내부의 사회 안에서도 싸움은 유발되며 지속된다. 법과 제도, 원칙은 있으나 이를 이행하는 데에 문제가 있기 때문이다. 독일의 사회학자 막스 베버(Max Weber)는 매우 분명한 국가의 책무를 말한다. 국가 외에는 어떤 다른 개인이나 조직도 폭력을 사용하지 않도록 해야 한다는 것이다. 조직범죄는 이를 다스리는 관료와 국가 통치자들의 부패를 먹고 성장한다. 이렇게 성장하여 자리잡은 조직은 다양한 방법으로 국가의 법을 피하거나 무시하면서 나름의 폭력을 행사한다. 여기에 소개된 많은 과거의 경험과 교훈을 통해 이를 극복할 수 있는 노력을 멈추지 말아야 할 것이며, 이를 통해 보다 나은 인간의 사회적 삶이 만들어질 수 있을 것이다.

죽전에서

함중영 씀

참고문헌

1. 국내문헌

김광진. 2008, "북한 외화관리 시스템의 변화와 외화 의존도의 증대", 서울: 국가안보전략연구소, 『기획논단』

김동식. 2016, 『북한의 7차 당대회 평가 및 향후 전망- 정치, 군사적 측면』, 서울: 국가안보전략연구원

김병연. 2017, "부패와 경제성장의 상관관계 연구", pp.81-82. 국민권익위원회

김상기, 김근식. 2015, "북한의 국제적 사회화 전망-국제기구 참여와 외교정책 선호의 변화, 1991-2005", 『국제정치논총』55(2), 한국국제정치학회

김상기. 2007, 『대북제재의 유효성 분석: 실태와 효과』, 한국개발연구원(KDI)

김성한. 2015, 『한국의 안보 도전과 대응 방향』, 고려대학교 – 일민국제관계연구원

김정필. 2016, "이슬람국가(IS)의 형성과 변형 역사", 한국군사학논집 제72권 제1호

김종섭. 2002, 『사이버범죄 현황과 대책』. 경찰청 사이버범죄 수사대.

김준호. 1991, "한국의 범죄문제 – 뇌물행위를 중심으로", 현대한국사회문제론, 서울, 한국복지정책연구소 출판부

김중호, "북한 김정은 정권의 경제개선 동향 – 평가와 전망", 『수은북한경제』, 2014년 가을호
김필재. 2006, "미국은 북한범죄 좌시하지 않는다 - 미 작전계획 5030, 최종 목표는 김정일", 『한국논단』
문정인, 모종린. 1999, 『한국의 부정부패 – 그 비용과 실태』, 오름
박상현. 2009, "북한 대외정책의 합리성에 관한 고찰 : 약소국의 전략적 상호작용과 인지심리학적 함의를 중심으로", 『통일정책연구』 제18권 1호
박형민 외. 2019, "한국의 범죄현상과 형사정책(2018)", 『한국형사정책연구원』
배규성, 예병환. 2010, "푸틴 시기 러시아의 조직범죄와 부패", 『한국시베리아연구』 제14권 1호
송봉규. 2015, "북한의 국제범죄 확산과 전망", 『한국경찰학회보』제17권 6호 pp.145-182
신상철. 2010, "중국 흑사회성질범죄조직(黑社会性质犯罪组织)에 대한 고찰", 『경찰학연구』 제10권 제1호(통권 제22호)
신의기. 2007, "국제적 조직범죄의 위협과 국제사회의 대응방안" 『OUGHTOPIA : The Journal of Social Paradigm Studies』
신의기. 1996, "초국가적 조직범죄에 대한 유엔의 대응" 『형사정책연구소식』제35호
신창훈. 2015, 『북한의 사이버 공격과 위협에 대한 우리의 대응』, 아산정책연구원
양성은. 2013, "사이버범죄의 동향과 이에 대한 형사법적 책임", 『Internet & Security Focus』 2013 9월호
오동석. 2015, 『테러방지법, 현재 무엇이 문제인가?』, 민주주의법학연구회, 새정치 민주연합 국회정보위원회 긴급세미나
유준구. 2013, "유엔 재래식 무기거래조약(ATT) 체결의 쟁점과 시사점", 『주요국제문제분석』(2013.7.11.)
윤정석. 1996, "유엔 범죄방지프로그램", 『형사정책연구원 연구총서』
윤해성. 2015, "신안보 상황에서의 대한민국 안보 형사사법시스템에 대한 재조명",

『한국경찰연구』 제14권 제2호

윤황. 2007, “동북아 평화질서 구축의 쟁점 : 북한의 국제범죄 유형과 특징”, 『통일문제연구』

윤황. 2006, 『국제범죄의 개념과 유형, 특징: 북한의 국제범죄 개념과 유형, 특징분석 - 경찰의 대응방안을 위해』, 치안정책연구소

이금규. 2012, “중국의 마약퇴치를 위한 국제공조체제 연구”, 『국외훈련검사 연구논문집 제27집』

이기동. 2014, 『보이스피싱과 대포통장의 정체』, ㈜북랩

이만종. 2012, “북한의 테러지원 무기밀매 실태와 대응방안”, 『韓國公安行政學會報』 第46號(2012). p.158

이서항. 1998, 『아태지역 불법마약 거래현황과 대책』, 서울: 외교안보연구원

이석수. 2008, “국가실패의 특성과 원인 : 북한사례”, 『통일문제연구』 제49호, 평화문제연구소

이은우. 2015, 『사이버테러 방지법은 전면적 국가사이버 감시법이다』, 정보인권연구소, 새정치 민주연합 국회정보위원회 긴급세미나

이장희. 2002, 『9.11 테러리즘에 대한 미국의 무력공격의 국제법적 평가』, 아시아사회과학연구원,

임강택. 2013, “대북 경제제재에 대한 북한의 반응과 대북정책에의 함의”, 통일연구원, 『통일정세분석』, 서울: ㈜세원문화사

임예준. 2016, “북한 해외노동자의 인권개선 방안 모색”, Online Series CO16-6, 통일연구원.

임종인, 권유중, 장규현, 백승조. 2013, “북한의 사이버전력 현황과 한국의 국가적 대응전략”, 『국방정책연구』 제29권 제4호·2013년 겨울(통권 제102호)

장형수. 2013, “북한의 외화수급 추정과 분석: 1991~2012년” 『통일정책연구』 제22권 2호

정육상. 2014, “우리나라의 국제범죄 실태와 경찰의 대응방안”, 『유럽헌법연구』제

16호
조병인 외, 「국내거주 외국인의 조직범죄 실태와 대책 연구」, 『한국형사정책연구원 연구총서』, 2010.
조성권. 2011, 『21세기 초국가적 조직범죄와 통합안보』, 한성대학교 출판부
조성권. 1999, "북한 마약밀매의 실태와 대응방안", 『정책연구』통권 131호, 서울: 국가안보정책연구소
조현연. 2011, "한국의 권력형 정치 부패 – 특성과 해법 탐색", 제16집
진병동. 2018, '국제범죄에 대한 인터폴과 유로폴의 대응 및 역할에 관한 연구', 유럽경찰연구 2018 여름호
한영진. 2006, "김정일의 향락생활과 범죄 행위 속에 멍들어가는 북한 주민", 『북한연구』 2006년 4월호. p.135.
한종기, 김학성. 1996, 『탈냉전, 민주화 시대의 신안보론』, 공보처
한종만 외. 2009, 러시아 조직범죄집단과 한국의 형사정책적 대응방안, 한국형사정책연구원
함중영. 2017, "김정은 정권에서 나타난 북한의 초국가적 조직범죄 활동 변화", 국가정보연구 제10권 1호
함중영, 장정현. 2019, "테러조직의 인터넷과 소셜 미디어 활용전략 분석 및 대응방안 연구", 국가정보연구 제12권 2호

2. 해외문헌

Asher, David L. 2005, "The North Korean Criminal State, its Ties to Organized Crime, and the Possibility of WMD Proliferation", Nautlius Institute Policy Forum 05-92A
Bach, William. 2003, "Drugs, Counterfeiting, and Arms Trade : The North Korean

Connection" (Testimony in Senate Committee on Governmental Affairs, May 20, 2003)

Balfour, Frederik. ""Fakes!"" Business Week. 7 February 2005

Barbara Demick. 2013.8.27., "North Korea Tried to Ship Gas Masks to Syria, Reports says", Los Angeles Times

Berger, Andrea. 2015, Target Markets: North Korea's Military Customers in the Sanctions Era, RUSI Publications.

Cha, Victor. 2012, The Impossible State, North Korea past and future, New York: Harper Collins Publisher

Chestnut, Sheena E. 2005, "The 'SOPRANOS STATE?' - North Korean Involvement in Criminal Activity and Implications for International Security", Stanford University

Chestnut, Sheena E. 2007, "Illicit Activity and Proliferation - North Korean Smuggling Networks", International Security, Vol. 32, No. 1, Summer 2007, pp. 80~111

Clayton, Matthew. 2012, "Drugs in the DPRK 2006-2011: A quantitative analysis", NK News, http://www.nknews.org/wp-content/uploads/2012/03/Comparative-Analysis-on-DPRK-Drugs.pdf

Committee for Human Rights in North Korea. 2009, LIVES FOR SALE: Personal Accounts of Women Fleeing North Korea to China

Dawson, Alan. 2003, "Australian Bust Adds Evidence North Korea Major Player in Global Heroin Trade", Bangkok Post. (2003.7.21)

Dobson, Chris. 1994, "The failure of Kim Il-Sung to maintain North Korea's self-reliance...", South China Morning Post. (1994.7.17.)

Etges Rafael & Stucliffe Emma. 2008, "An Overview of Transnational Organized Cyber Crime", Information Security Journal: A Global Perspective, pp.87-94

Fijnaut, Cyrille. 2000, "Transnational Crime and the Role of the United Nations in its Containment through International Cooperation: A Challenge for the 21st Century", European Journal of Crime, Criminal Law and Criminal Justice, Vol. 8/2, pp.119-127

Finkenauer James O. & Chin Koh-Lin. 2004, "Asian Transnational Organized Crime and It's impact on the United States : Developing a Transnational Crime Research Agenda" Newark: National Institute of Justice

Foster-Carter, Aidan. 2009, "North Korea: A Date in Pyongyang -But What Real Hope?", Nautlius Institute, Policy Forum Online 09-093A

Fuller, Thomas. 2007.11.5., "Khun Sa, Golden Triangle Drug King, Dies at 73", International New York Times

Greitens, Sheena Chestnut. 2014, "Illicit North Korea's Evolving Operations to Earn Hard Currency", Washington D.C.: The Committee for Human Rights in North Korea

Harrison, Selig. 2005, "Did North Korea Cheat?", Foreign Affairs. January/February 2005.

Harrison, Selig. 2004, "Inside North Korea: leaders open to ending nuclear crisis.", Financial Times. (4 May 2004.)

Hauben, Ronda. 2007, "Behind the Blacklisting of Banco Delta Asia", Nautlius Institute Policy Forum Online 07-044A

Henriksen, Thomas H. 2001, "The Rise and Decline of Rogue States", Journal of International Affairs, vol. 54, pp.349-378

Horwitz, Sari. 2013, "5 extradited in plot to import North Korean meth to U.S.", The Washington Post (2013.11.20.)

Kan, Paul Rexton, Bechtol, Bruce E. and Collins, Robert M. 2010, "Criminal Sovereignty: Understanding North Korea's Illicit International Activities", Strategic Studies Institute

Kaplan, David E. "The Far East Sopranos." US News and World Report. 27 January 2003.

Kaplan, David E. 1999, "The Wiseguy Regime", US NEWS & WORLD REPORT (1999.2.15.)

Kealy, Willie. 2002, "Workers Party Boss Linked to Counterfeit 'Super Dollars.'" Sunday Independent. (18 August 2002.)

Kim, Samuel S. 2006, The Two Koreas and the Great Powers, New York: Cambridge University Press

Kim, Samuel S. 1998, "In Search of Theory of North Korean Foreign Policy", North Korean Foreign Relations in the Post-Cold War Era, Hong Kong: Hong Kong Oxford University Press pp. 3-31

Lankof, Andrei and Kim Seok-hyang. 2013, "A New Face of North Korea Drug Use", North Korean Review, McFarland and Company, Inc.

Lee, Hyeonseo. 2016.5.13., "Life as a North Korean Refugee", International New York Times

Lee, Hong Yung. 2014, "North Korea in 2013: Economy, Executions, and Nuclear Brinkmanship", Asian Survey, Vol. 54, No. 1, University of California Press, pp. 89-100

Lee, Karin and Choi, Julia. 2009, "North Korea: Unilateral and Multilateral Economic Sanctions and U.S. Department of Treasury Sanctions 1955-April 2009", Washington D.C.: The National Committee on North Korea

MacPherson, Robert. 1994, "North Korea's traders hold the fort in Macau." Agence France-Presse. (15 July 1994.)

Macko, Steve. 1998, ""North Korean Government Deeply Involved in Organized Crime?" ERRI Daily Intelligence Report. Emergency Response and Research Institute. (30 June 1998.)

Manyin, Mark E. & Nikitin Mary Beth D. 2014, "Foreign Assistance to North Korea", Congressional Research Service

Mihm, Stephen. 2006, "No Ordinary Counterfeit", The New York Times (July 23, 2006)

Muramatsu, Joji. 2004, "North Koreans Arrested on Suspicion of Drug Trafficking in Jilin Province, China." Mainichi Shimbun. (2 March 2004.)

Nanto, Dick K. 2009, "North Korean Counterfeiting of U.S. Currency", Congressional Research Service

Newcomb, William. 2011, "North Korea's Sea of Fire: Bullying, Brinkmanship and Blackmail", Testimony at the Hearing of the House Committee on Foreign Affairs (2011.3.11)

Newcomb, William. 2009, "Countering DPRK Illicit Activities" The Report of Project, 'Improving Regional Security and Denuclearizing the Korean Peninsula: U.S. Policy Interests and Options.', Nautilus Institute

Nicholson, Brendan. 2009, "Australian ship in arms row", The Sydney Morning Herald (2009.8.31.)

Noland, Marcus. 2000, Avoiding the Apocalypse : The Future of the Two Koreas, Washington D.C. : Institute for International Economics, pp.119-121

Padgett Tim & Shannon Elaine. 2006, "The Border Monsters", Time (2006.6.11.)

Paraschiv, Gavril. 2013, "Conceptualizing Transnational Organized Crime", Economics, Management, and Financial Markets, Addleton Academic Publishers, Volume 8(2) pp.173-178

Perl, Raphael F. 2007, "Drug Trafficking and North Korea: Issues for U.S. Policy", Congress Research Service

Petrov, Leonid A. 2008, "Australia and the DPRK: The Sixty Years of Relationship", Natutlius Institute Policy Forum Online 08-069A

Pomfret, John. 1999, "North Korea's conduit for crime: Cash-poor Pyongyang uses tiny Macau to move its dirty money." The Washington Post. (25 April 1999.)

Quinn-Judge, Sophie, and Shim Jae Hoon. 1996, "Opiate of the Party: North Korea Fuels Opium Boom in Russia.", Far Eastern Economic Review. (5 December 1996.)

Rennack, Dianne E. 2006, "North Korea: Legislative Basis for U.S. Economic Sanctions" Congress Research Service Report

Ruediger, Frank. 2006, "The Political Economy of Sanctions against North Korea", Asian Perspective, Vol. 30, No. 3, pp. 5-36.

Rufford, Nick, and James Adams. "Iran Linked to Flood of Fake Dollars." The Sunday Times. 17 July 1994.

Ser, Myo-ja. 2004, "North Koreans Arrested in Drug Smuggling Case." Joong Ang Daily. (9 December 2004.)

Shelley, Louise I. & Picarelli John T. 2005, "Methods and Motives: Exploring Links between Transnational Organized Crime and International Terrorism" National Institute of Justice, Office of Justice Programs, U.S. Department of Justice

Ward, Andrew. 2004, "North Korea may have potent new cash raiser." Financial Times. (3 July 2004.)

Wyler, Liana Sun & Nanto Dick K. 2008, "North Korean Crime-for-Profit Activities" Congress Research Service Report

Yamaguchi, Mari. 2003, "North Korea, in search of funds, suspected of plying Japan with illegal stimulants." Associated Press. (15 February 2003.)

Yoshi, Yamamoto. 2011, "TAKEN! North Korea's Criminal Abduction of Citizens of Other Countries" The Committee for Human Rights in North Korea

Zabyelina, Yullya G. 2014, "The Untouchables: Transnational Organized Crime behind diplomatic privileges and immunities", Trends in Organized Crime, Masaryk University

Zhang, Yong-an. 2010, "Drug Trafficking from North Korea: Implications for Chinese Policy", Brookings

3. 기타 자료

권혜정. 2016.3.3., "안보리 결의, 북 무기거래 전면 차단, WMD, 소형무기 금지", 『다음뉴스』
김연광. 2003, "나남제약 근무 이광철 - 북한 헤로인 생산기지 나남제약 공장의 全貌", 『월간조선』, 2003년 11월호
김영권. 2016, "'클래퍼 미 국가정보국장, 북 휴대용 미사일 확산 크게 우려" (2016.2.12.) VOA(미국의소리),
뉴스 인사이드. 2016.4.4., "북한 해외 노동자 송출 실태",
데일리안. 2013.7.2., "북 만든 위조지폐 진짜 돈으로 바꾸는 수법이.."
데일리NK. 2008.1.22., "운영비 감당 못해 호주 북한대사관 폐쇄"
데일리NK. 2006.5.22., "北 가짜담배 생산도 국가 계획사업"
데일리NK. 2009.1.16., "북 억류 일본인 야쿠자와 연계해 마약 밀수"
데일리NK. 2006.1.16., "황장엽, 김정일 비자금 마카오-광저우 두 곳에서 관리"
동아일보. 2011.5.11., "NK's massive drug trafficking angers China"
리버티헤럴드. 2008.10.28., "日야쿠자 간부, '北에서 마약밀수 - 그 마약은 북한산이었다' 10년 만에 입 열어"
박대로. 2015.5.21., "北김정은, 위조지폐 제작 지시설", 『뉴시스』
백성원. 2015.12.10., "북한, 틈새시장 노린 무기 거래 활발, 조력자 네트워크 끊어야", 미국자유의소리(VOA)
북한인권백서. 2013, 서울: 통일연구원
북한전략센터-코리아정책연구원 연구보고서. 2012.12., "북한의 해외인력송출 실태"

북핵일지. 2006, "한국의 쌀, 비료 대북 지원 중단 암시"

View & News. 2006.7.22., "일본 이번에는 북 마약밀매 의혹 제기 - 일 경찰장관, 북 97년 이후 7차례 각성제 암페타민 밀수"

송홍근, 정현상. 2013, "김정은, 아버지보다 무기 더 팔았다", 『신동아』

신동아. 2006.3.3., "美 대북 압박, 이번엔 마약이다!" 558호.

아시아경제. 2011.8.4., "北해커와 함께 '오토프로그램' 유포 일당 검거"

안윤석. 2015.6.18., "北 김정은, 제1차 정찰일꾼대회 참가자 격려", 『중앙일보』, http://news.joins.com/article/18050796

NK조선. 2013.10.28., "마약 - 양귀비 재배와 제조 판매"

연합뉴스. 2014.11.10., "북한 마약유통 통제력 잃어 중독자 급증 몸살"

연합뉴스. 2013.3.7., "호주, 북한대사관 재개설 허용 입장 철회"

이영종. 2015.11.10., "자본주의 물들 위험에도, 달러벌이 8만 명 내보낸 북한", 『중앙일보』

이용수. 2012.6.23., "北, 외화벌이 노동자 12만 명 내년까지 중국에 보낸다" 『조선닷컴』

이유종. 2016.9.24., "미, 북 체제 흔들기 대북심리전 본격 착수", 『동아일보』

이정현. 2014., "북한이 우간다, 에티오피아, 탄자니아, 이란 등과 불법 무기 거래하는 수법은..." 『월간조선』(2014.4.27.)

인천지방검찰청 보도자료. 2013.10.22., "북한 해커와 연계된 게임 개발 브로커 구속기소", (공안부 보도자료, 131022)

자유아시아방송(RFA). 2015.6.7., "북, 밀수의 주범은 인민군 경무부"

자유아시아방송(RFA). 2013.4.2., "북한 담배, 중국에 대량 밀수출"

자유아시아방송(RFA). 2009.7.23., "키프로스, 담배 밀수 혐의 북한 선박 나포"

자유아시아방송(RFA). 2009.7.14., "중국 속 북한인, 비극의 현장을 가다 ① 인신매매의 덫에 걸린 북한 여성들"

자유아시아방송(RFA). 2007.2.1., "북한 관련 마약밀매조직 단속에 큰 성과"

자유아시아방송(RFA). 2002.1.7., “일본 경찰, 북한 연관 마약밀매 사건 적발”, http://www.rfa.org/korean/news/73782-20020107.html
장용훈. 2006.6.8., “북 사회 마약으로 신음”, 『연합뉴스』; 『좋은 벗들』. 2006.3월호
전경웅. 2005.12.24., “국정원이 공개했던 ‘북 달러 위조사례’”, 『조갑제닷컴』
전수진·안효성. 2015.5.29., “코뿔소 뿔 밀매 적발, 망신당한 북한 외교관”, 『중앙일보』
조민, 김진하. 2009, 『북핵일지 1955-2009』에서 발췌. 통일연구원(2009년 12월)
조선DB. 2015.1.5., 『北 해킹전력 심층 분석, ② 해외거점서 신분위장... 음지서 수사교란』, ③ 15년 실전 경력... 재래식 무기보다 큰 타격』
조선미디아. 2016, 『북, 평양정성제약 지하공장에서 마약생산』(2016.3.21.)
최재원. 2016.2.14., “150달러 중 北 근로자 손엔 달랑 1달러”, 『채널A』
KBS 특집 취재 보도. 2016.3.6., “北 외화벌이 현장”
KOTRA. 『2008 북한의 대외무역 동향』 KOTRA 자료 09-020. p.24.
통일부 홈페이지
통일부 북한정보포털. “유엔 대북제재”
통일부 북한정보포탈. ‘2·13 합의’ http://nkinfo.unikorea.go.kr/nkp/term/viewKnwldgDicary.do?pageIndex=15&dicaryId=50&searchCnd=0&searchWrd=
하태경. 2011, “김정은이 김정일에게 물려받은 사악(邪惡) 산업”, 『신동아』, 2011년 1월호
Breaking News. 2011.7.18., “Ex-IRA man Garland ‘led fake dollars plot’, court told”
Carbonell, Rachel. 2003.5.27., “Pong Su heroin haul: finger-pointing postponed”
Chicago Tribune. 2005, “N. Korea drug-trade charges in question; Evidence shaky in case cited by U.S.”(10 March 2005)
CRS(Congressional Research Service), http://www.loc.gov/crsinfo/
DEA(United States Drug Enforcement Administration), https://www.dea.gov/index.shtml
Engber Daninel, “What are Supernotes?”, http://www.slate.com/articles/news_and_

politics/explainer/2005/08/what_are_supernotes.html

FBI(Federal Bureau of Investigation). 2005, "Stopping Crime at Our Shores FBI Helps Bust Major International Smuggling Operation", https://archives.fbi.gov/archives/news/stories/2005/august/pistole_082205 ; "Operation Smoking Dragon" https://www.fbi.gov/news/stories/2011/july/dragon_070511;

JIATFW(Joint Interagency Task Force West), U.S. Pacific Command (USPACOM), http://www.pacom.mil/JIATFW.aspx

Jon Black, "The Black Hand - Mafia and the Black Hand" GangRule.com http://www.gangrule.com/gangs/the-black-hand#5

INCB(International Narcotics Control Board) Annual Report, 2000.

Kyodo News International, Inc., "Macao-based organized crime said behind N. Korea heroin trade" (20 November 2003)

Los Angeles Times. 2013.8.27., "North Korea tried to ship gas masks to Syria, report says", http://articles.latimes.com/2013/aug/27/world/la-fg-wn-north-korea-syria-gas-masks-20130827

NHK World Documentary. 2015.6.29., "Hidden Economy - Money and Power in North Korea", www.youtube.com

North Korean Economy Watch. 2003.5.12., "Heroin trail leads to North Korea", http://www.nkeconwatch.com/2003/05/12/heroin-trail-leads-to-north-korea/

Reuter. 2013.7.18., "U.S. concerned over North Korean arms ship, Panama awaits U.N.", http://www.reuters.com/article/us-panama-northkorea-un-idUSBRE96H0VQ20130719

Stockholm International Peace Research Institute, http://www.sipri.org/databases/armstransfers

Time. 1976.11.1., "SCANDINAVIA : Smuggling Diplomats"

The New York Times. 1976., "Swedes Convinced North Korea Directed Smuggling" (1976.10.22.)
http://www.nytimes.com/1976/10/22/archives/swedes-convinced-north-korea-directed-smuggling.html?_r=0
UNHCR. 2016, Annual Report, http://reporting.unhcr.org/node/3411?y=2016
UNHCR. 2015, "States Parties to the 1951 Convention relating to the Status of Refugees and the 1967 Protocol", http://www.unhcr.org/protect/PROTECTION/3b73b0d63.pdf
UNHCR. 2015, Annual Report, http://reporting.unhcr.org/node/3411
United States, Department of State,
http://www.state.gov/j/inl/c/crime/c44636.htm ;
The Global Illicit Trade in Tobacco: A Threat to National Security (2015.12)
http://www.state.gov/documents/organization/250513.pdf
United States, Department of State, "International Narcotics Control Strategy Report(INCSR)". From 1999 to 2016,
http://www.state.gov/j/inl/rls/nrcrpt/
UNODC(United Nations Office on Drugs and Crime), www.unodc.org
1961, "Single Convention on Narcotic Drugs(1961),
1971, "Convention on Psychotropic Substances(1971)",
1988, "United Nations Convention against Illicit Traffic in Narcotic Drugs and Psychotropic Substances(1988)",
2000, "United Nations Convention against Transnational Organized Crime" (November 2000),
World Drug Report(1997~2014)

함중영 한국외국어대학교에서 국제관계학 박사학위를 취득했다. 국가공무원으로 30여 년간 재직하던 기간 중 미국에서 연수하였고, 오스트리아 비엔나 소재 국제기구 UNODC(유엔마약및범죄사무소)에서 3년간 근무하였다. 국가정보대학원에서 국제범죄 및 테러리즘을 강의하였고, 이집트·태국·영국·미국·싱가포르 등지에서 테러리즘과 국제범죄 관련 연수 및 협력활동을 수행하였다. 독일 주재 한국대사관에서 정무 참사관으로 근무하였고 귀국 후 지방에서 국제범죄, 대테러, 보안업무를 담당하였다. 공직에서 퇴직 후 한국외국어대학교, 한양대학교 국제학대학원, 성균관대학교에서 특임교수 및 초빙교수로 강의하고 있으며, 국제 NGO인 GI-TOC(Global Initiative against Transnational Organized Crime) 전문가 그룹에 소속되어 연구와 집필활동에 참여하고 있다.

HANYANG UNIVERSITY PRESS

초국가적 조직범죄 연구

: '국제범죄'에서 '초국가적 조직범죄'로

펴낸날 2021년 4월 15일 초판 1쇄 ● 2023년 9월 15일 초판 3쇄
지은이 함중영 ● **펴낸이** 이기정
펴낸곳 한양대학교출판부 ● **출판등록** 제4-7호(1972.2.29)
주소 서울 성동구 왕십리로 222 ● **전화** 02.2220.1432-4 ● **팩스** 02.2220.1435
홈페이지 press.hanyang.ac.kr ● **이메일** presshy@hanyang.ac.kr
본문디자인·편집 김민지 ● **표지** 안광일 ● **인쇄** 네오프린텍

정가는 뒤표지에 있습니다. 잘못된 책은 구입하신 곳에서 교환해드립니다.

ISBN 978.89.7218.721.9 (93350)